积多胜为常胜
累常胜为大胜

[illegible]

李 杰◎著

复利信徒

一个职业投资人的思考札记

中国铁道出版社有限公司
CHINA RAILWAY PUBLISHING HOUSE CO., LTD.

内 容 简 介

本书的内容由网友提出的问题汇集而成，因此相当于是万千投资者关心和为之迷茫的问题大全；内容涵盖证券市场运行规律、投资理念和方法、家庭财务规划、价值投资的重点和难点、上市公司案例分析等领域。

本书特别适合于投资初入门者梳理相关概念和知识点，并有针对性地解答了广大股民初入投资市场时共性的疑问，在此基础上，用大量的真实案例，帮助投资者了解、运用财务和企业经营逻辑挖掘公司价值并评估风险与机会的思路和方法。

图书在版编目（CIP）数据

复利信徒：一个职业投资人的思考札记/李杰著—北京：中国铁道出版社有限公司，2020.6（2022.2重印）
ISBN 978-7-113-26834-3

Ⅰ.①复… Ⅱ.①李… Ⅲ.①股票投资-基本知识 Ⅳ.①F830.91

中国版本图书馆CIP数据核字（2020）第066963号

书　　名：复利信徒：一个职业投资人的思考札记
FULI XINTU：YIGE ZHIYE TOUZIREN DE SIKAO ZHAJI
作　　者：李　杰

责任编辑：张亚慧　　编辑部电话：（010）51873035　　邮箱：lampard@vip.163.com
编辑助理：张秀文
封面设计：宿　萌
责任校对：王　杰
责任印制：赵星辰

出版发行：中国铁道出版社有限公司（100054，北京市西城区右安门西街8号）
印　　刷：北京柏力行彩印有限公司
版　　次：2020年6月第1版　2022年2月第9次印刷
开　　本：710 mm×1 000 mm 1/16　印张：27　字数：409千
书　　号：ISBN 978-7-113-26834-3
定　　价：88.00元

前　言

在《股市进阶之道：一个散户的自我修养》出版后的几年里，我经常收到热心读者和网友们的相关反馈。其中很多反馈信息给我的感觉是一方面他们已经理解了投资基本的理念和方法论构成要素，另一方面在碰到一些具体问题时却经常不知该如何入手，或者在投资实践中还缺乏足够的经验而感到迷茫。之后，恰好微博开通了“问答”这一适合一对一深度沟通的项目，在参与“问答”的这几年时间里，我已不知不觉回答了数百个问题，内容涵盖股市基本市场规律、投资理念与思维方式、资产配置与财务规划、具体公司财务业务分析等。

在这一过程中我逐渐感受到：我之前的书虽然介绍了一套完整的投资体系和方法论，但属于“单向输出”，说的是我认为最重要的事情。但从网友的角度来看，他们特别希望知道我到底是如何处理一个个具体问题的？这些问题站在专业的角度来看也许并不那么高深，但对于正在学习证券投资的朋友而言却可能非常棘手，因为相关知识可以慢慢学习，但经验却很难一步跨越。因此，将这些问题精选并且集结成册，便诞生了这本由网友提问驱动而构成的书。

细看这些问题你会发现，每一个来到股市的人都想成为赢家。但如何才能做到呢？我想首先需要理解怎样才算“赢家”？投资的重要特点在于它不是一个“争先”的游戏，这是一个可以持续至少二三十年的长跑，阶段性的“第一、领先”在整个投资生涯中的重要性其实非常低。我曾经说过，投资的“高收益率”与“可持续性”还有“低风险性”是一个“不可能三角”——这三者之间在本质上是矛盾的。而如果站在整个投资生涯和最终回报的角度来看，会发现复利才是决定性的因素，而构成长期复利最主要的两个要素是“可持续性”和“低风险性”。所以，真正的赢家一定是长跑选手。你要想最终胜出，一定要基于这两点去构建自己的核心竞争力和投资体系。

其次，要想成为赢家，有没有什么可以参照的法则呢？答案当然是：有的。

第一条法则：持续学习。“正视投资（正确的投资理念），发现价值（公司分析方法论），理解市场（股票溢价与折价的基本原理）”是主要的三大知识领域，在《股市进阶之道：一个散户的自我修养》中已经对此有过大量的讨论。在本书中会通过一个个具体的问题，展现如何灵活运用这些知识点的方法。对于初窥投资门径的朋友，我个人建议将这两本书搭配使用，《股市进阶之道：一个散户的自我修养》作为理论根基建立系统性框架，本书则作为各类常见问题的补充或者应用范例。

第二条法则：聪明地承担风险。实践中如何估算和判断概率与赔率，一方面需要以专业知识为基础，另一方面也确实依赖经验（所以我说投资是一个越老越吃香的职业）。本书汇集了大量真实的网友提问，限于篇幅，虽然解答不可能面面俱到，但简短的点评反而更突出每一个判断中抓主要矛盾的思路。当然，仅凭这个程度是无法达到“投资决策”这一环节的，还需后续补充大量的数据和主要经营要素之间的逻辑关系。对概率和赔率问题进行正确的定性才是最为关键的一步。当然，除此之外，还应学会用投资体系合理地分散风险。

第三条法则：保持理性。在顺境中保持理性，在逆境中同样也需如此。不要屈服于大众和市场的情绪，也不要为了逆向而逆向。书中的很多提问、讨论或感悟记录，大家可以结合当时的市场背景去看（重要的条目都标记了回答日期），我想从中可以更深刻地体会到，投资是一个多么需要“与众不同”的工作。

市场本身是个万花筒，与市场相伴的噪声又总是很多，所以要保持理性。一方面需要距离市场远一些，另一方面要学会永远用“价值”这把最简单的尺子去衡量。这也是为什么我把学习放在第一条的原因，没有足够的“知”，不可能产生正确的“行”。理性的另外一面，就是诚恳地面对自己，做好自己成功和失败的归因，哪些是因为能力，哪些是因为运气。只有诚恳地面对自己，才有底气面对未来。

做到以上这些就能避免犯错了吗？很遗憾，并不能。因为投资是一个永远面对不确定性的工作。实际上，在接触股票投资至今的14年中，我就犯过很多错误，而且未来一定还会有新的错误（包括本书中的一些回答，现在看可能也有结论可疑之处）。但好消息是什么呢？在我犯了这么多的错误之后，14年里穿越了近三轮完整的牛熊转换，仅有2年是亏损的（2008年的-18%，2018年的-10%），总收益却非常可观，并且真切地用投资改变了命运。

原因何在？其实很简单。

第一，这十几年里我一直在坚持学习，从知识层面上来讲始终在保持进步，所以犯错的严重程度越来越小，后期更多的错误来自错失某些机会而不是造成本金的损失。

第二，我知道自己会犯错，所以更加小心地用概率和赔率保护自己（哪怕为此会错过一些机会，但机会永远存在，而本金却是可以亏完的，所以算总账后我接受了这种不完美），并且逐步完善自己的投资体系以更好地“容错”，这样即便犯错也损失很少，甚至是在赚钱的状态下离场。

第三，随着经历的越来越多，看过了各种各样的故事和事故，再加上定期的总结经验教训（既包括自己的错误，也包括他人的），努力让理性成为一种经常性的状态。这样就不容易“爱上”持仓的公司或者沉迷在自己的偏见和执拗中，从而容易及时发现错误和果断改错。

所以，投资的真相就是犯错不会阻止你成为赢家，只要按照上面三个赢家法则不断武装自己、持续成长，那么投资绩效不过是自身成长的资本化展现而已。而所谓赢家法则的背后，其实就是相信复利。因为只有成为复利的信徒，才能拥有长远的财务规划和投资上的战略格局，才能不在意短期的得失成败，才能沉下心去坚持学习，并用理性指导自己的投资行为，学会聪明地承担风险。越早从复利的角度思考问题，投资就越容易成功，这也是我作为职业投资人这十多年最深切的感受，希望通过本书中的大量案例讨论，将这一思维习惯传递给读者朋友们。

除了上述内容之外，书中还有较多的看起来并非直接与股票相关的内容。事实上，价值投资的思维模式是可以应用在相当广泛的事务中的。因为客观、理性、注重事实和证据、关注概率与赔率、多角度看待问题等品质，对于人生中很多问题的思考都有所助益。另外，日常生活中的思维习惯反过来也会对投资分析判断产生影响。我个人从这些年的投资历练里，除了收获到满意的财务回报外，对此也是深有感触。因此，这些内容虽然不是直接指向股市，但其本质还是投资的思维内核。

特别需要提醒读者朋友们注意：公司的判断是有时效性的，企业经营的内外部环境都在变化，持续跟踪、评估和修正相关判断是投资的日常功课。本书中所涉及的案例，均仅代表当时的个人看法。并且由于受“问答”形式和篇幅的限制，这些案例分析仅从企业经营层面进行理论探讨，既无法保证案例信息的完整和真实性，也不对这些分析的正确性负责，更不作为任何投资建议。并且这些案例都是来自网友的提问，并非我个人选股的关注范围。

自 2006 年第一次接触股票到 2009 年开始正式学习价值投资理论，在投资之路上我从一个初出茅庐的小散户，到职业投资人，再到私募证券基金管理人，这十多年所付出的精力和思考，本身就是一笔巨大的投资。我以前说过，崇尚价值投资的人不喜欢赌博，但其实又赌得最大。因为别人是赌筹码，我们赌的却是人生。虽然股市风云跌宕，身处其中冷暖自知，但综合来看，投资真的是我在世界上能找到的最好的工作了。最有趣的是，这整个过程我一直在网络上进行记录和分享，数以万计的网友见证甚至参与了这一“自我修养”的“进阶之道”，我们其实一起用行动证明了我经常说的一句话：坚持做对的事情，相信结果不会很差。

就在我写下这些文字的时候，全球正在遭受新冠肺炎疫情的冲击。美股出现几十年里罕见的股灾，港股和A股也出现了大幅下跌的情况，一切似乎都很糟糕。但我想，正是这些意外和不确定性，更让我们理解为什么要在平日里就养成良好的投资习惯，形成稳健的投资模式，并学会用复利思维去规划整个投资生涯。只要遵循这些原则，当下也许反而为那些准备了很久的投资人提供了良机。关键在于问问自己，准备好了吗？

最后，把我最喜欢的查理·芒格先生的一句名言，也是我的座右铭放在结尾，以勉励我自己和所有热爱投资的人。

得到一个东西最好的方法，就是让自己配得上。

感恩、共勉。

李 杰

2020年4月4日夜于北京

目　录

第一篇　理财与投资理念

第一篇 理财与投资理念

STOCK

第一章　投资理念与方法

A 股真的能做严肃的投资吗

有两个困惑想问李老师：

（1）目前 A 股是价值投资吗？总感觉整个市场短期看基本都是炒作跟风，如近期几只大牛股冀东装备、方大碳素、中科信息。毕竟 A 股是散户游资投资主导的市场，李老师会购买这种短线牛股吗？

（2）过去二十年是房地产市场黄金二十年，投资房产的收益都不错，炒股的收益不好。A 股近几年来基本可以说没有什么大的发展（至少指数上），跟美国的大牛市比相差太远，未来你觉得中国资本市场会有大的发展机会吗？

其实你的想法很多都是想当然（比如，中国资本市场的指数比美股差太远），如果从 2005 年 9 月 30 日算起，到 2018 年末，其间沪深 300 的收益率是 +225%，中证 500 的收益率是 +393%，同期标普 500 指数涨幅 +103%，纳斯达克指数 +243%。要知道这可是跨度长达 13 年的长期数据，还是美股 10 年大牛市与当前 A 股 3 年半熊市后的历史最低估值的对比。当然最大的区别是美股是 15° 斜角的长期牛市，A 股则是大起大落、上蹿下跳。但讲实话，如果不是 A 股这么频繁地出现极端错误定价，恐怕很多现在比较成功的投资人目前都还没实现财务自由呢（这又与很多人的直觉相反）。还有很多人说未来中国 GDP 增速下降是定局，增速下来了投资机会还会好吗（这又是一个想当然）？其实，看过《股市进阶之道：一个散户的自我修养》的都应该记得专门用数据回答这个问题，即 GDP 增速放缓但平稳增长的时期，反而可能带来长期的牛市。

然后，建立在这种想当然的基础上去面对市场，结果是可以预料的，如果你想投资有进步，一定要学会了解事实而不是人云亦云。我分别回答如下：

（1）和（2）其实是一个问题：就是 A 股能做严肃的价值投资吗？过去 20 多年，如果在 A 股进行价值投资是什么结果？

首先，价值投资是一种思维方式和操作体系，并不分哪里适用，哪里不适用，甚至不仅仅是股市里适用。比如，一块钱买本身值三块钱的东西，你说这种思维在哪儿不适用？你的问题可能是 A 股是否有这样的机会？简直太多了。你可以去看《股市进阶之道：一个散户的自我修养》“第 16 章：客观理性看 A 股”，此章从历史涨幅、牛股统计、发行监管、GDP 增长与股市增长、国内外对比等多个方面，有数据、有分析。结论只有一个：如果 A 股不算世界上最好的股市的话，那它至少算是较好的其中之一。如果事实摆在面前还不承认，只能说明这个人只选择相信自己愿意相信的东西，那就没办法了。

当然，在股市中投资逻辑有效并不代表就不存在问题，这个美股也一样（书中也有足够例证）。只要是资本市场，必然会有泡沫和炒作，这是人性决定的。但这与市场同样存在大量真正好的投资机会并不矛盾。就像社会上天天都有犯罪行为，能说明这个社会没好人不能正常生活吗？ A 股的特殊性在于，它确实是一个由散户构成大部分交易量的市场，所以一方面流动性特别好；另一方面阶段性的波动也确实容易特别大——这实际上提供了更高的赚钱效率。

这也是为什么巴菲特说：“能否获得优异的投资成果，这既取决于你在投资方面付出的努力和拥有的知识，也取决于在你的投资生涯中股市的愚蠢程度有多大。股市的行为越愚蠢，有条不紊的投资者面对的机会就越大。遵从格雷厄姆的建议，你就能从股市的愚蠢行为中获利，而不会成为愚蠢行为的参与者。”好好理解这句话吧！真正价值百万的良言。

另外，价值投资的结果取决于能力而不是信仰。所以你看巴菲特上面的话分为两个要素：第一你要足够专业，第二市场要经常有愚蠢行为出现，这个结果叫作赚大钱。市场足够愚蠢，你却不够专业和聪明，那你就是市场愚蠢的构成因子之一，这个结果叫作肯定亏。多清楚的逻辑。绝大多数人的问题是什么？就是自己没看过几本书，对投资是怎么回事儿都不清楚，又不愿意自己统计一下数据看看事实，然后就在某些“股市良心”的带领下大喊“A股是赌场，没投资价值”，这样的素养，亏钱不是很合理吗？

对未来而言，A股不但会大有发展，而且发展的程度可能会超出现在的乐观预期，因为到这个阶段了，未来世界拼的是科技创新，科技创新的背后必须要有雄厚的资本市场为依托。而且从财富结构来说也是如此，普通人靠房地产发财的日子已经过去了，未来逆袭的最大机会就在金融市场——但很可惜，它的性质决定了这注定是一个少数人收割绝大多数利润的地方，所以未来10年的财富进阶会比过去十几年困难很多。

投资成功的人有什么共性

你觉得在投资领域能够取得长期成功的人的性格或者理念有什么共性吗？谢谢老师。

在投资上能够取得长期成功的人，据我观察都有如下一些共性：

（1）强烈的学习欲望，对投资的学习简直用勤奋都不足以形容，完全是痴迷，阅读量不能完全说明问题，但20本经典著作是起码的，还需要输出几十万字的总结。

（2）不但主动学习能力强，而且知道什么是对的。就是从一开始最好就走投资的正路，否则迈入一个弯路七八年就过去了。也就是说，不仅看得多，而且懂得辩证思考、融会贯通，即俗话说的悟性好。

（3）拥有强大的自我和独立思维的习惯，能很好地管控自己的预期和心理状态，对于财务进阶从一开始就有长期的计划而不是梦想几年发达。

（4）从骨子里注重风险，碰到任何选择首先考虑风险，同时学会管理风险，最终懂得聪明地承担风险。

（5）面对市场的疯狂，依然能保有理性和耐心，天生的逆向思维者，精明但是不要小聪明。

投资学习如何才能快速进阶

请教一个定量的问题。我根据你的推荐和个人平日阅读收藏，正在艰难地啃着书单里的书，说艰难是因为有些书即使是你说的入门类图书，但读的过程中也会频繁遇到难以理解或记忆的部分。比如最近在读《经营分析与估值》，里面提到何时、怎样进行会计调整，但我觉得很难学以致用或者可能压根就没有什么用，遇到这种情况我应该暂且跳过而去集中精力阅读可以理解或自认为与建立个人分析框架更有关系的部分，还是至少先留下大概印象，在未来阅读其他相关书籍或知识量更丰富后再反过来补上。

你好，这个问题可以分以下几个角度来看：

（1）在投资学习中，规律性的东西是第一重要的（投资赚钱和亏钱的本质原因是什么，即根本的理念和这些理念为什么会持续有效），方法论的东西是第二重要的（公司分析需要怎样的框架，如何逻辑化地提炼出高价值的信息，并且得出核心观点），具体专业知识排在第三重要的（各种行业知识、财务细节知识等）。所以，在阅读学习中，不用先把大部分精力放在第三层的知识上，但必须了解财务的主要知识，各个会计科目的大致钩稽关系，以及重要的财务指标在反映公司经营品质和态势方面的意义，否则会影响到第二层次方法论的认知能力。至于某个特别细节的会计知识，我觉得可以先忽略或者囫囵吞枣式看一下即可。

以我个人的经验来看，投资的绩效 60% 来自对第一层知识的理解和执行能力，学习好这两方面的知识起码可以让你有个及格的分数。要想达到 85 分以上，第二层知识必须掌握，有时候对一个公司的理解并不是事无巨细地研究每一个数字，方法论能判断出其是否属于高价值公司。第三层次的知识是用来辅助方法论以及日常跟踪评测，它的意义是让你的判断相对更有证据和更加准确，并且排除可疑的风险。

（2）在实践中，由于不同行业和公司表现的财务特征不一样，所以你需要根据自己偏重的公司来重点强化财务相关知识。比如，重资产类的公司，你需要特别研究清楚资产负债表以及周转率与净利润率之间的关系等规模效应有关的知识和指标，风险往往来自现金流、债务质量和杠杆。而一些轻资产类的公司，资产负债表基本没什么可看的，关键是利润率中营收与毛利、费用之间的关系，更多的研究会在供需和创新能力等财务报表之外。段永平曾经说过他不太懂财务细节，但他特别懂生意和业务的本质（当然他会请人来分析财报并排除风险）。

（3）日后你需要研究得多深入、多细致，与你的投资模式也有关系。集中重仓的模式下你就需要不放过任何可能性，对任何疑点和细节都需要刨根问底（当然这是一个过程，首先也是一个概要性的认识，然后逐步由问题驱动着深入）。如果是高度分散的模式，那对每个持仓都不到 5% 的对象，你也没必要把什么都搞清楚了，个体研究的投入产出比太低。这个模式关键是搞清楚公司价值的底线，有一个赔率的准确判断，然后靠平均概率获胜。

利用“预期差”来获利

你曾经提到过，股市赚的是预期差。即市场预期和自己看法的差值。我的问题就是，如何观察市场的预期？是股价走势对业绩和消息的反映以及所对应的估值？与券商报告的分析逻辑和利润估计有关？历史估值范围？与同行业公司的业绩比较？还是就公司本身对未来业绩的看法？

（1）股市赚的是公司内在价值与市场定价之间的差值，这里面短期来看，预期差主要取决于市场定价偏离。但从长期来看，关键因素是公司内在价值的增长。对于我个人而言，中长期的思考落脚点一定是这个公司定性上是不是成长型公司。如果是的话，其增长的驱动力和节奏是什么？其增长的底线和极限大约在什么区间？长期来看一定是这些因素决定了你的投资回报。但在具体买入阶段，我会尽量寻找存在短期预期差的时候动手，这样就具有了双重的安全边际。

（2）预期差的观察，要从公司经营事实，市场对其反映的程度以及你个人预期与市场预期的差别几个方面入手。公司经营事实是最关键的，需要详尽掌握。特别是对于当年经营波动的范围要有底，然后对于这个公司未来至少 3 年的经营节奏和趋势有明确的展望和预估。有了这些理解，你就可以与目前股价进行比较，从中感受是否存在明显的预期差。

比如，一个公司目前经营稳健，预计当年 EPS（每股盈余）可达 1 元 / 股。但目前经营稳健主要是占收入比重 80% 的传统产品比较景气，如果仅仅如此，过两年这个产品到天花板了，公司也就没什么看点甚至走下坡路了。但通过调查，你发现公司目前正在孕育一个新产品，这个产品是公司在原来技术路线上开辟的新产品，其对应的下游需求比老产品广阔得多，且产品壁垒极高，毛利率也高，目前占收入比重 10%，但增速可以翻番。

我们可以看到，对这个公司的预期主要应定位于新产品的前景，老产品在未来 3 年是稳健现金流，但主要弹性将来自新产品（不但规模迅速扩大，收入占比提升，而且毛利远高于老产品能形成“双击”）。如果这个时候我们发现市场依然在用老产品的经营表现定价，或者市场由于看到新产品需要经历一些阶段性困难而不予反映，那么显然这里就存在预期差。又比如，一个环保公司之前主要以 EPC 模式销售高毛利的设备，但现在开始转型为以 PPP 模式的工程施工，这样虽然短期来看营业收入规模可能增速较快，但由于工程业务利润率低、现金流差，利润的含金量也差，所以同样的利润额，其估值应该相比过去下降。相反的例子，比如一个软件公司原来是销售产品或者做项目，如果其业务大部分升级到了云端模式，从一次性销售收入改为了细水长流的按年服务收费模式，那么在其他条件不变的情况下，应该相比过去溢价，因为其生意模式更加稳固、可持续，客户黏性更高。

其实这个道理很简单，关键不在于估值，而在于对这个公司产品前景的商业判断力上，在于对什么情况下该溢价，什么情况下该折价的认识上。如果判断对了，是预期差。如果判断错了，市场是对的，那么结局就不太妙。所以问题还是要回到市场到底因为什么情况出现了错误定价。

（3）市场的错误定价有两种：第一是系统性风险，比如股灾，泥沙俱下，不是错杀一个而是一大片；第二是公司出现了阶段性经营困境或者目前业务处于未爆发前的迷雾状态，但其业务的大前景（包括供需格局、业务壁垒和生意模式、公司战略和执行力）大概率会走好并且不断创出新高，这时候你和市场比的是谁看得更远、更准。

所以可以这样说，中长期的预期差来自我们的商业判断力超越市场，短期的预期差来自公司阶段性困境或者系统性风险带来的低价格。我们投资的最佳标的是未来优势型公司，因为它能不断创造价值。我们投资的最佳时机是短期出现高预期差的时刻，因为有更好的安全边际和未来弹性。

用好 PE 估值

想请教一个关于估值的问题。对于大多数行业，PE 是一个直观操作性强的估值指标，但是它的一个缺点就是无法反映资产负债表。这对于频繁并购的企业尤为明显，一家公司用自有资金或贷款并购，PE 就会下降，但实际上公司总价值没有发生变化(假设并购价合理)，这时以 PE 为基础去判断估值高低，明显会失真。此外，在比较一家公司和海内外同类公司 PE、自身历史 PE 时，在判断现价所处的估值区位时，除去基本面的不同之外，资产负债率的不同实际上干扰了 PE 的可比性。老师是如何看待和处理这个问题的?

其实我并不认为 PE 对于大多数行业都有很强的操作性，确实非常直观，但主要问题在于，基于当期净利润的估值溢价很不稳定。因为净利润是财务指标中可调节性最强的，对于收入的认定（比如工程性公司可以通过完工度来调节），对于成本分摊的认定(比如折旧和存货等的详细认定)，对于费用归结的认定(比如研发是否全部计提还是部分资本化）以及在营业外收支上的调节空间，使得对企业真实盈利水平的判定本身就是一个问题。

再者，一些强周期的行业其盈利本身受到的外部影响因素是决定性的（比如大宗商品的涨跌，供需的周期性剧烈变化等），净利润表现为大起大落，这种生意特性下的 PE 估值也是不合理的。

另外，对于未来增长空间极大，但目前刚刚处于增长初期阶段的公司，以及互联网公司成本和流量前置，盈利后置的生意，市盈率都基本没有什么用，这类公司对于商业前景、公司素质和竞争格局的定性判断最重要。

所以我认为 PE 估值只适用于经营比较稳定，长期格局不太容易出现大波动的生意，但问题在于，这种生意其实还用 PE 去估值吗？所以，这就是投资的一个难题，即很难通过简单的估值数据计算，就找到好的投资机会。当然如果出现全面性的极端区域的高估值或者低估值，是可以根据数据清除认定的（只能认定系统性机会，具体公司未必），毕竟识别一个人是不是胖子不用知道具体斤两。

市盈率与资产负债表的关联性不大是很自然的，因为它本身就不是出于关注这个问题设立的。所以只能靠其他的估值指标，比如市净率以及现金流相关指标，通过 ROE 以及 ROIC 等指标来综合审视这个公司的经营状况，任何一个指标都是有意义的，但任何一个指标本身的意义都有限，这两者并不矛盾。

在与海外同行业公司以及自身历史估值区间进行比较时，最关键的不是资产负债率的不同，而是要准确定位公司不同的经营区间。海外同类公司的好处是让我们可以看到，在成熟资本市场里，对这类生意的成功企业发展到成熟阶段时会给予什么样的估值，并且思考背后的原因，回过头来再看国内同类公司大致发展到了什么阶段。

资产负债表只是不同经营阶段的结果而已，比如高增长期扩张快，资产负债率高、公司经营杠杆高是很正常的，到了成熟期必然更关注费用控制和现金流，资产结构上自然也会改善（当然也可能主营业务到了天花板后，胡乱投资反而更糟糕了）。所以一切都要具体问题具体分析，要看现象，但更要关注这个现象背后的原因，还要看形成这个原因的内外部环境因素，此时再回头去看现象就容易更深刻地理解。

估值的本质是什么

无论如何，我都觉得估值是相当令人头疼的一个问题。如何衡量企业估值当中所包含的预期，仅反映当期业绩，还是已涵盖未来几年中期业绩。泡沫性的估值倒是好识别，是否因为尚未对公司的生意形成透彻的了解，所以才没有办法对公司的价格进行估值吗?

关于估值我觉得需要有以下几个觉悟：

第一，估值确实是非常艺术化的，它缺乏数学公式般清晰明了的方法，从某种程度上来说，估值不是算出来的，而是基于商业判断力、概率与赔率思维的综合；

第二，不同公司在估值上的难度相差很大。

越符合 DCF 三要素的公司，越好估值，或者说越不需要精确化估值，因为生意属性好，可存续期长，可以更接近 DCF 估值模式。成熟稳定期或者经营困境底部区间的公司，也都相对好估值，更接近用格雷厄姆的估值公式去看待问题。最难的是成长型公司，因为任何成长参数的设定差异，都会带来估值的极大变化，这完全取决于你对这个公司商业前景的判断力——但如果你能找到这种公司，估值又反而会变为最简单的事情，因为其成长性赋予当前估值极大的冗余度，比如刚上市时的苏宁、百度或者腾讯，那个时候买贵了还是便宜，没什么区别。

估值是一个很难几句话就说透的问题，不同情况、不同对象估值的侧重点千差万别。我的建议是，关键是理解估值的本质意义，理解估值溢价和折价的本质原因，另外就是远离复杂或者本质上糟糕的生意，那种对象的不确定性太大使得估值更为困难。估值本质上是用来定性的，要找到估值中的主要矛盾——也就是公司经营的主要变量、理解市场对于这个变量的实现程度，以及这个变量乐观和悲观情景下的各种推演，并且了解这一类别公司不同发展阶段中的估值差异。

总之，好的投资对象会在悲观情景下的毛估就展现出明显的吸引力，而差的投资对象会在复杂的计算和极乐观的设定后收益也难以让人满意。

ROE 到底该怎么分析

阅读公司财务报表时，怎样分析该公司 ROE 的构成，并推导出未来 ROE 的方向，高价值企业的 ROE 会有规律吗?

ROE（净资产收益率）是一个公司最能综合反映运营能力的指标，而且通常能很好地反映生意的本质。ROE 的分析主要是应用杜邦分析法，即将 ROE 的三个主要构成因子进行拆解：净资产收益率 = 净利润率 × 总资产周转率 × 财务杠杆。我们要推导其未来方向和生意本质，就需要从这三个因子出发分别推演。

净利润率，影响这个指标的主要因素有：收入增长趋势、成本的变动趋势、毛利率的变动趋势、三项费用率（销售费用、管理费用、财务费用）的构成。收入的增长趋势需要分析未来的供需和竞争格局是否向好，是否有看好的重磅产品投向市场或者打开新市场；成本的变动趋势要分析其当前的主要成本是什么，这部分原材料是否存在明显上涨和下降的可能，以及公司的产品定价机制能否转移这种成本上涨；毛利率除了成本变化外，还需要观察其产品结构中主力产品和新兴产品的结构占比、各个产品的毛利率情况，推演未来几年产品结构的变化导致的毛利率变动方向。如果公司的三项费用率占比很高，需要分析哪个费用的占比最高，以及这种高费用率是阶段性的还是持续性的？或者有没有哪个费用会大幅地增长从而降低净利润率？

总资产周转率，影响这个指标一个是总资产的规模变化，另一个是营业收入的增长趋势。通过观察公司历史上景气区间和不景气区间的总资产周转率，可以判定当前公司所处的行业阶段。要仔细分析公司近期的增发项目，其当前虽然大幅降低了总资产周转率，但要评估其未来能否顺利消化产能并提升总资产周转率。

财务杠杆，主要是资产负债率的结构和变动趋势。通常来讲，高资产负债率（也就是高财务杠杆）推升的高 ROE 是高风险的。但例外的情况是，一些公司的资产负债率是假负债，其负债主要是应付账款和预收款，基本没有有息的负债，这种高负债率反而是在产业链中强大的表现。

在《股市进阶之道：一个散户的自我修养》一书中，我曾将生意大致分为“高周转，低利润率”“低周转，高利润率”“杠杆推动型”三大类，每一类所对应的要重点推敲的问题都不同。建议拿出来再好好复习一下第 9 章的第二节，里面有思路、有理论。而《公司价值分析案例与实践》全书都是对上面几段话的案例式演示，有模板、有窍门。

最后，观察和分析 ROE 要注意连续性，多看几年数据的变化，不要被景气高峰期的数据误导。一般来说，能连续多年（哪怕是当年业绩比较低迷）ROE 在 13% ~ 15% 以上的，说明行业容易产生差异化壁垒且公司也存在较为稳固的竞争优势。

另外，对于当前 ROE 接近 30% 或之上的，反而要小心，要看看是否是行业景气高点推动的，这往往说明是一个景气周期的末期。但以上这些都是大致经验，并非铁律，最终还是要具体问题具体分析，投资是没有什么简单的黄金算式的，它有趣和困难之处也正在于此。

如何搜集信息，投资是否存在 A 股特殊性

问题 1：你现在主要收集信息的渠道有哪些？如何可靠、高效地收集信息？是否还是按照《公司价值分析案例与实践》第 253 页的方法筛选股票？是否还需要用东方财富软件？我是用同花顺筛选的。最大的困难是筛选出了股票，建立了股票池，但按照你的分析框架收集信息成了最大的障碍，很多问题没有找到答案就不敢投。

《公司价值分析案例与实践》中第 253 页的那一整节就是几种选股的实际应用场景。当然这部分偏技术层面，最重要的选股其实是思考社会进步的方向，是观察社会发展的脉络，是理解价值的规律和来源。这些看着虚，但在关键的时候是某个决策深层的信念支撑。我用的是东方财富的 Choice 版本，其实用的功能很少，一般是定期做一些数据统计（比如期间涨跌幅、估值等），然后就是查看个股的财务指标、研究报告、相关行业报告等。

你说的搜集信息的障碍，很多问题没有答案。以我个人经验来看，个股研究所涉及的信息分为以下两大类：

第一，生意属性相关信息，就是《公司价值分析案例与实践》的案例中第一页的“基本生意特征”表格。要填满这个表格，可以从其财务报表中的各个地方获得（书中已经列出了详细的指标）。

第二，案例中的“核心投资逻辑及业务分析”，这部分内容虽然很多，但分门别类后，里面的主要内容大部分是可以从研究报告里获得的。当然有些关键的数据和信息，需要自己查询核实，必要时需要与公司联系核实，如果有业内的朋友就更好了。其他的内容也类似，我基本都是从研究报告和年报中寻找初步答案，然后根据其中的疑点去继续核实（比如参加现场调研，请教这方面比较专业的朋友等）。

说实话，我个人的经验是，现在对公司分析的难点真不是没有信息，大多数数据在行业研报里都能查到，少部分不清晰的信息可以通过与公司直接交流查证（或证伪），当然如果你有一个投资交流圈，或者专业知识互补的朋友圈，肯定会事半功倍。真正研究的痛点在于了解哪些信息是高价值的，知道如何把这些信息碎片整理成为价值要素，并且直接形成最终的投资决策，这些只能是自己的结论，就算朋友告诉你结论，买入和持有的信心还是要靠自己的研究来支撑。

当然这也与你选取的公司有关，有些公司业务太冷门或者技术层面太复杂，根本搞不清楚。有些公司上下游产业都很生僻，你无法从市场客户推敲其能力和真实性，连初步调研都很困难。对于这种公司我的态度是放弃，个人投资者精力有限，要用在刀刃上。可以坦率地讲，至少我自己是没有任何特殊的信息获取渠道的，所以不用担心这方面的问题，继续专注提升分析能力，这条路不会错，在这条路的进阶过程中感到困难和迷茫也很正常，投资经验需要时间和正反案例的积累，这个是没有办法的。

问题 2：心里有困惑，想请教你像我这种投资小白该从哪些方面下功夫学习价值投资（市场上的研报五花八门实在无从下手），我该从哪里收集那些对价值投资有帮助的信息，你能给我推荐一下吗？另外，国外推崇的价值投资（永远也不卖）在中国需要优化吗？毕竟中国股市牛短熊长是共识。

（1）我不知道你是怎么定义价值投资的，事实上大多数人说这个词的时候可能并不知道自己在说什么。对我来说，价值投资就是企业内在价值、能力圈、安全边际、市场先生和自控力这几个要素的综合运用。至于说你是集中持有还是分散持有，是买入 10 年不动还是择机而动，那些都是表面现象，没有什么标准，是上述 5 个要素不同组合下的外化表现而已。所以你如果就外在的表象去问的话，比如我该集中持有还是分散？该长期持有还是高估就卖出？不同的价值投资人可能回答完全不同，比如涅夫和费雪的回答就会很不一样，因为他们在能力圈上的不同会影响到投资体系和投资价值观的不同。所以价值投资没什么可优化的，它已经是非常完善的了，需要优化的是我们自己对投资的理解。

（2）很多事情我们在问该不该的时候，首先应该问是不是。谁说国外推崇的价值投资就永远不卖了？至少巴菲特没这么说过，你具体去研究一下巴菲特的投资记录，确实有一些公司的股票持有超过 10 年，但也有大量的公司的股票是 1 年、2 年甚至更短就卖了的，而且在一些牛市泡沫期他还大量减持股票变为持有现金。巴菲特的这种方法也只是其中一种路数而已，很多价值投资大师与其交易模式完全不同。但这些都是表象，背后其遵循的投资核心原则却是高度相同的那几个要素。

所以在中国市场也一样，要怎么做需要考虑到不同的要素。比如，你如果 2009 年就拿到了格力电器或者腾讯控股的股票，并且预期到了它们未来的发展，那需要动来动去吗？看起来好像完全不需要，一切波动都是过眼云烟。但前提是你能发现并且坚信这是一个伟大的公司。如果没有这个能力，或者意识到这个判断可能担负着较大的风险，那么根据市场极端状态来进行仓位的调整可能更合理——但因此你可能放跑 10 倍股。所以选择哪个，取决于你愿意放弃什么，总之是没有两全其美的事情。

（3）信息可以从很多地方获取，比如，花点钱购买东方财富的 Choice 终端，或者迈博汇金网大量的研报，一些投资平台也有个人投资者的各种信息汇总。关键是如何处理信息，处理信息需要在你的脑子里有一个分析的模板，把信息分门别类地归纳并且赋予相应的决策权重。这是一个很复杂、很有知识壁垒的工作，别试图抄近路，世界上最近的路就是最难的那条。比如你要学习投资，财务知识你得学，基本的会计语言你得懂。大多数人不是看这个问题有必要学，所以咬着牙去突破它，而是花十几年去琢磨怎么绕开这些麻烦的事情，那结果是什么不用多说了。

说实话，我觉得我的两本书（《股市进阶之道：一个散户的自我修养》《公司价值分析案例与实践》）是个试金石，如果读完了还是觉得没有头绪，完全不入道，可能就说明确实没有投资天赋。这个也不必讳言，就像有人不擅长唱歌，有人不擅长写作或者运动一样，这是必然的，而且会是十分普遍的。我知道好几个朋友可是完全从零开始，但看完后 3 年进步神速的，这个差异是没办法的。

包括努力，其实努力也是一种能力，是高度的自律性。这个其实大多数人也是做不到的。说天赋可能很多人都不服气，但把这些崛起的投资人写过的东西、读过的书摆出来，估计大多数人就服气了。我的天赋可能还算过得去，但我算了一下过去 10 年我写过的投资思考和案例等加在一起，起码有几百万字，这还不算两本书的内容，我用废了的手写笔记本（用来抄写数字和基本逻辑归纳或者发散思考的）起码三本，读过的和投资沾边的书大概有一人高（这真的不算多，因为我喜欢反复读经典）。把这些摆出来，咱都不说天赋的事儿，有几个不服的？所以说，做梦很舒服，付诸行动很痛苦，但只做梦不行动，最终就只剩感叹了。

所以投资看似是选择决定命运，其实没有付出的努力，是不可能拥有正确选择的能力的。这才是投资中最重要的真相。

问题 3：我已经跟水晶老师学习《股市进阶之道：一个散户的自我修养》《公司价值分析案例与实践》大概半年了，基本上可以单独完成案例的分析，但是有一个数据一直是我无法获取的：就是关于某个行业国内发展中的公司与该行业国外已经成熟的公司市场供需规模之间的对比，行业内已经发展成熟的企业的市场规模，对于定量分析是十分有帮助的；例如，案例分析中东方雨虹是国内做防水的，我怎么知道国外做防水的巨头是什么公司呢？这个数据我应该从哪个渠道才可以获取？

信息搜集的基本原则就是广撒网，你想获取任何信息无非就是以下几个渠道：

（1）公司公开文件，其中招股说明书一般会详细介绍国内外竞争对手；

（2）研究报告，把券商的研究报告读几十个，只要不是太冷门的公司，关键的行业性数据是可以弄清楚的；

（3）公司调研、电话或者现场，直接提出还没有人关注的问题，经营细节方面的信息一般通过这种途径；

（4）朋友间的交流；

（5）网络搜集。

比如，你提到的东方雨虹，假设你在前四个方面都没有收获（其实在研究报告里就有介绍过），那么在百度搜索“国外防水行业巨头”，你就会发现“百年防水巨头的成长之路”等文章，介绍了典型海外防水行业巨头的发展路径，由此可以与东方雨虹正在做的事情做一个对比，看看方向是否正确。再比如，你输入“世界防水材料”，可以搜索到一篇“世界各国的防水材料分析”——里面不但有防水材料发展演变的技术性讲解，也提到一些著名公司的名字，由此你可以继续再以这些公司的名字作为关键词继续搜索。如果你愿意更换别的关键词，想必还会有新的发现。

你看，我根据你这个问题其实只花了不到 10 分钟时间已经搜到不少相关信息了，如果再给我 1 个小时，相信可以挖到更多有价值的东西。所以我总说，投资其实好多时候就是巧方法 + 笨功夫。巧方法就是方法论体系，能告诉你什么是重要的信息，如何整合信息碎片形成完整认识。笨功夫，就是自己花时间、花精力去搜集、去阅读、去了解。特别是对于个人投资者，没有研究团队为你服务，一切都是靠自己，所以绝对不能等、靠、要。也没有人给你下达研究任务，一切行动都是自己安排，所以更要鞭策自己。就我个人经验而言，研究上如果有空白，其实绝大多数还是我们自己研究态度的问题。

为什么不等到底部再买入呢

【2018 年 11 月 26 日】我准备在近期分批买入并满仓，但很多目前关注的价值投资者（包括李老师、邱国鹭等）却是早已满仓，并已产生一定程度的浮亏。以我的理解是股价早已脱离基本面，把时间拉长来看，目前的波动只是个小涟漪，进入牛市节奏后会迅速没过亏损。

近期也了解到政策底、估值底、盈利底的概念，这些底都是一个时间区域。当然不预测顶和底、模糊的正确是你一直强调的，但在一定范围内（从大范围缩小到小一点的范围）选择一个赔率更大的时间点不是更好吗？是怕踏空吗？以及李老师对政策底、估值底、盈利底的看法？

对时机的利用当然是必要的，特别是在这样一个波段特别大的市场里更是如此，之前我微博写过两个数据：标普 500 指数在 1956 年至 2018 年的 62 年间，跌幅超过 20% 的只有 1974 年的 -26.6%、2002 年的 -23.4% 和 2008 年 -38.49% 三次。A 股上证从 1990 年成立至 2018 年的 28 年里，已经发生过 4 次，深综指从 1996 年成立至 2018 年的 22 年里已经发生过 4 次，其中年最大跌幅都达到 60%。也就是说，在美股市场几十年一遇的大股灾，我们这里每过 5 年左右就差不多能碰上一次。

但即便在这样的市场里，以深综指为例，如果 2003 年起每次熊市最低点你都能把浮亏控制在 20% 以内，那么，哪怕到了牛市早早清仓了，不幸距离最高点踏空 40%（指数踏空 40% 相当于踏空了个股 50% ～ 100% 的涨幅），最终结果是什么呢？是取得大约 11 倍的收益率。由此可见，善于利用市场的周期是十分重要和必要的。

我们都是凡人，没人能精确把握到底部这是其一。其二，市场是有多种可能性存在的，你现在看到的只是其中一种可能性，可是你在投资决策的时候是要把多种可能性都考虑在内的。你可以测量的是，现在非常低估，但可能性依然有：

（1）继续大跌直到历史极限，甚至突破极限；

（2）在当前低估区域会产生大反弹、大行情甚至是反转；

（3）市场上下持续震荡，但个股出现严重分化。

其实还可能有4、5、6，等等。那么问题来了，你怎么知道市场到底怎么走呢？你是看到10月到现在下跌了，但之前你肯定吗？如果之前你肯定，那么现在请再预测一下后面的走势？另外还存在一种情况。就是市场整体可能确实还不够便宜，但是某些公司由于基本面确实太优秀，增长已经追平了估值或者有一些估值溢价，若放在动态来看，依然非常有吸引力，那么这个时候是继续等市场全面跌透还是买入这个公司？这是一个见仁见智的问题，取决于你对这个公司的信心有多大，以及动态视角下这个公司具有多大程度的低估？

所以说，站在上帝视角里一切都是可以更好的。但是站在真实的世界里，明确的低估才是你能把握的。至于用多大仓位把握它是个艺术性问题，没有绝对。你怕波动，那就轻仓把握，你怕错失机会不太在乎一时波动那就重仓。但你一定不能跌了怕波动，涨了怕踏空，那样怎么做都是错的。其实很多问题，用普通人这个标准来衡量自己就容易得出结论了。就像你说的，要是知道会有10月的大跌，我肯定空仓的。但问题就是“要是知道”这个前提存在吗？

至于政策底、市场底、业绩底等宽泛的概念，我觉得都缺乏准确的定义和衡量标准，可以作为宏观轮廓的不同角度模糊的感受，但不宜作为核心的判断依据。

公司的规模效应怎么识别

如何从财务上、业务上识别规模效应的出现节点？当然规模效应还应结合企业的经营阶段作为参考，已到天花板的企业规模效应并无太大意义。另外，规模效应似乎还与市场的空间、市场的可集中的特性以及企业本身的无形资产（比如，强客户黏性）有关系，在一个广阔的市场空间内（存量、增量并存），如果具备可集中的特性，似乎企业更易产生规模效应。想法有点儿乱，麻烦老师帮忙理清上述这些概念之间的逻辑关系。

规模效应的本质是随着经营规模的扩大，企业的盈利出现明显超越营收规模的超额增长。也就是一个公司营收 1 亿元时净利润率 1%，只有 100 万元，当公司营收 10 亿元时其净利润率可能达到 4%，就是 4 000 万元，从营收来看，规模只增长了 10 倍，但盈利却增长了 40 倍。

这背后的原因是，这种公司的经营需要很高的固定成本。比如，先期投资建厂 5000 万元固定资产，若年产 10 个产品，每个产品收入 1000 万元，总收入 1 亿元，但每个产品分摊的固定成本是 500 万元，简化环境下计算毛利率是 50%。如果需求景气，这个厂的产量实现满产的 80 个产品，即便每个产品的销售价格下降到 700 万元，其总收入也会提升到 5.6 亿元，而单位产品分担的固定成本却下降到了 62 万元左右，也就是毛利率提升到了 91%。可见，不但规模提升能赚取更多的收入，更让单个产品的盈利能力出现暴增。

这种情况我们经常在汽车制造等重资产、固定成本高的行业见到。固定资产和总资产周转率的高低，往往直接决定了这种公司净利润率的高低（这与轻资产、低固定成本类公司截然不同）。所以行业一旦景气，就是规模 × 利润率提升的双击，一旦行业景气度下行就是双杀。

除此以外，能否规模化也与生意特性相关，行业壁垒过低（通常是同质化太严重、缺乏技术和资金壁垒、入市门槛过低）经常导致规模不经济，比如理发店，你开 100 个连锁理发店的成本未必就能低于一个个新开的小理发店，这种模式很难靠规模去清理市场，市场始终处于散乱状态，也就很少见到规模化的理发公司（为了维持庞大的理发师队伍说不定还得付出更高的成本，类似的还有保洁、美容行业等）。

对于一个公司来说，规模化要和其他要素结合起来看。比如，标准化大生产是利于规模化的，但如果同质化太严重，壁垒太低又不利于规模向寡头聚集；具有地理运输限制的生意容易产生区域规模龙头（比如玻璃、石膏板等），但缺点是规模化的效率很低（需要一个区域一个区域的收割）。

规模效应变动的节点一般有两种：一种是景气度的波动，另一种是由于创新产品或者创新商业模式深刻改变传统市场格局（比如，互联网平台对保洁市场、自行车租赁市场等的改变，更早的比如苏宁对家电销售渠道的集中）。所以观察这类公司一方面是重点关注下游景气变化对固定资产周转率等的影响；另一方面是观察其有无能力改变市场格局，大幅提升市场壁垒的模式创新。

投资指数基金到底能不能融资

【2018 年 10 月 17 日】简单介绍一下我的情况，1979 年在上海出生。资产情况：目前上海中环内两套房子，市值约 1 400 万元，其中贷款 200 万元。现金 240 万元，已分批买入中证 500、沪深 300、中证传媒、全指医药、H 股 ETF 等指数基金，仓位 75%，再跌 10% ~ 15% 就准备全押进去了。目前亏损控制在总仓位的 7% 左右（亏损较小得益于 2016 年年初定投 H 股

ETF 带来的收益）。家庭情况：一女一子，分别为 4 岁和 2 岁，太太为全职妈妈，家庭开销 5 万元 / 月。收入情况：工薪族，年收入税后约 50 万 ~ 70 万元。有一“搬砖”副业，每个月需要耗费 50 ~ 70 小时的业余时间，平均可获得 5 万 ~ 8 万元。这个收入水平在 2 ~ 3 年内可以维持。

我想问的问题：由于长期关注股市，深刻知道现在处于历史估值最低区域，同时也深知自己没有选股能力，所以咬定了指数基金定投，从 2016 年年初定投 H 股 ETF 开始，坚持到现在，对自己的坚韧和执行力还算有信心。无奈感觉本金太少，靠这些本金实现自己的财务目标感觉很困难（50 岁前固定资产 2 000 万元，流动资产 2 000 万元），所以萌生了融资的念头，为此，我做了两件事情：

（1）一年前平安证券在雪球搞活动时开了 5.88% 的融资账户，把当时在华泰定投的 ETF 资产转移到了平安证券；

（2）指数基金尽量买场内的，为了将来可以做担保品。当时的想法和计划是：如果优质指数基金，比如中证 500，医药股跌到了历史大底，打个比方，指数基金年化收益率可以有 18% ~ 20%，而融资利息只要 5.88%，指数基金又是个不会消失的品种，指数基金的底相对个股来说可以测量，我为什么不用呢?

现在有两个问题需要面对：（1）爆仓风险；（2）利息。

解决这两个问题：

（1）买得足够低，不要满融，打个比方我就只融 150 万元，是否可以降低爆仓风险?

（2）只要我继续工作 + 副业，现金流完全可以覆盖住利息。

我发誓只用这一次杠杆。大底在眼前了，可是看到雪球网上到处都是爆仓的前辈，也看到你所有的文章里再三强调：不要融资，连开户都不要。我想

> 请李老师点评一下我的计划可能在哪里出了问题？可能会“死”在哪里？指数投资到底能不能融资？如果可以融资，退出机制如何设计比较好？万分感谢。

根据你的情况整理如下：

资产负债表：1 400 万元房产 + 流动资产 240 万元，负债 200 万元。

现金流表：薪资 60 万元上下 + 额外工作 60 万元薪资（可持续期 2 ～ 3 年，月收入 5 万～ 6 万元），每月现金流出 5 万元。

财务目标：未来十年达到总资产 4 000 万元左右，其中流动资产不低于 2 000 万元。

你现在 39 岁，以上面介绍的情况来看，房产现在 1 400 万元，虽然房价泡沫较大，但上海中环内的房子 10 年后考虑折旧和合理估值后应该还是值这个价的，两套房子应该价值 2 000 万元左右。目前你每年的薪资就有 60 万元，但现金流出基本是刚性的（如果考虑其他支出，现金流出应该还有可观的提升空间，当然这个需要根据现实情况进行调整），每年留在手里的钱没有多少。副业收入非常可观，但可预期的也就是 2 ～ 3 年，对于长远财务目标贡献不大。

所以，你现有的 240 万元的增值情况对于实现财务目标就显得至关重要了，相对于 10 年 8 倍的预期收入，需要年复利 23% 以上。首先假设以前的证券市场收益率状况可延续，那么以中证 500 为例（这是过去十年收益率非常靠前的综合指数之一），在 2008 年最低点附近到 2015 年最高点附近，是 7 年 7.3 倍的收益，复利 32%，沪深 300 医药和沪深 300 消费在过去的 2011 年到 2018 年年中的复利是 20% 左右。所以从长期而言，在极低估值区域的投资收益确实是很好的，但具体能有多好，还取决于两个关键要素：

第一，是否在合适的时间出现大牛市；

第二，是否能在大牛市的高位区域成功撤离。

所谓合适，是不长也不短，时间太长比如 10 年后才来，在长期震荡市里，宽基的收益率就不容易好。时间太短也不行，比如明年就来个大牛市，那只是估值的单击，缺少了利润基数的双击。通常来讲，5 年左右出现是很不错的（利润基础翻 2 ~ 3 倍，估值翻 2 ~ 3 倍，直接资产加零），当然这里有很多运气成分。但从总体来说，10 年期的投资目标是可以期待到这个级别的“魔法时刻”的。所以综合来看，10 年实现你的目标的概率还是比较大的，运气好的话可能超额或者提前完成。

杠杆问题，对大多数人来说，最好就是不要碰，因为碰了以后有很多你意想不到的因素会出现，包括你过高地估计了自己的承受力、还款能力，过低地估计了市场的复杂和悲观程度。仅以这一次为准，下不为例的话，以你目前的情况来看，关键的因素是你的 60 万元年薪的副业是否高度可靠（至少 2 年之内），如果是，那么你的现金流确实很强劲，而流动资产确实偏低，分散几个指数不容易出现黑天鹅事件，在这个市场接近历史最低估值的时刻，稍微挪用一下未来 1 ~ 2 年的现金流以捕捉这个时间窗口，是一种合理的选择。

但是，要把一个东西运用到攻击力极限并不难，难的是运用这个东西永远不会伤害到自己。从安全角度考虑，严格控制杠杆比例是最重要的，出现超出预料的情况要有止损的决心和执行力。其实就你的情况而言，仅当前情况下，严格控制好杠杆比例风险和设定清晰的止损界限，风险还是可控的。但从长期来看，所谓的“下不为例”基本都不大可能，只要这次尝到了甜头，思维深处就会把杠杆作为永远的选项之一，未来的某个艰难时刻，或者你眼中的黄金满地的时候很难不再次打这个主意，那个时候是凶还是福，就不知道了。

所以坦率地讲，严格控制杠杆比例，并且只在极端悲观区域用一下，其实能带来的超额收益并不会那么大。而凶猛的高杠杆虽然在超额收益上立竿见影，但就会让自己立刻暴露在突然“死亡”的极度脆弱状态之下。这两者之间的完美平衡是不存在的（比如，你的退出机制如果是从极端到合理，其实收益并不会很多，如果是拉长到牛市，那么中间的大幅震荡波动就很可能造成巨大风险）。从更长期来看，杠杆成为一种习惯或者经常性的选项，本身就是让人生风险上升 N 个级别的行为。

所以这个问题要看站在哪个层面来看。具体某个案例或者某个当前情况，可能认为用上杠杆没有问题。但放在人生风险级别的层面和长期投资，扫清一切可能危及持续性和高可预期性的层面来看，就是另外一种结论。所以用还是不用，用到什么程度，取决于很多个人资产和现金流情况的现实变量，也取决于快还是稳的价值取向，没有标准答案，也少有两全其美的方案，这个主意还是需要自己拿。

本金太少时该怎么办

当资金量小的时候（比如，资金量在 10 万元以内），能否详细谈谈多只股票该如何进行取舍（我现在同时关注 5 ~ 10 只股票），有没有一些可以参考的常识和理论？总想着能获得暴利，组合太分散了，投资的弹性就会不足，但太集中了又怕碰上黑天鹅，因此犹豫不决，或许能力到达一定层次后也就不会出现这种问题了？

（1）取得高收益的关键，一是不要大幅亏损，二是可持续期长，三是高弹性。其他两个不谈，对于小资金而言，高弹性确实很重要。但更重要的是思考高弹性的来源，要么是业绩超高增长，要么是估值超额修复，要么是运气超好（比如，赶上顺丰借壳上市那种突变）。通常而言，这种高弹性的投资机会不会太多，估值修复往往是需要大熊市馈赠给你的机会，借壳上市的机会基本靠运气，这两者都是被动的。对主动投资人而言，找业绩超预期增长还是主要工作。

（2）小资金对弹性的要求确实更高，由于高弹性投资机会客观上不会太多，所以集中持仓是合理的。但集中不代表全仓一只股票，除非你发现改变人生级别的大机会。一般来说，3 ~ 5 只股票都算是集中投资，具体到个人还是要看对投资对象的判断。你认为几只股票把握得差不多，这其实不是一个好兆头。在我的个人经验里，如果面对几只股票我基本都会有明确的取向，有的是感觉一旦成功，弹性巨大，但确定性可能弱一些，有的可能是确定性极佳但弹性没有那么高，有的两者兼具但估值不理想等。

（3）根据不同对象的特性，才能合理地搭配组合。比如，确定性高、收益合理的可以充当后卫，确保起码的收益，风险略高但弹性十足的用来进攻，各方面都很好但估值贵的可以配置一部分等待机会。所以，感受到不同对象的差异，是理性配置的前提。这其实还是回到了投资的根本源头，你得懂你投的是什么生意？它预期的合理区间和上下沿各在哪里？它是概率出众还是赔率过人？如果你只是泛泛地“看好”而没有定性上地了然和基本的定量范围，那其实怎么配置都是错的。

（4）你的关注面其实远远谈不上太宽，因为投资是一个选择的过程，而更好的选择往往需要一定的覆盖面才行。我自己以前虽然经常只满仓 2 ~ 3 只股票，但这也是从 20 多个观察仓里选择出来的。现在考虑到组合的稳健性，通常会配置 8 ~ 15 个不同赛道的公司，观察的范围自然需要扩得更广。具体的取舍，其实不在于你观察了多少个公司，而在于你是否形成了一套稳定的投资体系和决策指标，这套指标越清晰你就越能干净利落的做出决定，哪怕是面对数千家公司也可以，只要精力够。

（5）对你的资金量而言，我觉得 3 ~ 5 个都可以，不在于多两个少两个，关键是所有配置的对象都必须符合高弹性的特征。另外不建议全仓 1 个，心理压力会很大，错的成本也太高。3 个左右不会减弱弹性，而且降低了黑天鹅的概率。但集中持仓你必须有一个觉悟，那就是你必须做到对这些公司有极其深刻的认识，要远远超过市场的普遍认识，并且一定要确保价格具有安全边际，否则高弹性的另一面是高波动，高不确定性则隐含着高损失。

说实话，我觉得你目前的资金量确实太小，在这么少的资金量上花费太多精力是不值得的，如果为此耽误了学业或者职业机会就会更可惜。尽量提升自己创造现金流的能力可能对你而言更重要，特别是你如果还很年轻的话，更是如此。

如何准确衡量底部

你在书中及微博中都提到几种预期下怎样测算业绩及估值，在微博中说到检验自己对一个公司的认识是否准确，很关键的一条是看自己对于其底部的判断是否准确。被短期负面信息冲击而中长期预期有强大托起的底部，是优质赔率容易出现的地方；相反，被长期趋势牵引并有短期信息托起的底，往往下面还有“十八层”。顶部往往是靠蒙的，底部却是可算的，如果计算和实际偏离太大，要小心定性、定量都出现了大失误。因本人理解还不是太透彻，想再听老师详细说明一下在公司悲观预期下，底部业绩具体如何测算？能举个实例更好，谢谢。

底部的判断涉及两个要素：一个是公司的业绩底，另一个是公司的估值底。

业绩底取决于经营环境和变量的假设。这里关键的一点在于，很多生意根本就无法假设，或者说确定性太低。比如，一些化工原材料类的，你得预测未来1年的大宗商品价格波动区间，这个可能吗？有这本事直接就去做期货了。

所以，业绩底只适用于经营的确定性很高的公司。确定性来自哪里呢？最重要的是需求和壁垒两端：需求清晰可测，壁垒高不可攀，这是最确定的。这两点越是模糊对于业绩底的判断就越要留有余地。再就是找到会计中最关键的指标，落实到毛利率、费用率、坏账存货减值等一系列对当期业绩来说最重要的会计指标，根据你目前掌握的公司经营动态（收入增长情况、成本变化情况、费用投入变化情况等）来合理推断其业绩区间。至于要多悲观，取决于你希望安全边际有多大。这有个合理的尺度，因为设定得太乐观容易受挫，但设定得太悲观了恐怕也会错失机会，这个度很关键，是经验，也是你对这个公司认识深度的反映。

估值底也特别关键，取决于你对这个公司的定性是否准确。简单来说，它是定性为成长股还是成熟期的价值股，同一个公司在不同阶段估值就会差很大，周期定位错误估值底就错太多了，大亏往往都是这个原因（同样，错失掉大机会也是如此，当然没人能不犯错，相比之下避免大亏的错误是第一位的，宁可错过，也不做错）。

根据生意特性判断其是估值溢价还是估值折价，可以再去看看《股市进阶之道：一个散户的自我修养》关于 DCF 三要素那章。有时候市场阶段性定价紊乱，定价经常与 DCF 三要素完全相反而且还涨幅很大，但基本上你长时间观察后就会发现其还是要回归本来面目。

再一个就是多了解国内外相同、相似行业在不同生命周期下的估值区间历史，了解得越多越容易掌握一个基本的区间，如果定价偏离这个区间太远，要想想为什么？是否因为错误定价，还是这个价格包含了自己忽略的重要信息？

我之前说被短期负面信息冲击而中长期预期有强大托起的底部，是优质赔率容易出现的地方。相反，被长期趋势牵引并有短期信息托起的底，往往下面还有十八层就是一个综合判断的问题，定性公司的趋势性经营走向是最关键的，利用短期的利、多利空造成的股价波动，来与这个趋势进行对比，看偏离得是否足够大？与其历史估值区间或者行业估值区间进行对比，看其短期逻辑是否已经充分演化？

总之，这是一个中高级技术含量的活儿了。

指数投资的加减乘除

问题 1：前段时间你说长期进行指数投资会战胜大多数投资者，我想问你从长期来看，如果进行指数杠杆投资比单纯地进行指数投资会不会有更好的收益呢?

我们先回到最简单的指数投资模式：指数定投，假设每个月定期投资，这是多位投资大师经常推荐的。这里的假设是，国家经济长期向上，而指数代表了经济体中最有活力的公司组合（并且还会不断新陈代谢），定期投资（假设是每个月）代表普通人没有判断市场波动的能力，所以定期投入相同份额的指数基金，至少可以获得市场波动平滑后的一个平均回报。

指数定投者为什么能赢过八成的普通人呢？因为那八成人不觉得自己普通，所以不断做加法：比如到处挑选公司，比如不断预测市场的涨跌和波动，这些人中的 90% 以上会最终把加法做成减法，不但没有获得超额收益，反而跑不赢市场的平均回报。

那么指数投资有没有加法呢？也是有的，最典型的一个是横跨不同市场进行各类指数的择优，相当于大类资产配置；另一个就是择时，比如在市场低估的时候加大基金投资力度，市场泡沫的时候减少投资甚至是离场。既然是加法，那效果就取决于能力——你判断资产优劣的能力，你判断市场高低的能力。加法做得越精细，对能力的要求就越高。所以在能力足够的情况下，加法的指数投资肯定能战胜普通指数投资，但如果能力不够把加法做乱、做反，那还不如老老实实做最简单的。

杠杆就不是加法了，是乘法。显而易见的是，如果在能力足够的情况下（比如，实践证明加法做得很好），那么杠杆当然可以在更大程度上扩大胜利果实。

同样公平的是，如果能力不足，那么乘法也会极大地放大错误。而且杠杆投资还有其他风险，比如一般投资或者加法投资遇到黑天鹅事件的极大波动，死扛其实最终是可以扛过去的。但杠杆就不同，首先杠杆是有成本的，成本高的话会影响到现金流，最终你可能扛不过严冬，即便知道春天就在前面。而且杠杆很多是有强制平仓条款的，触发了强制平仓，那就不是你愿不愿意扛的问题了，而是失去了等待的机会。所以你得知道，既然是乘法，那就有乘到零的风险。

所以这事儿不是不能做，是要看谁做，要看怎么做，也要看是什么样的杠杆，这几个条件组合的任何不同，都会导致结果相差极大。

问题 2：巴菲特多次推荐投资指数基金，认为长期收益可以轻松超越多数的基金经理。我自认不可能成为杰出的投资者，也不愿意淹没于无休止的研究中，费力不讨好，还不如长期投资指数基金。请问老师：在 A 股市场，长期持有指数基金可以超越多数的主动型基金吗？巴菲特的判断在 A 股市场成立吗？

对于绝大多数人而言，长期投资指数基金都是一个很好的选择。

以过去 5 年来看（2013 年 3 月底到 2018 年 3 月底），沪深 300 指数的收益率为 56.2%，这个成绩在公募基金股票型基金（733 只）过去 5 年的收益率里，目前排在 156 位，大概是前 20% 出头的样子，跑赢了 80% 的公募主动性基金。而且沪深 300 指数只是指数中很平庸的一个，比如景顺长城沪深 300 增强在这个区间获得了 140% 的收益率，可以排在前几名了。

由于这个区间正好是以大盘股最低位为起始点，所以有好几只上证 50 指数的开放式基金收益率都超过了 100%，即便是起始点较高位置的融通创业板指也有 82% 的收益率，国投瑞银消费指数在 95% 左右，国泰食品饮料 107%，等等。这些指数还不是优选的，也没有经过任何策略调整（比如，根据估值偏离度进行仓位优化），过去5年收益率都可以在股票型基金里排在前50名，在私募基金的5年业绩里也排在100 ~ 200名之间（但私募基金的数量高于公募基金产品，所以其排名的相对位置可能比公募更靠前），所以可以认为优秀的指数基金即便相对于专业的主动基金来说能排在前三分之一的位置，若考虑到长期亏损率高达80%以上的散户普遍是自己炒股，那更是赢在起跑线上的一种选择。

至于美国的类似数据统计就更多了，基本上以10年期为例，美国90%的主动型基金都是跑不过几个主要指数的。当然这里有一点比较特殊在于，中国的A股市场虽然长期有效但中短期内确实经常出现严重偏离价值的波动，也就是有效性相对还比较差，这其实对于成熟投资人而言提供了比成熟市场多得多的主动投资机会。也正因如此，从目前的实践来看，主动投资的成绩还是很容易超越指数的，当然这仅是对于优秀的投资人而言。但指数投资也要认识到以下几个问题：

（1）指数投资是一种低风险和平均化的投资策略，它的低风险和平均化会降低波动，但也会对冲收益。你配置得越广泛，覆盖的指数特征和市场类别越多，你的净值可能越稳定，但也越不容易出现净值的暴涨，在风险被对冲掉的同时，收益也是如此，当然长期而言，只要配置的都是低估的指数总会轮番贡献收益。所以指数基金一定要立足于长期的稳健增长目标，不能寄希望于暴富。

（2）鉴于指数高度分散构成的特点，如果是出现一个时间跨度很长的区间震荡行情，那么最突出的将必然是精选优质公司的主动型投资人，指数投资（特别是宽基类）有很大概率会几年内都颗粒无收。这可能是指数基金最大的风险之一，要知道在美国也曾经出现过主要指数在十多年里止步不前的情况，而以巴菲特为代表的优秀主动投资人则更是在此期间大放异彩。

（3）至于定期投资或者根据估值数据表进行择时的指数投资，属于择时策略上的技术性问题，但在本质上其实与股票投资的择时没有什么区别。也正因如此，这类指数投资的操作策略同样会对投资人的耐心和忍受力有巨大的考验。市场跌得狠的时候不敢下手，或者天天等着市场跌到可以买几份的位置，但市场就是不跌，反而转头上涨了，这些都很常见。指数投资可以降低选股的麻烦，但同样要求对于市场估值冷暖有敏锐的感觉，并且同样需要强大的逆向行动能力。

所以指数投资策略在 A 股是成立的，最普通的长期投资也可以超越大部分主动基金和绝大部分散户，如果在此基础上做些策略的优化和指数的精选，还可能有更好、更多的超额收益，相对而言，这种优化也需要相当的专业知识和强大的执行力。

应对不确定的风险

如何建立一套行之有效的风险控制策略来控制因均值回归形成的永久性损失风险。你能不能给讲一下你是采用什么策略去应对未知风险，或者是怎么去前瞻一些显而易见、但又不确定什么时候将发生的重大风险呢?

关于如何防范重大风险，首先要确定什么是风险？简单讲风险分为以下三种：

（1）股票买错了，还买贵了。结局是双杀，也就是你提到的永久性损失。

（2）股票买对了，但买贵了。时间可以熨平创伤（我曾做过一个统计，在 2015 年大顶部两年后，确实有 10% 的股票创新高了，甚至有近 4% 的股票涨幅超过 50%），但第一要承担较大的不确定性，第二会明显降低复合收益率，但总体来说不算失败。

（3）重大机遇来临时，没敢下重手。导致巨大的机会成本，这个与本问题无关，这里不多说了。

所以从上述来看，要想避免永久性资本损失，第一要务是必须买对。什么叫买对？书里的“对象、时机、力度”一章里对“对象”有过详细的阐述。概括来讲就是公司的经营态势一定要是向好的，未来的R，N，G具有趋势性的提升潜力，特别是其生意本质较好，容易形成经营壁垒，至少在3 ~ 5年的周期内，时间是它的朋友。只要做对这一步，最差的结果是平庸的收益率，而不会面对永久性资本损失。当然由于能力局限问题和预防“黑天鹅”事件，需要设计一个组合来降低个股风险。

在做好“对象”的基础上，进一步再考虑“时机”的问题。好“对象”，一般的“时机”，给予一般配置；好“对象”，好“时机”，给予重点配置；好“对象”，差“时机”，轻仓或者不予配置。这些书中其实都有解决方案，但难点其实不在于技术层面，而是人性。

就像你也说了，其实很多重大的资产风险，并非那么难以识别，有些甚至是显而易见的（比如2015年中的股市）。但难点就是我们还是不知道它什么时候会回归，甚至在牛市的末端其上涨也是最为猛烈的，很多时候足以摧毁绝大多数人的理性。很多人每天都赚得比你多，你郁闷不郁闷？

所以这个问题需要从战略和人性两个角度去解决。从战略角度而言，牛市泡沫期是涨幅最猛的，但也是风险极高的，这部分钱其实不好赚。最好赚的是熊市底部到牛市初期这段，也就是我说的“明明白白赚大钱”的阶段，这个阶段一定不能错过，其实是利润最丰厚而且风险最小的。这段“吃饱”后，差不多是牛市沸腾期了，这个阶段就别再以收益率为第一目标了，而是要主动降低预期，降低权益资产。但也不能空仓，可以逐步降低仓位，降低到两成左右的仓位并优化为最优组合后，就此不动，一直持有到熊市确认（就算跌五成才确认，总收益率不过回撤10%）。

这个阶段颇具艺术性（什么时候开始减，分几个步骤，都不是呆板机械的，确实要根据具体情况和个人的敏锐程度来定），也有很大的运气成分，但总体战略是清晰的。赚大钱的阶段其实根本不靠泡沫期，泡沫期只是锦上添花而已。

从人性而言，要对未来抱有敬畏，对历史保持记忆，要与“不理智者”保持足够的距离。我们要勇于在较大的机会区域承担短期的风险。而在大风险区，也要勇于放弃眼前的利益，第一个“勇于”决定你能不能赚到，第二个“勇于”决定你能不能把赚到的钱留下。

这些不是技术层面可以解决的，而是一个人的品性决定的。投资最艰难的，就是你保持理性时却备受现实的嘲弄，那时谁都会有巨大的压力，投资大师们也不例外，只是程度上的差异而已。但只要你是对的（注意，理性并不必然带给你正确的判断，理性只是正确的前提和必要条件），一个完整的周期下来，你一定是大赢家，这个时候曾经经历过的所有艰难困苦都会成为你未来更加理性坚韧的支撑。所以说，投资知识有一部分是可以通过学习获得的，有一部分则必须是从经历中获得。因此，这行真的是“越老越吃香的”。

最后，别忘了“与趋势作对你很难发财，与均值回归作对你很容易破产”是不能分割的攻防一体。仅仅看到风险还不够，毕竟我们不是靠做空赚钱，更重要的是发现大机会的眼光。而且，当你能看到多种机会的时候，自然也就不会完全纠结在一种资产或者一个机会上而寝食难安了。

有关择股的量化指标问题

（1）你买入标的时看不看市净率这个指标？市净率达到多少就算不低了？你买入成长股或价值股这类周期股时，对市净率要求是不是不一样？分别达到多少你就会下手？到多少你就会卖出？

（2）你选择标的时会不会有市值考虑，文中所指“30 倍 PE 以下买入定律”是不是指中盘股甚至大盘股。对于小市值成长股（100 亿元以下甚至 50 亿元以下）你买入指标是不是要放宽点儿?

（3）目前这种弱势行情，30 倍 PE 以下的成长股基本没有，有的话都是不增的、低增的或增速下降的。这几种标的似乎也不值得投资。那么增速超过 30 倍的基本都是 PE 为 35 倍及以上的，李老师，这种情况你认为是不是只有“等”这一条路可走?

首先，我得说明一下，你很想得到一个标准化、量化的估值指标，这几乎是每个投资人都曾有过的阶段。可喜可贺的是，你已经进阶到这个阶段了。不过遗憾的是，你最终会明白这个阶段的探索是浪费时间，估值没有量化指标，没有万能指标，没有标准化体系，你若越早明白这个道理，就能越快进入下一个阶段。

坦诚地讲，我没有筛选股票的黄金指标，那种用几个指标一组合筛选一大堆好公司或好投资机会的期望，估计是小说看多了。筛选的指标越细，漏网的可能性就越大；相反指标越粗，排查的工作量就越大，这是不可调和的矛盾。在筛选条件上，每个人习惯不同，我知道有投资高手专门统计特定形态技术指标的，然后再看业务；也有投资高手根本不做任何筛选指标，就是先选择大的、有前景的方向，再一个个用心研究细分行业有特点的公司，具体方法都不一样，有效和适合自己才是最重要的。

然后，我想说明的是，我一般喜欢看长期连续性指标，比如收入的增速连续 3 ~ 5 年达到 20% 以上，加权的 ROE 在 15% 以上的，如此筛选出来的公司往往市场需求的连续性好或者公司有独到的竞争优势，生意模式也不错，值得长期关注。但缺点是容易漏掉刚崛起增速没有满 3 年的好苗子；有时为了选择有投资机会的公司，会加上一些区间估值或者涨跌幅的限制，比如 TTM 估值低于 30 倍 PE 的，某个区间的跌幅较多，或者涨幅较低，这样容易找出一些被市场冷淡的对象，但缺点是会出现良莠不齐的现象。相对来说，逆向投资更看重低估，所以筛选上可以更侧重绝对估值低、区间大幅下跌的指标。成长股投资更看重素质，所以多侧重于反映经营素质的指标。当然，以上都是原则，可以根据自己的需要进行调整——这也是最重要的，知道自己要什么，然后再去找相应的指标，而不是反过来。

（1）市净率（PB）一般是需要重视的，但并不能说一定要多少才算高或者低，一切要结合具体标的的生意特性和发展阶段来看。一般而言，轻资产类、高利润率类生意 PB 可以相对高一些，周期性强、重资产、低利润率类生意相对低一些。如果说有一个绝对的衡量指标，那就是 ROE（净资产收益率）。因为 PB=PE × ROE，我们由此可以有以下的认识：

从 PB=PE × ROE 这个公式来看，当 ROE=8% 的时候，即便 PE 是 35 倍，但 PB 却只有 2.8 倍。若公司能够持续成长，ROE 提升到 25%，则届时的 PE 在 25 倍的时候，PB 却反而提升到了 6.25 倍。由此可见，PE 反映的是预期溢价，而 PB 反映的是资产溢价。通常预期的反映远早于 ROE 的实际变动，而 PB 则相对同步或者滞后于 ROE 的变动。

以上还可以理解为，ROE 本身的变化趋势是估值的核心要素，估值的最大奥秘不是对指标的简单加减乘除，而是对企业未来盈利能力的前瞻性判断，是对公司经营阶段的准确定性。所谓模糊的正确，其实就是具体的 PE 和 PB 可以相对模糊（或者说可针对性分析），但 ROE 的趋势性判断一定要正确。

高 ROE 是公司盈利能力的体现，又高又可持续的 ROE 是公司强大竞争优势的体现。对这么好的公司，绝大多数情况下市场必然给予资本溢价，也就是较高的 PB。如果一个高 ROE 公司出现很低的 PB，你要想想为什么？有可能的原因：市场是傻瓜；公司的本质是强周期且当前处于盈利高峰的拐点。这种矛盾偶然会发生，但通常而言，高 ROE 与低 PB 本质上是矛盾的。

（2）市值会作为一个比较次要的要素考虑，但不同生意的市值是不可比的。卖牙签的和卖房子的，前者 2 亿市值可能已经到头了，后者 200 亿市值可能才算刚起步，怎么比？所以最重要的是公司当前市值，与其生意规模相比所处的位置。

另一方面，如果相信未来中国经济规模将超越美国，与之匹配的资本市场里必然会出现大量的千亿级公司，所以目前对于A股公司的市值不用过度担心。何况，看看腾讯、阿里巴巴和苹果，那么大的市值还在飞奔，所以公司所处的市场规模和优势比静态市值重要得多。估值也是如此，并非市值大估值就低，很多几百亿市值的公司，理应比很多几个亿市值的“仙股”估值高得多。

（3）我不认为你的观察是正确的，有空的话你可以做一些数据统计。以我的观察来看，30倍以下的PE成长态势比较好的公司还是可以找到的。当然若找不到的话还是等待为好。其实就算找到了，执行完买入动作后，仍然还是长期的等待，所以说等待是投资的常态。

另外，并不是说成长股就自然对应30倍PE，再次重申：不同属性的生意不可简单类比。从A股的大部分公司来说，生意属性并不出众，30倍PE其实是偏贵的，除非这个公司未来业务规模会有5 ~ 10倍的增幅，公司竞争优势强，业务发展的确定性高。若公司现金流好且能实现并维持较高的ROE，当前PB尚不高，这种情况下，30 ~ 40倍PE也可以选择（一旦判断失误，就容易造成较大损失，属于高手动作）。

如何发现好的投资机会

想请教你平时是如何获得潜在研究目标的，这个问题让我很头疼，感觉效率比较低，经常是连续十几个公司都很快被排除，没有一家值得细看，相当于好几天甚至十几天的时间都没有产出（倒不是说一定要找到值得下手的公司才叫有产出，我认为能找到值得深入研究的公司哪怕最后放弃也是产出，因为深入研究的过程能让人成长）。请问你平时是如何给自己的研究工作输送“弹药”的?

其实对于个人投资者来说，这确实是一个难题。机构投资在这方面就比较有优势，研究团队能铺开很广的关注面，而且各种路演和调研、电话会议也特别丰富，更容易接触到投资机会。个人投资者显然很难从广度上去比拼，因此我也曾思考过如何应对这一局面，我目前的思考结果如下：

（1）还是要有一个比较高效的研究交流“圈子”。圈子一定不能大，大与交流深度成反比。而且这个圈子里的人要有高度相似的投资价值观，但投资的具体口味和能力圈最好有所互补。这一般是多年沉淀下来的一些朋友圈，由于都是资深投资人不太容易犯低级错误，经过这些人的第一轮筛选，一旦拿出来交流的时候往往效率很高。这种圈子能大幅提升个人投资者的挖掘效率，但总之还是被动的。

（2）要聚焦在高价值的领域。从主动性方面，正是由于个人投资者的精力和视野有限，我们就更要把精力聚焦在高价值的领域。由此我经常会做一些更宏观的思考，比如过去几年最大的机会来自哪里以及为什么？未来几年最确定性的大机会来自哪里？通过这些比较宏观的思考，去看一些相关的行业研究报告，看看有没有比较好的切入点。这种思路的核心是捕捉战略级别的机会，也就是一旦理解了这种机会，可能买入后至少 3 ～ 5 年都会作为主要持仓（除非出现大级别的泡沫）。这是个人投资者的一个优势，由于资金没有机构那么庞大，也没有短期排名的困扰，所以能够做一些更长期的决定。一旦这个方面做好了，其实你会发现根本没有必要频繁寻找新的方向，一个真正的好方向就能持续好几年（而且这种模式能让投资变得更加从容轻松，不影响生活质量）。

（3）关注随机出现的机会。这种情况主要是在上面那种机会不太饱满的时候，可以以逆向投资为核心思路去挑挑市场里的“便宜货”。毕竟大部分时候市场有热捧的对象，也会有被冷落的对象，虽然这种对象可能无法满足好生意、好公司的要求，但很可能有一个相当不错的好价格。这种公司在素质上无法和真正高价值的公司相比，但可供挑选的数量却很多，一旦出现很好的价格，只要你能确认其经营状况是向好，甚至能看到其还有一些积极的改善，那么往往短、中期的收益率并不次于好公司。比如 2015 年上半年我买过的劲嘉股份就属于这一类，平淡但是稳定而且不乏改善因素，价格十分便宜，买入后没多久就翻番了。当然这种股票一般是替补性机会，偶尔出现机会，操作一下有奇兵之效，如果当作主战场是得不偿失的。

所以我的思考结论是：个人投资者不要试图去弥补广度和效率这个短板，这是方向性的错误。我们要聚焦在高价值领域，符合这种特性的机会其实不多，我筛查下来也就是 2 ~ 30 个长期关注的——你说的十几天都没有产出太正常了，要是十几天都就挖掘出来一个就太不正常了。当然具体有多少能看懂，这与能力圈有关，但就算这样，里面能真正理解 10 个并且有 5 个出现好机会，就够一个投资人 3 ~ 5 年周期的迭代了。

准确地预测短中期的业绩有可能吗

我认为公司估值反映的是公司中期的前景。在估值水平稳定的情况下，股票当年的涨跌通常是与业绩表现（超预期、符合、低于）有关。由于我只投资消费品品牌企业，所以下面说的话都站在这个立场上。我认为好生意、好公司，中期合理估值的股票其实并不难找，我能找出来 10 ~ 20 家企业（比如过往持续增长 15% ~ 40% 之间，现金流好、品牌力强、壁垒较高的生意，估值也在 15 ~ 40 倍之间，PB 3 ~ 8 倍）。问题是，现在到底应该买哪 3 个？哪 3 个拥有最好的机会成本？例如：我在 2015 年预测小天鹅公司未来 3 年的中期业绩可能会有一个 15% 左右的营收增长区间，这个数据主要是依靠以下几点判断得来的：

（1）行业的增长率缓慢，在 5% 左右；

（2）小天鹅的营销策略（在我看来没什么特别的）；

（3）海尔和小天鹅的市场占有率的提升空间；

（4）以过往的业绩作为参考；

（5）原材料的价格对成本的影响。

但几年过去，发现我的出错率太高了，本来预测增长 15% 的公司（小天鹅，我没买）反而增长 30% 左右，大大超出预期，导致戴维斯双击。2016 年预测 20% ~ 25% 增长的公司（周黑鸭，我买了）却在 2017 年达不到预期，导致股价滞涨。我现在对预测中、短期业绩已经晕了，已经不知道该怎么判断了（注：短期 1 ~ 2 年，中期 3 年，长期 5 年以上）。

在此，首先谈谈估值这个问题。

我个人觉得估值主要反映的是生意的特性，而不仅仅是中期的前景。比如都有相似不错成长前景的公司，但一个现金流充裕，另一个现金流极其糟糕，这两者的估值中枢肯定是不同的。估值中枢本质上取决于这个公司长期的 ROE 和现金流，因此能维持长期较高 ROE 和充裕现金流的公司为溢价，相反则应该为折价。至于增长情况，可能会阶段性地改变市场预期，从而带来阶段性的高估或者低估，但这种情况出现的时候往往表明较高的预期差出现了，这种市场一致性预期提供了错误的定价和良好的交易机会。

回到你提出的抉择问题，我觉得你感到彷徨是很合理的，因为基于短、中期业绩的精确预测基本上就是这样的，这不是你能力不行的问题，我也不行，我了解的一些财务功底很厉害的朋友对这点同样表现不佳。为什么呢？

因为一个公司的短、中期（比如 1 ~ 2 年）业绩本来就是非常难以精确预测的，市场供需的稍微波动或者公司财务结构的稍微调整（比如当年需求虽然很好，但公司决定加大投入扩张队伍，导致利润可能反而增长很不太好），或者一些偶然性意外事件的干扰（比如汇率变化），都会明显影响到当年或者来年的业绩增长。你如果选股是基于要精确捕捉公司的利润增长，那么估计大概率上你会不断遭到这种困扰——确实有一些公司在特定的阶段能显示出比较清晰的数据范围（比如出现大量预收款，并且收入确认节奏稳定的，或者产品供不应求而新产能将高确定性的在近期投入使用），但大部分从本质上来说是不太可能的。

我以前说过，挑选股票不是基于精确预测短期业绩，那么其侧重点是什么呢？

第一，公司的本质生意特性。你要了解这个公司是不是一个高价值的生意，大致估计它是不是有大级别的增长空间？它是强周期还是弱周期类别的，目前的周期定位在哪里？它是景气驱动的还是高壁垒竞争优势类的？

第二，中、长期的趋势。这个不是技术趋势，而是基本面趋势。最关键的是市场供需格局的演化趋势，以及其内在经营节奏（比如市场布局、产品梯队、产能配合）方面是否与趋势一致。

第三，短、中期的经营态势。与中、长期更侧重外部供需格局演化不同，短、中期要详细评估其经营处于上升期、下降期还是稳定期？其当年和未来 1 年的经营结果是否高概率的向上？向上的弹性范围大概是多少？

把这三方面搞清楚了，就得到了模糊的正确。你同样也就不会纠结于该选哪个了。比如一个生意特性很高且中、长期非常诱人的，即便短期业绩一般，也比短期业绩很棒但生意本质糟糕的中、长期经营不确定的好太多了。

至于当年业绩增速是 20% 还是 25% 都不重要（但如果你判断当年是 25%，结果增长才 5%，而且其中没有一次性、偶然性的因素，那么说明判断有误，需要重新审视。这也正常，但如果持仓都错了，那就是能力问题了），最重要的是观察它有没有沿着你的中、长期预期在运行？它经营成功的主要逻辑是否还在延续？它的经营有没有偏离你对它的主要方向性预期？只要研究清楚这些问题后，你就可以决定是否继续持有了。

从具体的组合搭配来说，可以将把握最大的和预期弹性最高的都予以组合，这样弹性和稳健兼顾。但说到机会成本，这个问题是后验的，我们谁也无法在事先就知道哪个是收益率最高的，否则就不用组合了，直接全押投入不就得了？组合的意义，就是相对降低押宝某一只股票的机会成本。

所以简单一句话：用更本质和长期的视角来寻求模糊的正确，而不要押宝短期视野上的精确的错误。

怎样坚定价值投资的信念

事情是这样的，经过四年多的股市博弈，我逐渐成为一名秉承“价值投资”的投资者。并且在 2018 年，通过投资蓝筹股获得了不错的收益。然而最近一个朋友在办公室分享了一些小道消息，而且也在一个多月的时间内得到了验证，跟着这些小道消息操作的同事获益颇丰。我没有跟风而去，错过了一次赚钱良机。我也对自己选择“价值成长股”投资的信念有了怀疑。请问如何面对“小道消息”？在信念摇摆时如何自我砥砺、自我克服?

从短短的介绍来看，你既不是自己认为的价值投资人，也还不明白什么叫价值投资。

你所说的“经过四年多的股市博弈”，博弈和投资有什么关系呢？你在

2018年通过购买蓝筹股获得不错的收益，请问蓝筹股和短期收益与价值投资有什么关系呢？你潜意识里认为自己买了蓝筹股，又很快获得了收益，一定是价值投资起了作用。这个逻辑的背后，就是如果你没有很快获得收益，一定就是价值投资出了问题。你动摇，仅仅是因为同事听消息跟风操作赚了钱，这说明你非常看重短期的收益，也非常在乎和别人做比较。这个认识水平，距离价值投资也许还有很长的一段路要走。

不懂的原因是不看书。或者看几篇所谓的“价值投资”的文章，就自以为入门得道了。具体怎样学习我就不再赘言了，你可以翻翻我以前的微博，先把我推荐的书单都读两三遍再说。

在此我告诉你什么是“价值投资”。价值投资是需要通过长期、艰苦地学习而领悟的，大量地了解复合知识，逐渐形成自己严密的方法论。绝不是读几篇夸夸其谈的“心灵鸡汤”就能建立起来的思维。说实话，我觉得价值投资真的门槛挺高的，对智商、思维方式、性情和行动力，都有很高的要求。

价值投资只是一种理念和体系方法，它的目的是让人能在有效控制风险的前提下大概率的持续盈利。这一句话里就有很多关键词，有效的风险控制、大概率、持续盈利，但它从来也没有保证过你能快速盈利。买蓝筹股就盈利，长期持有就盈利，时刻比别人更多的盈利，这些都是不懂“价值投资”的人脑补出来的。

你用五元钱买了价值十元钱的东西，还用拼命心理斗争吗？完全不用对不对？而是内心应该很开心、很坦然的对不对？别人赚钱关你什么事呢？每天市场上都有人赚得比你多，亏得比你少，你也不痛快吗？人家赚钱并没有挡着你的财路，那么在意做什么呢？

至于说你就是不服气有人随便听听消息、跟跟风就能赚到钱，只能说明你完全没懂得什么叫投资和持续盈利。一个有投资慧根的人，很快能理解玩技术、听消息与跟风这种行为对于长期投资而言就是“作死”，从而能踏踏实实地做自己的投资。如果没这个慧根（特别是看了不少经典投资书籍后还无法理解），只有两条路可走：要么，承认自己不适合做投资，将资金委托专业人员进行管理或者投资定投指数基金；要么亲自去试，也许多摔几个大跟头就能明白了——只是希望明白的时候不要太晚。

大道理不说了，很多时候弄得价值投资快成心理咨询了，这是很可笑的。投资这条路，唯有多读书、多学习，别无出路。一切的迷茫、困惑和纠结的解决方案都在书里了，至于信不信，能不能做到，那就看个人了。

对公司管理层不满还能投资吗

你曾说过高管们对公司价值的判断或业绩的预测不一定比投资者更深刻或准确，那假设投资者对 A 公司价值的判断高于管理层，比如基于公司所处行业变迁规律，提前看到了管理层现在忽略或未意识到的关键新市场，并结合其他关键要素（供需、经营优势）判断为高价值企业，然后下注。然而问题是管理层是变胜势为胜利的主体，所有的经营战略、战术都需要高管们来实施，他们肯定无法实施自己没意识到的战略，这样公司的价值就无法实现，那这个公司还算真正具有高价值吗？那投资者判断高于管理层又有何意义？

还有个相关问题：你如何看待大股东减持现象（特别是那种减持价还比较低，前几大股东都在减持的）对判断公司价值在短、中、长期的影响权重？

你可能对我的观点有所误解，实际上我在书中说的是“投资人不要老自以为比公司管理层高明，总想指指点点”。我确实说过管理层自己也未必能精确预测短期业绩，但那并不是你理解的意思。

从业务属性和细节来说，公司决策层肯定远远优于外部投资人，你举例中说的外部投资人发现很棒的业务机会，但管理层看不到或者看不懂，这种情况太罕见了。除非你自己正好是其业务相关领域的专家。

有例外在于，公司管理层非常差劲或者激进，恶劣多元化。这时投资人希望他们老老实实回归主业，别瞎折腾，或者卖出劣质资产，或者增加分红回购，增加价值等是有可能的，但我理解这不是你举例的那类。

不管怎么说，优秀的管理层是自带优秀判断力和执行力属性的，投资人要看自己能否理解他们的战略，并且是否认同。如果不理解或者不认同，我们既无法改变他们，也无法换掉他们，最好的办法就是远离，这是投资人的优势。

所以说，投资人要做的是找到优秀和让人放心的管理层（其中就包括对业务发展的决策），而不是去改造管理层。

第一，需要你改造的，可能是不让人放心的。

第二，你也改造不了。

第三，你自以为比管理层高明这个判断本身也很可疑。所以这条路走不通。

管理层减持股份肯定是减分项，但也要具体看。最关键的还是持股比例，稍微减持改善生活都能理解。但大比例持续减持套现，投资人肯定要小心，特别注意要回避业务前景不清晰、不乐观的公司。

咨询几个交易策略方面的困惑

问题 1：第一，是喜欢逆向思维买入这些标的，还是根据公司后续的成长性（即使目前估值不低）买入呢？

第二，仓位配比有配置短线吗？还是基本中长线呢？因为股市流通性，短线操作是七八成散户的共性。在你个人看来真正做短线的散户是不是几乎赚不到大钱呢?

第三，我感觉目前 A 股资金量有限，所以造成 2017 年很多股票都是不涨或者阴跌，资金一般都在热点题材板块流动，有些 PE 很低的估值股都不涨，请问如果遇到这种情况应该怎么做?

（1）好公司在什么情况下容易出现比较便宜的价格呢（差公司就无所谓便宜不便宜了，反之都不关注）？

第一种是周期性强烈，正好处于市场景气低潮、底部区间的；

第二种是公司受到产业或者其他相关利空集中打击，但对其中、长期经营并没有什么实质影响的；

第三种是市场系统性风险，比如股灾，泥沙俱下的；

第四种是经营态势突出，短期业绩弹性高，中、长期可持续性强的，这种静态的高估并不会影响长期的高收益。

所以不同情况都会出现所谓低估的机会，区别是这些低估所观察的角度都不一样。

（2）主动的短线交易肯定是放弃的，因为没有哪种投资方法能找到把握很短期的精确变量，高频交易更是被大量的数学统计认为是最致命的模式，这个就不用再纠结、怀疑了，在这个问题上的怀疑完全是浪费时间。

但投资本身并不分短还是长，持有 3 个月和持有 3 年并不是投资与投机的分水岭。投资的本质是低估和安全边际，只要符合这一特征，都是严肃的投资。之所以绝大部分的投资都以长期持有的形式来表现，是因为绝大多数情况下公司的经营发展节奏是以年度计算的，市场情绪的轮替也是以几年为一个周期转换的，甚至一些极其优秀的公司能够穿越经济周期创造价值，但这并不代表一切。比如

2015 年 1 月你找到一个买入机会，到了 5 月泡沫增大的时刻你卖出了，这叫投机吗？这完全是高度理性的投资行为。或者你买入一个标的，持有 1 年后发现一个更好的标的，你卖出换品种了，这叫投机吗？这是教科书般的价值投资行为。所以，那种一根筋通过持有期限来看问题的，我觉得可能是对投资有什么误会。

（3）就 2017 年的行情而言，你描述的似乎不太准确，其实 2017 年低 PE 概念的公司行情还是不错的，反而热点概念炒作的公司算是这些年来比较冷清的。不过都无所谓，每年行情特征都不太一样，一会儿市场喜欢这个，一会儿市场喜欢那个，没必要纠结，喜新厌旧就是市场的常态，也是人性的常态。

投资和市场风格没有太大的关系，任何时候都是一把尺子看问题：好生意、好公司、好价格，足够了。市场不好的时候，其实更容易产生好价格。市场持续冷清，你持有的是好生意和好公司的话，你怕什么？当年业绩每股收益 1 元，估值不涨，没关系，明年业绩每股收益 1.25 元，估值还是不涨，你也能赚 25%，后年更多，复利 25%，3 年就是 1 倍，5 年就是 3 倍。万一明后年风格转换了，说不定一下子赚到很多年的钱。其实历史告诉我们，这都不是“说不准”，而是一定会如此。

所以，如果你不是一定要在当年发财或者有什么特别重大的消费等着用钱，着什么急呢？股市是一个算总账的地方，单独一个年份快点儿、慢点儿影响不大。就算给你年度冠军又如何？还有月度冠军呢，你要不要也争一下呢？我说过，投资与江湖无关。我只是相信一个简单朴素的道理，持续地做正确的事情，结果一定不会差。10 年前我信了，所以现在我财务自由了，如此而已。

问题 2：我现在尝试构建自己的交易体系，目前选股方面标准是市值小于 500 亿元，ROE 高于 10%，PE 低于 25 倍，你觉得是否合理？以穿越几个牛熊周期来考虑的话，最需要关注的是什么？另外是否 ROE 过低或者过高的股票都不是好选择？是否从低走向高的趋势是最好的？

（1）你提出的是一个比较典型的初级阶段的僵化方案，如果你回头去看我10年前写的东西，大概就有这个特点。比如ROE必须多少，市值必须多少，PE必须多少，然后涨幅多大开始减仓等。事实上这些所谓的指标并没有什么道理，比如为什么500亿元以上就不考虑？其实对一些行业而言，500亿元才刚开始，只相当于美股100亿美元不到的中小公司而已。

再比如未必需要过去几年业绩超稳定，很多好的投资机会往往是在公司发生阶段性困境的时候出现的，比如信维通信在大爆发前那两年业绩就不好，而一些连续3年业绩很好的公司其实正在达到阶段性的经营顶部。当然，这需要深入到具体公司的经营节奏上去看，但关键还要意识到，业绩表现可以用来评价行业背景和公司经营节奏，但也不能一概而论。

从出发点上来看，你的目的是盈利，是大概率且风险可控的超额收益，那么这些机会在哪儿你就应该去哪儿，不必执着于非是新兴产业还是传统产业。对于价值用一把尺子来衡量就够了。从成长投资的角度来看，大体机会来自渗透率、集中度、客单价和平台化几类，越往前的越好理解，越属于行业性机会，越靠后的越需要深入到公司个体的竞争优势。具体到个人是走长期持有的路子，还是轮动更新组合的路子，还需要想透，各有优缺点。前者对深度和心理要求很高，后者对广度和节奏要求也很高。

（2）从投资大周期的角度来看，重点是把握好两头的极端低估和极端高估。至于具体定量没有明确标准，不同行业和生意的估值中枢都不一样。在把握度上，太粗糙和太追求精确都有问题。关键是找对你个人的风险倾向，谨慎的人可以多让渡一些高风险的利润，但要在底部细腻一些，而激进的人可以底部粗糙一些，关键是把握好顶部的操作。从技术上而言，月线对于交易不频繁，投资周期较长的体系是比较好的参照指标，但也是极端态势时更有意义，大多数时候几乎没有参考意义。

（3）ROE的数据走向本身不重要，重要的是数据呈现背后的原因。影响

ROE 的因素包括行业景气度、公司经营品质、经营的风格倾向及行业生意特征等，既有行业的共性因素（比如生意特性是否重资产、高负债），也有个性因素（比如谨慎的公司杠杆低，公司不同的市场定位或者产业链配套能力决定利润率的高低，产能节奏是否合理以及产品竞争力和运营水平决定周转率高低等），也是不能一概而论的。但有一点，如果一个公司始终无法出现较高的 ROE，那么生意特性上往往有硬伤，这种公司就不必太花心思关注了。另外对于竞争格局变化很快，相关公司的行业地位还远未稳定的，现在谈 ROE 则太早了，比如新能源汽车。

（4）环保公司在扩张期更倾向于工程类公司（但比纯建筑工程的利润率还是高）的特征，现金流很差，财务杠杆很高，但行业高景气度下能出现很高的业绩弹性。在行业成熟期环保类公司将以运营为主体，会更像公共设施类组织，现金流状况应该有较大改善，资产负债表会比行业景气期间好看，但已经没有成长性了。所以总的来看，环保类公司业绩成长的含金量比较低，且成长可持续性也比较差，受到财政和政策的影响较大，但优点是中期行业还较为景气，可做的事情也比较多，关键是业绩弹性高。所以对这种公司就不能奔着生意好去投，而只能奔着赔率高去做。另外不宜长期持有，操作上要结合行业景气度变化（这会直接影响到公司估值）有一定的提前量。

熊市中有什么选股策略

【2018 年 2 月 16 日】还记得你在 2009 年市场泥沙俱下的时候挑选格力电器列举的 15 条原则作为当时的选股准绳，如果请你为目前市场标的筛选出一个类似 2009 年时的选股准绳，你觉得哪几条是可以排在这个选股条件里的？（以 2 ~ 3 年为持有周期）如果从行业出发，你最看好的行业是哪两个？

你提到的那个选股 15 条，是我 2009 年时做的一个归纳，现在来看，透着满满的教条和浅薄，作为曾经学习路上的一个标记就好，不足为谈。

近年来的选股倾向其实是依靠着一套方法论的，从价值观上而言倾向于有较大成长空间和独特竞争优势的公司，从筛选上而言需要以相关财务指标作为依据。具体可参考《股市进阶之道：一个散户的自我修养》。就目前而言，以一个大的原则来看，我觉得可以归纳为两条：

（1）幸运而且能干；（2）2018 年动态估值 20 倍 PE。这两条不是“or”的关系，而是“and”的关系。

幸运就是时代提供的长长的“雪道”，产业竞争格局较高，生意模式不艰难且可持续。能干就是要么具有强大独特的竞争优势，要么就是相比同行好得多的高效经营水平，且具有产业霸主的野心。这种公司是大概率不会缺席未来的精彩时段的。这两条说实话看似简单，但确实需要对社会经济发展趋势和公司能力有一个准确定性的判断，相关讨论可参考《股市进阶之道：一个散户的自我修养》一书和以前的微博问答。

第二条是赔率问题，目前的市场确实给出了接近条件的环境。当然这是一个指引，不能教条。不同生意模式可能估值定位有差别，模式更好，可持续性更强的公司当然可以放宽条件。一个大致的选择是在中性业绩估算下如果年末达到中枢略高（但远非泡沫），在一般水平下就可以赚 50% 左右，或者 2 年下来有望赚 1 倍，大体就可以了。

如果要说出这两条中的侧重点的话，在生意模式相当的情况下当然选赔率更高或者确定性更强的，但如果确实找到生意优越且长期确定性更好的，那么首选此类，哪怕短期的赔率略低。

从行业角度而言，其实都是泛泛而谈。2 ～ 3 年来看新能源汽车行业和 5G 行业个人感觉都是大机会。但行业看好只是研究的一个侧重，能否构成重大投资机会还是要看有无好的切入点，有无符合标准的对象，以及有无具有吸引力的价格。

关于新手的困惑

问题 1：作为一个普通投资者如何认识一个企业的经营态势，建立自己的能力圈，特别是没有专业性知识，又是从事行政性工作的，除了学习，有没有别的方法或者经验？目前 A 股（2017 年 9 月）处于不高不低的位置，感觉机会不是很多，现在适合新手入市吗？还是先加强学习，等到低估的时候再加大投注，你预计这个大好机会大概什么时候能出现？目前有 30 多万元的资金，五年内不急用，想慢慢投入股市，投入未来优势型的企业，但是未来优势型的企业很稀少，可遇而不可求，以 5~10 年为一个周期，你认为我国哪些行业有可能出现更多的未来优势型的企业？

其实你的问题中既包含了学习，又包含了决策，这两者之间互相关联。

我需要说明的是，《股市进阶之道：一个散户的自我修养》虽然是一套系统的投资方法论，但从根本上来说，仅仅是偏向成长股投资的一种选择，虽然其中的很多投资思维是普适的，但这确实并不一定适合所有人。对于新手而言，需要大量系统的学习以及实践试错和反思，没有 3 ~ 5 年是很难有成效，所以大多数人可以考虑一下巴菲特的建议：定投优秀的指数基金或把钱交给靠谱的专业投资人。

（1）没有什么别的方法和途径，唯有从基础做起，慢慢积累，经过长期大量艰苦的学习和历练，才能达到合格的胜率。市场是不管你有什么客观局限的，你有没有时间？你有没有专业相关性？你是不是特别需要钱？这些市场都不会关心，也不会特别优待谁。市场是一个冷酷的筛选机制，要么达到专业水准，要么出局，至于你为了达到专业水准要克服多少困难，那都是你自己的事情。冷酷但公平。唯一的捷径就是站在巨人的肩膀上，不要自己瞎琢磨，从刚一开始就按照投资大师的忠告去做。

（2）目前的 A 股状态比较复杂，我个人认为其实现在的情况属于“高手市场”，对于新手的难度比较大。因为现在既不像 2012 年的成长股大面积低估值，也不像 2014 年大盘蓝筹股全面低估，但同时一些优质的公司估值确实又还算便宜，有结构性的投资机会。所以这个阶段我个人觉得肯定不是闭眼挣大钱的机会。对新人而言，加强学习肯定是第一步，否则就算给你一个大好机会，你怎么识别呢？我觉得现阶段，对新人而言，个股选择的要求实在太高，我个人建议入市先从配置各种指数基金开始（有一些指数还是低估的，同时长期来看，优秀的指数收益率不错，具体指数选择以前有一个“问答”请参考），这样首先避免个股风险，其次也不会踏空，给自己多点时间去学习公司经营分析以及估值方向的知识，两者可以并行，风险和机会成本最低。

（3）这个问题其实属于无效问题，因为我们一旦说到优秀的投资标的，那肯定是具体问题具体分析，而不是泛泛而谈，所谓看好哪个大行业。比如我肯定看好未来国产汽车和高新材料的大发展，但这个大产业链条里面涉及的公司太多了，每个公司基本情况都不一样，即便看似相同的产品和市场定位，你具体去看其财务表现、公司战略、领导人素质、经营布局以及拥有的竞争资源，其实都相差甚远，从中长期的确定性来看完全不是一个级别，而如果再叠加到当前价位所谓反映的赔率来看又是不同的分布。所以，凡是希望把本来就很复杂具体的投资决策，用某种特别简单粗暴的概念和方法来解决问题的，最终都会无限滑落到看风向炒概念的级别。

总的来说，个人强烈建议你考虑投资指数基金，因为从你的问题来看，你目前既有一些现实困难，又在思想上还没有做好艰苦卓绝的学习的心理准备，这种畏难犹豫很容易在实际过程中变为纠结摇摆，并一不留神就浪费掉整整一个大周期的机会，那就真亏大了。

问题 2：现在是不是应该偏向企业价值更多一点，对于牛顶、熊底的判断，是不是不会过于在意，而只注重整体市场属于低估和高估的某个区间？在此对于大机会和高风险的判断有什么需要注意的吗？关于持有一个具有长期成长空间、竞争优势明显的企业，在其达到历史较高估值区间的时候，老师会怎么做？是会一直持有无惧可能的大幅波动，还是在高位降低仓位甚至是清仓换股呢？

你的问题主要都是在碰到类似情况时我会怎么做，其实我怎么做并非一个标准答案，即便是我自己，在不同的阶段面对同一个问题也是会做一些调整的，这种调整并非说比以往更合理，只不过说明比以往的做法更适合我现在的阶段而已，这点希望你能了解。

（1）对于市场的顶部和底部预测我认为是很难的，里面有太多难以量化的东西，因为极端结果都是人性做出来的，其中逻辑性很少。但市场整体是很贵还是很便宜，是与感性无关的，这个是可以相对明确测量的。所以我的做法不是试图掌握顶部和底部形态的规律，而是掌握市场贵和便宜的测量方式。

贵与便宜的核心在于估值，估值从个体而言相对复杂，因为情况不同测量视角会有巨大变化，而且其中很多假设也容易主观。但作为对市场整体温度的衡量，是可以依托于长期历史数据区间来进行判断的（当然前提是整个市场没有重大性质的改变，比如新三板突然没有散户入市限制了，那性质就会大变），除此之外自己长期跟踪的比如几十个不同板块的个股，如果普遍也进入了很便宜的区间，也能大体作为判断基础，总之这个部分只要没买在贵的区域，或者尽量买在便宜的区域，定性而言就好了，具体有多接近真正的底部（或顶部）只能看运气，而且这点从长期来看并不重要。

（2）对这个标的的定性是非常重要的，是 90 分（经营的高确定性、高成长空间、好生意模式）还是 70 分（上述三点至少有一点比较好，但其他两点不如意或者比较模糊）？对于真正的 90 分公司，只要不是太离谱透支了 3 年以上的业绩增长空间，最好就是不折腾，来回坐电梯很郁闷，但你的目标如果是 100 层就只能选择电梯到达。对于 70 分的公司，可以灵活处理，这取决于其赔率的变化和与其他可选标的动态比较。

相对而言，90 分公司可能几年才挖出来一个，而且几年可能才给你一个好价格的上车机会，这样一看，很少有大幅优于它的其他代替可选择。70 分左右的公司相对而言选择面比较宽阔，而且由于其基本面有较大的不确定因素，在价格反映了过于乐观的预期后有可能是被错误定价了，即便卖丢了，再找个 70 分的公司也未必那么难，所以可以相对更灵活地运用市场先生给出的机会。至于说用得好用得坏，那不是方法的问题，是能力的问题。

但是不是一定要这么做，并不一定，关键还是看你自己舒服不舒服。仓位、心态的舒服最重要。至于稍微灵活一点还是迟钝一点更优越，短期来看很难说，取决于你对市场的敏锐度，长期来看灵活派比较不容易受重伤，因为一切都有所节制，迟钝派比较不容易被牛股洗出来，那么这两点哪个更重要，既取决于你最需要的是什么，也取决于你最害怕的是什么。每个人的答案都不同。

怎么才能赚到“市场先生”的钱

在二级市场上赚钱，要赚公司成长的钱，也要赚“市场先生”的钱。赚公司的钱，我感觉可以通过学习和细致地研究慢慢摸索到门道。但是，怎么赚市场的钱，怎么样能大概率预测到市场半年、一年、三年内的周期变化，还是毫无头绪。应该如何培养、训练市场的感知度呢?

首先，要澄清一下，在二级市场上既可以赚公司成长的钱，也可以赚“市场先生”的钱，但落实到个人身上总是要有一个侧重，很难对这两个因素进行一半一半的配比。具体该怎么配比，和个人的能力圈有关，也和个人的价值观有关。

其次，即便是要赚“市场先生”的钱，也指的是要赚市场错误定价的钱，这是一个价值评估层面的问题（因为如果你不知道一个东西该值多少钱，怎么评估它的定价是错误的），而不是一个技术问题，更不是一个可以精确测量的科学问题。所以，即便我们说要赚“市场先生”的钱，其意义绝非说要“预测”市场半年、一年、三年的周期变化或者走势变化，那不是严肃投资范畴内的东西。换句话说，投资是判断一个东西值不值，实现价值的概率大不大，以及获得的赔率高不高，但不去判断它什么时候涨（但内心知道一定会涨，而且时间长了也会有模糊的直觉）。

要赚“市场先生”的钱，首先要理解错误定价来自哪里。对此，可以复习一下《股市进阶之道：一个散户的自我修养》中的第 12 章 1.4 节“发现错误定价”。简单来说，“市场先生”的钱最好赚的时候是极端态时，这时高估和低估呈现绝对的清晰化，是最好的利用机会。但有如下两个缺点：

第一，这种时机多年才可遇见一次（A 股出现的频率更高，所以赚钱的效率远高于海外市场）；

第二，利用它也不代表可以抄底逃顶，只是赔率已经很清晰。除了极端态，日常市场运行具有模糊随机的特征，广泛意义上而言很难被利用，只能从中挑选错误定价的个股。

对于专业的投资人而言，对市场的感知主要是提升对极端态的敏感度和应对的决断力，但在 90% 的情况下的市场运作都是模糊的，我们的主要精力其实还是在寻找好生意、好公司、好价格。有了这三好垫底的组合，你 90% 的时间里都可以安心赚企业成长的钱了。但对于极端态而言，虽然只有很小的时间占比，但其定价偏离度却可以达到极大的程度，这客观上为我们提供了高效率的套利空间。对于周期转换的驱动和极端态的特征，建议复习第 14.3 节内容。

市场周期波动的根源是经济周期、信用周期与人性反复的共振。这是一个远比个股把握复杂得多的问题，这也是投资中极具艺术化的部分，对于艺术很难有什么公式、定理去描述和复制，很多时候，对其的判断确实是饱览群书、洞悉人性和长期积淀的经验综合造就的，这也是为什么做投资的人越老越值钱的原因之一。但这个东西又万变不离其宗，一切最终都会用估值来说话，一切最终都将反映到价格中。所以我的建议如下：

第一，永远把好生意、好公司、好价格放在第一位，这样你 90% 的时间里都不会被困扰，而且还能安心赚钱；

第二，所有的问题用“估值和安全边际”这把尺子去衡量，要利用市场波动巨大的客观存在，但不要试图抄底逃顶，把算盘拨弄得太精。

应牢记这句话：和“市场先生”做交易而不是做朋友，和时间做朋友而不是做交易。

这就是“假装在投资”

2015 年跟随某“大牛”买入博彦科技，持有至今从来没有动过，45 元的成本，到现在跌至 33 元，我已经跟随了两年，也想继续相信，但是内心又害怕，觉得这个公司不符合业绩高增长的条件，想换掉，但是这也派生了第二个问题，我自己买入了葵花药业，理由是儿童药品会带来业绩的增长，也买入了新澳股份，理由是我认为它会成为国内高端毛纺织的龙头，加上公司扩张，会带来业绩上的增长。但是很遗憾，都不涨。我认为只要不乱操作，应该不会使我损失掉所有资金，但是又担心博彦科技会持续下跌。

你出现的问题其实比较典型。

第一，喜欢跟人跟风。看到哪个“大牛”说的股票就基于对“牛人”的信任而买入，然而你们并不明白，真正投资造诣比较高的人，他们的交易都是有完整逻辑和纠错机制的。从完整逻辑的角度来看，这个股票是用来做弹性的，还是追求稳定的，是重仓还是轻仓试试，投资周期是短、中期还是中、长期，定位都是很清楚的，而且由于具有明确的投资逻辑——这种逻辑包括业务发展上几个主要的观察指标，一旦出现公司发展偏离或者不好的状态，很可能果断纠错。但跟着买的人是不是能及时地得到所有的通知呢？所以，除非是你很好的朋友，你能时刻得到他最新的判断和处理手段，否则跟风买入基本上都是比较惨的。

第二，自以为在价值投资。比如很多人说，你看我是长期持有的，而且还能说出几个看好这个公司的理由，也没事儿就翻翻公司的资料，我这么坚持价值投资为什么还不赚钱呢？因为你理解的价值投资其实只是“架子投资”，根本未触及投资的实质。

从你后面自己选择公司的解释来看，自己的逻辑就不一致：你说你看好两个公司的业务发展，但你受不了它们股价不涨——请问这两者之间是时刻对应的关系吗？并不是。业务发展好的公司甚至长时间（比如 1 ~ 2 年）不涨并不罕见，因为决定股价短期（几个月甚至 1 年多）走势的因素很多，比如 2015 年整个半年的上涨和业绩有“一毛钱关系”吗？仅从这一点来看，你对于投资和股市基本规律的理解就非常不到位。

真正的投资人所思考的永远是自己投资的逻辑对不对，自己对公司所做出的主要经营假设是不是正确，而不是担心股价不涨或者下跌——如果你的逻辑和判断都是正确的，股价下跌完全是给你送钱，怎么会担心呢？

所以综合而言，你跟人跟风首先就是错了，后面的所谓自己做选择其实也和投资没什么关系，并不是说我们自己选择就会赚钱。从短期来看，赚不赚钱基本取决于运气，从中期来看，取决于市场的预期差，从长期来看，取决于对公司的商业判断是否正确。而就算你正确，短期受股价的各种波动干扰折磨也是常事。

从你目前给出的信息（包括私信的补充）来看，首先你还没有掌握如何做正确的判断（需要完整的分析方法论和详细的功课），所以从长期来看，这种状态基本赚不到钱，短期如果赚了，也是不可复制、不可持续的运气。你自己选的两个公司，逻辑粗糙得可怕——我并不是否定这两个公司，我对它们没有任何了解，但是靠谱的投资是你把逻辑环环相套地提出来，自然就会闪现出重要的假设、关键的数据以及主要的逻辑支点（注意：即便具备这些，也并不代表判断正确，只能代表至少是靠谱的投资思维）。

从操作上我无法给你建议，或者说我的建议你估计不会采纳：如果是我，我会首先认识到自己的错误，然后在错误没有达到不可挽回的地步（两个意思：首先是错误的幅度还能承受，其次是这种错误的状态还比较短，还没真正耽误到投资生命），认错出局。然后认真学习，让自己真正地走上价值投资之路，在这一过程中看重的是自己的成长，而非期间收益，为了未来真正和长久的成功是可以放弃眼前的一点得失。

以上是我的选择（我 10 年前就这样做了，所以才有今天），至于你是不是做这个选择，就完全取决于自己了。

用 PB 与 ROE 的关系衡量公司价值

有一个问题想弄明白，如果没有鲜明的生意特性，ROE 却向好，我们怎么能快速知道这个公司值不值得研究下去？另外，你提到过，处于快速发展的企业，尤其是 ROE 表现优异的企业，其 PB 必然比较高。我的疑惑是，假设一个公司的 ROE 为 15%，那么它一年的内涵价值就增长 15%，如果企业全部用来分红，我们用 1 倍 PB 价格买入，每年的收益就是 15%；用 2 倍 PB 价格买入，每年的收益就是 7.5%；用 5 倍 PB 价格买入，每年的收益就是 3%，这个收益率已经低于国债收益率了。那么我们还需要关注 PB 吗？

首先你说的没错，我很看重公司的生意本质特点，而这种特点我们几乎总是可以从 ROE 的杜邦分析中看出端倪。就大致生意属性而言，我比较喜欢高利润率、低周转率的公司，因为其差异化壁垒比较容易识别且可持续性往往较强（但规模是其主要问题，最好找大行业里的这种公司）；低利润率、高周转率的公司，高效经营类为主，容易成为大生意，但初、中期差异化比较弱，较难识别，竞争的不确定性相对前一种要高，最好找行业集中度已经出现几个寡头，或者竞争力（主要是相对规模，以及成本控制能力）显示出一枝独秀特点的。我不是太喜欢杠杆型的公司，实操也比较少，这里就不多说了。

如果特点不那么鲜明，是不是就没有好公司和好投资机会？当然不是。比如最典型的行业景气驱动类公司，之前可能绩效非常一般，但由于下游需求启动，带来某个阶段的业绩高速释放，在这个阶段内当然它就是一个好公司。但这里你可以注意到限定条件“在这个阶段内”，虽然从根本上而言，所有公司都不可能永远辉煌成长，但不可否认的是，具有较高壁垒和生意特性良好的公司，其经营的可持续期要强得多（而且往往现金流也好得多，也更符合 DCF 三要素）。而行业景气驱动的公司，其 ROE 的表现往往是“从一直糟糕到突然暴涨，然后没两年可能又突然暴跌”，其价值创造的区间相对而言非常短，而且经营绩效的起伏也会非常剧烈。

这样的公司不能投吗？当然不是。如果你可以敏锐把握到这类公司的景气“即将到来（注意这个词）”，并且在其景气高峰的区域“果断套现回避其景气回归（再注意这点）”，那么你在这个区间里的收益率可能远远超过那种长期稳健增长的公司。但这里的难度就是你必须非常敏锐，要对行业的景气起伏有异常深刻的理解和操作上的前瞻性，否则大家都看到风起来了你再进去，估值增长部分你已经吃不到了，业绩持续性又很差，说不定什么时候开始转向，弄不好最后还来个双杀。

所以，我强调找那种大行业、小公司、强优势、高壁垒的对象，并不是说其他类别的公司没有机会，只不过很多机会太难把握，要想持续地把握这种机会更是难如登天。最后，很多人折腾了很久才发现，还不如老老实实和好生意、好公司为伍，赚得多又赚得安稳，但这种“才发现”可能就是需要付出巨大的时间成本和机会成本了。

关于高 ROE 公司的 PB 问题，其实要细分来看：

（1）如果是可持续的高 ROE，必然说明这是个好生意和好公司，这种公司理论上来讲应该享有溢价，但具体溢价该是多少，很难定论，只能大致通过推算（PB=PE × ROE）；

（2）理论上应该溢价，不等于现实中也时刻如此。比如海康威视，其实仅仅 2016 年年底的时候还只有 18 倍 PE 和 5.5 倍 PB，市场情绪和阶段性偏好会在很大程度上改变赔率；

（3）ROE 与 PB 的投资收益并非那么简单，分红率的多少，如果不分红的留存利润再转入业务中能否保持收益率？能不能复制到更大规模的资本上？未来的新业务能否带来更高的收益率？这些动量因素都会改变公司的未来 ROE 以及对应的 PB 理论定价，一个假设的错误就会导致理论计算的数字出现很大的误差。

所以，我个人建议对这个问题不宜做过于学术化的计算，即所谓的完美或者合理 PB 应该是多少。而是从下面两个方面定性思考：

第一，对这个公司未来的业务发展要有宏观认识，其经营的未来潜力和业务形态是怎样的（有些公司业务形态会变化，比如软件公司从买产品到卖服务，一些环保类公司从 EPC 变为了以工程型公司为主，这些都是业务性质上的变化而影响估值），其 ROE 还有无更高提升的空间，并且未来相对可保持在较高水平，又或者虽然 ROE 基本维持但需求极其广阔，会不断增发扩张（每次扩张后 PB 和 ROE 都会大幅下降，只要增发项目能达到当前的 ROE 水平，最终其 PB 也应恢复到当前水平）。

第二，无论如何，高 PB 都是未来投资收益的大敌，越高的 PB 就越需要公司具有极其强大的无形资产壁垒，比如世界级的竞争力和无敌的品牌力，并且生意依然处于规模扩张的中期，只有这样的公司才能高 PB 买入后还能获得较好收益，否则买入持有的结果往往是比较悲惨的。

所以你可以看到，关于 PB 与 ROE 的关系是比较清晰的，但之间的具体定价是依赖于对这个公司的很多假设，我个人认为，这方面不可能精确定价而只能定性认识。无论如何，利用市场波动或者偏见，以较低或者至少合理的 PB 买入潜力公司，是安全边际的基本原则，越是未来预期有争议的公司越容易出现定价的偏离。通常而言，只有公司已经进入业务高度成熟期（下游需求很稳定，竞争格局也很难再发生变化，公司经营固守旧有领域没有什么重大变化革新）的时候，才适用于理论上的方法来简单根据 ROE 和财务数据、分红情况等计算其详细的合理估值。

怎样提前识别高峰拐点的危险

《股市进阶之道：一个散户的自我修养》一书中，对当前优势型和高峰拐点型做了描述。但我自己感觉对于这两者的变化提前判断仍然不好把握。典型的如 2016 年热门股网宿科技，从 2016 年的年报看，成长仍然良好，市场前景仍然宽广。

年报里公司对未来也充满信心，一切似乎跟之前一样走在高速增长的道路上，一点儿也看不出有什么不好的预期。从当时的股价上看静态 PE 为 30 倍以下，站在成长角度上看的确不算高。但从股价上看该股其实从 2016 年三季度就开始持续下跌，到 2016 年年底已有 30% 左右的跌幅，但年报中体现出净利润同比增长 38%，似乎让人认为仅是估值回调，是市场暂时错误定价，给予难得的机会。据我所知，当时就有某平台的好几位“大牛”重仓买入。当时他们给予保守的年回报率为 30%，小散跟风者众多。但当 2017 年一季度利润大幅下滑的报告出来以后，才让很多人如梦初醒，方知市场是正确的，但似乎为时已晚，小散纷纷割肉离场。

现在看来，网宿科技在 2016 年就在高峰向下拐，只是报表上完全看不出来。我认为当时网宿科技是标准的从当前优势型转变为高峰拐点型案例。从股价走势上看，在业绩下降的报表没出来之前股价已经率先调整，且幅度较大。其实类似情况还比较多，也较为常见。

公司经营的拐点确实非常难以把握，而且一个更坏的消息是，你期望的“不但要判断出拐点，而且判断出来的时机最好不早不晚”更是几乎不可能。

当前优势型的特征是一切都好，行业成熟度高，公司历史业绩优异，市场格局清晰，但就是看不到太大的增长前景，ROE 达到经营周期的高点。之后这类公司一般沿着三个路径分化：

第一种是行业壁垒高且市场需求持久，这种公司可能进入长期的低速增长，但 ROE 依然可稳定维持在较高水平（基本维持在当前优势型小幅波动），比如 3M。

第二种是市场需求持续性不足，或者行业格局被颠覆，这样公司可能迅速转入高峰向下拐点（变为高峰拐点型）。

第三种是完全突破原有业务的限制，进入更广阔的新领域并且获得成功（变为新的未来优势型企业），典型的案例比如三星和历史上的 IBM 等。

这种状态的变化有的比较容易识别，有的则很难，这取决于业务需求是否容易预测，公司的业务模式或者技术是否清晰，容易理解，以及行业本质上是否容易产生稳固的竞争优势等。你举例的网宿科技就相当于第二种情况，客观上讲它的拐点真的非常迅速，半年不到从高速增长直接掉到负增长。

这其中的主要原因是互联网巨头加入 CDN 的竞争，直接表现是从 2016 年三季度开始，毛利率连续明显下降。但显然这点儿财务数据变化很难让人预期到拐点来临的竟然如此之快，这可能与其行业特性有关（所举实例行业离生活较远，比较难以直观感受，且互联网行业竞争传导得极快）。也正因如此，我书里的建议是：不要赌高峰拐点什么时候来，一旦进入当前优势型就要比较警惕了，就要准备从成长股估值切换到价值股估值。

我觉得应该牢记两句话：第一，不要挑战太高的跨栏；第二，宁愿错过不要做错。

一些公司的业务太复杂，包含的变化因素太多（比如高技术产品向来是快速变化的代名词），或者周期性非常强，又或者行业本质上很难产生持久的壁垒（特别是难以形成高黏度的客户关系和缺乏定价权），这种公司就属于市场里很高的跨栏，需要投资人非常的专业，并且对行业态势变化异常敏感。这种活儿，做好了确实有可能很出彩，拐点类公司向来是短期暴利的来源。但从中外投资的历史来看，这种路线成功的人太少了。

你需要仔细衡量自己是否具有这种专业度和敏感度，我个人自认是不具备的。也正因如此，我将重点放在未来增长空间明确，公司竞争优势也明确，业务相对比较好理解，行业本质上容易形成高黏性客户或者定价权的对象上，也就是未来优势型公司，拐点类的也会看看，但一般不会投入太多的精力和仓位。主要有如下两个原因：

第一，拐点很难判断。

第二，就算方向判断对了，太早进去也可能耗上个两三年，这样还不如找稳定持续增长的标的。

其实算算账也知道怎么更划算。未来优势型如果判断对了，也是暴利，而且是可持续性很强的暴利，错了一般时间成本比较高但不容易亏损。当前优势型即便不转入高峰拐点，也没有什么大“油水”（除非你买入了一个极低的价格），如果判断出错了，没躲过其拐点则可能遭受巨大损失。

另外，股价上涨还是下跌的幅度肯定不是主要依据（可以作为一个大概挑选的条件），关键还是要理解公司的业务，能否看到其未来的轮廓，以及实现这个未来的确定性是否足够高，最后就是配合一个合理的价格。

“模糊的正确”要做到什么程度

【2018 年 3 月】我是 2018 年 3 月入市的新股民，在几个月的投资经历中有一些思考和疑问，想请教一下。我的基本情况是：20 万元投资货基，50 万元投资股市，期望有 6% ~ 15% 的年化收益率。自住房，工资收入、商业保险都稳定。基本逻辑是：国运 + 均值回归。基本策略是：定投弹性较高的低估指数 ETF（主仓）+ 白马打新，低估的标准是参考历史 PE\PD 分位点，目前持仓从高到低是中证 500、环保、传媒、医药、券商。

第一个问题是我的逻辑和策略有哪些不足?

目前，我的一些反思如下：降杠杆的大环境下，是否应该一开始就避开环保指数（而不仅仅只是因为它便宜就买），在东方园林发债事件后，是否应该立刻清仓环保（从基本面和情绪上推测大概率会走坏）。

第二个问题是我这些反思的内容和方向上有没有缺陷? 6 · 19 大跌之后增加了一些新策略。策略如下：

（1）趁着泥沙俱下，是否应该将环保换成其他可能上涨、弹性可能更大的标的（我选的是中证 500）；

（2）指数位于低点（安全边际），从基本面上看短期内全面走好概率不大（震荡），选择在中证 500 上做 T+0 降成本，改善心情，并且每次买入后 T+0 出时都会留一部分作为加仓（低位多买）；

（3）趁低位，买少量个股做短期投机加攻击（经验能力不足，不敢长期持有个股）。

第三个问题是这些策略是否合适?

第四个问题是“模糊的正确”需要到哪个层次的细节为止? 我找了太极

实业的中标公告、施工周期、合同价、利润率、EPC 的付款方式，试图推算利润范围，但失败了。

第五个问题是假设我的推论都正确，某公司业绩大增，那么股价一定会涨吗？“超预期”里的预期是指什么？什么时候该卖出？

这个问题比较多和杂，里面很多概念要从根儿上解释可能需要写好几页，只能简要回答：

（1）一个完整的策略，要回答“对象、时机、力度”三个维度的问题。从你的简单介绍来看，对象是各类指数基金，时机通过定投完成，力度可以与定投一起设定。指数定投是个比较成熟的长期投资策略了，没什么大问题。在我看来，可能货基比例过高了点儿。

（2）去杠杆是 2017 年就确定的大方向，但这个大方向的执行力度也是走一步看一步，如果预先能料到严厉到现在的程度，当然是所有高质押、高杠杆的行业都一律不碰为好。但投资有时候就是这样，有坏消息在头顶才有低估值，环保行业之所以出现高增长但又只有十几倍 PE 估值也是这个道理，至于要不要打这个赌是个人的选择。但去杠杆压力被证实极其严厉时，马上改错也是十分理性的。投资经常要面临改错，这没什么。要不要换仓取决于仓位的安排，不仅仅是一个弹性的问题。如果你中证 500 已经是绝对重仓，而你希望组合稳健为先（因为看你之前的收益预期并不是暴利预期），那么就不宜过分押宝在一个上面。

（3）至于做 T+0 策略可有可无，这个不太重要。关于盘中的运行特点就更不重要了，这种东西不值得花费精力去研究，有这个精力多思考一下如何更好地理解生意特征会有益得多。后面说的那只个股，你的目的是“趁低位做短期投机”，抱歉，短期投机的技术我也不熟。我是觉得对短周期而言，股价无法预测，更无法通过过往的走势规则来预测。而且短期是多短？波动里你有没有止损？这些更重要一些。因为投机原理与价值原理不同，价值原理是我就认几个死理儿（内在价值高，价格低估），越跌越买就不存在止损的问题。投机就不同，买入后跌了你是等、补还是割？等、补、割的信息依据是什么？执行纪律是什么？这些对你更为重要。但说老实话，短期投机本来也就是看运气。

（4）“模糊的正确”，如果从本质上来说，就是“好生意、好公司、好价格”这三好的定性要正确，这是最高层面的。往下渗透需要分别理解：好生意的模糊判断法是以 DCF 三要素为原则；好公司的模糊判断法是以高价值公司的要素为原则；好价格的模糊判断法是以 PEPB 的几种组合方式为原则，以上这些在《股市进阶之道：一个散户的自我修养》中都有论述。如果简练到一句话和一个指标：那就是对公司 ROE 的未来演化趋势的判断一定要正确（是向好的未来优势还是向下的均值回归，以及这个演化的逻辑推演是什么——无论是周转率、净利润率还是杠杆率的变化，都是来自公司实际经营环境、节奏和重心的变化，这些变化的把握来自我们对公司内外部基本经营信息的了解），而对于公司的估值反而是可以相对模糊——方向对了，价格高点或低点其实问题并不大。方向错了，一切精确的假设和估算都是没有意义的。

（5）“预期”可以看作是市场的主流共识，这些共识会随着时间和情况改变，共识是一种想象，有时与公司的真相关系并不大。如果你是以公司价值研究为核心的，那么你就同时掌握了真相与共识两个要素，就可以根据预期的变化判断其与价值的偏离度，进而做出买、卖决策。买和卖都取决于你的满意度——买取决于是否物有所值的满意度，卖取决于价格是否充分合理展现了其价值，在此之外，当然可以根据市场环境做一些个人化的操作，但归根结底，买和卖其实与寻底和逃顶的逻辑是没有什么关系的。

判断是真便宜还是假便宜

想请教一个关于“看上去便宜，但是否真的便宜”的问题。最近关注个股电子城，电子城属于园区开发板块，我理解实际上为房地产公司，虽然主要做产业园区开发，但主要收入还是来自房产的出售，物业持有出租和其他收入占比基本可以忽略。电子城近年来利润额、分红较为稳定，2016 年定增募集资金开拓北京地区之外的项目，故毛利、每股收益、ROE 都有所下滑。目前市值 59 亿元，净资产 67 亿元，对应 0.9 的 PD，12 倍的 PE，分红率为 3.6%。公司资产 119 亿元，其中货币资金 62 亿元；负债 52 亿元，其中有息负债 20 亿元。

公司资产主要是在建、在售的厂房、办公楼及住宅，券商研报的数据是重估净资产 140 亿～160 亿元。鉴于公司目前的在建项目、土地储备，同时国企在拿地上存在一定优势（产业园开发拿地一般都是地方政府制定的合作项目，比如电子城近期在南京低价拍了一块地，基本就是量身定制），个人预测未来三年大概率能维持每年稳定的利润和分红，2019 年和 2020 年因为定增项目逐渐可上市销售，利润预计会有所增长。

个人觉得看上去便宜的原因：市值低于净现金，持有的房产价值远大于负债金额。存疑之处如下：

（1）国企项目建设进度慢，同时公司也比较保守，负债率并不高，京外项目扩展步伐并不算快，不太可能有快速、较大的发展；

（2）公司发展战略规划声称是转型科技服务商，定增引入了联想公司作为二股东，目前来看，发展前景并不清晰明朗，预计还是以销售房子为主；

（3）公司现金虽不少，2017 年货币资金在 50 亿元以上，但 2017 年利息收入只有 6800 万元，资金利用率低下；

（4）虽然市值低于实际价值，但国有资产持有 40% 以上的股份，也不可能现价全买下来清算资产，分红虽稳定但吸引力不大，公司不成长的话似乎也没有投资的价值，这可能也是股价一路下跌的原因之一。还望老师指点一下思路和逻辑上存在的主要问题。

我个人是相信市场大多数的时候是有效的，所以很少买市场里最偏离的那类公司。看上去便宜，指的是估值指标非常低。是否真的便宜指的是这种公司价值非常不稳定，具有强烈的周期性、难测性和风险的隐蔽性，从生意属性上来讲就应该是折价的，只不过折价到极限的程度时，只要事情不是真的那么糟糕，或者糟糕的事情不会在近期被证实，那么这种股票获利的机会就来了——但它的麻烦在于，一旦获利到一定程度，你就需要赶紧卖出套利，因为它是时间的敌人，其价值只存在于特定时间内的特定状态，超出这个“超低”状态就马上进入风险区间，所以投资这种类别的公司也比较累，需要一个接一个地找“烟蒂”。

从你介绍的这个公司来看，盈利是没有中、长期预期的，再加上现在熊市，客观上放大了其可能存在的风险，低估值可以理解。我觉得对于这个公司，你可以再去挖掘它的资产负债表，仔细查看每一个科目有无数额很大但不清晰的项目？重点是弄清楚其硬资产部分“硬不硬”。因为现在市场的假设是认为其资产风险高，所以才会 PB 折价（或者是认为其未来盈利亏损概率较大），你要证明市场是错的，就必须将这两个逻辑核实清楚。

如果你认为大概率的这两块没有问题，甚至情况还可能会好转（比如持续盈利），那么这可能就是真便宜了。但对于这类公司，即便是判断真便宜，也不能重仓去赌。要清楚这种公司本质上是低价值的，本质上是容易出现各种“意料之外”的状况。对于“烟蒂”类公司研究极为透彻、财务功力极为深厚的格雷厄姆，投资这类公司也是分散的——因为他不可能挑出来所有这类极端低估都是陷阱，只要大部分公司的极端风险被证伪就可以依靠概率获胜，但重仓押一两个，情况就不一样了。

总体来说，好公司才能用盈利能力作为估值的锚，持续盈利能力越确定，估值的溢价越高（当然也要考虑生意的现金流问题）。危机型公司、隐蔽风险型公司或者周期型平庸公司，其估值的锚就是资产负债表，即硬资产，其他的仅作为附加的可能性，但不能算入估值，这样才有足够的安全边际。

公司分析如何划分主要、次要矛盾

目前在学习过程中遇到一个问题：当分析公司主要矛盾点（逻辑支点）时，不懂得如何分析轻重（哪一个才是最重要的）。比如一个公司业务布局好、资产负债表优秀、公司经营情况不错且战略突出，但同时老产品市场狭小，竞争激烈，新业务不确定性又大。我在分析中多次陷入迷茫状态，因为好与坏都有，结合整体来看觉得短、中期是存在投资机会（在好价位的前提下），但从长期来分析，我理不清逻辑。想问问遇到这种情况应该如何选择要点？

这个问题可以分以下几个方面来看：

（1）一般而言，公司都是有利因素交织着不利因素的，各方面形势都很完美、很确定的公司，首先基本不存在；其次就算存在，市场也不“瞎”，肯定给予极高溢价也就不用分析了。当然由于行业性质差别和公司素质的不同，有利和不利因素占比肯定是不同的，真正的好公司应该不用太费劲就能发现巨大的吸引力，平庸的公司往往吸引力和缺陷都不明显，差公司稍微分析一下就“千疮百孔”。

（2）公司分析逻辑的起点是你自己要清楚自己的投资倾向和这笔投资的定位。如果你特别看重收益的弹性，你就要侧重去找那些一眼看上去就显示出巨大增长弹性或者未来几年一旦成功就有巨大回报的标的；如果你的投资强调收益的确定性，那么寻找的重点就应该是那种生意比较容易理解、经营非常稳健的公司；如果你的投资非常保守，就要找那些资产特别扎实、价格特别便宜、分红率高以及业务成熟稳定的公司。如果你自己都不知道要什么，那肯定是挑花眼了。

另外，投资的时间周期也与对象有关。你如果定义为长期投资，那生意属性的特点和强大竞争壁垒就是最重要的；如果定义为 2 ～ 3 年的持有周期，那么行业供需态势好、公司产品结构好、产能节奏好是最重要的；如果定义为 1 年左右的短期投资，那么公司基本面发展与市场价格之间的预期差是最重要的。

（3）公司分析的逻辑要从大到小、从粗到细、从定性到定量。分析最主要的需求是否与你的投资要求吻合，大体吻合再去看其中的主要变量因素。具体分析的时候，首先要看那些能让你了解到其生意本质的东西，比如资产安全性、盈利能力、成长能力、周期性、上下游关系、成本结构和费用结构，由此去感受它本质上是不是一个好生意，这是影响长期判断的；其次去看对中期业绩有影响的因素，比如收入的主要结构构成。其中，短期最重要的驱动是什么？中长期是什么？各个业务线的增长前景是否清晰，费用结构的变化如何，行业未来 2 年的供需格局是什么态势等，主要是挑出来影响公司利润的较为重要的经营变量是什么？以便未来持续关注和纠错；最后再去找财报中的重要细节，比如哪里的指标比较奇怪，为什么会这样？哪里的数据不太好理解？等等。这里最重要的是去评价公司经营的品质、公司管理层的能力。

通常来看，真正的好公司一定会让你有一种“脱颖而出”或者“赏心悦目”的感觉，一定会让你越看越激动（但这个时候要克制住自己的激动，反而要更加专注地去找问题、挑毛病，进而排除风险）。如果一个公司你看了几天还是不得要领，浑浑噩噩，那么只有两种可能：

第一，它就是一个很平庸的公司；

第二，自己根本不懂怎么分析，什么公司放在眼前都是一抹儿黑。

（4）从你简短的介绍来看，分析的逻辑不是很清晰。

第一，不知道你看重它什么？弹性高？确定性高？足够便宜？

第二，既说它的成长确定性高，又说竞争对手将进入，竞争度提升，风险高，不确定性提升，那么到底确定性是高还是低？其他方面说得也不太清楚。总之你是看好这个生意，还是看好某个产品投放，抑或看好预期差填补，分析侧重点都是不一样的。

最后说一下，上面这些是经验之谈和总体原则，然而要想说清楚一个公司具体怎么分析（何况不同类别公司分析的侧重点还不一样），必须是配合一套完整的方法论。这个往小了说是可以讲一节课（快速说），往大了说可以写一本书，就不是这个问答能囊括的了。建议细读我的两本书①吧！若都读完后，严格按照框架去分析仍不得要领，那要么是确实没抓到好公司，要么可能这方面的悟性或者经验还差太多，只能靠时间和勤奋弥补了。

估值溢价与折价的本质是什么

如果一只股票过往业绩稳定增长，对行业和公司我都有信心，估值也处在历史低位（约 40 倍 PE），但未来增速可能只有 15% ~ 30%。那么，在注册制供给不断加大的新形势下，是否面临估值体系下调的问题？估值回归的投资逻辑还能成立吗？这类行业很好，但估值一直远高于业绩增速的股票，你能接受的最高 PE 是多少？

这本质上是关于估值溢价的问题。一般来说，能获得溢价（这里指的是经常性的溢价，而不是情绪导致的阶段性高估值）的公司通常具有以下特点：

（1）公司所处的行业具有非常远大的发展前景，同时行业具有较高壁垒，公司将享有非常长的生命周期，且目前仅仅处于初级阶段，也就是极长的 N。

（2）公司的生意特性是壁垒极高，差异化程度很高，现金流状况好，资本回报率高且可持续，也就是很高的 R。

① 指《股市进阶之道：一个散户的自我修养》，另一本是《公司价值分析案例与实践》

（3）公司的业务具有巨大的扩张空间，目前的业务规模仅仅是其成熟阶段的很小一部分，也就是有很大的G。（关于R，N，G的基本定义，请参考《股市进阶之道：一个散户的自我修养》的相关章节）

如果兼顾以上几条，具有一定的估值溢价是可以理解的。至于通常大家喜闻乐见的公司处于业绩爆发期，或者公司的业务具有稀缺性（但稀缺性本身不一定是好生意），其实并不具有经常性溢价的必然性。因为高估值的本质就是相信随着时间的拉长，持续的业绩增长将熨平估值，并带来长期来看依然很有吸引力的回报——或者是另一种，就是公司的确定性也许存疑，但是业绩的爆发性极强，属于平台型轻资产生意特征，一旦成功就是海量市场上的赢家通吃，即便是亏损的，但只要其成长的主要指标符合逻辑，依然可以享有高溢价（比如亚马逊）。

估值溢价问题的本质不是数学问题，而是一系列假设问题。它的生意本质是否具有高价值？未来业绩增速如何？其业务的稳固性或者爆发性如何等。

你提及的例子如果假设你的估计正确，其业绩增速只有15% ~ 30%，那么肯定不属于业绩爆发瞬间降低估值类别，而是需要较长的时间来熨平估值。那么你研究的重点就必须立足于这个逻辑：即它的下游需求稳定且持续扩张，其本身经营壁垒极高难以挑战，其ROE不但较高（高于20%及以上）且在高水平上可持续，当然，如果现金流状况极佳就更好了。

至于说这种公司该估值多少合理，我觉得很难说，必须具体问题具体分析，你可看一下海外市场是否有类似业务的公司，然后统计一下类似公司在成长期的估值区间进行比较。至于这种公司的历史估值区间可以做个参考，但不能僵化地去套，公司如果处于不同的经营区间了，估值中枢往往会发生明显的变化。或者跳出这个框架，你逆向思考一下40倍PE买入后面临的风险情况，这方面可以参考《股市进阶之道：一个散户的自我修养》中“多维视角看估值”一章。

另外，我认为注册制下对优质公司不会有什么影响，对于只有壳价值的公司影响最大，而且注册制并未解决完全的市场化机制问题，且A股主力其实还是散户，而且国家GDP毕竟还有6%左右的相对高速，所以整个市场向着成熟市场估值中枢靠拢的方向是明确的，但时间进程可能不会那么快。

我没有特别规定能接受的最高估值是多少，通常看具体情况，周期性对象底部时候也许估值高达上百，不能简单这么看。但可以说的是，如果一个公司要达到动态 40 倍 PE 的水平，这样的定价就需要体现出非常强大的说服力（主要体现在经营的确定性和生意属性的突出性上）我才会买入。就以往经验而言，让我赚了大钱的对象里还没有这么高估值的交易案例。

周期性公司是好的投资对象吗

我知道这种传统行业的公司大多周期性较强，业绩暴涨暴跌，同行业公司同质化比较严重，行业景气程度的周期转换较难把握，但还是想问问你平时是否会投资这种行业周期性强的公司？对这种周期股的投资有哪些看法或愿意分享的东西。

周期股方面我没有什么成功的投资经验，主要还是因为这类对象不好把握。

一般而言，周期股要么是在最差（但相信它以后会回暖变好）的时候布局投资，要么是在相信这轮周期将有强劲的持续力时，在这一趋势开始确认后跟投。但这两方面其实都挺难把握，比如就“最差”这点而言，我们经常看到这类公司的业绩下降几乎是无底线的，就算是投资大师也经常抄底抄在半山腰（比如逆向投资大师约翰·涅夫在 1987 年投资了面临拉丁美洲贷款危机的花旗银行，只有 7 ~ 8 倍 PE。但到了 1991 年，花旗银行的股价只有其 1987 年和 1990 年购买成本的一小半儿，持有 4 年的结果是亏损 50% 以上。这还没完，之后 2 年，在此基础上，居然又跌了一半儿，直到 1993 年这笔投资才慢慢恢复过来）。

周期股比较难把握的关键在于你需要把握行业景气的变化情况，而不是理解公司的经营结构和竞争优势。后者主要是个体因素，虽然也需要理解行业，但根本的价值来源于公司经营的个体要素本身。这种公司相对来说不多，但如果你看懂了几个的话会非常放心，而且能找到其中长期稳健增长的逻辑支点，甚至有些短期的弹性都不错。这样的投资一旦看懂，就容易成为重仓且长期持有。

行业的景气变动就复杂得多，特别是强周期类的生意，无论供需哪个方面都牵涉诸多要素，而且你不光要判断对方向，更要把握好介入的节奏。如果介入得太早，可能会耗上好几年的时间慢慢熬到景气回升；如果介入得太晚，周期股一旦反应往往是短期暴涨，等财务数据和景气度确认的时候又快距离景气高峰期不远了，等于把周期做反了。

所以周期股投资面临以下几个问题：

（1）行业景气度需要精确地把握，但精确把握又非常困难；

（2）这种对象如果投好了可能非常有爆发力，但如果投错了则可能带来惨重的后果；

（3）除非你恰好买到很好的时机，买入 1 年内就能反转，否则有可能在行业低迷期被锁住好几年。与之相比，稳健增值的公司这个时间都翻番了；

（4）基于以上困难之处和机会风险，一般不宜配置过大的仓位。但仓位不足赢了也没什么意义，仓位太大风险又过高；

（5）最难的是持续性，你如果赢了一次，其实自己都不知道是运气好还是看得准，下一次依然很难说，这与掌握了好生意投资是截然不同的。

所以不是不能投，也不是它不好，主要还是由于太难把握，特别是难以持续性地把握。或者这样说，与其投入这么大的精力去专门研究，不如好好把握稳健向上的好生意。当然真碰到自己能理解的好机会，这种配置往往有出奇不意的效果。

怎么面对现金焦虑问题

现在持有较多现金，如何面对通胀焦虑？周期股是否还有介入机会？虽然最近大涨，但如果面对 2 倍涨幅，现在 30% 也不算什么！现在每天看到的都是涨价（2017 年 2 月），纸涨价、铜涨价、铁涨价、水泥涨价，关键是看现在的股票，用沪深 300 来看，高估不是，低估也不是，买也不是，卖也不是，特别焦虑，估计正常人最后都会焦虑地选择买入。

我特别能理解你的心情，因为大家都存活在一样的环境里，通胀和财富增值的压力都是一样的。但我要说的是，投资或者说投资收益率是不关心我们的焦虑的，我们的主观需求与投资的客观机会几乎没有什么关系。投资能否有收益，取决于我们是否能做出正确的决策。

投资最终能胜出的之所以只有极少数的人，就是因为这些人在面对同样的焦虑、压力等外部情绪时，依然能够保持理性，依然用同样一把尺子去衡量投资决策问题。你说的“面对 2 倍涨幅，现在 30% 也不算什么”的逻辑是成立的。

前提如下：

第一，你确定未来还有 2 倍涨幅。你问我周期股是否有这样的机会，说实话周期股是投资中最难把握的，就是因为影响景气起伏的因素太多。我个人看不清这种机会，也从未在周期股上赚过大钱。

第二，如果你对其未来看好且并不在乎短期涨跌是可以的，但做出这一决策的原因，一定是你自己研究了公司的相关资料，认为有其价值所在，而不是因为通胀的压力和选择上的焦虑。在你焦虑的时候做出的决定，一般都会让人在未来某个时候后悔，想想看是不是这样？

就目前的市场而言，我觉得应该放弃齐涨共跌的思维，而更多地从个股去考虑问题。如果你对某个公司很有信心，不妨先买点儿。涨了高兴有收益，跌了也高兴正好可以补仓。为什么一定要么就是空仓，要么就是满仓才舒服呢？

还是那句话，别因为焦虑做决定。通胀长期来看是财富杀手，但短期比如 1 ~ 2 年其实并不是那么可怕。但投资上的错误和仓促决定，1 年亏掉 30% 实在是太容易了。当然克服焦虑、保持理性和冷静确实很难。但如果不难，如果没有情绪的强大壁垒，哪儿来的超额收益呢？

最后，坦率地讲，真正能克服短期焦虑的，是对自己的长期投资理念有信心。如果有一套确信能长期战胜市场的投资方法论和实践经验，你自然就会大幅地降低短期的焦虑。但这个从别人身上得不到，只能靠自己成长。这也是我说的，最昂贵的代价是什么？是不学习。我 7 年前就说过，学不学习每天看起来没什么区别，但每年是有区别的，过 5 年再看可能是天壤之别。可惜，这话人人都懂，但大多数都是到了眼前就要用的时候才着急。

“进口替代”的内在逻辑是什么

书中曾提到“进口替代的驱动力主要来自技术突破 + 性价比 + 服务本地化，但不同行业侧重和替代周期不同”。这些天看几个公司的信息，注意到成本构成中的“料、工、费”比例大不相同，例如 A 公司各项构成占营业成本比例（最近 3 年比例变化不大）为直接材料 40.99%、直接人工 32.73%、制造费用 26.28%（毛利率 61%、净利率 39%）；B 公司为直接材料 91.71%、直接人工 6.62%、制造费用 1.67%（毛利率 49%、净利率 11%），这两个公司原材料占比一个比较高、一个比较低，其他公司是原材料占比 60% 左右。请教你一般是怎么理解什么样的成本构成更能影响“性价比”，即与日、韩、欧、美企业相比，可能会有“低成本”的优势？

你提到的进口替代问题有一定的历史必然性。

首先是因为外资企业由于本地要素价格越来越贵，并且随着我国消费市场的兴起越来越受到重视，所以外资具有在本地化生产的现实需求。这个过程中随着外方人才、技术的转移，导致部分知识的转移，客观上帮助了本土公司的崛起。

其次，由于外商长期的技术垄断而导致过高定价，这给本土公司提供了生存和第一桶金的空间。

进口替代并非完全是“性价比”这么简单。比如电信金融行业，对于设备的稳定性和安全性要求极其苛刻，这不是替代产品便宜30%就可以替代的，对于这些客户而言，买最贵、最好的才是理性行为。

所以这类情况必须首先有技术突破，达到基本不次于同类产品的能力才有机会。比如华为当初为了打消客户顾虑，直接免费给客户试用积累口碑和数据。还有一种比较典型的就是本土化服务胜出。比如精密电子配件类公司，需要和下游手机等大客户厂商形成非常紧密的合作，这中间有大量的沟通协调反馈事宜。

由于日、韩等企业人力成本昂贵且企业已经很大，难免运作臃肿，所以服务强调刻板的流程，而我国厂商可以提供3对1的贴身服务，因此具有低成本+高服务时效性的竞争优势，这在汽车配件行业上也体现得很明显。因此对于迭代周期特别短而又需要合作伙伴快速反应的行业，是极其强大的竞争优势。

就低成本而言，不同行业和产品对成本的敏感度是不一样的。比如轮胎雕花需要大量的熟练技工人工参与，人是扩张中最重要的边际成本，所以拥有低成本的人力资源就会形成优势。这点在一些研发类公司也特别突出，即所谓的工程师红利，相似的成本，我们可以用五个工程师“打”外方一个。

而在一些重资产制造业，规模化才能形成成本优势，跨越盈亏平衡点需要极大量的先期投资，那这个时候，最重要的是资金成本和投资能力，能有一个活跃的股市用来发行股票筹集巨额资金的企业就有了巨大的优势（或者是能够获得国家长期的产业补贴也一样，类似京东方）。所以不能简单说哪种成本的结构更有利于“进口替代”，而是要看这个行业或产品最核心的成本在哪里？以及在这个成本要素上，本土公司是否具有天然的优势？通常同一个行业内，很少见到在成本结构上有巨大差异的情况。

另外，在“进口替代”的不同阶段，企业策略会有所变化。比如最初阶段往往并没有什么成本优势，但是靠低定价、低毛利先代替一部分低端产业，然后迅速把低端做大，形成规模优势，甚至取得垄断地位。再利用低端市场的现金流投入研发，并利用工程师红利向中高端切入。

到这个阶段，虽然定价依然低于国外产品，但往往毛利率比国外公司还高。因为有些公司会利用中国巨大、完善的产业链做上下游的一体化配套（比如某工程机械设备公司，我去实地看过其大量的上游配套材料商就在它周围 1km 范围内，每个配件都比国外价格低一些，叠加到一起就剩出较大的毛利空间），再加上现在越来越多产品的最大市场就在中国本土，天然的具有本土沟通成本（这个看似无形，但其实很重要，特别是在应对本地个性化需求和市场的变化上，日本在我国的手机品牌就在这点上吃了大亏），运输成本上的巨大优势，依然是能把规模效益发挥得淋漓尽致。

所以说，中国的制造业崛起（也就是“进口替代”）不是靠的某一个单项上的优势，比如人力成本低或者原材料成本低，而是一系列综合要素的结果，从基础设施完善度到扎实的基础教育，再到人口和工程师红利，以及完善的产业配套，巨大并活跃的资本市场，越来越重要的本土化市场等，这也是为什么即便现在人力资本已经不便宜了，其他国家要想抢走中国的制造业（特别是具有技术壁垒和规模壁垒的产品）依然还是很困难的原因。

低估值与低估是一回事儿吗

我持有格力很长时间，因为一直估值很低，业绩优良。但在2017年卖出了，结果后来它一直新高不断。

（1）如果你觉得一只股票低估了，但它却长年维持低估，你会一直持有吗？持有到它的估值恢复到你认为的合理值？

（2）如果是你持有格力，2015 年股市高位时你会怎么操作？

（3）我为自己过早卖掉格力感到可惜，但回顾一下当时卖出格力的想法，似乎理由充分，你怎么看待这种情况？

（1）低估值和低估其实差异很大。低估值是一种静态，但确定性高的客观状态，而低估其实是我们的主观判断，这种判断力包含对这个公司最低价值和未来价值等诸多假设，并且越是判断低估的，一般越是需要涉及更多的商业判断。所以，如果一个公司我认为长期被低估，肯定是我看到了其未来较高确定性的增长空间，有这个基础再加上估值又很低，那么我大概率会一直持有。持有到再也看不清它的未来；市场给予它极端高估；直到发现比它更好、更有信心的长期标的。

（2）如果我在 2015 年持有格力（表明我对其未来比较有信心），大概率也会被较大的回撤伤害到，因为确实即便在顶峰期也就是 13 倍 PE，从历史牛市经验来看，实在谈不上高估了（事实上我们也看到，2015 年确实对重仓低估值股票的人伤害是最大的）。这个是没有办法的，一种风格或者价值观，你就一定要接受它的缺点才能享受它的果实（比如你看现在，2015 年低估值受伤最重的，只要继续坚持自己的风格不变，2017 年下半年到 2018 年就又成为最风光的了）。

比如，若有人 2015 年顶部早就跑了，你问问他，能得到格力 2008 年至今的十几倍收益吗？他跑了以后还能在低位买回来再捂到现在吗？所以这个是没有办法的事，要两害相权取其轻。综合来看，在不是极端高估的情况下，以及对公司未来还很有信心的前提下（注意这个前提），忍受波动是我们必须接受的，坚持和专注自己的风格是我们必须要做到的。

（3）我早说过，会买的才是师父。你在 2008 年以如此低的成本买入了格力并一直持有，这本身已是巨大的成功，何必纠结卖出是不是最高点？那完全是用“神”的标准要求自己了，徒增烦恼而已。巴菲特持有中石油不是也早早卖飞了吗？但丝毫不影响漂亮的收益率。如果大部分的投资交易都能做成这样，真的已经是千里挑一了。只要你的决策是基于严谨的逻辑，那么就坚定地做。做错也认了，因为这说明自己确实看不懂，看不懂的钱就不是我们应该赚的。这样做可能会错失机会，但更重要的是会杜绝看不懂却去赌博的巨大风险。只要杜绝了这个风险，成功才是不可阻挡的——因为机会毕竟还是一直有的，就像难道你卖了格力就再也找不到其他投资机会了？完全不可能嘛，所以纠结什么呢？

最后说一个让你开心点儿的事儿，我 2008 年也看到了格力，但是很快就卖飞了（因为我一直怀疑其“天花板”的问题），而且此类事后看着极其愚蠢的行为绝不止一次。但这并不影响我过去十年还算满意的投资收益率，而且我对未来更加充满信心。为什么？因为我的成功已经不是建立在“找到超级大牛股 + 总是完美交易”的假设环境里，而是建立在“避免重大失误 + 确保可持续的成功”的投资体系中了。所以，跳出个股操作，而从投资体系的全局来看问题，从更长期的概率来考虑问题，才能超越具体操作的纠结。

去散户化与指数基金投资

从 2008 年开始到 2015 年 2 月，巴菲特的指数基金以 63.5% 的收益率完胜特德“基金套基金”策略 19.6% 的收益率。

（1）越来越开放的 A 股是否意味着去散户化就是趋势？

（2）指数基金是否是普通投资者最理想的投资标的？

（3）你能否推荐和分析一下当前主流的指数基金？以及投资指数基金需要注意的地方。

（1）首先，巴菲特和特德·塞德斯的 PK 并非指数基金对股票，而是基金对基金。只不过巴菲特是投资锚定标普 500 指数的指数基金组合，特德是用基金再投资对冲基金的组合。

其次，这一期间巴菲特确实毫无争议地胜出，但两人的基金组合纯粹从投资收益而言是 64% 对 44%，19.6% 是后者扣除了收益提成等一切费用后的投资者的真实回报。所以指数基金战胜对冲基金的一个重要优势就是成本费用非常低，除非主动管理型基金带来更高的超额回报，否则自然不划算。

最后，要看这个比赛的背景环境。这个比赛起始于 2008 年到 2015 年 2 月，在这个区间我们会发现，标普 500 指数完全是一轮始终上涨的大牛市。而一般来说，在单边大牛市里主动型基金确实是跑不过指数基金的（因为指数基金等于始终满仓）。如果这个区间是一个复杂的来回大波动的情况，又或者是一个单边下跌的大熊市，也许结果会有所变化。这里我想指出的是，环境对于某种投资风格和方法的影响还是很大的。

（2）无论如何，对于广大散户而言，投资优秀的指数基金都是最好的选择。上述比赛至少证明了优秀的指数基金可以在收益率方面战胜一般的主动管理型基金，再考虑到成本费用上的巨大优势，确实很有机会跑赢大部分主动管理型基金。在这个结论里，越是有效程度高的市场里越确定（因为高度有效市场里，要想经常性获得超额收益越来越困难），在有效程度较低的市场里不确定性会大很多（因为弱有效市场经常出现大幅波动和价值偏离，为有能力的主动投资人带来非常高效的超额收益机会）。

所以到底是投资指数基金，还是自己主动投资，关键是你对自己的评估是什么？如果你有能力发现市场无效和定价错误，那么当然是主动投资的超额收益高得多。反之，那自己就是市场无效性的一部分，还是别当“炮灰”了，踏实找有能力的人或者干脆指数基金得了。对于巴菲特而言，他的自我评估肯定是觉得还能找到不少好生意，比更类似市场平均收益的指数基金要强得多，而且对资金量非常大的人来说，一些指数基金还有流动性不佳的问题。

（3）A 股未来一定是长期地去散户化进程，一方面是因为市场相关机制在健全，留给市场投机赌博者的机会越来越少，另一方面是各类机构投资者（包括境外的）正在快速壮大，随着他们掌握的可投资资本越来越大，会大幅提升其在市场中的定价权。但这一进程可能比较长，不是一个 MSCI 之类就能解决的，大家普遍缺乏逻辑训练，这个需要时间，也需要持续惨痛的市场教训来改变。

（4）普通人投资指数基金也一样面临对象、时机和力度的问题。就对象而言，可以将跟踪大盘、小盘和优秀行业（比如高分红、环保或者医药消费等）不同特征的指数基金做一个组合，这样风险更小，获利概率更大，具体指数基金就很多了，比如华夏上证 50 ETF，华夏中证 500 ETF，广发的医药卫生和环保指数基金，中证消费和中证养老基金等，具体可在相关公司网站上查询。时机和力度方面当然最好是有自己的一套策略，即低估多买、高估不买，甚至赎回的估值评估办法，如果没有策略，就确定只要不是在大牛市里就定期投资，在大熊市里多投几份的简单原则，克服恐惧、贪婪，平均下来也能获得合理成本。

有各种信息成分的市场里该怎么投资

你是通过分析行业和公司财务报表来选择低估值股（成长股），但大家都知道，现在的 A 股市场信息太多，真真假假分不清楚，个别公司报表也是做出来的。请问你相信公司报表的数据吗？如何判别真伪？你是否还有其他的数据来源？

我们得承认，这个世界是不完美的，股市更是如此。你说 A 股信息太多真假难辨，其实不如说这是投资必须面对的现实。美股的虚假信息或者概念炒作就少吗？

江湖险恶，我当然不会都相信报表。至于财务上都容易出现哪些“雷”，真的是一本书的内容，我推荐你阅读《财务是个真实的谎言》或者《股市进阶之道：一个散户的自我修养》第 10 章“穿越财务的迷宫”。这里说几点切身感受吧。

（1）我们投资股市是为了赚钱，不是来当财务侦探和打假英雄的，所以对那些业务非常复杂和边缘、公司历史有污点及长期经营不善（ROE 总是很低）的公司，根本就不要费那个劲了，这一步已经初步淘汰了 70% 以上的公司。然后对一些比较容易出问题的特定行业（农林牧渔、矿业、能源、新概念技术类）尽量回避，再排除一些也许不算重灾区，但行业确实没什么吸引力的公司（钢铁、纺织、造纸等夕阳行业），你会发现真正需要进行财务观察的公司，大概也就 10%，再配合上诸如过去几年收入、利润增长的要求和 ROE 或者持续分红能力的起码条件，你会发现也就是几十个公司能入选了，而这个量对个人投资者来说完全足够了。

（2）财务钩稽关系大多数是用来识别问题、发现公司经营的主要矛盾以及用来判定大致的生意特性，这些定性一般需要连续几年的数据，甚至是季度数据的比较。同时由于涉及成长性指标，盈利性指标，资产健康指标和现金流指标的多维审视，综合看下来没有大疑点存在的话，是可以初步予以采纳的。我在书中说过，造假也是有成本的，同时也需要有主观需求，这些都是我们分析时的突破点。

（3）财务只是我们认识公司的工具之一，除此以外同样重要甚至更重要的是其业务的逻辑所在，包括外部市场供需的逻辑，内部公司产品结构和战略，以及成本和利润的结构等。财务只是一个结果，源头还是经营行为本身。如果看懂了它的生意本质和未来，其实阶段性的财务偏差都不是什么大问题，何况一定范围内的财务调节技巧也是完全合法，并且很多时候也是合理的。

所以你看，财务报表确实不是万能的，但起码它是投资中的一个通用语言。你可以谨慎并且配合其他工具来分析公司，但如果以市场里有“老千”就简单采取对财务报表回避的态度，那社会上还有坏人呢？我们还要不要上街呢？其实说真的，我觉得这么想的人主要的问题并不是陷阱太多，而是根本还不具备财务报表的基础知识，陷阱不过是给自己不学习找一个借口罢了。

最后关于我有没有其他信息获取渠道的答案，请参考之前专门对此回答过的一个问答，这里不做过多介绍。

简单来讲，投资上能成功的人都有一种共同的特征：不会的就去学，没有机会学，那创造机会也要学到手；投资上没什么前途的人也有一种共同特征：不会的就找借口，没有借口，创造条件也要找借口。为什么同样一个市场，有人成功有人失败呢？这其中的原因不是比单纯批判市场的缺点更重要吗！

如何摆脱股价涨跌的心理暗示

我买股票经常会遇到这样的情况：看好了一只股票，年报也看了，财务状况也分析了，所在行业的前景也预测评估了，估值也觉得合适了，便开仓买入。买了之后股价不涨反跌，这时就有对买入标的持怀疑心理（特别是买入的标的估值已经很低了，但依然在跌）：是不是有哪些不好的地方忽略了？财务是不是没有分析到位？前景是不是想得乐观了？一旦疑惑久了，心里更是没底，如果遇到股价反弹，一般到成本价或接近成本价或小幅超过成本价就卖了。

还有一种情况：买入后涨了 10% ~ 20% 后，又跌回来甚至被套 10% ~ 20%，就更会对买入公司基本面产生更大的怀疑。我的问题是：你是否遇到过这种情况，遇到了你是怎么坚持下来的？怎样才能对自己分析的股票在各项指标都比较好而股价不断下跌时坚持自己的看法不动摇？

（1）买了股票后，因为短期涨跌影响心态，根本上还是对其认识和判断的不自信。不自信完全是坏事？不见得。比如当你很清楚自己的水平很“菜”，对公司的认识只不过是人云亦云，对公司的研究自己都知道非常浅薄，并且缺乏起码的高度，那么这个时候股票如果跌了（或者涨了又跌回去），你感到怀疑是很正常的。相比不知道自己吃几碗干饭，本身能力很差却高度自负，这种“没底”显然是一种保护机制，真不算最糟糕的情况。

（2）解决的办法很简单，提高自己的能力到足够让你自信的程度。有没有这个程度怎么判断呢？

第一，你能从本质上判断出它是不是个好生意。

第二，你能从公司的经营轨迹、发展战略、业务结构和态势以及历史和当前财务的验证上，判断出它是不是一个让人放心的好公司。

第三，你能基本判断出它目前的价位是处于便宜区间、合理区间还是昂贵区间。

说白了，就是你具有判断好生意、好公司、好价格的能力。有这个能力，你“下手”的时候必然就是很高赚钱概率和赔率的区间。既然你“下手”已经是在这个区间，那么再下跌你还怕什么？当然是继续择机买入。

然后再用投资体系来确保下面三件事：

第一，确保这个投资对象的仓位与其概率和赔率的程度一致，又安全又高赔率的大机会给予重仓位，否则给予仓位控制，等待更好的时机，这样长期胜率必然很高。

第二，规划好明确的交易战术，对于这个对象总体配多少仓位，分几次或者多大间隔完成补仓进行推算，然后严格执行。这样从体系上解决“黑天鹅”问题。

第三，给予投资对象明确的“投资生死线”，列出这个公司可以容忍的经营波动和需要高度警惕的经营方面的危险苗头，这样就有了纠错的机会。

所以，能力是解决具体判断的问题，投资体系和战术规划是解决总体策略和避免“黑天鹅”的问题。至于怀疑当然也有，毕竟公司经营本质上是处于不确定性中的，但既有能力确保能取得高胜率，又有投资体系避免一旦出错损失惨重，还有明确的纠错机制，那还怕什么呢？什么都不做就不会出错，但从长期来看那才是最大的失败。

因此对自己的能力足够自信，对自己的投资体系足够自信，是不纠结、不怀疑做到知行合一的唯一出路。否则，“知”层面千疮百孔问题多多，“行”层面必然犹豫怀疑，这不仅是正常的而且是必然的（不过这比不知道自己不行还偏执自信好很多）。

当然这是个过程，而且是个很漫长的过程。其中包含基础的“一万小时定律”，还包含多年的市场观察和体会，包含多次亲身的经验教训和痛定思痛，也包含战胜情绪干扰之后的几次巨大胜利和鼓舞，所有这一切最终会凝结成一种定力。这个东西装不出来，也不是读过一些经典作品就能学到的，没有上述这些前提，就是把巴菲特语录倒背如流，把格雷厄姆的照片装裱在墙上，再每天读心经和羊皮卷，照样无济于事。所以我说投资这行特别幸运，是个越老越值钱的行当。

当然，除此之外，必然会遇到意料之外的波动，比如极端的系统性风险。那么这个时候你只能相信时间会让一切恢复正常，相信中国会继续取得更大的成功。在你所能做的范围内都做到符合规范和标准后，遇到其他系统性风险时只能像彼得·林奇说的那样“跳出当前的涨跌，去想想更大的局”。

投资一定要现场调研吗

我是一位业余投资者，普通上班族，我有一位朋友认为做投资必须要花大部分时间出去调研企业基本面，并且和行业内的资深人士沟通交流才能搞懂一家企业到底有没有发展潜力，值不值得投资，而像我这样的坐在电脑前研究一家公司的价值，非常不切实际，我想请教老师，要想弄清楚一家公司值不值得投资是不是一定要亲自去目标公司调研，并且要经常和同行交流?

这是个好问题。首先可以确定的说，在有条件的情况下，多去参与调研，多与公司高管以及行业资深人士交流，一定是对于相关行业和公司的理解大有裨益的。特别是对于初涉投资的朋友，多参与这种活动和交流所带来的效果，是任何书本都无法代替的，所以，如果有时间、有条件的话，多做这些功课非常有益。

另外，也不必“神话”这种调研交流活动。这里包含三个意思：

第一，调研交流本身不是目的，目的是更好地了解行业情况以及公司经营的特点和动态。这种工作既不神秘也不神奇，每天都有大量的机构和散户在做，而是不是大量参与这种活动就能带来好收益？完全不是。如果你并不具备理解“好生意、好公司、好价格”和“对象、时机、力度”等关键投资要素为基础（注意这个词），那么跑调研、跑行业经常只是获得一堆碎片化的信息，而且交流中也无法提炼出高价值的信息，最终这种行为并不一定能带来帮助，甚至有时候可能被误导——有的是被高管误导而过于乐观，有的是被某些所谓的行业专家误导而过于悲观，这种案例实在是太多了。

第二，调研虽然是有必要的，但是不是要花“大部分时间”来干这个？我觉得完全没必要。作为个人投资者，你必须聚焦在有限的“好生意、好公司”上，铺开的面通常不应太广，而真正的好生意、好公司其实比较有限。在有限的范围内，除了初期较为密集的调研交流，后期大致都是跟踪和定期调研即可，我完全无法理解为什么要“绝大多数时间”都在外面跑。对我来说，投资的大多数时间是用来阅读和思考的，一年我可能也就跑几次调研而已。当然，能做到这一点还有一个重要的原因就是现在的互联网太发达了，一些有用的调研信息完全可以通过研究报告或者网络获得，但调研报告的直接信息对大家都是公平的，谁能从中找到有用的东西才是关键。

第三，调研的多少与收益的高低并不呈对等关系。这与投资模式也有一定关系，比如以逆向投资为核心的，这种投资方式可能涉及面极广，但更重要的是对赔率的理解和财务报告上排除重大风险的能力，这种模式甚至可以完全不用去调研。很多这种风格的优秀投资人都基本不跑公司，有些投资大师甚至定下“绝不去调研”的投资铁律，就是怕被误导，而且每个仓位所占比重很小，投入大量精力调研完全不值得，这是靠普遍的概率获胜的模式。对以成长股为核心的模式，调研相对重要一些，但高度聚焦，远离生僻复杂或者太差的生意，已经排除了绝大多数公司，真正需要关注的公司往往数量不多，本身业务模式也容易理解，而且由于投资周期一般要好几年，这种公司都是长期沉淀积累，只需要定期调研跟踪就好了。

另外，需要注意一点，公司研究绝非事无巨细、越多越好，公司的研究其实呈现典型的边际效益递减现象。真正最重要的定性判断往往来自很少时间内，找到公司和行业的“主要矛盾”才是最重要的。这种定性的能力几乎决定了未来收益的大部分。

所以我对这个问题总结如下：如果有条件，多跑、多看、多调研交流，有利于快速提升自己对特定行业的理解，没什么不好。但调研本身并不能带来超额收益，它只是公司业务分析中的一个很普通的环节而已。真正决定你投资收益的，是对投资本质性问题的认识深度。以对投资本质性问题的认识为基础，结合自己的投资模式特点，可以采取包括调研交流在内的一切方法去寻找、整理自己需要的信息。至于具体要花多少时间在调研上，我觉得无法统一规定，看每个人的特点，然后自己摸索。

如何取舍股票组合的集中与分散

在目前的市场状况下，你的投资组合中大类资产如何配置？具体到股票投资，你建议是以 3 ~ 5 只为宜，最多不能超过 10 只，但是对于我们这些流动资产在百万元左右，只投资了 7 只股票，还想再买股票池中的 2 只，然而对这 9 只股票又不是每只都有高概率的把握，该如何在集中投资、提高收益弹性与分散个股投资风险中取得平衡？

首先明确一点，我并没有建议持仓的具体数量，只是说对我自己而言，这种级别的持仓是比较适宜的。具体持仓多少比较合适是一个很个性化的选择，与你的投资价值观、擅长的投资方法和个人对投资的期望都有很大的关联。如果你有坚强的现金流后盾。又年轻但资金有限，投资期望是获得很大的投资弹性并且愿意承担较高的波动性风险，那么可能大幅的集中是比较合适的。如果每一条都相反，那么购入几个低关联度的指数基金或者让持仓更为分散化才是合适的。所以稳和赌，并没有绝对的好坏，不同人或者同一人在不同阶段、不同情景下，最优选择有可能都是不同的。

而在你的提问里，并没有涉及自己的财务背景、具体的投资期望、对风险和收益的侧重以及熟悉的投资方法，脱离了这些谈组合数量，就像你不告诉我性别、年龄、兴趣、财务状况和对婚姻的期望而让我给你推荐一个合适的伴侣，当然是不可能的。

从你透露的信息来看，对看中的 9 只股票不是每只都有高概率的把握，我姑且认为其中有几只的把握很高。那么按一般原则来说，你并不需要平均分配仓位，可以考虑对把握高的超配。但是把握高的公司，是不是赔率也高呢？我个人建议，如果把握高，赔率也高就顶格配置（这个顶格也没有什么统一的标准，但一般认为除非出现你认为千载难逢的重大机遇，否则单个公司不要超过三成的持仓为宜，具体多少以你舒服为标准，舒服的标准就是它涨幅高，你不会太遗憾买少了，它出现“黑天鹅”事件了你不会被“害死”）。如果高概率，但是赔率一般，或者其他概率把握不那么高，但是价格的赔率却不错的，可以半格配置（也就是留有余地，因为反正超额收益比较难，急什么呢，一旦另一个条件逐渐到位了还可以加仓）。

最后，你说的高弹性与分散风险本身就是矛盾的，不可能既要求高弹性又要求大幅分散风险（有例外，比如出现千载难逢的大机会，你有足够的选择余地配置到几十只同样低风险、高弹性的股票，也不是没可能，大概十年一遇）。但有没有平衡呢？有的，但平衡不是在配置，而是在你的心。还是那句话，问问你自己的内心，你更怕的是什么？你更不能承受的结果是什么？只有你坦然了，你的配置组合自然就平衡了。

如果你始终搞不清自己的特点和本质需求，那么不管怎么配置，你保证在上涨的时候恨自己太分散、仓位太轻，而在下跌的时候恨自己太集中、仓位太重。投资的痛苦和纠结，90% 其实就是源于没有坦诚地面对自己的内心。

价值投资需不需要“择时”

有些投资大家，如戴维·史文森等认为：价值投资是不需要考虑择时的，而你的“对象、时机和力度”三要素，显然是考虑择时的。本人一直没有很好地领悟价值投资为什么不提倡择时，后来想到其重视安全边际或低估值时，实际上已经把择时考虑进来，因为大多数时候，估值较低时，也很可能是较好的选择时机，如果安全边际足够，确实也不需要择时了。你应该对此也做过思考，如果可能，想听听你对此的想法。

对这个问题首先要定义什么是择时？如果择时意味着总是试图精确地判断市场机会，那么择时与其说是不重要，不如说是不可能。如果择时代表着选择更好的投资机会出手，那么就像你说的，价值投资的体系中早就有这个考虑因素，安全边际就是择时的核心指标，恐惧贪婪论就是择时的基本原则。

另外，从什么时间维度来看这个问题，结论也不同。从历史的角度来看，过去 30 年做多中国就是最大的成功，将 A 股 20 多年的 K 线画出来那就是超级长牛市，从这个尺度看不用择时，美国数十年的记录更是如此（特别是选择指数基金）。但从周期轮替的维度看，市场波动极大，客观上存在着利用市场非理性因素去避免损失或者扩大收益的基础，这个不必视而不见。

当然，投资的落脚点永远在企业本身，所以也要结合公司的特征来考虑这个问题，对于长期具有创业价值的公司而言，其初期状态的静态高估值和昂贵其实也不必择时，因为未来的累积回报远远超过短期择时的贡献。

所以最终我们会发现，问题回到了我们自己身上。你是什么能力特征才是最关键的。如果你具有敏锐的商业洞察力和前瞻性，并且资金状况稳定，性格可以承受波动，那么坚持优质公司长期持有而极大忽略时机因素（当然买入阶段需要考虑，这里指持有中）是比较合适的。若能力中庸一些，可能大多数情况以持有为主，忽略一般性的时机差异，但对市场极端态则必须做出反应。这两者各有其优劣，共同之处都是不把时机作为一种低层次的交易手段，而是从企业价值角度出发，以安全边际和赔率为准绳的原则性、战略性要素进行低频次但关键时刻的决策选项。

怎么看待大股东减持

在《股市进阶之道：一个散户的自我修养》一书中提到，要像好侦探破案一样去发现问题，只要出现重大嫌疑和诸多难以理解的因素，就可以直接下判决（我理解为“疑罪从有”）。比如广联达和科伦药业最近（2017 年）都出现了大股东的大额减持，那我现在是不是就可以直接“枪毙”这种公司了？你怎么看这两家公司的大量减持现象？如果你刚买入这两家公司的股票，且仓位较重，你会怎么做？这种公司的股东大规模减持现象，是否从一个侧面说明现在的市场估值普遍较高，风险逐渐累积，股票投资者也应该相应做一些调整（如换成低估值股或降低仓位）？

大股东减持，特别是较大额度的减持，肯定是个负面项。但大股东减持与公司的投资价值未必呈现完全的对应，比如腾讯，根据公开资料显示，截至 2015 年，马化腾在过去 10 年累计减持了 70 亿市值的股票，2017 年 10 月又公开减持了 18 亿市值的股票，但你看腾讯这些年的股价和公司经营显然没有受到任何影响。

又比如东方雨虹，如果你查询一下其高管的减持记录估计也要倒吸一口凉气，其高管是集体性、长期性的频繁减持公司股票，但这些年下来公司经营得其实挺好，股价也基本算是长牛。所以减持未必代表什么实质性的东西。

但如果是市场在普遍减持，那么确实说明可能处于一个系统性的高位区间。比如 2015 年 4 月 1 日至 4 月 30 日，A 股市场中共有 325 家上市公司的股东进行减持，减持股份数量合计约为 63.58 亿股，涉及金额总计约 730.39 亿元，比 2015 年 3 月份减持金额增加了约 16%。2015 年全年有 1175 家上市公司“大小非”，在 2015 年合计减持金额高达 4566 亿元，相比 2014 年的 2100 亿元增加了一倍多，同时创下 A 股历史上的新高。

从这点上来看，普遍性的减持是可以作为判断市场温度的参照的。但具体个股却未必能说明什么，比如 2015 年在全 A 股减持金额排在第二位的京东方，2017 年不就是既迎来久违的经营业绩爆发，又是大牛股吗？

所以不能以公司的减持作为公司未来经营趋势的风向标，你可以根据具体公司的历史估值区间，再结合高管减持的额度，综合来评估是否处于阶段性的高估。就我来看，广联达目前经营比较稳健，但整体估值确实不便宜，对高管减持有吸引力也不奇怪；科伦药业的主业虽然有所回暖，但真正走出泥潭也还需要较长时间，今年下半年的一波大涨确实也是减持的好时机。当然这些都是个人主观感受，并不一定准确，也不作为投资建议。

对于可能的阶段性高估，怎么处理要看情况。比如虽然阶段性有所高估，但是你确信公司的经营趋势优秀，且未来有非常具有吸引力的成长前景，确定性又很高，那么我个人不会仅仅因为公司减持而做反应，如果确实这笔投入占比太大，那么我可能会择机降低一些仓位并继续观察。真正需要“发现征兆就枪毙”的，主要是业务不真实、高度造假嫌疑以及被证明经营水平差，类似这种高管减持并不算大问题。

未来优势型公司的关键是什么

能否以你十余年的价值投资经验，说说你对未来优势型股票初创期判断的主要依据有哪些共同特征？是否是符合未来社会经济发展趋势的行业？但这类行业或多或少和国家补贴引导有关，巴菲特的价值投资教我们避免投资这类补贴性企业，你怎么看待目前新能源 +、高端制造 +、大健康 +、新农业 + 这些未来的新兴行业？

（1）投资本来就是不容易的，所有获取超额收益的路都不好走。这其中，未来优势型公司确实更困难一些，它的代价是识别需要高度的前瞻性。作为补偿，它提供的是最为宽阔的买入区间和较长期的高复利。这里的关键点有两个：一个是“未来”，另一个是“优势”。

未来是指这种公司往往还没到行业景气的高峰阶段和公司自身运营要素（比如产品投放、产能利用率和利润率）尚处于释放的初期阶段。

优势是指这种公司并非单纯的行业景气推动，这个生意本质上容易形成某种壁垒，这种壁垒可能来自生意特性（比如医药研发和渠道上天生的高门槛），可能来自行业环境的变迁（比如现在环保政策大幅提升，逼迫一些行业落后产能退出），也可能来自公司高效经营从量变到质变（比如先人一步完成规模化，并且以此为基点建立起成本优势、客户黏性或者研发壁垒）。

光有优势、没有未来，是市场早已认可的成熟期大公司，一切都好就是已经珠峰登顶，潜力堪忧；光有未来、没有优势，是行业景气驱动冲浪，随着时间越长越不确定。这里最核心的指标还是 ROE，要分解其结构，判定其未来提升的路径和空间到底在哪里？

总资产周转率的提升需要考虑产能和需求，利润率的提升需要考虑产品结构和费用结构以及最关键的竞争中是否有定价权，或者至少能够成本转移获得稳定的毛利率。展现出趋势性的 ROE 持续提升特征的，或者将出现净资产持续增厚且 ROE 可保持在高位特征的，是最关键的定性指标。通俗地讲，大行业、小公司、高壁垒、低边际成本、强现金、弱周期是考察的关键词——当然不可能一个公司都占了，但越是接近当然越好。

其实，根据我的经验，这种公司的判别并非很难，前提是熟练掌握了公司分析的框架和方法论，以及吃透未来优势的特性。难的是两点：这种公司确实稀少，从这么多公司里筛选起来有较高的运气成分；市场往往也挺聪明，很少给这种公司低价格，需要通过系统性风险释放来造成真正的错杀机会。

（2）你说的“符合未来社会经济发展趋势的行业，或多或少和国家补贴引导有关”我倒没觉得，至少我看的公司里绝大多数都没有补贴。补贴这事儿也得分开看，只靠补贴生存肯定是没前途的，但阶段性的补贴最终会转化为高度市场化竞争的，是可以继续研究的。补贴短期有利于市场需求的培育，但不利于优质公司收割市场。

另外，你说的“新能源 +、高端制造 +、大健康 +、新农业 +”泛泛而谈当然都挺好，但不解决什么问题，个股差别非常大。对未来，我觉得大家可以思考一下产业升级的规律。过去十几年我们在工业的整机组装上非常成功，但仔细翻翻年报会发现很多核心配件、上游核心原材料上依然是高度依赖进口，这些产品的规模可能相对终端产品要小一些，但往往壁垒极高，利润率也很好，我认为这个方向会迎来“进口替代”的大周期。

另一条线索，就是多看看发达国家在我们现在的人均 GDP 水平之后又发生了什么？更环保、更注重品质、更追求快乐和健康都是大势所趋。某种程度来说，用发达国家的现在来看我们的未来，是具有参照价值的。

在温饱到小康的“从无到有”阶段，公司的规模运作效率和成本控制能力更为关键；而在小康到中产的“从有到好”阶段，有独门技术和持续创新能力更值得关注。无论哪个阶段，对产业的抱负、高瞻远瞩又专注的企业家，不达目标誓不罢休的执行力，都是成功的核心基因。

交易上如何止损

请问一笔交易你平均会持有多长时间？对于失败的交易你是怎样止损或者以何依据退出的？请你推荐几本学习股票投资知识的书籍。

无论是平均持有时间，还是交易策略（比如是越跌越买，还是跌了就止损）都是依照这笔交易之前的定性来执行的。我的核心仓都是执行买入并持有的策略，因为我主要瞄准的是未来几年经营态势稳定或者向好，当前价格也比较合理的对象，这种时候一旦买入就不打算做短期交易。如果下跌，正好执行越跌越买的策略。但有两种例外：

（1）某些小交易本来就是玩玩，或者属于试验仓买点儿再灵活处理的。这种可能根据市场情况的变化和资金分配的需要，随时做一些调整。但这部分实在比例太小，纯属娱乐性质多一些，而且近两年基本已经不玩了。

（2）核心仓位判断错误，有证据表明对其基本面或者估值的判断出现了重大失误，这个时候快速止错是关键。当然还有另一种情况，是发现了一个比当前持仓更有吸引力的标的，那么也不排除会做配置上的调整。

交易的退出策略也比较简单，就是高估的时候或者有更好标的替换的时候卖出。这里说说高估，表面来看很好理解，实际上根据对象的不同对高估的判断也差别较大。

对于稳定增长型但业务周期已经进入成熟期的公司，回到历史估值中枢或者即便合理范围可能就卖出；对于典型的周期性公司来说，在其业绩爆发最强估值看起来很低时，恰是其高估卖出的合理区间；对于持续增长型，业务未来还有很大的发展余地，ROE 依然处于持续爬升过程的公司（也就是未来优势型），除非出现极高的估值，否则一般不做大的减仓处理（但可能会在其涨幅较大后，为了降低单只股票波动的影响，而卖出一部分平衡其仓位结构，降低过度押宝在一个公司上的风险）。总的来说，涉及交易这种事情，定性都是最关键的，不要试图卖在最高买在最低，赚区间内把握最大的那部分钱就好了。

学习股票知识的书籍，如果对一个初学者来说，可以分为基础层、专业层和智慧层三部分。我以下的推荐只是自己看过的，并不代表没有其他好书了，你可以按照这三个层次的特征自己在网上结合大众评论选择其他好书。

“基础层：主要是了解基本的股票、公司财务和企业经营层面的知识”。

《明明白白看年报》袁克成版，《财报像本故事书》《财务是个真实的谎言》《经营分析与评价》东北大学出版社，《为什么雪球滚不大》我觉得都不错，这层次主要是了解重要的财务指标，以及这些指标在企业经营判断层面的应用，不需要达到财务人员的水平，重点是学会从经营和风险的角度来看财务数据，并且初步理解价值投资理念。

“专业层：深刻了解价值的来源，并且熟练掌握公司经营分析、价值评估的模式”。

《价值：公司金融的四大基石》，很好地解释了价值的来源和价值的毁灭。

《投资中最简单的事》，对主要投资方法和不同投资机会的总览，能少走很多弯路。

《邓普顿教你逆向投资》，逆向投资大师的实践经历，能让我们穿越历史。

《巴菲特的护城河》，可能依然是目前为止对护城河理论最完整的阐述。

《股市进阶之道：一个散户的自我修养》《公司价值分析案例与实践》，本人拙作不敢与上述佳作比较，但从小散到职业投资 10 余年的过程中曾经的迷茫困惑都与大家一样，所以可能更具针对性。前者是帮助初学者梳理和建立投资思维和整体思路，后者是用案例和模板手把手帮助初学者掌握公司投资价值的概要分析。

“智慧层：从历史和大师们的思维中去获取智慧，可能没有具体问题的针对性，但却是投资信念的根本来源”。

《股市长线法宝》《投资者的未来》，穿越历史和波动的迷雾，建立更长远的视野。

《投资中最重要的事》，很多投资中曾经的迷惑和纠结几乎都能在这里寻到答案。

《乌合之众：大众心理研究》，没有一个字说股票，但所有股票书籍中谈人性的书加在一起都不如这本。当然，《三体》我也一直认为是《乌合之众》的科幻版，所以同样推荐。

《与巴菲特共进午餐时我顿悟到的 5 个真理》《对冲基金风云录系列》，以上都是以理念和理论为主，但没有比华尔街真实发生过的故事，以及故事的主角后来的反思更能触动人心了。

《穷查理宝典》，关于投资、商业认识甚至人生，都能从中受益良多。

可能还有很多经典书籍被遗漏了，我说过只是就我读过的书中做推荐，也有一些更高级别的书我没有列出来，但既然你是问我的真实推荐，就只推荐确实对我有巨大触动作用的书，而不是把“高大上”的书籍都列上。总的来说，我认为对于投资而言，阅读本身不是目的，也不用追求饱览群书。论读书本身，你可能永远读不过一个老教授或者图书馆管理员，但最重要的不是读得多，而是思考，是融会贯通，是保持思维的开放性和辩证看待问题的能力，这才是高效的学习。

拆解“3 年翻倍”这个投资目标

我渴望找到 3 年翻倍的成长股，但遇到几个麻烦：

（1）感觉最难的是对未来 3 ~ 5 年业绩的预判，行业大趋势，关键竞争要素，企业竞争力都是整体方向面上的研究，应该如何落实到营业收入，净利润以及 ROE 的量上呢?

（2）持有阶段按市场情绪动态调整仓位的问题，近年持股一直是坐电梯，不会在情绪高涨的阶段性高估中调整仓位，对持仓个股中线以上阶段性高估是如何判断的?

其一，3 年翻倍这个目标的达成涉及两个要素：每股收益和市盈率（先不把问题复杂化，不考虑其他估值指标的问题）。假设每股收益不变，市盈率翻倍，或者市盈率不变，3 年里每股盈利翻倍（不增发稀释股份的情况下，需要每股收益复利超过 25%）都可以达到这个目标。所以未必只有选择成长股一条路。

其二，你说的业绩预判。首先公司的业绩从哪儿来？不是天上掉下来的，而是行业趋势和供求关系，加上公司内在经营节奏（包括产品结构和产能投放周期，毛利率和费用趋势），再加上生意特性和公司竞争优势共同作用后的结果，分析业绩当然要从这些整体来一一分解。那么假设这些问题分析清楚了，是不是业绩就预测得准了？不是。讲实话，我从来觉得业绩的精确预测是不靠谱的，更别说什么 3 ～ 5 年的业绩预测了，有人敢给你预测也别信，而且以后离这个人远点儿。就算是短期的业绩也有很多偶然性因素，财务处理上也有很多可调剂的余地。

那么是不是就不管业绩了？也不是。对业绩的预期，是可以在上述问题分析清楚后，有一个定性的结论的，这个定性的结论包括以下两点：

第一，从未来 1 年左右的时间来看，公司的业绩区间大概是多少？这里包含谨慎、中性、乐观三种假设。谨慎就是上述的推论条件里，都设定得悲观一些，相反就是设定得乐观一些，然后综合划定这个基本的区间。注意：是区间，不是一个精确的数字。

第二，从未来 3 年的展望来看，公司的经营态势是否会持续的向好（稳定并且加速），持续的下降（吃力甚至下滑）还是模糊不清？

第一个结论提供的是短期的确定性的安全边际，第二个结论是对这笔投资定性为中长期持有还是机会性交易。配合这两个结论，即可确定具体的交易策略。

具体如何将上述经营变量导入营业收入和净利润，乃至于 ROE 的演变，说实话确实不是几句话、甚至几段文字就能说得明白的。建议你反复阅读《股市进阶之道：一个散户的自我修养》的第 9 章和《公司价值分析案例与实践》的全本。

第三，你提到的“持仓个股中线以上阶段性高估”这句话让我特别费解，到底是什么意思？我大胆猜测其实主要还是因为坐电梯太多的烦恼。市场的整体高估并不难判断，2015 年上半年都知道股市太热了，但是难度是逆大众的行动。而且我向你保证，你就算改为坚定逆大众行动也绝不会觉得快乐，至少在当时很长一段时间里减仓、清仓的才有问题。这事儿的出路，要么坚定地逆流而动，要么坚定地死死不动，有这两个坚定在，都是解脱。最怕牛市要求最大限度享受满仓收益，熊市要求最大限度享受空仓安全，震荡市要求最大限度享受牛股独立行情，这可真的没解。

如果你指的是个股高估的问题，那与第二个回答息息相关。既然你设定了个股的经营期望区间，那么自然是当其业绩达到乐观条件，市场估值也给到乐观条件的时候就接近高估了。当然这是短期的业绩计算模式。如果你认为这是个伟大公司的苗子，其经营成长仅仅是初步阶段，那么当然可以忽略短期的阶段性高估不做处理，然而这又必然导致阶段性坐电梯的情况。所以你看，投资总是没有完美答案和模型，你必须想清楚舍弃什么，才能真正得到另一部分。什么都不想舍弃的人，最后往往什么也得不到。

怎样判断股价对利空、利多是否充分反映

请问你是如何分辨股价对利空或利好是否已经充分反映？尤其是在相对比较极限的两端位置。比如在相对低点，出现了多重的利空，但股价变动不如预期中的强烈，这既可以理解为市场还未对利空做出充分的反应，也可以理解

为其已经跌无可跌，因为正反两种逻辑其实都有可能。虽然我们可以推演股票各种情况下的可能走势和情形，同时做好安全边际、资产组合和资金后手来实现财务目标。但是作为我们这样的普通上班族，其研究能力十分有限，决策能力又可能包含各种缺陷（虽然我们自己很难意识到），所以可能更加希望能够选择好的时机以弥补自身研究和决策能力的不足。

所谓的利空或者利好，其实可以细分为很多种情况：有的是直接与业绩相关的（比如某个下游景气提升或者下降，进入某个大客户供应链），有的虽然不直接影响业绩但与经营有关（比如高管变动，公司的战略发生调整），有的是与公司本身有关（比如公司自己的并购），有的是与公司所在行业有关（比如行业性的鼓励政策出台，或者整个行业受到诸如环保成本提高的影响），有的是几乎所有股票都受影响（比如调整利率，股权分置改革等）。不同类别的利空和利好，其影响的范围和幅度都是不一样的，很难一概而论。

在《股市进阶之道：一个散户的自我修养》的第 13 章中，我曾提出过预期发展演变的一些特征，基本上沿着反映当前业绩—反映短期未来的业绩—反映潜在的业务前景—反映市场流行概念等，如果一个公司股价反映的后端内容越多，越证明其预期过于乐观并且更加偏离其真实的价值。但要说如何理解某个具体利空、利好是否被充分反映，这个只能具体问题具体分析，完全不能说 15 倍 PE 的公司就比 25 倍 PE 的市场负面预期反映得更充分，因为生意特性不一样，估值的中枢也是不同的。

通常来讲，越是受众面广的泛泛而谈的利好、利空，对个股的附加影响可能反而越小（但系统性影响可能巨大）。越是与业绩直接相关的利好、利空则刺激越大（很好理解，如果一个高应收账款的公司突然坏账增加了 10 倍，你看它会不会跌到底）。

万变不离估值本身。所谓的利好、利空，越是在估值的极端态就反映得越充分，70 ~ 80 倍 PE 你说利好还不充分那什么叫充分呢？反之也一样。但请注意：判断预期已经反映充分，只是个风险级别的判断，完全不代表能预测股价走势。2015 年一个软件公司 80 倍 PE 后又翻了一倍多（同样，也有一些公司跌了 1 年，到了一个很低的估值，但之后 1 年又跌了一半儿），所以你要分清楚，市场预期与公司风险并不时刻对应，很多极高风险的公司在一个时间段内（甚至是在很长的时间段内）都涨得很好。这没什么奇怪，人都有赚快钱的欲望，时髦的市场概念在短期内完全可以自我强化。当然，如果时间拉长，你会看到万物最终都将会归于尘土。

所以，估值还是最终的标尺，但你要相对准确地估值就必须理解公司价值的内涵，为什么有的中枢高、有的低？当到了真正很低的估值时，你还用考虑什么利空、利好吗？已经稳赚不赔了，继续反映不过是加大未来的收益而已，所以越是极端态越没什么纠结的。真正纠结的反而是中间状态，可上可下而且幅度可能还不小，这种情况就必须具体问题具体分析，确实没有一个对应普遍公司的模型。

最后，你说的选择好的时机当然是对的，最好的时机配合最大的力度，就稳赚不赔了。至于什么是好的时机，请翻阅《股市进阶之道：一个散户的自我修养》第 14 章“触摸大周期的脉搏”一章，整整两页的表格已经归纳得比较清楚了。好的时机确实可以相对弥补研究和体系方面的不足，另外，其实你也会体会到要把握好的时机其实也很困难。

巨幅波动市场下的经验教训

近期反复阅读你的博客及书籍，越来越觉得自身投资思维的局限，特别是对巨幅波动市场的心理管控策略的缺失。虽然我也经历了 2014 ~ 2016 年的这轮牛熊交替，但受悟性限制确实没领悟到什么东西。你能不能分享一下你在 2014 ~ 2016 年这段巨幅波动的市场期间总结了哪些经验教训？

我觉得你不能只盯着某个阶段的市场特征去“反思”。2014 ~ 2016 年很特殊吗？其实并没有。即便在 A 股这么短的股市历史里，类似这样的高波动周期也并不少见。虽然每个周期的具体走势似乎还是有差别的，但从根本上而言，无非就是价格低于价值—价格反映价值—价格高于价值的转换而已，转换发生的具体触发事件每次都不一样，但背后的规律其实每次都一样，所以股评家们盯着的是“不一样的事件”，而投资人看到的是“每次都大致相同的规律”。只要我们相信规律还在起作用，具体下一次是什么事件去触发它发生，其实是不重要的。

你说自己“面对巨幅波动缺少心理管控策略”，其实这不是什么心理管控的问题，要是净值莫名其妙地上蹿下跳，我的心理也无法管控好。所以关键是这种波动是不是“莫名其妙”的？当然不是。如果回头去看，2014 ~ 2016 年不过也就是价格围绕价值上下波动而已，而且波动的范围并未超出历史的数据区间。有什么是无法理解的呢？但是就像前一个问题所说的，理解这种价格和价值的偏离并不难，特别是在极端区域的时候。但难在做出正确的反应是需要顶着巨大的压力、逆人性而动的。微博评论里一个网友朋友曾疑惑道：“我们都读同样的投资书，那岂不是大家学到的也都一样？到头来还是没差别啊”，其实差别就在于：

（1）都读一样的书，但是理解能力和悟性差别很大，都读一样的教材为何有的能上清华大学，有的却名落孙山呢？

（2）道理都明白和能做到之间还差了秉性、经历、投资价值观等，这些差别都是巨大的鸿沟。

所以说到底，要研究本质规律，本质规律就是价格会围绕价值波动，这种波动呈现一定的周期性，周期性的本质原因在于未来的不确定性和人性。要理解试图准确追逐价格是很难的，最重要的是评估价值的能力，若具有了这个能力，你将会：

第一，找到能持续创造价值的好公司；

第二，由于理解价值的大概范围，所以也能对市场是否过度偏离公司价值有一个基本准确的评估；

第三，根据价格与价值之间偏离的程度，做好仓位、组合等方面的安排和策略。这个是没有黄金公式的，策略的前提是至少对偏离的定性准确，策略的核心是风险机会比的评估。策略总是有得有失，所以要想清楚最不能接受的是什么。

最终我们会发现，一切的基础还是基本功：评估公司价值的能力。评估公司价值又需要一套有效的方法论。这是一切的基础，试图绕过这个基础去做的任何尝试都是没戏的，不要浪费时间了。试图不懂公司价值，仅仅靠心理建设来面对市场会很惨的。这就像试图绕过艰苦的背单词和语法，仅仅靠勇敢和坚强，去面对托福考试，可能吗？

面对未来的不确定性最好的办法就是现在赶快提升自己的投资能力，特别是对公司价值分析的能力。其他所谓的某个时段市场特征的总结应对，这种一招鲜的方法其实是在浪费时间。

具体谈谈技术指标

你曾说你是看月线指标的，请问具体是怎么看的？或你是从哪些技术要点看的？

这个其实没什么神秘的，也不是什么撒手锏。

关于技术指标我在《股市进阶之道：一个散户的自我修养》中也谈过，技术指标我会作为一种辅助手段来参考。基本上有几个重点：

第一，主要观察月线等长期技术性形态而忽略短周期指标，长期的技术形态有时候是会说话的。

第二，技术指标主要用来快速排查和参考，如果基本面情况与技术指标形态高度吻合，会增强决策者的信心。

如果两者不一致甚至出现很大背离，那么我一般会更加谨慎，并且会思考一下是不是忽略了什么。坦率地讲，一般两者一致的情况下后续的准确性比较高，但高度背离的时候则不好说，有时候确实是跟随着技术形态的方向去了，有时候又发现被技术形态误导而错过了，所以说到底，技术指标这块还是辅助性的，而非决策中的关键指标。

月线级别我看的主要角度就是有没有出现长周期的超买或者超卖，实际上体现的是对一种市场热度的观察，而不是某个技术指标泄露了什么天机，哪儿有那么神乎其神的东西。主要就是看月 K 线、成交量，还有一个叫“财运亨通”的技术指标。月 K 线主要看有无连续的大阳或者阴跌，然后根据跌或涨的幅度、时间，结合其基本面信息来看是否价格已经充分反映了已知信息。成交量当然就是看看在什么位置放了较大的量，当时的公司情况和市场情绪是怎样的。“财运亨通”这个指标大多数时候是钝化的，但在严重超跌或者超买的时候还是比较清楚的。有时也会结合着看看年 K 线。

总之，就像我说的，这些都是观察我理解的公司市场是如何反应，以及反应的程度，并从这两者中间看看有无出现预期差。这些东西都是习惯，未必一定要这么做，因为最终一切其实都会反映到估值中去，理解了估值这些都不重要。或者这样说，如果一个公司基本面特别好但图形特别差，我会谨慎一些思考为什么市场表达的与我理解的不同？但如果我非常确认自己的逻辑并且估值也认同，那么就算图形再差我也会照样“下手”。但反过来，如果一个图形特别漂亮，但我不理解这个公司的基本面和经营，那我是绝对不会碰的。

选股与估值标准是什么

作为价值投资者，请问你选股的标准有哪些？怎样判断股价是否合理？

这个问题既可以用两句话解释，也可以写一本书回答。我用比较通俗的话解释一下：我选股的基本标准是要赚钱，根本标准是要大概率地能赚钱，更重要的标准是能大概率地赚较多的钱，最核心的标准是能大概率地赚较多钱的同时把风险控制在较低的范围内。

请注意，以上绝非废话！而是选股思考中的一种逐层递进关系，核心是概率和赔率。要想提高概率，最重要的是选择经营优秀并且市场供需格局较好的公司（可参考《股市进阶之道：一个散户的自我修养》第 7 章以及《公司价值分析案例与实践》的经营指标分析模板）。选择了好的公司你最差的结果是输时间而不容易输钱；想提高赔率，要善于利用市场先生发神经的市场无效阶段，核心是耐心和理性。赔率是让你的短、中期收益获得保障的关键。做好以上两点，短期和长期你就都不容易赔钱了。

具体选股的指标并没有一套“黄金算式”，不同的生意模式和经营特点关注的侧重点是不一样的。价值型主要看便宜和硬资产，成长型主要是经营周期和发展节奏的定性；重资产的要关注产能节奏和市场需求节奏的匹配，轻资产的更注重无形资产壁垒的研究，都不一样。唯一都绕不过去的、都需要高度重视的是净资产收益率 ROE。重点是分析 ROE 的特征及未来发展态势，分拆财务杠杆、利润率、资产周转率各自的演变逻辑。

股价是否合理本身是非常主观的，同样没有黄金算式。同一个公司，放在两个同样优秀的投资人面前，是否合理或者低估都可能产生严重分歧，因为这里涉及大量的假设，某一两个假设的判断不同，结论就会不同。但大的原则是可以依靠的：

第一，要先找对坐标，它是成长股还是价值股，是长期优势型还是周期性股票，坐标不同判断完全不同（比如同样的 25 倍 PE 含义就差别巨大）；

第二，在正确的坐标系上，你去翻翻它本身，或者与它同类公司在市场牛熊期间的估值区间，靠近其估值下沿的当然就更接近安全一些（前提是经营没有发生质变，比如上轮熊市 25 倍 PE 是大底，但上次还是成长初期，现在已经接近成熟期，甚至开始衰退了，就没有可比性）。具体涉及估值指标的常见应用，还是推荐参考《股市进阶之道：一个散户的自我修养》的第 11 章和第 15 章，这两部分读懂，不敢说成为估值高手，亏大钱的错误应该是不太容易犯了。

所以总的来说，估值这种事儿是投资里最艺术的部分，不要试图找到简单的公式。定性永远是最重要的，估值指标的具体定量需要多角度去衡量，结合当下和未来的多种可能性去进行推演，最终的交易价位还需要考虑到你对安全边际所留余量的大小。

希望没把你绕晕。如果有点儿晕，请仔细阅读我上面推荐的部分，然后再回来看 3 遍。如果已经有了 3 年以上的实践经验，也做了上述阅读后还看不懂，那么建议考虑一下自己是不是适合做投资，这可是实话。

宏观上来看中国未来投资的机会

我有个很困惑的地方，诚如你所说的，伟大的公司需要匹配伟大的投资人，但伟大的投资人是需要具备大格局思维的，目前像我们这种普通的投资者还很难具备这种大格局思维，你能否从你多年的投资思考中给我们分享一下，你对国家未来发展的趋势，以及我们国家能在哪些行业有较大的机会在国际分工中取得竞争优势？

首先说两点：

（1）这种宏观性的问题，其实对投资的帮助并不像你想象的那么大。越是长期和宏观的预测确实比较准确，因为影响长期结果的变量因素很少，也比较稳定（比如人口，人均收入、城市化率、消费结构变化等），另外，从很宏观的地方出发到具体标的和交易的落地，完全是另一个问题。

（2）宏观角度很好或者长期来看很棒的对象，未必能让你赚到钱。只要价格足够便宜，不好的产业中的一般公司也能有不错的收益率；相反，如果价格昂贵，未来几年发展最棒的公司也可能让你受益平平，如果万一其发展低于预期（即便还是不错），也可能让你亏大钱。

好，在记住以上两点后，再回答你提出的问题。

从现在看未来，投资人最重要的宏观思维是什么？我觉得就是你相不相信中国继续发展，经济总量上超过美国，人均 GDP 水平进入发达国家标准。如果不相信，后面的一切都不要谈了，股票最好不要买。如果相信，继续进行下一步。

目前中国经济总量是美国的 60% 左右（11 万亿美元 VS 18 万亿美元），不考虑汇率变化（我个人也不认为人民币对美元有大幅升值和贬值的基础，大幅增值肯定没戏，大幅减值其实也不太可能。从目前中美的实际购买力比较，除了房地产明显高估外，其他领域的货币价值我认为是基本合理的。另外人民币大幅贬值也不符合中美双方利益），中国需要 GPD 再翻一倍才能超过美国。

2018 年中国人均 GDP 为 8 000 美元左右，届时人均 GDP 应该达到 16 000 美元以上，正好挤进世界银行定义的发达国家门槛。要想挤入更高的发达经济行列，必然要求两个方面的提升：第一是经济规模总量的提升，第二是经济附加值的提升。我们可以思考一下这两方面应该如何达成？

可以从 GDP 结构来大致衡量这两个问题。2016 年中国 GDP 中，农业、工业和服务业的占比分别为 8.6%、39.8% 和 51.6%。而发达国家经济体的经济结构中，第三产业的 GDP 占比都达到 70% 以上（美国达到 80%），第二产业美国和日本分别只占 19% 和 25% 左右（德国也在 20% 左右），农业更是只有 2% ~ 5% 的占比。当然上述数据具体统计口径各国会有一些差距，但用来作为长周期的定性分析是没有问题的。

由上面可以发现，未来中国的经济结构大概率地会有重大转变，农业占比大幅下降，第三产业占比大幅上升，工业占比也会有明显下降，所以从雪道的发展环境来看，第三产业会更好。如果再考虑到第三产业里的结构细分，目前占比很高的房地产类和交通运输等估计会持续下滑，而文体、娱乐、教育、传媒，包括现代金融类服务会有长足发展。

第二产业总体规模占比会下降，但机会其实也很大。因为从能力禀赋来讲，其实中国的制造业综合能力很强，又有规模、配套、成本、本地大市场等一系列优势。但未来主要的机会不是来自低端工业品的规模增长，这部分需求饱和供应过剩。最大的机会来自高端的“进口替代”，特别是高端材料、半导体、汽车和大飞机这种现代工业的王牌项目，中国有巨大的需求，未来的增量会非常大，你会发现，恰好这几个产业也是工业和消费领域里规模最大的行业。这块儿其实比第三产业相对还好把握，因为第三产业总体规模大，但供应普遍小而散，真正具有高壁垒和垄断潜力的产业并不多，同时还具有中国本地竞争优势的更少。

其中汽车可能会大有机会。因为汽车产业首先规模巨大，其次带动的产业链也非常广。更重要的是，未来 5 年，汽车产业叠加了国产车崛起和新能源、智能化三个重磅的驱动因素（特别是 5G 推广后，汽车的智能化水平可能真正影响到人们的生活方式）。这其中汽车主要生产商、上游配件和材料供应商都可能有较大的机会。与之相似的是半导体产业，规模和壁垒都类似。拿下这两个大产业，国家间实力的此消彼长会发生非常剧烈地变化。

至于第三产业的大机会，可能将来更多的是依托于互联网的各种商业创新，旅游、文娱产业显然也有巨大的发展空间，但 A 股这些领域里有吸引力的标的很少。

至于中国的竞争力就不用怀疑了，有巨大的产业人口，有超级巨大的本地消费需求，有强大的资本市场，更有全世界最具奋斗精神的民族，我个人在世界各地的旅行和观察中，其实越真切地感受到中国的竞争优势和发展潜力。至于技术壁垒，虽然需要时间，但毕竟不是魔法，有强烈意愿，有自由人才流动，又有超级多的钱，逐个突破无非是时间问题而已。创新更不是玄学，是经济发展到一定阶段的必然产物。

最低端的经济模式是原材料供应，低、中端的经济模式则是低成本大规模制造，这两个阶段创新是不经济的，从经济学原理来讲就不可能也不应该原创创新。但产业向着中、高端升级，创新是最重要的利润来源，所有最聪明的脑袋和钱都会不顾一切地涌入，创新爆发只是时间问题而已（事实上近些年中国在顶级科技期刊里的一流学术论文数，已经呈爆炸式的增长中，从绝对数量上已经与美国并驾齐驱，遥遥领先于其他国家，这是重要的预先指标）。

但说了这么多，是不是在最好的雪道上就能赚到钱？还真不是。大方向里的细节问题很多，最终还是要有好生意、好公司和好价格才能赚到超额收益，上述谈的这一切所谓大格局、大展望、大方向，充其量只算是好生意之下的“供需前景”这一细分领域的粗浅展望而已。

用宏观经济指标指导投资

你的书里讲述关于利率与通货膨胀率对股市的影响。

（1）2005 我国利率一路上行，但是却爆发了大牛市；

（2）高 CPI 下会导致企业净资产低估，企业的好年景与温和通货膨胀率同时出现。我可以做如下推论吗？如果通货膨胀率和利率一起温和上行，那么股市也可能爆发牛市？你指的通货膨胀率是国际通用的 CPI 吗？还是鉴于中国的经济结构特征，采用 PPI 指标？我国 2005 年 CPI 和 PPI 分别是 101.82 和 104.93，都是处于历史中位水平。这是否就是你所说的温和的通货膨胀？很想让你系统地说一下决定利率、通货膨胀率的因素，以及它们对证券市场的影响。另外，中国当前的三个月和一年期 Shibor 持续上行，是否会最终影响到银行存贷款利率上行？这一轮利率上行对证券市场的影响会是怎样？

你这个问题挺大的，我仔细想了想，如果完全是宏观经济预测类的，我就不回答了，但我想你更关心的可能是宏观经济指标变动与股市之间的某种关系，对此我可能会从不同的角度谈谈我的看法。

首先，宏观经济指标与股市走向之间有没有关系？肯定有，而且肯定有重大的联系。但是很遗憾，以宏观的各类指标来指导或者预测股市的运行，特别是精确的运行，至少在目前还是世界级的难题。到底有多难，我建议去看看凯恩斯的传记，作为历史上最伟大的经济学家之一，凯恩斯在股市投资上却历经波折差点儿就翻不了身，我们可以想想为什么？

回到话题。宏观经济中与股市最重要的联系指标是利率，因为它既是宏观经济的货币折射，也直接影响到股市的折现率。从理论上来说，利率越高，那么股市这类高风险资产的估值就应该越低，所以有“通胀无牛市”的说法（因为通胀通常会带来利率上行）。但这样一个看起来很简单的关系，实际运行中却异常复杂。

比如，按说利率提升了折现率会上升，估值应该下降。但通常利率刚开始上调的时候，往往也是宏观经济从低迷开始走向强健的时候，这个时候看似折现率有所下降，但整个经济活力开始上升，企业利润增速上升了，那么你说这个时候估值就一定会下降吗？未必（2006 年和 2007 年就是典型）。当然，随着利率地不断上调，终于某一次利率的累积升幅将超过经济复苏本身的正面影响（并且极高的利率本身就是压制经济过热的利器），但这个过程会有多长？有多曲折？完全难以预料。而且每段经济区间都会呈现出它的特殊性，否则投资就靠一个“美林投资时钟”模型早就天下无敌了。

另外，通常认为利率的倒数是估值的中枢，但事实似乎并非如此。否则，以日本、美国的低利率甚至零利率环境，其估值早该“上天”了，即便从 A 股本身的历史来看，这点也并不成立。关于利率与股市的关系，似乎可以这样说：利率的低和高本身并非影响股市的重大因素，而是高与低之间调整的幅度和速度在起作用。低了更低的意义不大，但从很高水平趋势性、大幅度、较快速地下降，则会明显产生重大的影响，反之亦然。其实质是折现率的快速大幅变动。

就目前（2017 年 5 月）来看就有这个隐忧，全球的量化宽松已经很久，各国利率都处于历史低位，一旦流动性收紧，利率上调，肯定会对折现率造成重大的影响。但它是影响流动性的因素，最终对股市的影响，还要看全市场 ROE 和公司利润走向，以及整个市场的供求关系。

就目前整体来看，IPO 准注册制加大了供应，经济整体处于结构调整而非简单周期景气轮回（因此很难再有大幅的周期性景气导致的利润大增），如果流动性再紧缩导致折现率上升，确实很难预期近期产生整体性的好行情。不过这里还有一个变量因素，就是预期。如果市场在某个阶段对上述的负面预期已经予以充分反映，那么这一切其实又都不可怕了。所以综合来讲，我对于这个问题的建议是：

（1）如果不是非常自信达到了大师级的宏观经济水平，就不要期待能通过宏观经济指标去精确捕捉市场机会，这之间的深奥、复杂远远超出正常人能够掌握的。

（2）唯一需要关注的是折现率的变化，也就是利率（以及其他真实反映社会真实资金成本的指标），处于历史的哪个区间，以及大约未来会向着钟摆的哪个方向变动，以此来定位市场估值中枢的机会和风险区域。

（3）无论是折现率的周期变动，还是人性的周期变动，抑或是企业业绩的周期变动，这些变动能否形成真正的投资机会最终还是用估值来表达的。2015年如此充沛的流动性不也就牛了半年之后就“一地鸡毛”了？只要学会理解预期所反映的风险和机会的变动，特别是对极端态的变动较为敏感，才更容易把握真正的大机会。

注册制下怎么看待壳股价值

我想问的是，以现有新股发行节奏几乎就是变相的注册制的环境下，股票池里价值成长股和壳股的组合是否可行？怎样的比例分配较为合理？坚守壳股是否还有意义？

做投资分析往往需要很多历史数据，但最怕的就是形成这些数据的历史环境已经改变了。往小了说，一个连年高增长的公司失去了以往的市场环境，可能很难再重现辉煌了。往大了说，一种投资策略如果失去了原来的土壤也是如此。

你提到的壳股确实是A股里一种特有的存在，其历史的高收益是建立在公司上市审批太慢这个特定环境上的。但其实即便是在这样的历史里，没有消息的普通人要想获得高收益也是困难的，因为重仓几个赌的风险极高，高于分散，赌中一两个意义又不大。

从未来看，A股作为经济升级的主要融资平台的定位已经很清晰，IPO数量大扩容也是大趋势，这种情况下壳股的价值将越来越小。当然，从总的供需来看，虽然IPO数量会大幅提升，但市场里的钱主要还是以散户为主，所以我倒觉得壳股在思维惯性下可能还会时不时来点儿回光返照，但也就是如此了吧（其实在我看来，一直也不是什么好策略）。

另外，你提到的价值股和成长股怎么配置，定义是非常重要的。比如什么是价值股？什么是成长股呢？有的用估值定义，有的用具体业绩增速定义，有的用市值大小定义，所以我不太清楚你的定义是什么。具体到投资组合上，我觉得没那么多条条框框，只要是好公司、好价格，都可以买，不用管它什么类别、什么板块。

组合的关键是确保每一只个股都具有较高的正预期，配置的力度取决于赔率。其他的细枝末节其实并不那么重要。如果说一定有所倾向的话，那么当市场（或者个股）真的到了比较便宜的时候（注意这个前提），我建议配置的重点还是有发展潜力的新兴产业类公司，而不是暂时看着非常便宜的传统成熟行业的大市值龙头企业。

至于要不要坚守壳股，如果你有信息和分析表明其从乌鸦变凤凰的概率较高，不妨坚持自己的判断；如果只是基于历史表现而泛泛地配置了一些，我个人建议还是把精力放在更有价值的地方为好。

散户典型的困惑

我想问的有以下几个问题：

（1）在茫茫股海中，怎么快速地缩小范围，再从粗选到精选，这中间有哪些行之有效的“术”？

（2）我发现用不同的软件看到的基本信息存在较大的差别，比如说同花顺和富途牛牛，请问在工具的选择上有没有特别的推荐或建议？

（3）你对投资的建议是初期如果有高弹性，后期稳健增长会比较理想，请问在把握初期高弹性方面有哪些具体的操作建议？

（4）再问一个具体操作上的问题，如果选中的标的出现短时间快速上涨，比如说一个月翻倍，那么遇到类似的情况你会怎么考虑和处理？

你提出的问题比较杂，分别简要说明如下：

（1）选股问题。前面有个问题专门讨论“选股和估值标准是什么”，你可以找来看看，回答得比较详细了。快速的方法就是数据筛选，数据筛选的基本原则就是估值，经营指标的选取，不同的投资倾向，数据选择也有差别。

比如，以逆向投资为核心，可能筛选的第一条件是估值要低，其次才是毛利率、周转率、ROE 等经营指标。成长股倾向的条件正好相反，筛选时首先看重连续的收入和净利润增长能力，相应的毛利率和 ROE 水平等，然后再排除掉估值高的。

总之，选股首先要知道自己喜欢什么类别的公司，然后根据这类公司的财务和估值特点去编写数据筛查指标，所以选股最重要的是需要有方法论来引导你的思路，具体的工具反而是次要的。但无论是什么方法，筛选工作也难以确保不会漏掉好机会。找好公司其实还是有一定运气成分的，也正因如此，我建议要多寻找能持续 3 ~ 5 年的中、长期投资机会，否则机会成本比较高。

（2）工具方面：作为个人投资者时我主要用东方财富的 Choice 系统，作为私募管理人后主要用 Wind 系统，我个人觉得前者已经够用了。数据如果出现差别，当然以年报等公司正式公告的文件数据为准。

（3）高弹性的诉求要放在一定的背景下才合理，比如投资者资金基数小，但工作现金流好，同时又年轻且善于学习成长。要想实现高弹性，需要选择：公司明显低估且具有较大成长前景，高度集中持股，在较低估值水平上的重仓，持续持有，直到泡沫区间卖出。这个过程是容易大起大落的阶段，增长快但也很脆弱。不过投资就是这样，不同阶段有不同阶段的挑战，总的来说越到后面越容易。

（4）如果持仓在 1 个月内（或者几个月内）涨幅很高（比如翻倍），肯定是不正常的情况，除非这个涨幅是从极低的位置开始（比如2008年的股指1664点）。或者这个公司出现了基本面上的巨大变化，比如业绩突然爆发，或者资产重组等，这些必须具体分析，分析的重点是，是否具有可持续性。如果这些都不具备，仅仅是市场偏好的变化或者资金驱动的，并且已经透支了公司未来的业绩，那么可能会考虑减仓。减不减，减多少，没有一定之规，也要考虑：比如持仓占比有多大？还有没有更好的替换对象？公司的长远未来如何等。总之最终的落脚点是如何能让自己对投资更舒服、更安心。

投资怎么跨越人性障碍

首先感谢你写的博客、两本书和微博的分享。我全都读过，而且对我的影响极大。经历了一开始的一拍即合，然后偏离，最后再回归的过程。在此我想请教你在人性方面的修炼：

（1）我目前感觉自己处于水平明显上升阶段，但还在亏损的状态。你是否经历过这个过程？如果有的话，心理是如何调整过来的？

（2）能谈一下你体会到的投资中反人性的心理部分吗？

首先比较有意思的是“开始一拍即合，然后偏离，最后再回归”，这点其实就很符合一般人性：道理看上去很棒，但做起来确实艰难，同时还迷茫，所以还是转向了投机。玩了一阵子觉得确实不是办法，再回过头来准备老老实实地学习。当然很多人还会学习一阵后，再次觉得乏味困苦，仍然走回比较舒服的投机老路上去。

其实你的两个问题都是一样的，就是知行合一的问题。大多数人会认为这是某种心理问题，比如抗压能力、焦虑、患得患失、自制力不强等，所以大家往往会寻求心理帮助：能不能给我一些秘诀或者好办法让我的心理强大起来？从此不再受市场的折磨？

然而这不是问题的本质。早在5年前我就说过，所谓的知行合一的困难，“行”难只是表象，根本而言是“知”远远不到位。还是那个例子，想象一下你从没受过跳伞训练，现在让你从高空跳下去，你觉得有什么秘诀能让自己放松下来不紧张吗？答案是：没有。因为你很清楚这不是心理问题，是技术问题。相反，如果你经过了半年的跳伞训练并且获得了优异的资格证，再让你跳是不是就好多了？然后你跳了上百次以后，还会紧张吗？

投资也是一样的，先不要去谈什么大师们的箴言，先去看看大师们是怎么做的？巴菲特是常春藤的高才生，又师从格雷厄姆多年，在这些基础之后他才能说“投资很简单”，而且还要补充一句“但并不容易”。以我们绝大多数人的资质，废寝忘食地学习3年能打个好基础，再到市场里摸爬滚打3年积累、反思、总结素材，然后才有资格去谈“心理”这个层面的问题——这个时候，只相当于你拿到了跳伞的培训合格证。

你问我是怎么心理建设的，我告诉你：我读了几十本书，在网上写了几十万字的思考总结，写烂了最少5个笔记本，又在市场里待了五六年后，才大约做到基本的知行合一，但即便是现在，也依然会受到负面情绪的干扰。所以我会刻意距离市场远一些，就像一些投资大师选择搬离华尔街住到幽静的城市，这也是一种客观上的情绪防火墙。除此之外，能做的不多。哲学、大师语录，都有一定帮助，但都是非常次要的，人很难骗自己，知道自己能力不够是很难假装自信的，硬要假装也只能受伤害。

恐惧、贪婪、浮躁、患得患失和梦想暴富，这都是正常人在股市里最正常的反应。但需要注意的是，如果你来这里的目的是获取超额收益，那么你必须让自己成为“不正常的人”。途径只有一条：学习，再学习，提升自己的投资综合能力，直到你的能力让你自信必胜的时候，就不会关注心理问题了。在那一天来临之前，只能咬牙忍受并加速提升。确实这很难很痛苦，但这就是超额收益乃至于财富自由的壁垒。面对困难迎难而上并攻破它，或者不要为此较劲选择普通平凡的生活，选择权在我们自己手里。

怎么看动态平衡与技术分析

请问在目前（2017年）整个市场仍不低估的情况下，如何动态平衡和控制股票的仓位？另外，个股买卖点上，你是否还采用技术分析来进行优化？

我觉得这个问题隐含两个假设条件：

第一，整体市场不低估；

第二，需要动态平衡控制股票仓位。

我们分别来进行说明。关于第一个问题，我个人觉得目前的市场是否低估，站在不同的周期来看可能答案不同，整体而言，肯定没有2012年年底那时的估值低，但也确实说不上很高。眼光放两三年来预测的，是可以投资的区间，但不属于绝对的大机会区间。

关于第二个问题，我个人是不做什么动态平衡的，我的价值观是找经营态势向好，业绩逻辑比较清晰、可持续的公司，然后有便宜的价位就买入，有更便宜的价位就继续买，直到买足。假设买了一堆公司后，除非我当初的买入逻辑是错误的，否则是不会根据短期的上涨就去做新的仓位平衡的。真正的好投资机会，其逻辑起码能支撑几年，因为一点儿上涨就卖出，然后买个看起来估值便宜的，这种所谓的动态平衡我个人觉得太关注短期波动，也有点儿投机取巧的嫌疑，我个人并不是很赞赏。当然短期的大幅暴涨另说，那有可能做一些头寸上的调整，因为我不想在一只股票上押上太多的期望。

总的来说：

（1）要记住投资最终需要靠大格局的成功，动态平衡这种技术性手段不是不能做，但别混淆了主次关系。特别是如果你的选股价值观是找成长性好的公司，你会发现，其实并没有那么多的可选择对象能换来换去，动作频繁后往往让组合变得更平庸；

（2）要不要动，动多大仓位，没有统一答案，以让你自己感觉心理舒服为宜。舒服的标准是：不担惊受怕，睡得踏实，能接受意外情况的发生（这个意外包括意外下跌和意外上涨）。

最后讲一下个股的买卖点，是的，在交易阶段我是要看图形的。当价值判断与图形达到共振时，我的决策会更干脆一些。当价值判断很有吸引力，技术指标却很差的时候，我会相对谨慎一些，买入的节奏可能会相对放缓或者更克制一些。卖出时也差不多如此。

牛市、熊市与震荡市的不同策略

A 股作为一个重要的资本市场，历史不是很长，和拥有几百年历史的美股还存在一定的差异，包括基本制度设计、监管体制规范、市场参与者构成等。有几年投资经验的人都知道，股市分牛市、熊市和震荡市，不同的人有不同的做法，你作为过来人和悟道者，能否分享牛市、熊市和震荡市的典型特点以及普通小散如何在这三个阶段操作才能取得收益的最大化?

熟悉我的朋友知道，我从来不认为 A 股的不成熟是个问题，相反我认为未来“成熟”的 A 股才是越来越难赚到钱的，大家要珍惜现在的时光。从历史来看，A 股虽然阶段性的价值偏差极大，但中、长期的价值反映是高度有效的，有效性不逊于美股。这种特性就为理性的投资人提供了更多的投资机会和更高的投资效率，所以过去的 20 多年，投资收益上百倍也有可能达成，但真到了完全成熟的市场环境下，大家将会体会到获得 25% 的复利会有多么困难。

至于所谓的小散投资秘诀，其实我可以给一个相反的失败秘诀，就是你一直提醒自己是小散，一直提醒 A 股是赌场，那你就必输。相反，你开始就把自己定位于理性的投资人，将 A 股作为一个投资的平台，才有成功的可能性。至于市场上的各种阶段和趋势，其实大多都是自说自话。站在投资的角度，只有低估、合理和高估三种状态，赚钱秘诀很简单：低估多买，拿着别乱动，高估卖出，你一定赚钱。

在此基础上，要想获得超额收益，就需要你不但低估多买，还需要买好东西，后面的拿着别乱动和高估卖出不变。所以你看，要赚钱很简单，真正的低估和高估往往是一目了然的，大家也知道 2005 年、2008 年和 2012 年、2014 年是低估吧？关键是知行合一。要想获得超额收益就难了，你不但需要情绪管理更为强大，还需要有慧眼，知道什么是好东西。

好了，至于你说的“收益最大化”，讲实话这就是个陷阱。最大化很简单，就是低估买最好的东西同时上 10 倍杠杆，对不对？但问题是我们都是凡人，都有错的时候，对不对？所以你要考虑，是追求最大化但不惜赔光，还是追求较高的安全性同时获得一定超额收益。你说又要本金最安全，又要收益最大化，这个目前估计巴菲特也做不到。

所以简单来讲，常识加情绪管理就能赚钱，常识加情绪管理加专业眼光就可能超额收益，在此基础上，如果运气够好可能就是收益最大化了。

持有的公司低迷却放跑了牛股怎么办

今年（2017年）持有股票美亚光电和翰宇药业表现都很一般，但放弃的几个公司倒是涨得很好，这让我很懊恼。请问该如何面对这种尴尬的情况？

（1）股价上涨放在以年度计的中、长期刻度上来看，无非是两个条件，要么是业绩，要么是预期。从你的介绍来看，美亚光电和翰宇药业这两只股票在这两方面都没有很好地表现，所以股价这两年多显得低迷是很正常的，而且这几乎是每一个长期投资人都会遇到的问题，比如恒瑞医药的股份现在够牛吧？但你回看它的股价，从2010年年末到2013年下半年都是下跌和震荡，几乎三年没涨，如果换作是你煎熬吗？平安现在火吧？往近了说从2015年7月到2017年2月也有一年半没什么表现，往远了说从2009年到2014年更是足足低位晃荡了五年。茅台刚上市也是逆势跌了两年，把某公募基金明星经理都熬倒在了黎明前，所以这种1 ~ 2年的震荡从投资的角度来说实在是太寻常了。

（2）能改变未来的其实还是业绩和预期，预期与业绩相关，但同时也有风口、热点等影响，业绩就需要仔细去分析公司的业务前景了，包括它的基本业务空间，生意特性，行业中长期供需态势，竞争格局，公司产品层面的结构、定位、优势和产能结构，以及公司团队素质和经营策略。好的公司会让你在这些挖掘中越看越兴奋，如果你看了很久还是无法出现这种感觉，那么，要么说明公司确实平庸，要么说明它在你的能力圈范围之外。

（3）从你的表述来看，你的动摇受到阶段股价涨跌以及错失牛股的影响很大。但实际上这些都不重要。牛股这种事儿很大程度来说是运气，不能指望老靠抓牛股赚钱，那是初级投资人对投资的误会。往上说巴菲特错过了那么多超级牛股，为什么他仍被称为“股神”？往下说，就我自己，简直错过了无数只牛股，有些还真切地是从手指缝里溜走的，但为什么投资绩效也还说得过去，而且越来越自信呢？因为投资真正的壁垒是能用一套方法论和交易系统，首先把风险管理好并且能够确实把握到看得懂的机会，关键还能够不断重复这个循环。只要做到这点，运气平平也可以获得长期复利，运气好些财务自由不在话下。但说白了，真正吃这碗饭的人，不是靠抓牛股活着。想明白这点就上了一个层次了。

（4）你的路只有两条，要么持续提升自己公司价值分析的能力，虽然也不可能总抓牛股，但可以大概率地让你持续找到看得懂的机会。另一条就是对能力不自信，需要用耐心和系统学习来补，多从市场先生的失误里获得被动性的机会。至于你说如何理解估值，如何判断业绩前景这种“大问题”，那都是可以写一本书的东西，实在不是几句话就能讲清楚的。我的建议只有一个，深刻地理解概率和赔率是一切投资的核心，你的所有学习研究的侧重，就从这点出发不会错。当然这不容易，因为这点所涉及的知识范围实在是很广，补足这方面的知识从多读书、反复读书开始，微博里有推荐书单（前面的问题中也提及过）。

强周期公司如何分析

（1）如果一个公司通过收购或者开辟新业务导致业绩大增，这种增长是良性的吗？而在这种情况下，它以往的估值体系会不会被打破？

（2）一个原本是强周期性行业的股票，会不会因为开辟了其他新业务就会变成弱周期性股票？或者是它有国际上占领先地位和很强大的技术壁垒，使得它变成弱周期性股票？

（3）对于强周期行业，它的估值体系很复杂，有人说要看 PE，而且要反着看，PE 高的时候买，PE 低的时候卖？也有人说要看 PB，PB 低买高卖，

但如果一只股票出现这种情况，PB 基本在历史底部，PE 也不是很高，这种时候买入强周期性股票是不是一个正确的选择?

（1）在原有业务跑道上，通过自己调动各项经营要素增长，涉及的变量条件较少，所以一般来说内生性的增长更稳健和可预期。开辟新业务的不确定性较大，具体风险多大要看新业务与老业务在经营资源、技术关系、商业模式、客户关系等方面有多强的联系性，而且虽然新业务有风险，但如果老业务正在没落，同样是存在巨大风险，所以这个问题要辩证看待。收购重组等的不确定性最大，好处是收购可能买来一个成熟的业务和团队，坏处是整合不容易且真正好业务并不容易买到。

具体到这种增长是不是良性的，不能以内生、新业务还是收购兼并等来定性，还是要具体分析。比如原来的南方泵业连续收购了金山环保和中咨华宇，但收购的战略目标清晰且形成前端评审、中端制造、后端治理的业务协作，类似这种收购不仅极大地扩大了其业务前景，而且整合得也比较扎实（团队价值观相近，业务有互补性，再通过股权利益绑定），因此比较良性。

（2）强弱周期的转变是有可能的。比如万华化学和广联达。万华化学的石化和特种材料等新业务目前业务格局供不应求，其业务占比也达到了近四成，所以这部分业务的发展能够降低原来 MDI 价格波动的周期性。

不过从本质上来说，万华化学的产品与宏观经济起伏的联系很紧密（包括新产品），所以它不可能真正成为类似品牌消费品那样的弱周期，而是目前其业务结构从一个单品到多头并进，而且新产品供需格局目前很好，这可以在一定期间内降低原来业务波动的幅度。

广联达也类似，原来是计价算量软件产品一家独大，且与房地产周期紧密。这两年一方面老产品转为云模式的卖服务，另一方面开拓了具有巨大存量的施工阶段新业务，通过这两个方面来“去周期化”。如果从周期弱化的角度而言，广联达相比万华化学的业务转型更为彻底。

（3）强周期股票主要看 PB 而非 PE 的原因是强周期类企业业绩起伏太大，而其净资产的增减波动则相对平缓，所以用 PB 来衡量不易受周期起伏导致的业绩大幅增减误导。经典的情况是周期最低点的时候是买入好时机，那个时候业绩很差导致 PE 极高，但净资产稳定所以 PB 不高，这是这个原理的内涵。你说的 PB 在底部，PE 也不高，要具体看原因。PE 不高可能是业绩正处于景气区间，也可能是系统性熊市把价格都“杀”下来了。

PB 底部可能是股价很低，也可能是价格并不低，但刚刚实施过一次大额度的增发，所以每股净资产大幅增厚了。这两种不同的情况都可以造成 PB 低且 PE 也不高，但性质就差别很大了。最终决定是不是正确选择还是取决于你对他业务前景的判断：要么它处于周期底部但未来可以恢复，要么它虽然现在已经在周期比较好的时候，但你判断这次的景气还可以持续较长时间，这两种都可以赚钱。

港股与 A 股哪个更有投资价值

想知道你对港股市场怎么看？港股的分析逻辑与 A 股有何不同？港股自 2017 年后已经连续逼空上涨，站在目前时点上看全年，你对港股和 A 股的相对收益怎么判断？

我只是泛泛地观察过港股，并没有进行过交易。唯一一次决定以较大资金买入的是阿里巴巴，结果开户手续还没办完它宣布私有化了……坦率地讲，我觉得港股从市场的角度来说有点儿“畸形”，两头在外（上市公司来自我国香港之外，主力资金也不是我国香港本地的），而且所谓的成熟市场监管力度和强制信息披露，和 A 股相比还是有区别的。

说到分析逻辑，公司级别的基本面分析，我认为全世界的市场都不会有什么区别。但基于两市在品种的审美趣味上确实有不小的差异，港股的小公司、冷门的业务要特别小心，冷门的小公司就更不能简单以“逆向”为追求，所以在投资策略上还是有一定的差异，比如 A 股你基本上不用太考虑流动性的问题，但港股就要考虑，特别是交易冷清的公司，你不仅要考虑分散持仓的问题，而且具体交易时还应考虑买入在右侧，卖出在左侧。

从市场级别的分析来说，港股估值确实很低，但这不能与 A 股简单比较，这么多年的估值差必然有其内在的合理性，不能从两市的估值差就简单认为港股投资价值更高。开年以来港股行情确实不错，恒生指数涨了 9.85%，但沪深 300 其实也涨了 5.43%，差距并非很大。如果将时间轴拉长点儿来看，同样以 2012 年两个指数见底至今的涨幅，恒生指数涨了 33.88%，而沪深 300 涨了 65.98%，我觉得长周期的数据还是更重要一些。至于你说现在看看今年哪个收益会更好，我觉得对几个月的市场进行预测这大概是“神”的工作。如果你不是投资指数的话，那么完全也有可能市场走势与具体个股走势相背离。

未来哪个市场更有投资价值的关键是看哪个市场能吸引到更多的优质公司来上市，港股相对具有入市门槛低、资本国际化程度高、行政干预小等优势，A 股则具有流动性充裕、定价效率高、并且仍在快速发展的优势。

所以，我觉得投资的最重要落脚点还是公司，如果有真正优秀又便宜的好公司、好生意，哪个市场都可以去（毕竟现在开户交易比以前容易多了）。如果是基于不同市场之间的资产配置，也无不可。但不要以短期市场的涨跌来论英雄。实际上我一直讲，A 股其实是世界上最好的证券市场之一（以过去 20 年为限可以把“之一”都去掉），未来 10 年只要中国经济转型持续推进，证券市场发挥主体融资功能定位不变，这种“幸福”的投资时代还将持续——还是不是世界上最好的我不确定，但我知道足够获得令人满意的复利回报。

看好的股票总涨没机会买怎么办

2015 年年底我发现一只壁垒高、前景广、财务健康，过去几年都保持一定增速的医药行业股票。我想它应该符合老师眼中高价值的未来优势型企业。但是从我发现开始，2016 年静态 PE 始终处于 50 ~ 65 倍之间。我的愿望是 40 倍 PE 时买入，但是等啊等，即使前段时间大盘配合，它也一点机会都不给，就是不跌，股价一直保持在 2016 年静态估值 55 ~ 65 倍之间。鉴于这种情况，我的问题是：如果是老师的话买还是等，等的话我怕股价越等越高，等到下半年估值切换就再也买不回来了。

我们假设你对这个公司的基本判断是对的，那么问题的核心在于赔率。

虽然很多人知道我是喜欢成长股的，但其实很少人知道我投资的公司买入时的估值很少有超过 30 倍 PE 的（动态为主），特别是大仓位买入的股票估值大多只有 20 多倍。所以，很显然我是不喜欢以高溢价买入的，特别是超过 40 倍 PE，因为这个估值水平实在是对公司综合素质和成长前景的要求太高，一旦有一些发展达不到预期就很麻烦，即便发展达到预期通常也就是吃个业绩的增长，双击的可能性很小了。相反，如果买入的时候足够便宜，又具有较好的成长性，那拿几年下来很容易吃到一个“戴维斯双击”。

问题在于，这么好的公司怎么可能给你低买入的机会呢？其实是有的，一般有以下两种情况：

第一，系统性风险，泥沙俱下，恐慌性股灾常见；

第二，公司处于暂时的困境，但长远及未来前景足够吸引人。如果不在这两点，那么很优秀的公司往往就是一张明牌，大家都知道好，而且也恰逢公司处于比较好的业绩水准，要想便宜地拿到货就比较困难。

这种状态能不能买，其实也不是不能，但必须满足以下几个条件：

（1）公司的业绩弹性必须足够大，因为你很难吃到估值再提升的收益了，业绩弹性不够未来的超额收益率就没有了，而且业绩弹性大，会很快地消化估值；

（2）公司的业绩达成的确定性必须很高，否则一旦出现稍微达不到预期，从 50 倍 PE，哪怕只降到 40 倍 PE，都够你难受的；

（3）公司必须还处于发展的初期阶段，未来整个生命周期的发展高潮还远远未到，这样哪怕短期几年收益较低，3 年后依然可以有持续多年的中高速增长；

（4）公司的生意模式好、差异化壁垒高、业务可持续性强、现金流好、资产稳固，具有天然的生意溢价属性。

如果满足了这几点，基本上就是极品了，我觉得可以买，至于买多少就是个艺术问题了，没有标准答案，以让你心理舒服的仓位为标准。

如果是我的话，首先，我会衡量一下这个公司是否符合这个极品标准，如果不符合那肯定是等，如果实在素质好但价格下不去，我可能会买一点儿仓位，买完后就盼着亏钱，这样好加仓。万一买完后就是不大跌还上涨，那就算赚了点儿零花钱，至少有个安慰奖。其次，我肯定不会只把目光盯着一只股票，如果我自信眼光好（如果没这个自信，那上面这个公司的极品判断就不成立），至少应该还能找到几个同样优秀、有看点的公司，那么就根据股票池的赔率变动情况，可以先买其他的。如果都很贵，说明市场整体处于不能下大力度的阶段，也没什么好纠结的。

所以说到底，第一取决于你对这个公司的判断有多自信；第二取决于你更不能忍受什么，是怕它绝尘而去？还是怕买入后却开始大跌？第三取决于你还有多少其他可能的选择。

最安全与最获益的矛盾

最近（2018年）一直有几个困惑，希望你能指点。授人以鱼不如授人以渔。以下是我的选股与选择：济川药业、老板电器、星宇股份。本人坐标三线城市，工作相对稳定，但成长空间不大，想尽早实现财务自由。现在的想法如下：

（1）增强自己的核心竞争力，考取法考证（本人法学专业）和注会证。考证通过后做职业律师。现在有两难，工作很忙，时间精力有限，考证难度大；辞职没有收入来源，即使考证顺利通过，执业之初收入没保障，而自身经济储备不足。我该如何选择，望能指点；

（2）尽可能多地学习投资知识，在收入有限的处境下，投资暂时作为副业，不断地成长。考注会证的另一目的是希望在专业的财务分析路上走得更长远一点；

（3）在投资上，既然无法避免误区和盲点，那如何做才能在情况最坏的时候不至于崩盘，在情况好的时候尽可能多地盈利？

（1）从你的股票对比选择而言，选择还是放弃哪个很难说对错，这里涉及各个公司详细业务线发展前景，具体经营指标，乃至于当下估值定位等一系列问题，单独一个公司的情况在问答里说只能挑重点和主要矛盾。济川药业从经营数据看很不错，资产负债表也比较好，但最大的问题是“蒲地蓝”这种“神药”的前途在哪儿，一个中药公司销售费用率高达50%以上，这钱都用在哪儿了？公司获得利润的途径都是靠什么实现的？可持续吗？这是主要思考点。

老板电器现在是没落的贵族，估值确实很便宜，但问题也比较明显，市占率太高已经不是优势，而是难以进一步大幅提升的阻碍，下游一方面是房地产市场的波动影响，另一方面是在精装房趋势强化的背景下，油烟机厂商的议价能力大幅下降，所以从收入端（规模扩大压力）和利润端（竞争 + 下游精装房大客户）两端来讲压力都不小，当然好在估值便宜并且目前现金流就有 50 亿元，需要紧密观察单季度经营数据的变化来判断经营走向。

星宇股份的行业和竞争优势都不错，目前产品景气度较高，业绩在汽车配件里也算一抹亮色，但也正因为如此，市场定价也很有效率地给予了相对高估值（相对其他汽配），在现在的估值水平来说，最重要的是研究判断其后续的产品景气度能否持续，能持续多久。

（2）职业发展上赞同坚守主业（特别是律师，其实还是一个非常有前景的、越老含金量越高的职业，薪资的弹性也非常大），从描述中感觉你还很年轻，资金应该也还很有限，目前阶段没有必要投入太多精力在股票投资上，保持学习接触的状态就好，对短期暴利的期望值也不要太高。还是那句话，投资能真正成功的概率远远小于每个人在自己职业内做到优秀级别的概率——如果你的职业本身含金量很高，就更是如此。当然有梦想是好的，但不能急，投资涉及的规划都是十年计的。

（3）你要最大限度地在最坏的情境下做到最好的保护，是可能的；要在情况确定很好的背景下尽可能多地盈利，也是可能的。若想这两个兼顾，是不可能的！极端保守没什么错，但在于你如何定义保守。我们一辈子什么都不做最保守，但那有什么意义呢？但该做什么取决于你对大环境的判断，很多情况下这种判断确实都是片面主观的，因为本身就不存在抽象一切变化要素的宏观模型，想想看是不是这个道理？所以如何判断大势本身就是每个人在知识储备和思维模式下的一种主观判断，准不准要留给未来回答，但不管怎么判断，其实你都必须下注（不下注本身也是一种下注）。

然后基于判断，做什么样的财务决策又是更细化的一个层面，取决于不同的判断自信度、不同的财务回报预期、不同的家庭财务结构、不同的性格特征、不同的能力倾向等，没有什么统一的标准。

相对来说，已经功成名就的可以偏保守，等事情明朗了再决定就好。还在渴望改变命运的，就要敏感于事情的变化和赔率的变化，你要什么事儿都和大众一个情绪反馈、一个思维层次，还想超越大众，成就投资神话，这是绝无可能的。另外我想说，基于世界的复杂性和当前可见的困难，应该还有一定的持续期，做投资不上杠杆是底线，在这个底线之上如何飞舞就很个性化了。

透彻的理解竞争优势

在《股市进阶之道：一个散户的自我修养》一书中就“竞争格局”方面的第一条提出了三个问题导向，分别是：客户具有哪些特征，客户群体本身正在面临什么变化，其客户群的长期变化格局是怎样的。

我想问一下，这里的客户具有哪些特征，是否是你以前所写的“从产业链分析一个企业的竞争优势”一文中所描述的三种下游客户特征？客户群体本身正在面临什么变化又是指的哪些方面？客户群的长期变化格局是否是指竞争激烈程度的变化？

另外，在你的书中对竞争优势还分别从护城河、重置成本和定价权进行了讨论，我还想问一下重置成本和定价权是否是对护城河的进一步阐述？是否是竞争优势差异化及牢靠性的核心特征？

《股市进阶之道：一个散户的自我修养》书中的那个认识卡片还是很实用的，一共五个大方面，近 60 个细分小问题，对于新手建立对公司的认识我觉得算是一个“利器”。但确实由于篇幅限制无法把每一个小问题再做详细解释。你说的与下游客户相关的问题说明如下：

（1）客户具有哪些特质，主要是指客户生意的特性和其决策的特征。比如如果下游客户非常分散且经济能力不足，那么其决策可能普遍呈现注重价格的特征，这会导致你投资的这个上游行业不是谁品质好胜出，而是谁便宜量又足便胜出。而如果其主要服务于中产阶级兴起的环境，那就正好相反。又比如其客户的生意特性是需要供应商高度配合与其联合研发相应配件，那么上游配件商的快速反应能力就成为一个制胜法宝，事实上这些年在手机产业链上，很多中国企业击败日、韩企业的关键，就是能围绕下游客户做好技术服务，实现高满意度的联合研发的快速迭代。所以搞清楚下游客户的特性和最关心的东西，能更好地理解你要投资的这个领域靠什么胜出。

（2）客户群体本身面临的变化以及客户的格局演变也很重要，最典型的是现在环保收紧导致很多养殖或者化工类公司出现快速淘汰小厂、规模迅速向着大厂聚集的趋势，这就导致围绕这些巨头客户服务的一些供应商出现较好的发展机会，而那些原来靠着小企业低端、低质产品“活着的”公司日子就不那么好过了。又比如防水材料这块，原来下游最终客户的决策习惯是把防水包给建筑施工队，那么建筑施工队肯定是倾向于防水采购越便宜越好（因为对他们来说是成本），但现在下游最终客户的决策开始更多倾向于防水业务第三方独立招标，这就给一些品牌好、市场渠道广、技术服务队伍实力强的公司提供了机会。低压配电设备也是如此，以前这类设备采购往往委托给设计局，而设计局更倾向于外资品牌，但现在地产建筑公司自己都有供电队伍开展独立招标，那么给品质不错、价格又低的国产低压配电设备商就提供了机会。

至于竞争优势（所谓护城河是竞争优势的形象化表述）是个大话题，从根本上来讲，可以分为差异化竞争优势和同质化竞争优势两种，差异化说白了就是“我和你们都不一样，你们还学不了”；同质化说白了就是“虽然我们开始一样，但最后我比你们做得好很多”。差异化容易出现定价权和高客户黏性，因为产品和服务不可比。同质化一般很难出现定价权，但可能出现规模壁垒，或者由量变到质变出现更高的壁垒（比如原来都差不多，但我规模化成功了，以后有更多研发投入，可能形成真正的规模 + 技术 + 客户的优势壁垒）。

虽然乍看起来有差异化竞争优势的格局更高，但并不是说定价权和客户黏性就是价值的一切。比如在一个很小的细分市场里，就算再无法替代又有什么意思呢？无非是个小生意而已。相反，同质化的优势往往是真正在市场里经过惨烈搏杀出来的，这种搏杀出来的壁垒有时候更加强大，而且由于同质化，所以一旦胜出将会通吃整个市场（比如空调和建筑用石膏板），很可能做成一个大生意。所以这两种优势并无高下之分，都可以诞生优秀甚至伟大的企业。但要注意，并不是什么生意都能有壁垒，有些行业是无论如何都很难产生持久的优势（就算搏杀 100 年也是如此，比如理发、修脚），所以对那种进入壁垒实在太低、客户决策非常随意或者多样化、难以形成规模效应的同质化生意，最好还是敬而远之。

价值投资是只看个股不管大盘吗

你是价值投资，决策时是不是只考虑个股的估值，而不在乎大盘是涨还是跌，是牛市还是熊市？选好个股后，你是一次建仓还是分批建仓？

原则上来说，如果真找到了估值理想、赔率非常好，同时获胜概率又很大的股票后，是不需要在乎大盘的涨跌的。但实际上，真正这种机会首先就不会出现在大牛市的高峰阶段，而往往是出现在熊市的中后期阶段。特别是作为一个投资组合来讲（比如由 10 只股票构成），要想大多数的持仓都达到这种很好的赔率（也就是你说的个股估值较低），只能是市场普遍比较低迷的时候才有这种机会。

但个股的决策不代表整体的投资决策，投资中还是会考虑市场系统性高估和低估的因素，但这种考虑不是以预测市场未来涨跌为前提，而是根据常识和市场整体风险机会比的大小来做客观的判断。个股决定买卖，整体决定总仓位。如果关注的多个股票都进入很好的交易区间，那基本上也说明市场整体进入了可以忽略系统性风险的区间，这就是个体与整体达到共振，属于大机会来了。

关于个股的建仓我没有诸如每次应该买多少，应该买多少次，以及每次之间应该间隔多少的僵硬的标准。一般来说，如果是认为市场系统性风险不高，整体是周期向上的阶段，那么会买的力度大些，一只股票经常一、两次就买足仓位了。如果判断市场系统性风险还是较高，但某只个股跌到了我的心理价位，那么会比较谨慎地拉开价格间距，分批次地慢慢买入，比如会在预估按照谨慎估值计算当年不容易赔钱的价位先买 5%，再到谨慎预估当年能赚 20% 的时候买 10%，如果达到我认为的极低点可能一次就买全了（指的是给这个股票配的仓位）。

总的来说，交易问题没有标准答案，每种模式都有其弊端。比如谨慎地每次买很少，拉开间距，很难受重创，但往往好东西也不容易买足。相反买得坚定快速，容易买足，但承担的波动可能也大。最根本的还是你对整体形势的判断，以及对个股性价比的判断，还有就是你问问自己，是更怕错失机会还是怕波动加剧。这些问题清楚了，该怎么买自然也就不容易纠结了。

价值投资有“止损”概念吗

请问你的投资体系里有止损吗，如果可观测的公司基本面没有向坏，但价格表现却背离，比如说 1 个月单个仓位亏损 20%，这种情况下会止损吗？如果大势和个股的基本面出现背离呢？比如目前的情况，实际上一些蓝筹的基本面仍然很好，目前可预见的确定性也比较强，但市场出现较大幅度的调整，原因可能是综合的，有可能是涨幅太大，年底兑现的渴望，资金面也很紧张，蓝筹的估值也比前几年高了不少。你是选择暂时减轻仓位还是扛住波动呢?

价值投资的语境里基本没有止损，只有止错。止错最典型的情况如下：

（1）投资这个公司的逻辑支点发生变化或者被证伪。

（2）基本面跟踪过程中发现重大风险或者不利的态势。

（3）公司的投资赔率下降并且发现了更好的投资对象。

当然在实际投资中，情况会更复杂一些，操作也会更灵活一些。比如上述的情况都没有发生，公司各项情况都不错，估值也合理（不高不低），没有发现投资判断需要重大改变，是不是就一定不动呢？未必。还有以下一些情况是在实际操作中需要考虑的：

（1）仓位是否舒服。

比如你全仓一只股票，那么在赔率下降或者预判市场波动幅度可能加大的时候，可以考虑做一些平衡仓位的考虑。当然如果你对波动的耐受力很强，或者有源源不断的大量现金流（所以当前的所谓满仓会占未来流动资产的比例越来越小），或者对这个标的有非常乐观的预期（比如认为是 8 ～ 10 倍股，现在才刚刚翻 1 倍多），那也没必要动。

（2）从市场大周期的角度来看，不同大周期的策略会不同。

比如在系统性泡沫期，规避波动是首选战略（哪怕会导致短期净值增速，但跑不过满仓与泡沫共舞）；在系统性低谷期，不但不能规避波动还要去拥抱波动（哪怕短期来看，净值可能会随着熊市末期的凶猛下跌而折损）；而在大多数情况下的系统性模糊期，我们最好是忍受波动——这个区间仓位调节不是主要矛盾，应主要着眼于仓位基本稳定下的投资组合优化。

当然以上情况都是原则，具体操作中肯定免不了经验判断和个人的主观感受（比如什么叫泡沫期，什么叫仓位舒服），并且会体现出投资操作中艺术性的成分（比如减持或者加仓分几次，每次多少），这些都没有标准，需要自己慢慢体会，但更重要的是学会在风险和机会中进行取舍。想明白当期市场整体的风险机会处于什么区间，你更关心风险还是机会，你更害怕净值折损还是错过机会，想明白了就不会纠结了。而想明白的关键其实还是那一把尺子：概率和赔率。

至于当前热闹的蓝筹股（2017 年 12 月 13 日），我个人认为其整体行情不可持续，其中很大部分都属于市场情绪和估值带来的超额收益——注意：不是说完全没有道理，而是度的问题。至于预测什么时候才是真正的顶或者说某一波调整大概的幅度可能会是多少，又或者说下一波的风口会刮到哪里去，那就完全不在我的能力范围之内，也不是我关心的范畴了。

什么时候该止错，什么时候该坚持

关于止错想问一个问题：假设在犯错而且市场重新演绎价格后（比如下跌 50%），而且判断基本面在 1 ~ 2 年内不会有实质性好转，但心里也没有不愿意去承受更大的下跌，这时候是熬、换还是加？一方面确实有可能超跌反弹或者更坏的还未到来，或者即使反弹还不如换一个更好的，但前提是能找到性价比更好的。如果熟悉的话，能否点评一下科力远和安迪苏？（2018 年提问）

要不要果断改错，要看是犯了哪种级别的错。

比如公司中长期经营还是相当靠谱，稳步向上没有太大的不确定性，但是短期，比如半年的业绩由于一些要素的扰动而低于预期，或者短期经营面临一些实质性的压力。这个时候你说的市场已经对此大幅释放了负面预期，估值已经达到这个生意的底线区域，那么这个时候就不要着急换，除非你新找的是一个有特别大的把握，属于短期经营弹性高且市场尚未预期的股票，否则很可能“左右挨嘴巴”。关键不要去预判未来 1 ~ 2 年的业绩（如果你连半年业绩都没预测准，再放大 4 倍的时间能准），而是要审视这个生意的本质，以及其市场供需的趋势、公司经营壁垒的强度，还有主要经营要素（收入端和成本端）的大致趋势。

但如果错误的级别是买了个经营面临中、长期的趋势性下滑，甚至更糟糕的是有造假嫌疑的东西，那么这个时候不是先跑了再说。这种情况下的下跌几乎没有底线，特别是强周期类公司从业绩高峰点到见底跌去 70% ~ 80% 也不奇怪，严重造假的甚至能直接跌没了。这种时候你越耗着，陷入泥潭就越深，本来的亏损可能是严重错误，一直犹豫不决有可能发展成为致命的错误。至于所谓的短期反弹这种完全是看运气，最好别太指望。而及时抽身出来以后，就有改错的机会。

科力远的主要问题是其技术方向是否靠谱？所有的经营是否有效，必须建立在这个前提之上，否则没有讨论的意义。但这种技术方向上的问题经常争论个几年也未必会有定论，我觉得还是客观地看看其他产业巨头都在做什么，一个没有其他产业巨头进入的方向就要非常小心了。

我对其技术路线的合理性没有看法，我个人也不会参与这种赌局。安迪苏也是个典型的难生意，对它的理解要建立在对蛋氨酸、维生素 A、丙烯、甲醇等大宗原材料价格的涨跌预测以及下游养殖业的景气度上，想想这个难度吧：更麻烦的是，这种公司你哪怕是对了一次，也不知道到底是判断得准还是运气好，下次再碰到还是很难讲。所以要做这种公司，第一要有紧密跟踪相关材料价格变动的信息能力；第二要具备足够敏锐和果断的素质，能见机行事的强大执行力。

如何做到发现错误、纠正错误

我在你的文章中看到描述过一个失败的案例“置信电气”和一个放弃的案例“苏宁”，但限于篇幅未能详细阐释，作为一个投资者，我很困惑的就是怎么在投资出现错误的时候有序退出，出现无法决策的时候果断放弃，请你详细阐释一下你当时是如何有序退出置信电气和放弃苏宁投资的?

投资人其实都是在错误中不断成长的，但用自己的钱投资的人必须注意不要出现惨败，否则连成长的机会都没有，所以反思错误是投资中一个很重要的习惯。对于置信电气我在书中其实说得已经比较详细，主要的问题是忽视了其毛利率已经处于极高水平（未来下跌回归均值的概率大），另外是错判了市场需求（对于非晶变压器的推广进程过于乐观），还有一点就是错误地估计了其在产品技术上的竞争优势（之后两年非晶变压器确实推广提速了，但非晶变压器技术很快就被别的厂家制造出来并导致竞争激烈）。

这个交易退出得并不算果断（不知你说的有序退出是否指这个），当时出现与主要预判不一致的征兆时，并未在第一时间快速行动，最终导致该股票交易算是单笔投资中亏损较大的。好在谨慎的性格让我在仓位上还是有较强的掌控能力，未对全局造成太大的影响。

当时对苏宁电器感兴趣是因为跌幅巨大，静态估值看起来挺便宜，公司依然市场占有率高且雄心勃勃，财务数据看着也很不错，但初步分析后就意识到苏宁的问题不是业绩，而是整个公司逻辑被扭转了。以往苏宁的壁垒在于任何竞争对手要复制其模式，光开店都需要追三年，但电商的崛起完全是“降维打击”，苏宁的千里城防毫无意义，而且互联网是赢家通吃，实体转型向互联网又阻力重重（苏宁存在线上、线下的矛盾，线上商城体验也极差），所以这种“杀逻辑”的公司是不能碰的，你也不知道底在哪儿，因为以往衡量其估值的那条线已经消失了。

还有一个没写过的比较典型的失败案例是用友软件。大约是 2011 年（具体记不清了），用友的业绩略有起色，当时特别注意到其收入指标一直不错，但是费用率高得畸形。

恰逢用友在战略层面推动降低费用和成本的举措，在股东会上这个方向也被董事长肯定了。初步试算如果费用能降下来，即便收入平平也能带来阶段性的较高利润提升。但后来的问题是，一个是公司的执行力不足，降低成本其实是需要以业务转型为支撑的，这个难度其实很大。

另外，当年经济很差，下游普遍削减信息化投入，造成当年收入下降，因此这个阶段性的机会就没有成立。事后也总结，以后类似这种阶段性、结构性的机会主义交易就不做了，时间敏感性太强，没有中长期逻辑的支撑，属于精力花得多收获又不大的“鸡肋”。

定投指数基金的策略问题

我有一个定投证券指数的计划，望指教其中的不足之处。以下是具体计划：

（1）将要投入的总资金分为 100 份；

（2）将证券指数 399975 分为 4 个区间，每个区间投入不同的份数；

（3）指数在 600 以上不投；600 ~ 500 投 1 份；500 ~ 400 投 2 份；400 以下投 3 份；

（4）选择场内 512880（证券 ETF）作为投入标的；

（5）每月第一个交易日，按指数的运行区间买入对应的份数。

对于这个计划介绍得不是很清晰。

第一，不知道这个计划占你总投资计划的比重；

第二，不知道你总体投资的预期和这笔投资计划的基本定位。

这两个不清晰，是否妥当就不好说。原则上来说，证券指数的波动率很大，可以定位于进攻指数。

就说这个计划本身。如果说有问题的话，首先你把指数区分为 4 个区间的依据是什么？如果是以 399975 的历史估值区间而言，我大概查一了下其 PB 的历史区间（证券业务不适合 PE 估值）在 5.5 到 1.2 之间，600 点位置之下就是 1.2 倍 PB 的最低估值区间内（比如上一个收盘日几乎就是估值历史最低点）。那么问题在于，你在这个位置之下还分了 3 个档位，最低档位距离目前还要下跌至少 33%。按照历史估值来看，这个极限位置打得是够大的，但如果没有跌到这个位置呢？根据你目前的设置来看，你可能买不到足够的筹码——这如果对于一个构成丰富的指数组合而言不是大问题，因为这个买不到，总有可以买足的其他指数，但你这里仅仅提出一个指数的定投，我只能假设你是想把这个指数买足。

另外从交易频率来讲也是如此，你现在的模式比较适合指数不断缓慢地下跌，持续性阴跌对你是最有利的（因为每月才做一次交易，并且很固化地在第一个交易日），但如果市场是另几种模样，比如在 600 ~ 500 附近震荡几个月不再大幅下跌就掉头，或者突然向着 500 以下大幅快速跳水，但是几周内又突然大幅反弹回到 600 的平台之上，这些模式下你的定投就会很被动，有错失好机会的可能。

所以我建议你说做几个预案：

第一，把证券指数放到整个指数定投的大规划里，设想如果买不够，用什么指数来弥补；

第二，就证券指数本身先设定一个最基本底线，估值高于多少坚决不投；

第三，设定估值在多少到多少之间是极具吸引力，可以灵活加投——特别是设定一个极限值，一旦达到极限值就不等待了，直接倍数加码（具体加多少以你自己舒服，不会患得患失为标准）。

根据这个底线和灵活加投的方案，耐心仔细观察市场的走势，然后执行你的方案。

怎样看待大类资产配置

请教关于资产配置和动态平衡的问题。

第一，你会在股票、债券、外汇、大宗商品和房产等大类资产之间分配怎样的比例；

第二，根据估值，股票所占比例的上下限是多少。具体会在怎样的情况下调整比例，是否会根据趋势留部分右侧买入；

第三，你是否采取了价值投资以外的其他策略，比如趋势跟踪等。你交易股票以外的金融资产使用怎样的策略?

大类资产配置不是一个魔术，而是一个艺术。这句话的意思是，不要妄图用资产轮动获得魔法般的超额收益，但是可以用适当的资产配置降低综合风险和提升资产的反脆弱性。大类资产配置的一个前提就是有大量的资产，资产的规模级别越大它的重要性就越高，资产配置平衡的时间越长其效果就越显著。

对于绝大多数人来说，各类资产配置的意义远没有把某一类或者几类资产做到极致的意义大。一般人面临的问题不是说我现在有 5 亿元人民币，不知道该怎么把它配置到各个资产当中去，而是怎么才能有第一个 100 万元和 1 000 万元？所以对于大多数人来说，能把握到一个资产类别，把这个资产类别做到极致才是更重要的。

试图各个资产都弄弄，并且试图把握到各个资产的最佳投资节点，我觉得是不是有点儿太高估自己了？这么多东西都能懂？这种人我反正还没见过，大多数人一般是一种投资方式还没搞明白就四处出击，基本是投资小白鼠级别的。当然随着某类投资越来越成功，达到一定资产级别后适当的分散资产品类，适当地扩大一些投资品种也是十分有必要的。

具体投资什么我觉得不能一概而论，我个人认为 30% 的固定资产 +70% 的股权资产就是非常好的选择，股权资产中可以考虑全球投资，不同市场、不同风险特征的组合足够做一个坚韧稳健的配置了。至于外汇、期货商品、艺术品，或者创新的金融产品等是不在我的考虑范围之内的，随便玩玩我懒得弄，要配置就是大投入，而要大投入肯定是要看得懂，有把握的。

股票的投资策略要看你怎么定义价值和趋势。我个人觉得价值投资本身就是包含最重要的趋势原理的，恐惧贪婪论不就是最佳的趋势决策指标吗？核心仓位一定是概率优先于赔率，但也需要有好赔率才能重仓。小仓位可能灵活配置一些 70 分赔率突出的品种，其他好像没什么别的理论和策略了。

STOCK

第二章　投资与人生

对市场方向性的判断

【2019 年 1 月 19 日】现在有一些声音说 2019 年股市会有起色，也有一些声音说经济会更差，前景不容乐观，让我对此非常纠结。临近年终岁尾，也很想再听听你对 2019 年及以后一段时间的操作规划，以便日后进行学习和揣摩。

（1）我历来不建议根据短期 1 年的收益率来做“反思和总结”，1 年的波动导致的结果其实什么也说明不了。运气好，错误的行为也能赚得不错，运气不好，非常正确的坚守也会灰头土脸，根据短期收益率的反思，实际上就是用一个偶然性很大的结果去试图总结必然性。

仅说 2018 年的话，鉴于整个形势的复杂性和全年确实比较巨大的跌幅，从结果上而言，只要没有受到重创就算是正常的，从行为上来讲，可以反思是否持有了脆弱的对象，以及回想一下具体交易时的安全边际是否经得起推敲，这两点我觉得是最重要的，熊市会让我们对于安全性和意外有更深刻的理解。

至于说哪个具体操作上如果能如何如何，收益率就会提示几个点，那都意义不大，对下次的帮助也不会太大。如果从更高的层面思考，应该是把 2015 年到 2018 年这宝贵的 4 年联系起来看，并且从整个投资价值观和交易体系的高度来审视自己的行为，看看哪里是脆弱或者是空白的，哪些结果是必然的，哪些结果是运气所致，在下一轮周期来临的时候怎样进化出一个更可靠的系统，这些才是应该思考的重点。

（2）对于未来，我个人保持谨慎的乐观态度。谨慎是因为从客观上来讲，确实经济依然很低迷，也很可能还没见到最底部，并且这次与之前不同，经济保持较为低迷或者有压力的时间可能会比较长，并且这其中还叠加了外部变量，经济面临的也不仅仅是增速见底那么简单，更需要的是经济结构地慢慢改善，在这个过程中很可能会有各种坏消息。

乐观主要是基于对中国经济维持底线的信心（一个是全国上下对于经济发展的高度共识，另一个是有利于经济发展的民族性，再一个是客观发展水平还较低而主观发展愿望却很高），底线之上的压力和变革波动，某种程度上并不是坏事。至于说经济面临危机不假，但在这个过程中，我相信政策的对冲余地也依然是有的，并且必然会根据情况的发展而逐步加强，我相信中国经济可能有一万种危险，但绝不可能发生的一种就是“等死”。

（3）回到股市，虽然短期股市的涨跌基本上是“算命”，但我相信 2019 年的情况会比较乐观，股市的机会可能是过去几年里最大的（2017 年看似蓝筹大牛市，其实主要就是那点儿大蓝筹龙头涨，绝大多数股票都是跌，而且跌幅还不算很小）。衡量股市的机会可能大致从三个方面进行衡量：第一是企业盈利，第二是货币环境，第三是估值。

从企业盈利方面来看我们会继续看到盈利的下行，特别是外贸迎来真正的压力年。但在下行过程中相关政策大概率会逐步加码，失控的下行的概率不大。货币环境大概率会比 2018 年大幅改善，虽然不会全面放水，但相比 2018 年那种严厉紧缩应有明显改观，其实整个社会并不是缺钱，主要缺的是信心。在目前的时点上最有利的就是估值，目前毫无疑问已经处于 A 股 20 多年来仅有的 4 次历史性大底部位置，虽然目前满眼都是坏消息并且经济数据的底可能还在后面，但股市是一个反映预期的系统，这个负面前景已经在很大程度上预支了。

如果回看历史的话，曾经最差的数据比如 2005 年三季度全市场的利润增长曾经达到过 -0.77%，2009 年半年报曾经达到过 -11.58%。但从市场的表现来看，

2005 年 11 月 1 日全部三季报发布，但市场是在 6 月份就见底了。2009 年半年报数据也是 2009 年 9 月 1 日发布完毕，但市场是在 2008 年 10 月见底，到 2009 年 9 月时已经反弹了近 80%。所以，更差的经济数据与强力的市场反弹其实并不矛盾。

当然，鉴于未来短期不大可能出现全面的经济回升，也不大可能出现货币环境的全面放水，所以持续性或者高爆发力的大牛市目前看不到出现的可能性。在大概率的大反弹之后，市场的形势会依然比较复杂，具体情况需要结合当时的估值水平和经济状态再判断。

（4）市场的系统性判断是一个对投资力度的决策依据，就我个人来讲，目前是高仓位策略。目前十年期国债收益率等无风险收益都在下滑，理财等产品更是打破了刚兑，而股市的全市场中位数估值的预期收益率已经超过了十年期国债利率，很多股票不仅未来还有稳健的增长，而且当前的分红收益率都在 3% 以上，这种情况不会持续很久。具体投资策略上其实没有什么太大的原则性变化，好生意、好公司、好价格依然是核心判断依据。结合当前的情况以及对未来经济转型和持续性压力的看法，有以下几点可能需要重点考虑一下：

第一，重视与当前经济下行高度不相关的行业和生意，虽然宏观经济总体上多多少少都会受到影响，但确实有一些行业处于政策支持和技术变革、产业环境的上升周期，其发展几乎完全独立于经济走势。

第二，重视那些不依赖融资和高负债就能发展的生意，特别是如果长远的需求较好，公司具有国际竞争力的更要高看一些。

以上两种都是重点，不仅仅是抄个底，更重要的是低价拥有一个长期的好生意。属于在合理和低估的状态下构成一个高概率的组合。

第三，如果说以上两者是守正，那么另外一些小市值，低估值、高股息率、资产负债表稳健还符合大行业、小公司的对象则可以作为出奇的配置。这类适合相对分散地持有，构成一个高赔率的组合。真正到牛市的时候，这些“小不点”的威力会让你印象深刻的。

至于其中的搭配比例，可根据个人不同的能力圈倾向和喜好来决定。但最关键的是在战略上要确保赢。

第一，全市场越是低估值的时候越要高力度，否则大众害怕的时候你也害怕，大众癫狂的时候你也癫狂，那就不具备获得超越大众财富的逻辑基础；

第二，要用正确的姿势去“赌”，不杠杆，不孤注一掷在一只股票上，构建一个高概率搭配高赔率的低相关组合，但共性上又都具有较好资产负债表和现金流，当然最好还有不错的股息收益率，那么这样的组合大概率可以让我们撑过最困难的时期并笑到最后。

对年轻投资者的建议与忠告

【2018 年】我是个 25 岁左右的年轻投资人，入市几年，本金不多，一直到处“抄作业”。希望你可以再多对我们这样的年轻投资者说一些实际的建议和忠告。

年轻人加本金少，其实这里的关键词不是本金，而是年轻。谁年轻的时候都穷过，所以关键我们得思考一下怎么到 35 岁左右的时候能摆脱本金过少的问题？因为哪怕到了 35 岁取得初步的资金规模，其实配合上稳健的投资策略在 45 岁也可能获得初步的财务自由，其实做到这一步的都是人生赢家。所以我作为一个今年 40 岁，当过服务员也做过小公司副总，29 岁以后就没再上过班的过来人，能给你的一些建议如下：

（1）要乐观。在25岁左右的时候千万别老气横秋，要相信人类社会的持续进步会带来更美好的明天。要相信未来一定有属于你们这代人的机会，而且要早点为抓到这个机会做准备。最好的准备有几个：在行业和职场里做出你自己的口碑，30岁以后口碑和人际关系的重要性无以复加；多读书少打游戏；多从整个行业的角度观察和思考，多想想自己在公司的独特价值和竞争优势在哪里；不要在舒适区待着，一定要勇于接受挑战，主动去承担那些“工资范围以外”的责任。

（2）要有大格局的思考，不要只盯着自己小世界里的那点儿事儿，我当年吃亏就吃亏在这儿。早点接触投资的最大意义，不是现在手里那“仨瓜俩枣”能带来多高的收益率，而是让你的思维和这个世界的资金流接轨。钱都流向哪里了？聪明的脑袋都去哪里了？为什么？当前处于历史发展和产业发展的哪个阶段？未来在哪里？这些和普通人没有关系的问题里，都藏着漫天飞舞的钞票。早点儿和这些思维建立联系，无论对于自己职业走向还是未来的投资都有决定性的作用。

（3）就投资而言，最重要的是丢掉拐棍。你看你还在想着抄作业，这作业别说不容易抄，就说给你抄也不是什么好事儿。且不说阶段不同其投资的侧重点也不同，就说你抄作业抄习惯了，自己的独立判断能力就会器质性退化。这种人太多了，短期1～2年来看好像挺美，其实就整个投资生涯来看是亏大了——为什么地球上最发达的国家往往不是自然资源最好的？这道理在投资里也是一样的。当然不是说闭门造车，还是那句话，多看大师的书最重要。多看看高手的决策和操作也可以，但主要是看“为什么”而不是“是什么”，也要多看失败的案例。

（4）其实对于年轻人来说，具体的问题都不是很重要（比如，你定投优质消费和医药指数基金是可行的，可作为学习阶段的一种稳健试水方法），因为你未来会不断地遇到各种新问题。所以投资最重要的是一开始就培养正确的投资理念和价值观，然后在此基础上锻造高效的公司价值分析方法论，最后是根据经验的积累形成对市场和预期的敏感。这些话真正理解需要一定时间，但最关键的还是你内心深处到底信不信？“信则有”的背后，不是什么神秘的玄学，其实是有关思维方式和品性的差异。

（5）如果几年过后感觉自己投资没什么起色，那么还有一个可行的退路：识股不行的话，一定要会识人。把自己的财务目标委托给值得信赖的人也是不错的选择，毕竟术业有专攻。其实在我看来，大多数人在专业和职场上获得成功还是比投资获得成功要容易很多，这个看命数，也难强求。但做好以上几点，我觉得大概率到 40 岁的时候你在财务方面不会后悔。

> 我在股市跌跌撞撞“混迹”5 年多了，起起伏伏盈亏不定，偶有获利丰厚但最终还是被一点一点地亏损侵蚀掉了。5 年，1800 多个日夜的操劳和坚持感觉很辛苦，但还是没能赚到多少钱，是我不够努力？还是方法错了？股市投资赚钱者和亏钱者之间究竟差的是什么呢？

5 年的投资历史，那么就是从 2013 年开始的。截至前几天各个指数的收益率其实还是不错的。我在微博刚刚统计过：上证指数 2013 年 6 月收盘 2 048 点，至今收益率 +48.6%；沪深 300 当时 2 165 点，今天 3 773，收益率 +74.3%；深综指是 890 到 1 772，收益率 +99%；创业板指是 1 011 到 1 673，收益率 +65%。可见，这个区间哪怕有点儿误差，就算最差的指数也能获得近 50% 的收益率，从理财角度而言是过关的，也就是说，市场本身没有问题。

所以你如果这 5 年还没赚到钱，确实问题很大。但你没有详细地说明自己在股市投资的具体情况，所以我只能从一般情况来分析。一般来说，折腾了挺长时间还不赚钱的，基本上既是方法不对也是努力不够。

从方法这个层面来讲，投资与投机是一字之差，但却是天壤之别。很多人别说 5 年，有的 10 年可能还没摸到投资的门道。很多人想当然地以为自己在投资，其实都是投机而已（具体参见《股市进阶之道：一个散户的自我修养》投资与投机的区别一章）。

走错路的典型表现就是不断地做加法，但所有的加法最后都做成了减法——

也就是天天瞎折腾，总想赚快钱，生怕比别人赚得少，想尽办法找捷径，最好是看看图形就能赚钱。这么做表面看起来很努力，天天盯盘复盘，到处看消息做分析，看过的股票上千个，各种技术指标书翻烂了……然而并没有什么用。在错误的方向上越努力，你距离正确越远。怎么入投资的门？

其实很简单，先把我微博里的书单都读一遍，你要是读完了还不知道什么是投资，那就放弃吧！真的没有天分，这个勉强不来（就像我上再多的培训班也当不了歌星一样）。如果你连这些书都读不下来，这点儿苦都吃不了，这点自律都没有，凭什么到这个只有 10% 获胜率的战场来赚钱呢？

再说说努力。什么叫努力呢？我觉得我自己算是个下限。但就是我这个下限标准做了些什么呢？从 2008 年开始，自己列的书单肯定都通读了至少一遍，在博客写了几百万字的投资感悟和心得（那时候博客也没什么人看，都是写给自己看的），厚厚的笔记本记录财报和自己写摘要用掉了 3 本，然后微博在过去的 2555 天里平均每两天写一个与投资有关的感悟，然后还写了两本书（加起来 100 多万字），这还没算其他零散的各种研究学习和分析工作。所以我觉得如果有谁能做到和我差不多，咱们再来谈谈天赋的问题，因为在这之前，其实还轮不上比天赋，比努力就已经有巨大差距了，日积月累下来反映在投资的结果端，不是很正常吗？

所以讲实话，正确的方向加上足够的努力，看起来简单，但真的可以过滤掉 90% 的人，不信都看看自己身边的人。要做到这些，首先需要对投资有旺盛的热情，然后是及早地开悟，再然后是自律和自我激励。投资赚钱，特别是赚大钱，确实不是那么简单的。光看收益率的差距总会感觉不服气，但如果把收益率背后做的那些努力全都列出来再比比，是不是感觉公平多了？

所以简单来讲，赚钱与亏钱的人，既相差在悟性上，也相差在努力上。如果是赚大钱，那么还需要足够大的格局和合适的品性。亏钱要么是喜欢耍小聪明，要么是喜欢耍小性子，两者兼顾可以成功亏掉最多的钱。其实道理都不复杂，但明白道理和知道具体怎么做还差了十万八千里，从知道怎么做到真正做好又差了几个“光年”。最终，做到知行合一，并且不断地追求更高的“知”和更坚定的“行”，才有可能从成功走向卓越。

如何看待现在的财务自由梦

财务自由，好像成为很多人的时髦追求，我想知道，什么样的曲折造就了价值投资的成功。什么动力支持着你的坚持，能实现财务自由的只是一小部分人，那么普通人该怎么看待这个问题。

先说说我自己。倒退回十多年前接触到股票完全是偶然，由于正好闲着，又由于我是个比较爱钻研的人，所以就学了起来，幸运的是一开始就接触到了价值投资理论并且看到的第一眼就觉得这是一条靠谱的路（之前也看过几本技术分析类的书，毫无共鸣）。

之后是一边学习摸索，一边也保留着投资不成功就继续回去上班的后路，直到 2012 年之后不再考虑投资之外的任何工作了。我觉得支持的动力很简单，一个是为了给家人更好的生活，另一个是对于我来说，投资确实是世界上最好的工作了。到现在为止，我觉得只能说比较顺利，远谈不上多大的成功，之所以顺利可能是因为我本质上是一个偏理性的人，这在我看来是最重要的一条。

至于其他的知识、经验乃至运气，只要肯努力学习并且一直待在这个市场里，都不是大的问题（我的博客记录了这些方面的摸索和成长）。投资最幸运和最可怕的地方都在于，它的入门门槛实在太低。也许每一个进来的人都应该问一句我 10 年前就问过自己的话：“在这个注定绝大多数人失败的地方，我凭什么才能胜出？”把这个问题想清楚，是一切的起点。

说说财务自由。其实前不久我发了一个不同财务阶段主要差别的微博，谈到在达到中产水平后与财务自由者的日常物质生活差别并不大。比如我日常的消费也很普通，年薪几十万元以上的朋友在这些方面和我应该没有什么明显的差别，唯一比较高的支出在于旅游而已。那主要的差别在哪里？一个是时间，另一个是心理的安全感。所以，财富自由并非意味着更豪华的生活（如果以这个为目标会活得更累，因为财富的增值永远跟不上欲望膨胀的速度），而是拥有自由支配时间和自由选择的能力，进而带来一种心理上的安全感。而这种安全感会在日常生活和下一代的教育等方面有潜移默化的积极影响。

追求财务自由成为某种群体时髦的说法，这说明了以下几点：

第一，社会是真切地进步了。一个动荡和看不到明天的国家，不会流行财务自由这个概念；

第二，大家是真焦虑，但就如你所说的，实现财务自由最终总是一个小概率事件，普通人该怎么办？我的几点建议如下：

第一，认清自己。不是每个人都真的觉得财务自由是人生第一大事，抱有财务自由的梦想是好的，为之努力和尝试也是对的。但要认清自己，究竟为了实现财务自由愿意付出多大的代价？比如为了一个远大的目标，我们需要延迟享受（比如，坚决不买房，把钱用来创业和投资），你做得到吗？比如为了财务自由，可能需要放弃普通人的清闲，拼命地学习和工作，承受巨大的压力，面对惨痛失败的风险，你愿意吗？很多时候，我们迷恋一件事情只是因为看到了它光鲜的一面，而没有看到过程和代价。所以，把追求财务自由需要的条件和代价想清楚，再看看自己的个性和人生价值观，评估一下这个时髦是不是真的对自己很重要？如果这让你畏惧和更加焦虑，何必非要给自己出难题呢？

第二，活在当下。就像我前面说的，在达到中产水平之前我建议要非常努力去实现，因为对日常生活的影响确实很大。但达到中产水平（当然有大中产、小中产之说，这里不细分），日常生活质量其实就不错了。我们活一世的目的，毕竟不是只为了玩一个财富通关的游戏。想象一下我们快进坟墓的那一刻，我们最深刻和感动的人生回忆会是什么？我想绝不是赚到了多少钱，而是与爱人、孩子、朋友在一起的某些画面以及人生中那些或许快乐、或许痛苦但一定珍贵的片段。至今我最骄傲的，并不是实现了财务自由，这个很多人士做得比我成功许多。

我更骄傲的是，在这一过程中我并没有以牺牲幸福生活为代价，反而比很多远比我有钱的人活得更自在。再往前看，即便在自己穷着的时候，其实也蛮快乐的。好好地活在当下，是我们未来最不会后悔的一件事。当然，活在当下也意味着不要浪费时间，该今天学习和储备的就今天来做。每天学一些并不会有很大的压力，但几年积累下来格局就大不同，格局不同你就更能发现一些被大众忽视的机会，这不就是成功的开始吗？

第三，策略得当。毕竟我们所处的是一个充满机会的时代，那么如何把正常的生活和一定的财务追求结合在一起呢？这就需要一个中、长期的规划，一个兼顾了稳健性又有现实实现路径的战略。这里我建议朋友们仔细看一下我以前写的一篇文章《人生不同阶段的财务规划》，应该网上有大量的转载。虽然时间较长了，里面的一些细节和财务指标也会有较大的变化，但总体的策略依然是可行的。包括微博问答的最早的几个问题里，也对一个朋友的财务进阶做了较为详细的分析，都可以看看。关键是要有长远的眼光，要相信复利。越年轻，这种做法的价值就越大。我总想，如果我 25 岁的时候能看到未来自己写的那篇文章，我今天的成就会远不止于此。

总之，只要认清了自己，好好活在当下，并且制定一个得当的中、长期财务进阶策略。我可以保证的是，即便最终由于运气、性格和资源等没有实现真正的财务自由，但也大概率地会拥有一个幸福、饱满、积极向上和不断进步的人生。这难道不是成功吗？

财务自由是个什么标准

问题 1：你觉得在中国目前的社会，财富达到什么标准，个人的财产有多少才能过得很潇洒？即所谓的财务自由状态。

财务自由是一个比较宽泛的状态，需要多少资产取决于你能获得多少被动收入以及利用资产再增值的能力有多强？被动性收入越稳定，或者利用现有资产增值的能力越强，那么实现财务自由的生活状态就可以越早，对资产的要求就越低。

一般来说，如果是在一线城市，已经有房、有车，基本无负债的情况下，一年 50 万元纯消费就可以拥有舒适的生活了，如果再加 20 万元纯享受型的消费，总共 70 万元就可以活得很好了——要知道，美国家庭的中位数收入才不过 5 万～ 6 万美元（40 万元人民币左右）。

以这个消费水准倒推，如果你 1 年的资产收益或者被动型收入（比如版税、分红所得、投资收益等）能够覆盖至少 3 年的生活开支，那就毫无疑问具备了财务自由的能力。当然考虑到收益率的波动性，我们这里取一个较低的值，比如资产收益率的 10% 能够达到 3 年的生活开支（也就是年 3% 的收益率就可以支撑 1 年的较高质量生活花费），那就是 2000 万元左右的可投资或能带来现金流的资产（不算个人住的房产）。这个水平远不够你“想干什么干什么”，但已经足够你“不想干嘛就不干嘛”，自己随心所欲地过自己喜欢的生活，而且生活品质会很有保障。

有人说生活开支总有升高时候，比如孩子留学，意外医疗费用等。当然，这种阶段性的费用会出现，但同样资产的收益率不可能总是 10%。目前国家 GDP 的增速在 6% 左右，目前（2017 年）R2 级别的一些理财产品都有 4% ～ 5% 的收益率，3 年平均下来难道没有超过 10% 收益率的时候？哪怕两年 10%，另一年运气不错搞个 25%，那 3 年下来的收益就是 200+200+500=900 万元（这还没考虑复利），什么突发消费能超过 3 年花 900 万？其中随便拿出 200 万来花花，都足够满足某些很豪华、奢侈的需求了。到这个级别所谓的出门头等舱加五星级酒店等都是小钱，只要别玩名车、古董、名表、游艇、私人飞机等真正奢侈的大玩具，临时有个几十万元的消费都不算事儿。

以 50 万 ~ 70 万元的年消费算，余生就算还有 50 年，那消费总额大概是 3000 万元就足够了（也就是 2000 万元基础上翻一倍不到，10 年翻一倍的复利收益率只需要 7.17%，完全没有难度，那时候 3000 万元花完了还剩下 1000 万元）。别觉得消费额会一直快速飞涨，那是国家快速发展阶段的阶段性现象。你真以为以后还会有过去 30 年那样月薪从 500 元到 1 万元的增速？全世界的消费都是有锚的，这个消费水准就是以今天纽约和苏黎世的标准衡量也不会过得委屈了。

当然，这是满足了财务自由的门槛。如果你要求高点儿，或者投资能力差点儿，或者需要内心的安全感再强点儿，把标准提升到 5000 万 ~ 7000 万元那是足够了（也就是 1000 万美元左右）。反之如果你对生活的消费要求没那么高，同时还有较强的投资能力，那么所需要的门槛会大幅降低。

以上这是基于需要来计算的，如果是基于欲望，那可没有标准。你说非得拥有私人飞机和超级游艇才行，那多少钱够？我告诉你多少钱都不够。因为你有了这些还会想要欧洲城堡。

对于资产达标的人而言，其实钱生钱是越来越容易的。难度早就不是在于“财务”，而是在于“自由”了。有的人资产远超这个数字，但还是天天一脑门子官司，还需要给人赔笑脸时常陪人喝大酒，1 年想休几个月的假也不可能，从财务指标看他肯定是远远超标了，但你说他自由吗？

当然，也有的人天生要干大事儿，自由对他们而言并不是目标，他们的目标是大成就和大责任，这些就不在这个讨论范围之内了。

问题 2：之前在你的回答中看你提到了财务自由的几个阶段，而且你给出了第一阶段工作自由的定义以及标准，那在这个阶段之上呢？能否以一线城市北京分享一下你的定义和标准。你建议的资产配置比例是什么呢？作为独立投资人（不做私募），每年的现金流是需要从股市中提取吗？那这样会严重影响滚雪球的速度，当然这个跟资产配置的问题也有关系，想听听你的建议，我也希望在未来逐渐成长为独立的投资人。

关于财务自由没有统一标准，比较被认可的定义是能通过可持续的被动收入满足舒适的生活和自由支配自己的时间。这里有几个变量：舒适生活的定义；被动收入相对生活支出的安全边际；被动收入的可持续性和可扩展性。

舒适生活在不同地域和有不同生活习惯的人来说区别可能比较大，如果以一线城市为例，我觉得在不算债务支出的基础上，年日常纯消费（不算大病等突发意外和非经常性大额支出，比如买车）在 50 万元左右就可以过得挺好，如果要求再高点儿，1 年 100 万可能是足够的。要知道美国前不久的调查，常春藤名校毕业且工作十年后的薪资中位数，排在前三的大名校也不过就是 10 万美元左右，约为 60 多万元人民币。这可是世界最顶尖人才在最发达市场里的劳务定价，以这样顶尖水平的年薪作为一年的纯消费，在地球的任何地方都可以过得很舒服的。如果还不舒服，那不是钱的问题，是人的问题。

如果以上述为标准，以 1 年的被动收入所得能支撑 3 年的生活支出为安全边际，那么就是要求 1 年的被动收入所得要在 150 万 ~ 200 万元。那么多少财产才能带来 1 年 150 万 ~ 200 万元的现金流收入呢（注意，不是账面收入，而是现金流入，或者可随时变现的资产增值）？这就取决于第三个变量了。

比如你是畅销小说的版权所有人，版权的现金流入可能持续很久（但需要是真正的顶部 IP 作品，才能达到每年大几百万元以上的版权收入），这就是可持续性的收入。如果是投资，那么可变性就会非常大。投资能力很强的可能每年能达到 25% 的年收益，那么要取得 150 万的收入只需要 700 万 ~ 800 万元就够了。当然这是一个太乐观的假设，如果保守来看，目前 R2 级别银行理财的收益在 4% 左右，假设资产配置后可以获得 6% 左右的年收益，那么就需要 2000 万元的可投资资产——注意，这取决于前两个变量的定义，你要多少年消费才满意以及你设定几年的安全边际。

根据每个人预期的不同，乐观和保守程度的不同，这个数字就会相差很大（比如一个人认为每年 500 万元才舒服，或者一个人认为只需要 1 年的安全边际就可以了，至于是否合理那没有标准答案，自己开心就好）。

另外，在一些特殊的阶段消费会大幅上升，比如孩子进入国际学校可能 1 年的学费就要 30 万 ~ 50 万元，留学阶段可能 1 年要 70 万 ~ 100 万元，这个阶段要么你压缩其他方面的开支来降低对被动收入的要求，提升自己被动收入的能力，要么兑现一部分资产以增加被动收入的基数。当然好消息是一般在这个阶段，也是一个人资产积累比较丰厚的阶段，在基数足够大的情况下，应付这些问题应该不会太费劲儿。

注意，以上的推算都是建立在无负债的基础之上的。如果你资产很高的同时负债也很高，那么净资产和被动收入的安全边际就都要更准确地调整计算。一线房产虽然账面价值很高，但只要是自住的就与自由没什么关系，现在每天挤在地铁里还不敢请假的，就有很多这样的不自由的千万富翁。

所以你后面提的那个问题也是与上述推导相关的。职业投资人也一样面临着上述三个变量的约束，确实生活费用主要都来自投资所得和分红。在职业投资初期压力是最大的，因为生活有刚性的成本，但初期本金比较小，除非创造较高的持续回报，否则压力会很大。好在职业投资人初期也比较年轻，处于生活开支可以控制的阶段。即便如此，每年没有 10% 的回报也会压力明显，如果正好碰到 2 ~ 3 年的熊市期很可能就垮了。这也是我一直都不推荐走职业投资这条路的原因，因为初、中期的淘汰率太高了，是一条小概率的成功路线。

但是过了这个淘汰赛，到了某个阶段，生活的支出已经基本稳定，而资本规模却已经大幅增厚，且长期锻炼下来的稳定盈利能力更是最大的底气。这个时候，生活的支出已经占资产变动的边际影响很小了，完全谈不上影响资产滚雪球的速度。一旦资产遇到高收益年份，1 年就可以赚出几十年的生活费用，这就是复利的魅力。而由于更从容，这种好的心态又会对投资带来巨大的积极影响，从而进入长期的良性循环，复利产生的可能性也更加稳固了。这时候你完全可以算出来 5 ~ 10 年后自己会有多少钱。

对我来讲，长期都是保持流动资产几乎全部在资本市场里（当然不是指时刻全仓，而是时刻作为投资资本，根据整体市场风险机会比做合理的配置），也就是留个两年左右的生活费。这不是一个推荐的配置，只是对我来说，对现在这个阶段来说是最舒服的配置。由于我特别强调风险的管理（不是简单的仓位，而是对象时机力度的协调），所以过去十年多的几轮熊市基本上没什么损失，而牛市我的收益率虽然不是最高的，但是我收益率的基数是几乎所有流动资产，我的模式很简单，没有复杂的腾挪。所以具体怎样做配置要与你的能力挂钩，也取决于你对未来的长期判断。

对房产未来争论激烈该怎么看

【2017 年 6 月 12 日】罗永浩、褚明宇、金星、高晓松等都不支持买房，马云之前也说过不要买房，八年后房子如葱，王健林也不希望万达再有房地产收入，但是董藩、财上海等都认为房价会一直涨，特别是一线城市，现在不买以后肯定要高价买，他们的结论为什么完全不同呢？现在北上广深的房价似乎

有所松动，我们普通人是应该再观望观望还是马上入手呢。假如你现在没房，你愿意按揭买房当房奴吗？

首先，所谓的“大V”们意见相左很正常，但由此延伸出去倒是可以观察一致性预期的问题，因为一致性预期往往是某个资产定价的重要参考。上述人物其实并不是好的参考对象，因为太有性格而且不排除立场具有某种表演性。如果从身边的普通人来看，至少在北京，现在我身边的人已经没什么看空的人了，大致都是觉得虽然太贵但现实就是如此残酷。这很大程度上可以看作预期已经发展到极高阶段。

其次，说一下对买房的态度。说现在必须买和必须不买的，在我看来都是赚眼球而不是理性思考的。因为情况不同，选择的差别实在太大了。

以北京为例，第一，如果你一套房还没有而且年轻，那必须向着拥有自己的房产去努力。虽然我觉得这真的很艰难，但你如果真没房，可能更麻烦，随着年龄增大麻烦会越来越多。从长期来看，如果我们真的预期未来10年中国人均GPD再显著增长，那么一线城市的房价在十几年后即便估值大幅下降，也未必比现在低多少。所以这种人的选择余地非常小，拼命努力让自己收入奔跑起来是第一要务，然后踏踏实实买房、供房，至于在这一期间能否赶上房价波动回调，那就是拼运气了。未来要想翻身，只能靠出类拔萃的事业发展和优秀的投资。

第二，对于已经有一套到两套房，工作家庭已经稳定的中产阶层而言，现在的资产结构中基本上八成以上都是房产。这类群体我的建议是择机减持房产，而增持优质股权类资产。这个世界上你得相信常识，当北京的普通房产已经追平纽约同等类别的房产，而我们的人均收入还不到其三分之一时，你还期待这类资产在未来继续带来超额收益？再翻一倍？有钱的早有房了，没钱的你指望刚毕业的去接盘每平方米20万元的房子？在这种情况下不要说继续增持这类资产，就是保持目前八成是房产的比例，都基本上失去了下一轮资产进阶的机会了。

知道牛市大家是怎么亏钱的吗？就是在启动初期大家都不信，怀疑，然后到了价格最高点一切怀疑都被上涨击溃了，最后重仓冲进来接盘，只需要波动 20% 就利润归零（但房地产更惨一些，因为利润归零后，你还得继续还贷款）。房子成为一种“信仰”和不败资产，是具有历史合理性的（过去十几年，城市人口涌入，城市化水平提升、工资收入大幅增长，再叠加 M2 的高增长），不过也别忘了这种合理性也有约束条件。总之，现在的有房中产阶级是房产大潮的既得利益者，但如果资产结构不做大的调整，大概也就止步于此了。

第三，对于基本实现了财务自由的人而言，选择就比较多了，既可以享受下一轮资产增值，也可以未来继续改善住房条件。现在北京 1.5 万 ~ 2 万元每月可以租到高档小区的精装三居室，郊区 3 万元甚至可以租大平层和别墅。在这个租房价格区间，竞争是比较少的（因为能每月花几万租房的群体，真的不算多），而 1 年下来租金大约 25 万元可以租到 1000 万元以上级别的房产。

对应的 1000 万元现金可以很低风险得到 5% 左右的理财收益，也就是说，同样的 1000 万元每年现金收益 50 万元，减去 25 万元的房租，还白送你 25 万元的旅游等消费资金，你说合算吗？而且这个档次往上的租房，居住条件也好，也不存在不敢买东西（大不了买几万元的东西以后搬家直接扔了，并没有多大的损失），由于竞争少还可以长期签订合同。当然，房租是会涨，但这个区间有支付能力的本来就少，房子却多，不那么容易涨，而且就算涨价能涨得过收益？上面 1000 万元现金是按 5% 这个极其保守的收益计算，如果 10% 呢？如果 20% 呢？运气不是很差只要赶上某 1 年收益率达到 20% 的话，1 年下来其实 8 ~ 10 年的房租也就出来了。

如果有几千万再投入靠谱的金融资产，以现在的金融市场环境而言，3 ~ 5 年翻一倍并不困难，之后无论是再次置业高端房产还是继续租豪宅让资本奔跑，都是可选项，而且对生活品质的影响都不是很大，其未来资产的主要构成依然是股权、股票等金融类资产（美国的富人资产结构中八成以上都是股票等权益类金融资产）。所以像高晓松这种级别的租房客，根本体会不到底层租房客的艰辛，反而享受了更为自由的生活品质，所以讲同样是租房，级别不同，完全不在一个世界。

最后总结一下：还年轻刚开始打拼又没房的选择最少，咬牙拼着未来买房、供房可能难以避免，比较不幸的是，很可能成为十几年房产景气周期顶部的受害者；有房的中产阶级压力要小很多，是目前房产周期的既得利益者，但如果没有聪明的大类资产转移和结构调整，大概也就这样了。下一轮资产进阶基本没戏；目前流动资产充沛，基本达到财务自由的，选择最多，未来房产继续高端改善和资产再进一个级别完全不冲突。也就是说，资产越丰厚就越不在意房价的问题，而且越容易在下一轮资产整合中胜出。

对过去 20 年房产胜过股票怎么看

好像很多房产专家都一直视中国股市为赌场。过去十几年楼市赚得盆满钵满，炒股亏得倾家荡产让他们的话获得了真理。对这个现象你怎么看？这正常吗？

对于房产和股市的投资问题其实既复杂又简单。复杂的是因为每个人的情况千差万别，今天所看到的结果也是各种背景条件不同所导致的。但本质上这个事儿很清楚，可以归纳为以下几点：

（1）房产投资的暴利建立在过去 20 年的长期大牛市的基础之上，在这个超级大牛市里赚钱多一些、普遍一些实在很正常。何况房产投资除了专业高手外，绝大多数其实都不过是恰好人生到了购房年龄然后被动收益，真正靠专注炒房炒成财务自由的（那种拆迁补助类实现财务自由的不算），我觉得并不比股票投资成功的人多很多。2018年胡润公布中国财富调查报告，其中，对于几千万元以上净资产群体的分析里，房产和股票的专业投资人占比其实差不多（真正占比最大的是企业主群体），这个数据也验证了我的估计。

（2）股市相比房地产市场确实专业度更高一些，过去20多年确实波动极大，股市本质上注定是少数人收割绝大部分收益的市场，股市投资赚钱、亏钱的效率都极高，所以从客观上来说，股市的造富广度永远不如房地产，而亏钱的确实很多，这本身也很正常。

（3）所谓真理都要放在一定的历史背景上来看，在投资中，如果你用收益率的后视镜来看的话，其实阶段性的真理是有保质期的。我以前说过，如果能力足够，过去20多年无论是房地产还是股市都足够实现财务自由了，但是房地产显然要省心简单得多。但人生不是只有过去20多年，对现在来说，重要的是未来20年。过去十几年其实房地产你赚的是大牛市和运气的钱，而如果你能在股市持续赚钱一定赚的是能力的钱。那么问题来了，未来十几年是现在的房子再赚10倍容易还是股市更容易呢？能力赚的钱一定会越来越值钱，运气赚来的钱需要尽快转化为能力。而且评估资产你不能用牛市顶峰期的资产来计算，否则现在很多亏损的人用2015年6月时的净值计算还是大赚呢。

从美国等发达国家的长期统计来看，各大类资产的长期收益率中，权益类资产的收益率都是最高的，而且遥遥领先。即便从过去20多年来看，即便是A股里，你都会发现其投资收益率居然都并不低于房价涨幅（当然没有杠杆）——其实你去问问过去十几年优秀职业投资人的业绩，很少有低于十年50倍的，如果没有100倍收益大概不敢给自己85分以上（而即便是北京2000年买房抄底在3000多元到现在算10万元吧，涨幅也才不过33倍，当然有杠杆确实是天然优势）。但这个数据与大家的观感差异太大，主要是大众普遍没有严肃投资的基本素质，而A股散户化的特征确实历史波动极大（但这种大波动对于聪明的投资人而言反而是远远超过美国股市的大利好），再对比房地产处于20年不败的超强上涨周期内，所以两相比较会让绝大多数人得出一个结论：闭眼买房也赚钱，珍惜生命，远离股市。

其实对于大多数人而言，这个结论未必是错的。因为股市不存在过去房地产那样的超常上涨周期，所以对于没有经过专业投资训练的人而言，股市投资的壁垒确实远远高于房地产。这也正如我所说的：未来绝大多数中产阶级，将无缘下一场资产进阶游戏的原因——绝大多数的中产阶级的资产结构都是房产占比7～8成，流动资产占比本来就小，更要命的还缺乏投资技能，在未来的资本盛宴中必然缺席。而期望继续让自己的房产高收益，等于是这样一个假设：让绝大部分中产阶级仅靠持有的房产集体升级成为富人——可惜在地球上还从没有发生过这样的事。仅仅是从逻辑和常识上推敲，都知道结果如何。

所以几乎可以确定的说，谁在今天掌握了权益类资产投资的奥秘，谁在今天持有更多的权益类资产，谁就将在未来胜出。而且相比房地产投资，股票越到后面优势越大：比如房价从5000元到5万元每平方米过程中涨了十倍，但从5万元到15万元每平方米其实只有3倍了，15万元再往上……这个还是有比价天花板的，成熟发达国家和地区的房价在那儿放着呢。但股票投资完全没有这个问题，你股票过去十年赚了100倍，依然可以找到好公司再赚100倍。因为好公司、好机会是动态变化出现的，从理论上而言就没有天花板，在每个时代都有受益的产业和公司脱颖而出，你只要掌握方法论，可以大概率地一直参与到其中，哪怕只是25%的复利，持续下去10年就又是一个10倍。

但这里有一个差别，就是房产投资大体上是收益均沾，但股市投资一定是少数人占有绝大多数利润。所以要想搭上下一个周期的快车，第一要有足够的流动资产作为“弹药”，第二必须具备足够的专业素养。你看，流动资产的级别就淘汰了一大批人，专业素养的级别又淘汰了更大的一批人，所以最后剩下的获胜者将分享所有的利润并成功进阶——仅仅从逻辑上而言，都比全体房地产持有者全部进阶为富人靠谱得多。所以，不要在于短期的波动和群体热衷什么，要坚定地向着这个大方向前进。

所以不要因为当前的成绩得意扬扬，要分清楚其中能力和运气的比例。更要清醒地看看未来，以及为了应对未来自己的能力有没有得到进一步的提升？其实眼光放长远点儿，中国这轮气势磅礴的大发展，能赚大钱的机会何止是房地产和股票？我自己就见过太多不同的成功案例，关键只有两条：第一，找到对的大方向；第二，在这个大方向里做到出类拔萃。只要做到了，足够笑看人生。

培养投资思维与分析能力

企业投资价值分析的框架是动态变化的，如果没有较好的分析能力，只能落入教条主义的境地。我的问题是分析能力和逻辑思维能力是如何炼成的？

投资这个事情，有三个主要参与方：市场、公司、自己。这里我们最了解和最能把握的只有自己。市场是复杂多变的，但正因为集合了大众而剔除了个性化因素，所以普遍意义上的人性在这里反而又是最可靠的，只不过这种表现只有在极端态时才具有判断意义。公司介于两者之间，经营状态具有较高的可分析性，又具有业态的极大丰富性和未来发展的不确定性。做投资就是识别有限的公司的特定状态，分析市场给予其定价的安全边际，并尽量保持自身的冷静理性来做决定。

在这一决策过程中，掺杂了事实、猜测、传闻、推理等各种素材，我们不但要接近真相，而且还要评估价格与真相的关系，再加上浮躁、欲望、恐惧、贪婪等负面情绪的干扰，所以投资的长期成功就显得十分艰难。

在我接触过的成功投资人之中，客观和理性才是最大的共性。至于说逻辑思维能力乃至于投资体系和分析方法论，其实差别极大。我的意思是说，第一我并不认为自己在逻辑和分析方面有突出表现，第二我认为与无穷变数组合和极复杂丰富的业态相比，个人的那点思维能力总归是难以覆盖和应付的。优秀的投资人首先不是骄傲于自己的能力，而是首先认识到自己的局限性。骄傲会使人难以客观，自负会远离理性。就像芒格说的：我最想知道自己会死在哪里，这样我就永远不去那个地方。

针对你的问题来说，我没做过什么思维方面的训练，也很难说哪本书对我影响最大。我觉得对投资的热情会驱动自己学习和思考，然后在实践中不断总结反思。当理论积累和实际经验都达到一定程度时，你自然不会满足于表象而会试图总结一个方法论，而方法论的本质就是抽象出事物运作的几个关键变量和看待它的不同维度。而之后是完善这个方法论，看能否用它解释和应对实际问题，对变量和边际条件的灵活运用是达到深刻理解的标志（反之就是僵化），而不断成功运用带来的自信从容就是知行合一最大的保障。

总之，我觉得要有热情和好奇心，也要有自知之明和敬畏之心，站在前辈大师们的理论和思想基础之上，多结合实际情况，去探寻既符合投资的核心理念，又适合个人能力特质和需求的方法，不闭门造车，也别生搬硬套，可能才是大概率成功的进阶之道。

投资该如何进阶

经过两年左右的学习，发现现在的学习效率越来越低，有时甚至有些彷徨，不知道该干什么。对一些分析标的大致只能停留在可知信息的发掘上，跟随价值分析里的框架建立基础性认识，但是感觉难以深入，而且近两年几个比较有信心且持仓比较重的标的，事后回过头看，对经营态势的判断过于乐观了。我

的问题是，你可以系统地说下投资进阶的路径和方法吗？每个阶段最重要的突破点在什么地方？每个阶段如何高效地将时间花在什么地方？

从你有限的信息来看，你正式的投资学习时间较短（两年左右），但已经读过我的两本书，可以用模板进行信息的梳理，但是无法继续深入到超越市场的一般认知，或者对于公司的经营难以把握住核心要素。

首先得说，以你两年左右的学习历练而言，无法做到对公司的前瞻和深刻是非常正常的，我两年多的时候可能还不如你，毕竟没有那两本书手把手地教，连邯郸学步的条件都不具备。那是不是随着时间的延长，比如再过个五年你就肯定可以达到自己期望的火眼金睛呢？很遗憾，不是的。或者这样说，不要说你，也不要说我，就是巴菲特、芒格或者其他价值投资大师，恐怕也很难做到对所有公司都深刻理解、准确把握。

说到这儿，如果你在投资上有敏感性的话，应该意识到问题该往哪里侧重了。是的，关键是要把时间花在正确并且最有效果的地方。大师们为什么都难以做到那个程度？因为大量的公司本质上就是很难理解或者非常难以把握的，不是你我不行，大师也照样不行。那大师何以成为大师？高手何以成为高手？很简单，知道哪些是容易理解和把握的，然后一辈子就总在这些容易得分的地方活动。这就是获得超额收益的最大秘密。

再细致一些。我们想想投资在什么情况下更容易得分？

第一，在市场系统性低潮期下注，更容易有好的赔率。所以要善用“市场先生”的极端情绪为自己服务。

第二，好生意中的好公司更加容易获得高的经营确定性，所以要理解什么生意天然就是好（简单、高价值、不可或缺、难以被替代、业务的现金流含量高），什么公司体现出优越的经营素质（远超同行的 ROE、差异化的竞争优势、清晰的战略、强大的执行力、优秀的企业家精神和公司治理）。如果有这两条在手里，得分还难吗？所以巴菲特说，投资就是研究两件事情，一件是市场定价，另一件是公司价值，没别的了。

但就算拿到了这两条，投资就容易吗？不是的。为什么？因为每天、每周、每月、每年市场都会出现大量的牛股和热点，你的好东西在每一个阶段可能都不突出，所以也许你的每个阶段都会面临压力和抉择。所以巴菲特又说，最终决定你投资绩效的是人性。

所以总结一下，投资进阶之道的路径在《股市进阶之道：一个散户的自我修养》的第七页已经写完了，没有补充了。三大能力：价值判断、市场定价、人性品格。品性是基础，这个谁也帮不了你，要自己去认识真实的自己。你能继续深造学习的，就是价值判断和市场定价，这两条没有哪个更重要之说，都重要。但不同的能力下，有的更善于利用市场，有的更擅长挖掘价值，你自己属于那种情况需要在不断地历练、总结中才能认识。

特别需要说明的是，投资能力特别强调均衡感。你不可能说就先学其中一个，等这条完全掌握了，再去学另一个，那现实中的剧烈打击会让你很痛苦，甚至怀疑自己本来正确的学习。市场、价值和品性是一个综合理解、综合运用的过程，不可偏废。不理解的话，再去看一下《股市进阶之道：一个散户的自我修养》第 7 页的“投资能力的 4 个等级”和第 46 页的“投资素养的进阶之路”，已经是非常清晰的路径了。

总之一个建议，不断扩大、丰富读书量，特别是阅读大量经典图书并进行总结。所有的知识都要指向那两个具体的能力，最终它们赋予你的就是对各种机会和风险的敏感性甚至是直觉。在这个过程中，没有哪个能力是有尽头的，它是一个终身学习和适应的过程。最终你将学会与好生意、好公司为伍，它们本身就是容易理解和把握的，只不过这种“容易”是你已经在更高的理论层面上认识到的。

所以，学会找到容易得分的地方并坚持做正确的事，可能是你我的投资生涯中唯一的捷径了。

判断与挑选靠谱的私募（一）

普通民众很难有年化 20% 的投资渠道，反而频频在股票、P2P、炒黄金、炒期货中折戟沉沙，理财市场鱼龙混杂，凡人难辨，但大概率是初级阶段，迟早会过渡到专业人做专业事。你提过的私募领域，很多人不是很了解，可否介绍一下，顺便请推荐几个优秀私募给大家关注。

我觉得这个问题会对很多人有帮助。

从大类资产而言，未来金融类资产成为家庭资产进阶的主要途径已经非常清晰，现在还看不明白这个大趋势的，十年后再回头会像过去这些年没买房的人一样懊恼。但你说的没错，金融投资大潮和房产大潮很不同。房地产的黄金十几年，只要你上车了基本上都是赚的，但金融类投资同样一个十年，投资的绩效却可以拉开很长的梯队，其中很多可能都收益平平。这与两类资产的性质差别有关，房产相对差异化程度小，并且交易周期极长又是家庭最大消费开支，主观上大家都会很用心地选择且长期持有，客观上能较大程度地享受到长周期增值的利润。

但金融类资产差异极大，相关领域知识既复杂又枯燥冷僻，并且交易非常灵活，让人很难管住自己的手，所以对绝大多数缺乏专业知识技能和素养的人而言，自己折腾一般远远不如委托给靠谱的专业人员打理。以私募为例，怎么选择相对靠谱的私募基金呢？我从正反面两个角度给感兴趣的朋友提供一些参考。

从反面而言，什么样的私募一定要小心，最好别碰呢？

（1）每个年度的私募冠军要规避。这种冠军基本上都是为了快速出名，当年不惜重仓赌博并且运气不错的，赌的目的就是快速出名，然后大肆扩张规模，赚管理费，十个里八个是赌徒，一个还不知道自己是赌徒，还剩一个也是当年撞大运，总之毫无持续性可言，而且往往后面几年都很惨（因为豪赌的秉性不会变，但运气会变）。

（2）公共媒体竞相吹捧的“新巴菲特”和热衷于到处宣传的要小心。真正的投资家不会追求热门宣传和社交，这么做无非就是为了做大规模而已。做大规模对资产管理人而言并非不堪，但越大的规模越需要高度的专注和全身心的投入，媒体宠儿类的管理人哪儿有那么多精力再去思考研究？

（3）靠几只股票的投资神话扬名立万的要谨慎。这说明投资还处于重仓赌牛股的初级阶段，一般缺乏系统的方法论，其成功中具有较大的偶然性。其越是沉醉于过往的几个辉煌案例，越没意识到这其中的运气和自己系统层面的缺陷，很容易吃大亏。

（4）还没有靠自己的钱投资实现财务自由的要谨慎。如果一个人自己都不曾靠投资取得财务自由，那至少我是不会拿自己的钱去给他练手积累经验值的。投资这行，成功是一种习惯，在有选择的情况下，我建议优先选择已经成功过的人，一方面是成功者的经验教训已经自己花钱买了，另一方面是成功者的投资心态会更好，不会为了改变命运，用客户的钱去赌一些高风险的事情。

（5）号称有某种独门秘籍，自创了某些神秘投资方法的要小心。相信常识！投资这行天降伟人的概率远远小于天降骗子。

（6）业绩持续比同行好太多，但其投资方法却不得而知的（或者其宣传的方法很难如此好的）要小心。这就像一个公司业绩好到“爆炸”，但没人搞得清它到底是怎么做到的一样，往往是事出反常必有妖。

（7）天天泡在社交网络上，特别热衷预测市场和板块行情的要规避。说得好听未必投资真行，但要连说都说不到点儿上，一看就是还在“坑里”晃悠的，就别浪费时间了。

从正面而言，靠谱的私募或者管理人一般有什么特征呢？

（1）非常强调风险，甚至将风险的管理置于获取收益之前，不怕和客户谈风险将客户吓跑。当然这里你需要搞清楚他是怎么定义风险的？如果他只是把风险定义为净值回撤和波动，那么基本上投资的段位比较低。总体而言，一个不懂风险、不会聪明地承担风险的管理者，就是在将客户置于高风险之中。

（2）有至少 3 ~ 5 年以上的连续可查净值，并且净值明显地体现出“熊市大幅战胜市场，牛市收益一般跑不过市场”的特征，这其实就是理性风险管理的必然结果，也是高度符合复利原理的净值模型。另外，特别要关注一下基金的“夏普比率”这个指标，这是反映承担单位风险得到的超额回报能力（夏普比率越高，表明这只基金的风格越稳健，在获得目前收益率的同时能很好地控制净值大幅回撤和波动的风险），在私募排排网等主要的第三方基金评估网站都有列出。3 年以上数据中收益率接近的，优先选择夏普比率高的，夏普比率数据接近的，优先选择数据周期更长的。

在净值统计中，还可以扣除掉牛市期间的收益率，然后再看其总体的复合收益率——这样可以检查其收益来源中到底有多少是来自大牛市这种运气，多少是来自一般市场环境。同样的 5 年复合收益率 25%，扣除其中 1 年大牛市期间的收益后，A 的 4 年复合收益率 20%，B 则是 8%，这说明 B 基金大多数时间其实很平庸，只是抓住了大牛市的一次性机会，显然 A 的实力要远远高过 B。

（3）在净值排查中，要注意一些市场极端状态期间的净值情况，比如 2012 年下半年，或者 2015 年第三季度，在市场极端状态时产品的净值是怎样的？又比如在 2013 年上半年到 2016 年 2 月以后的净值是怎样的？极端状态的净值表现，真实展现了投资人对恐惧、贪婪的驾驭能力，以及对市场强烈偏离价值中枢的敏锐和处理上的价值观。这里要特别说一下，可不是在市场大跌中回撤越低就越好

（因为这可能说明管理人知行不合一，说好了市场低估时不择时的高仓位，结果市场大跌他就吓跑了。一次来看可能碰巧回撤很低，但你根本不知道未来他会怎么做，而长期通过跑来跑去择时实现优秀绩效的投资人，据我所知一个都没有）。

风险与机会的平衡是一门艺术，关键是聪明地承担风险（所以通常会看到，在市场非常低的熊市末期，好基金的跌幅会突然变大，因为在这个极低的估值下管理人会主动地加仓而不是跑路。然后市场一旦反弹，好基金净值会迅猛回升，甚至创出新高），永远避免重大永久性损失（所以回撤虽然可以理解甚至是知行合一的表现，但如果回撤太大，比如达到 35% 甚至更高，往往也说明管理人风险控制偏弱。而且回撤过大对于复利伤害很大：净值回撤 20%，涨回到原位置只需要反弹 25%，回撤 40%，涨回去就需要 68% 的涨幅，回撤 50%，涨回去需要 100% 的涨幅。等于来一波大行情也只是用来解套了。另一种就是跌下去，市场反弹了它却没什么涨幅，说明要么重仓压几只股票失败了，要么大跌把他吓跑了，这种不能选），应在波动可承担的范围内获得更好的投资机会。

（4）产品管理人要有清晰的投资价值观，对于自己能把握什么机会，不能把握什么机会，说得很清楚，最重要的是其价值观必须是严肃的投资理念，而不是夹杂着宏观经济分析、价值趋势投机等。对怎样实现长期的高复利有一套清晰的方法论。好的管理者一般是专注的人。他们绝不错过属于自己能力范围内的机会，但也会坦然放弃自己能力之外的诱人果实。一个不遮掩自己能力空白区域，对客户和自己都很坦白的人，更容易确保长期的成功。

（5）一般好的管理者都比较低调，会把主要精力用在投资相关的思考研究上，不会热衷于各种宣传路演和网络吹嘘。另外，规模方面，太小或者太大都是减分项。规模太小的私募生存艰难，存续期是个问题，而且为了生存不排除铤而走险赌一把的可能；规模太大的各方面都很正规，但规模也确实是收益率的敌人。

特别要注意的是，还有一种骗局是私募公司发了一堆基金产品，但往往只有几个拳头产品好，大部分产品都很糟糕。这种都不排除互相接货做明星产品净值的嫌疑，至少说明能力比明星产品净值反映的要可疑得多，甚至有可能存在道德风险。

（6）如果有机会深入交流的话，管理者是否在看待各种问题上表现得客观理性？投资是一个人思维模式在金融世界中的反射，你不能指望一个平日高度偏执、情绪化、看问题简单粗暴的人，到了证券市场里突然就冷静理性了。当然，偏执狂也可能获得巨大成功，但这其实只是个小概率事件，赌不赌就看你自己了。

以上这几条正反结合，是可以选出几个靠谱的私募的（格上理财、私募排排网等都可以获得相关数据），有能力的话将这几个私募做一个组合就更稳健。其他还有一些考察项，比如公司实力、团队能力等，不是不重要，而是你也无法真正了解，还是看更容易验证的东西为好。名气或者获得了多少大奖这种就不要太当真了，甚至有不少声名显赫而且管理规模超过几十亿元人民币的，仔细统计数据一看，完全是垃圾一样的表现，这行你根本不能信这些虚的。

最后，对私募投资人说几句话：

（1）私募是一种理财方式，但别妄想着一夜暴富。投资私募与投资房产一样，必须要有穿越牛熊的觉悟，长期持有才有可能有优厚回报。格上理财中数千个私募的统计中，过去 5 年收益率最高的私募前 10 名的平均收益率是 350%，相当于 5 年复合收益率 28.5% 左右，这是有据可查的顶尖私募的 5 年业绩水准。

（2）在选择相信之前，要经过非常严格地审视和调查，怎么苛刻都不过分。但一旦选择相信后，也需要有足够的耐心。不管多么优秀的私募，一定会遇到表现低落的时期。这时其实是私募客户命运分化的时刻：有些坚定选择相信，最终雨过天晴；有些开始指手画脚、愤愤不平，那大概率是要倒在最低点。其实，对于有坚固投资价值观和有效投资体系的产品而言，长期而言，优秀的回报是大概率的，但如果私募客户自己缺乏耐心，就是给你 40 年前的巴菲特基金入伙的机会，你也会在中途早早跑路了（巴菲特有几年的业绩非常平庸，而且没有一年能排到当年业绩排行榜的前列）。

（3）投资产品最重要的是搞清楚自己想要什么，否则你既不会有好收益也不会有好心情。如果你特别在乎风险，那就选择价值观非常谨慎、净值波动率低、能高度抵御诱惑的产品，但同时你不能在牛市的时候眼红别的产品远远跑赢你。

同样，如果你愿意承担更大一些的波动风险，而追求更好的增长弹性，那就选择在选股上有较高造诣且善于发现机会，又敢于集中持仓的产品，但同样你不能在行情低迷、跌宕时抱怨，回撤波动比低风险的产品高那么多。

总之，说起来选择私募是一个相对省心的投资选择，但那并不代表没有门槛。会看门道，知道自己最核心的需求，愿意用一颗平常心和中、长期的视角坚定持有，就是成为优秀的私募投资人，也是获得让自己满意产品的门槛。

判断与挑选靠谱的私募（二）

以前问答谈过私募选择分析的详细建议，最近问私募挑选问题的朋友很多，这里就再补充一些想法以供参考：

（1）你要想找到合适的私募，前提一定是需要了解自己的需求。否则，一个很好的客户与一个很好的基金经理之间照样会发生资源错配，搞得两方都很痛苦。这就像推荐一个所谓的好房子，什么叫好？户型一定要舒服？离家近才行？还是性价比最优？没有统一答案。

有些很稳健的私募，被一些寻求高增长的客户认为“太肉”；有一些涨起来非常猛的私募，到市场下跌时的波动能让客户“得心脏病”。还有一些非常强调安全和保守的产品，会让一些客户感到简直是在浪费生命。那是为什么？其实客户和基金管理人都没错，只是资源错配了。

所以你要搞清楚自己最需要什么和最不能忍受什么，然后以此为依据去寻找有明确中长期数据证明的、净值模型符合自己需要、风格又稳定的产品。当然，我相信很多人肯定会说，我就想要行情好时能拼命涨，熊市又不跌的。这就别费劲了，因为这属于对于投资规律还没有一个基本和现实的认知，巴菲特也满足不了你。而且谁要是敢这么宣传自己，你最好是离他远点儿。

（2）业绩数据很重要，但了解业绩背后的价值观和方法论体系也很重要。有些产品数据美妙惊艳，但你搞不懂它是怎么实现的，或者与其所他说的和业绩的净值并不相符。这就相当于一个上市公司业绩总是很好，但经营上是个黑箱状态，对于这种产品要保持警惕。一个能持续带来较好盈利的管理人，一定要有一套成熟的方法论，是用符合复利原理的体系来应对不确定性并获得很高的正期望值，而不能是个机会主义者。

当然，这个有一定的难度，因为现在谁都会侃侃而谈把自己包装成一个价值投资大师，这就需要一点识人的功力了。怎样辨别人是一门学问，这里很难尽言，当然识别人也需要一定的时间和事件来观察佐证。

（3）能把资产管理好的都是聪明人，但一定要警惕那种特别喜欢表现自己聪明的人。特别是在业绩比较好的阶段，一个人如果明显的骄傲自大起来，第一说明他其实成功的太少还没有习惯成功的感觉，第二说明他有轻浮自恃过高的一面，这种人长期来看要小心。特别是那种觉得自己看市场趋势特别准，又或者自己抓公司百发百中的，要加倍小心。在投资这行，最容易出事的就是不自量力和缺乏自知之明的人。而最容易持续出好成绩的，都是本质聪明却时刻提醒自己无知，总是如履薄冰的人。

（4）要挑选本质上乐观的人。投资这行“战术”上需要高度的谨慎，但战略上一定要是对未来充满乐观的人。如果一个人满脑子的“崩溃论”或者“阴谋论”，我很难相信他可以做好投资。另外，那种特别喜欢对宏观经济走势乃至国际形势夸夸其谈的，也千万别碰。

（5）对所谓的民间高手要谨慎。这话可能要得罪人，而且我就是散户出身，但讲实话，看了太多的所谓散户高手，确实普遍缺乏扎实的基本功和系统的方法论。这其中有点小成绩但还没有实现财务自由的，如果管理起产品来，特别想快速证明自己，这种欲望是动力但也是火药桶。对于那种靠一两次牛市获胜，或者一两只大牛股获得声誉的，要格外小心——不仅仅是因为这里的偶然性太大，赌性太强的原因，而且这种错误的激励很可能在未来埋下致命的危险。另外从风格而言，经常喜欢择时的产品要警惕，从中外的长期数据来看，基本没有靠经常性择时成功的投资人。喜欢搞大一统完美体系的要警惕，就是那种趋势和价值都能抓，什么好处都想占的系统，要不是天才就是不自量力。

所以，还是那句话，选择之前要做好尽职调查，买个车还得比较分析半天，何况跨度好多年几百万元的投资？首先诚实透彻地了解自己的需求，再从各个方面严苛地挑选符合自己需要的产品（当然可以做几个产品的组合）。然后，耐心地给管理人时间去创造价值（在特征不改变的前提下，如果风格转变了，往往是危险的信号）。基金投资虽然比直接股票投资简单很多，但说到底也是一个人自身价值观和对投资理解的映射，有的能长期与优秀产品共同成长收获颇丰，有的始终不知道自己需要什么，患得患失，也有的被不良公司忽悠得欲哭无泪，希望大家都是第一种。

年轻人该如何投资才能“暴富”

想请教两个问题，分大方向和具体实操：

（1）在目前存款不多的情况下，是否是以学习—选股—验证这个过程为主，逐渐形成自己的投资方法论。年轻人“暴富”的机会是需要一定的资本积累 + 能力 + 运气?

（2）自己目前这个阶段可以读懂券商报告，文章看完也可以做出判断。也能单独做财务数据分析，找出公司经营上的财务状况。但是感觉流于表面，没有自己独立的思考。公司财报上看不出不同类型公司应该关注哪些特别的点。哪些点需要重点关注?

（1）“暴富（我暂且定义为：短期资产十倍以上的极大增值）”本质上是不符合事物发展的一般规律的，所以注定只会出现在极为特殊的场景或者极为特殊的时机下，有时还需要两者兼具。你想想，就算是在一线城市的房地产这么波澜壮阔的长期大牛市里，要想真正实现暴富其实也需要等好多年。对年轻人而言，暴富这种事儿基本不是靠“分析—寻找—把握”出来的，基本都是靠运气碰上的，不是方法论能解决的。

致富才是方法论层面的范畴，暴富是命运彩票的范畴。致富的路数对了，会给你一个成功的下限，而且不排除遇到好运气时出现暴富的结果。而致富，是一个强调视野、格局、战略和执行力的综合行为，看对路、找对角度、坚定的执行、强大的获胜欲望和抗压性，这是所有致富之路上所必备的。话题回到投资中的二级市场领域，这些特质尤为突出。而且由于证券市场波动的剧烈性和周期性特征，在所有的致富之路中，股票投资确实是堪称弹性最高、可持续性最长，但同时壁垒又相对较高的优质选择。

（2）投资能力其实不同的人倾向是有差别的。比如，一类人特别善于研究，能把标的研究到全市场最前沿和深刻的认识程度，这种属于深度投资人；另一类人自己的个股研究未必能出类拔萃（但具备熟练的基本功是必需的），但具有很好地理解市场和预期的能力，属于可以站在别人的基本面研究成果之上用更准确的角度把握机会的人；还有一类人，在上述两个方面可能都不是最强的，但具有异乎寻常的耐心和极强的执行力，这类人借助各类数据统计专门做市场周期性波峰和波谷的指数配置和大波段策略，长期来看也可以很成功。

所以投资的首要问题是回答你自己是哪一类人？因为不同能力倾向的人所要做的完全不同，基于能力所构建的投资体系也完全不同。如果你还不知道自己属于哪一类，那么很可能要么你在上述几个方面的经验和摸索还太浅，不足以做出足够深刻的反思和总结，要么可能哪方面都不是很突出，如果真是后者其实说明自己并不很擅长投资这个领域，早日领悟不让自己折腾也是好事。

如果问题仅仅聚焦在公司研究本身，我觉得学习之路上首先要掌握共性知识，过了这关之后再去试图提炼不同生意的经营特性。共性知识其实主要基于财务的基本知识和企业经营的基本常识，这个阶段至少要基本掌握判断真伪，大致判断好坏的水平，这一步没什么窍门，多看书、多联系、多调研、多定期反思总结，没有秘诀，唯手熟尔。第二阶段就需要点儿悟性了，要有比较高的抽象总结能力，能从几十页的报告里很快找到自己最需要的那几个数据，并且快速拼接出一个模糊的定性结论的能力（之后再去慢慢定量）。

当然投资学习最好的方法，就是多去观察真正的高手是怎么思考问题的，得出结论的角度以及看待事物的思维方式是非常关键的。不过这一切都需要建立在自己基本功扎实，并且具有良好的商业理解力以及足够投资实践经验的基础上（这谁都代替不了，只能慢慢学，勤奋和悟性的程度决定这一过程的长短），否则高手千锤百炼的几句话，在小白听来可能全是废话。

给孩子进行理财教育

有一个问题一直想请教你，就是你女儿已经上小学了吧，你有打算给小孩培养一些初步的理财意识吗？如果现在没有，以后打算何时，如何启蒙你家小孩的理财意识？或者从你的经历来看，会有意识培养你家小孩以后从事职业股票投资吗？或者你觉得小孩子以后具备什么样的理财投资知识就足够了？

这也是个有趣的问题。不过我的回答可能会让你失望。因为现阶段，我其实没有准备让女儿理解理财方面的概念。我觉得太小对钱敏感，不一定是个很好的主意。目前阶段，我只是让她稍微理解我在干什么。因为很多次她都很奇怪，为什么我和其他小孩的爸爸们不一样，不用去上班？我找机会给她讲解了一下股票是什么，这个游戏怎么才算赢，要想赢必须如何玩这个游戏。所以在她看来，我的工作还是蛮有挑战性也挺有趣的。

未来我也没有专门的计划，基本上顺其自然。在中学阶段，我觉得让孩子具有初步的财务管理能力是必需的，其中最重要的是对消费和投资概念的区分。孩子的零花钱，应根据年度的需求，做好日常消费和投资的分割，日常消费部分相对随意宽松，而投资部分我会让她开始试水股票或者基金——在这个过程中，我可能会以选择题的方式，把初步选出来的几个标的的优劣势列个表格，然后以 1 年为期限，让她自主选择对象。到一定阶段，我会和孩子一起看一下净值，以及各个标的表现差异的原因。在这个过程中，最重要的就是让她理解几件事：

（1）搞清楚赌博、投机和投资的区别；

（2）要想不输，必须避免什么，多看看失败的案例；

（3）学会做一些非常简单的基本面分析，不在结果，在习惯。

再往后，更加专业的投资知识，我觉得倒是不忙，孩童时期正确投资意识的确立才是最关键的，这种长期慢慢熏陶的结果就是确立投资价值观和理性的思维习惯，这在未来真正的投资中往往是决胜的本质因素。而那些具体的专业知识，其实学起来是很快的，再加上有我给她提供足够的案例和亲身经历的各种故事和见闻，这些都不是什么大问题。以我自己为例，25 岁之前都对基本的理财没有任何概念，家里也没有任何人与商业沾边儿，这不也不影响我后来的学习。当然，我这个确实太晚了，机会成本巨大，只是用来说明投资的学习不用急功近利。

所以对孩子来说，从心灵深处能抵御赌博和投机的诱惑，是理财中最为核心关键素质，培养的关键是这个。至于看起来很高大上的各种具体技术和策略，真的没有那么重要，这种硬知识的学习花不了太长时间，一些重要经验甚至就是几句话的事儿，关键是如果没那个价值观和思维方式，你到时候说他也不信。

远的职业考虑我没有特别的意见，只是顺其自然，关键是找到自己擅长又有意义的事情。老一辈最宝贵的是经验，但最麻烦的是总喜欢用自己的经验去禁锢下一代的选择。巴菲特的孩子都没有一个接班的，我们又有什么想不开的呢？

分析投资失败的案例与心路历程

随便聊聊你一次记忆深刻的投资失败的案例以及心路历程吧？

其实关于失败的几个案例在书里和之前的问答中都基本交代了，比较典型的如置信电气。对于大客户模式的风险和高毛利率的回归风险警惕不足；用友软件对于同行金蝶巨亏的警示没有警觉，太一厢情愿其费用率的下降潜力；大秦铁路高估了其业务的稳定性，没料到估值在历史便宜区间之下又大跌了一段等。

当然，投资十来年了，不可能就这几个亏损的，初步算算怎么也有二三十次亏钱走人的案例。但是真的非常幸运的一点是，除了上述几个以外，其他的亏损要么幅度非常小（10% 以内）就及时斩仓或者调仓到后续盈利股票上，要么虽然出现亏损达到 20% 以上的幅度，但是仓位占比很有限，对整个净值的损害也就是 2 ~ 3 个点，后面很容易弥补回来。而所有的重仓不怎么赚钱或者收益率一般的也有，亏钱走人特别是大亏倒真的一次都没有。

我这个人的特点就是比较稳健，以前工作就是如此，投资后这个特点就更突出了。所以我这种人很难创造一年数倍的投资奇迹，因为各方面总要考虑得比较周全又不愿意孤注一掷。但也正因为如此，哪怕在很早的学习路上我就没大亏过，我的很多经验都是从别人的大亏中学到的。所以我才能 10 年职业投资只有 2008 年亏损 18%，之后每年多少都能赚钱。所以我才说，我这种人被采访的话真的没什么故事可讲，不像有些传奇人物一会儿破产了，一会儿又暴富了，一会儿又亏到怀疑人生了。这种持续赚钱的方法是缺了点儿故事性，不过我觉得还是看别人的故事就好，自己稳稳当当享受复利比什么都强。

虽然如此，但投资总还是会面临非常被动不利局面的。比如，2011 和 2012 年时，市场连杀两年，我职业投资的 5 年里就遇到了 3 年熊市，压力之大可想而知。又比如 2014 年年末大蓝筹两个月翻番，中小股票连续杀跌，我的收益自然非常寒酸。类似的情况总会出现的，未来一定还会出现。一个人的投资价值观是否正确和坚定，是否具有抵抗巨大压力做出正确行为的素质，只有在这种极端的环境里才能看出来。

那个时候的你很难骗人，就算嘴上硬撑着，实际行为总会出卖你的。别人看不到，你自己也能把自己看清楚。这种艰难的时刻，既是判断自己投资历练成色的黄金时期，也是进一步认识真实的自己最好的时候。压力、困扰、自我怀疑、焦虑、甚至愤怒，都会有的，不要出现这些情绪的时候责怪自己，我们都是普通人不是神。但优秀的投资人会有以下几个方面的不同：

第一，他们会在平日里就建立与市场情绪隔离的防火墙，用制度或者物理空间，最根本的是用投资体系将自己与市场情绪隔离起来。

第二，他们接受自己的压力和挫败感，认为这是正常的情绪反应。由于接受，就不试图“与天斗”，而是理智地思考根本性的问题，比如到底价值与价格是否出现了极大的背离？这是一切的根本。

第三，用更长期的视角看问题，相信常识和规律。如果你的投资体系能确保你获得长期的理想收益，那么就学会尊重和接受短期的市场波动，哪怕这种波动让你很难受。

我以前说过，不管学了多少道理，有两件事是完全无法替代的，必须要亲身经历才能获得的。

（1）长期持有一个优质公司并穿越市场跌宕获得巨大收益；

（2）遭遇巨大的压力和挫折，但坚决、坚定继续做正确的事，并最终获得成功。这两点是投资的终极考验，你在前面学了无数的专业知识后，最终会遇到一个终极考验，它的名字叫人性。这几乎是从基因层面的残酷考验，以无数的挫折、压力、恐惧和贪婪为测试武器。

过了这一关，往后的才叫投资。

未来十年的创富风口在哪里

想请你大胆预测未来 10 年哪些行业最挣钱？都说“站在风口，猪也能飞起来”，你觉得下一个投资“风口”在哪里？

你这个问题其实比较模糊，因为到底是说哪些行业的公司会最有前途，还是在什么行业里的人收入会最为可观？有些时候这两者并非一致。比如，快递和旅游在过去这些年都是发展最为迅猛的行业，但行业的从业人员的整体薪资水平并不算突出，因为行业的发展是社会需求驱动的，而职业的含金量是创造的超额价值和技能壁垒决定的，这两者有很大区别。

如果从行业的角度，互联网、医药、金融、旅游休闲、品质消费、汽车和材料等高端制造业等都会是未来还有旺盛发展潜力的，但要说到同时还符合职业含金量更高，我个人觉得还是互联网和金融机会最大。这方面其实多看看美、日、欧等国的产业特征和职业薪资特征就清楚了，中国不大可能是例外。

说到风口，20 世纪 80 年代是市场需求解放，物资供应高度紧张，谁能掌握供给谁就能发财，技能壁垒最低，但需要极高的胆色。20 世纪 90 年代开始市场化，机会最多。无论是中关村攒机子，还是制造业从轻工业开始崛起，或者股票市场都有大把机会，都需要敏锐果敢。2000 年开始到现在，最大的三个风口就是互联网（包括淘宝创业、互联网职业机会和股权机会）、房地产（黄金 20 年）和证券市场（两个大牛市以及数十个长期超牛股）。可以看到，不但不同时代的风口不一样，而且不同时代风口的壁垒也完全不可同日而语。越往后，对于“关系”和“胆量”的重要性越低，对于知识、专业技能、资本实力的要求越高。

再往后看 10 年，中国人口红利高峰已过，城市化渐入末端，人们的衣、食、住、行的基本需求渐渐饱和，与之相关的产业的普遍性机会不大了。另外，新中产阶层的崛起和制造业升级，互联网成为衣食住行后的新硬需求，以及社会和人口富裕后的金融管理需求，将成为主要的方向，并且其中的节点会产生下一个十年的风口。这里指的节点是上述这些行业的高价值环节，比如：

（1）金融这块高净值人群的理财需求，就是一个很明显的风口节点；

（2）新中产崛起对于精神娱乐和高品质消费品的需求；

（3）制造业升级中高新材料这个薄弱但高价值的领域；

（4）互联网新业务模式给个人提供的机会，现在的知识变现和魅力变现（直播网红）就是典型。

所以总的来看，未来 10 年中国还有相当多的大机会。但坦率地讲，这些机会要想把握住的壁垒相当高。无论是金融专业能力，还是新消费品的品牌口碑，或者高端制造业的研发技术壁垒，都不是像以前那样，普通人看个大方向然后下定决心，有胆量、有魄力就能参与了。知识变现或者魅力变现看似人人都可以参与，但其实有点儿像出版物市场，明星人物和产品占据了九成的营收和盈利，其他人只不过参与分食剩下的 10% 而已。

如何能让投资更好地为人生服务

（1）你目前的投资体系非常成熟也非常成功，以后是否会对此做改进和完善？如果会的话你觉得会在什么方面，是投资理念（这个个人觉得可能不大）？或是投资方法或是投资情绪管理等？或者说在接下来的 20 年都不会改变目前的状态；

（2）你对工作和休息是如何分配、安排的？

关于投资体系这块其实可以分以下三个方面来理解。

第一，底层价值观，包括对投资一些根本性的理解和整个投资体系的原则性问题（比如对象、时机、力度的协调），这个基础很稳固了，既不会有大变化也不能有变化了，否则风格漂移是一件很危险的事儿；

第二，中层方法论，主要是高效率分析公司价值的框架，这部分目前我觉得处于还比较顺手的状态，但肯定不完美（而且我怀疑这个无法完美，只能根据自己需求调整权重）。未来应该还会继续总结改进，希望能在生意特性的判断和经营状态的把握上更加准确；

第三，上层的各种专业知识（包括财务应用和各个行业的认识方面），这个是没有尽头的，肯定是一直需要不断学习积累的。

其实从更高层面来看，未来的成长不仅仅是投资体系的完善问题。比如，未来我可能会逐渐更多地去了解海外市场，还有大类资产配置方面也要做很大的知识扩充。当然这些只是为以后的需求做一些准备，基础还是要先把握好未来 5 年 A 股的机会。所以总体上投资会处于一种稳定扩张的局面，整体的投资理念和行为肯定没有什么突变了，而是将已经理解的弄得更扎实，然后再考虑扩大一些视野并多掌握一些新的投资工具以满足未来更长远的理财需求。

对我来说，日常总体还是很清闲的。由于投资的特性需要不断地学习，所以平均每天还有几个小时做案头的工作，但更多的时间其实工作和休息的界限并不是特别清晰。因为投资中另一个重要的方面就是思考，这种思考很多时候是很发散的，说不定哪方面就会带来一些启发，所以不管是读书还是散步可能都会引起一些相关的思考。

从身体健康的角度来说，我觉得首先就是要远离焦虑和压力等负面情绪，要距离市场远一点儿，你才能听见自己内心的声音，了解公司试图告诉你的事情。投资天生是个很赚钱的工作，但这个工作也历来与巨大的压力和焦虑相伴，各种负面情绪不但容易对决策产生影响，而且熬夜、久坐、精神压力、心理失衡等都对身体的危害极大。所以职业投资人要利用好自己的优势，让自己的生活生动起来，别天天被陷入电脑和市场波动里。

我一直觉得投资是用来让生活变得更美好、让生命变得更充盈的，赚钱只是顺便的事儿。所以日常生活中我的固定工作时间是很少的（特殊时期会阶段性地投入大量时间，比如发现了好公司或者市场出现大机会）。大量的时间是用来旅游、遛弯、读书、看电影、陪伴家人和各种随意打发。我觉得对于投资基本成熟的人来说，努力本身对投资绩效的边际贡献已经不强了（对新人是很强的），最重要的是保持高质量的思考和长期的身心健康。

说到底，赚钱只是手段不是目的。有句话我非常认同：人生唯一的成功，就是与自己喜欢的人，用喜欢的方式度过这一生。其他的，都没那么重要。

如何面对职业发展与人生抉择

想问你一个职业选择的问题。我三十岁了，是一名二线城市的公务员，草根出身，工作 8 年经历了从乡镇到县到市再到省直机关的考选，用外人的

话说，仕途比较光明（我自己持谨慎看法），然而现实是年工资收入 8 万元，且家境贫寒，农村老父母的生存条件急需改善。五年前，工作之余搞了一个创业项目，后来工作原因，我在搭起框架、初步盈利后交给了弟弟，去年营业收入 50 万元，净利润 30 万元。如果交给我，有信心让业绩至少翻倍增长。父母公务员意识比较强，如果离职对于他们来讲十分痛惜，我想起了你的一句话“自古贫弱遗憾多”来安慰家人。

其实，也正是因为贫弱，怕承担些许的风险，才导致犹犹豫豫好几年了没能迈出去大胆闯。想要安慰父母，只能用几年后的成功才可以。从自己的性格特点来看，属于肯吃苦、喜欢钻研、善于学习、愿意闯的类型，我归结为“做事”的性格，而不是“做官”的性格。因为生活现状和内心对创业的热爱，现在真心想走出去，打拼一把，给我 10 年的时间，至少不会比走现在的路差，我想准备离职。你也有过人生和职业的关键抉择，我想问的是，在面对这种级别的选择时应该抓住哪些矛盾？从你的角度如何看待公务员这个职业的现状和前景？能否对于我的人生选择、职业选择给出一些宝贵建议。

人生选择问题很重大，我们常常希望有一个人生导师可以拨开迷雾，但其实我的真实看法是人生具有巨大的不确定性和偶然性，同一个人放在不同的环境以及同一个环境下的不同的人，走向都很难预料。但毕竟大家处于同一个时代，确实又有一些共同之处，所以以下这些感想算不上建议，就权当多听一些经验教训吧！

（1）公务员这个职业从来不是最好的，当然也不是最糟的，其价值静态来看在越小的地方越吃香。你是在二线城市，假设未来你的发展和立足只考虑往同等或者更高等级的城市去，那么普通公务员的相对社会地位可能是下降的。另一个是职务升迁。我家里也有一些公务员亲戚，这几十年观察下来我认为体制内的升迁比一般职场环境具有更大的不确定性，一般职场八成以上看能力，有些职务九五成以上都看绩效，对能干的人来说相对透明易衡量。而体制内能力之外的因素太多，到一定职务之上再升迁就更是如此。

（2）从动态而言，一个国家经济政治和法制越成熟，公务员这一职业的弹性就越小。你今年 30 岁，但你的职业生涯应该考虑到 50 岁时，毕竟现在退休都在普遍推迟。20 年后的中国是什么样子？那个时候公务员的职业含金量是更高还是更低？我认为，中国越成功，普通公务员的含金量就越低。所以，总的来讲，我不看好公务员作为职业的长期前途。当然并不说不能当公务员，而是对这个职业的预期应该是工作相对稳定，没什么大的波澜，按部就班地做到退休就好，平稳也很好，没有惊喜也没有惊吓。

（3）对照你自己评价的性格特征，你可能更适合体制外的拼搏。首先你才 30 岁，正是当打之年。其次你有改变命运的强烈愿望，而且你觉得自己不怕吃苦，善于学习，又有了一个基本的生意基础，看起来至少养活自己没问题，弄不好还有挺大的弹性（毕竟才 50 万元的销售额，可以算是蚂蚁量级的，覆盖和推广还很初级）。这一切综合起来，其实短期而言你的风险很小，毕竟现在生意一年的利润等于公务员 4 年的薪资，保持 2 年基本上赶上公务员 10 年的积累。有这个底子，其实压力已经小很多了，至于 10 年后谁说得准？关键是你想要一个什么样的人生？以及 20 年后再回看今天，你觉得如果没有做出这个决定会不会后悔？至于父母的想法，我觉得可以倾听和疏导，但人生毕竟是自己的，而且父母的想法往往会随着情况的改变而改变，所以不应成为主要的考虑因素。

另外告诉你一个我的实际观察：到 40 岁左右的时候，从体制内早早离开的朋友，也许还各有各的挑战和苦恼，但就我身边朋友的情况来看，似乎没有一个后悔当初所做的选择。

（4）虽然上面看似对你有很大的鼓励，但那其实是综合考虑职业前景和你个人情况后的感觉。然而说到你现在搞的生意，其实我觉得也需要谨慎对待。首先这个生意的净利润率出奇的高，达到 60%，常识来看，这种生意要么壁垒极高，要么有点儿空手套白狼的意思。这里面是否存在法律方面的风险，一旦出现就是满盘皆输，对此你应自查并未雨绸缪。另外，创业不会是一帆风顺的，估计你也很难靠现在的产品实现梦想，所以还需要在拿到第一桶金的过程中不断思考未来的方向。

（5）你问我面对人生抉择时是怎么考虑的。坦率地讲，那个时候大多数情况是根本没得选择，仅仅是走一步看一步，千万别信人生导师们的那套说辞。回头总结后再谈这个问题，人生重要关口的选择，我感觉首先是人往高处走，不要太在意短期的困难，要看大方向上你是不是上了一个台阶，有了更宽广的天地？也要看社会发展大势，最好能跟时代需要的方向走。创业就更需要对这个敏感。再一个，做个好人，不要耍小聪明，特别不要贪图小利益而损害自己的口碑和信誉。你像一个经理一样去思考和要求自己，就更容易从普通员工被提拔；你像个老板一样去思考和要求自己，就更容易把生意做大。最后，30 岁以后确实是选择大于努力，但没有努力一切的选择最终还是白搭。

利用 DCF 理念指导人生成长

你写的两本书我都看了，作为一个普通的装修工人，看到《股市进阶之道：一个散户的自我修养》中研究企业价值的 DCF 三要素，联想到这些研究方法是不是可以用于职业规划、行业选择，是行业重要，还是个人（企业）竞争力重要？如何用研究企业的方法指导个人的发展？

DCF 是一种思维方式，主要着眼点在于经营存续期、现金创造力以及经营周期定位。这套思维方式当然可以用来指导个人的发展或者是其他领域的投资。

比如从职业选择的角度来看，现金创造力说白了就是要在产业链里有强势的地位。从个人的职业选择来看，我就倾向于选择那种别人求你，而不是你求别人的职业。什么职业有这种特征呢？大量的专业领域职务都有类似特征，比如医生、律师、审计等。强势地位的背后，是个人职业含金量的护城河，或者职位对于某些资源强大的分配力。

经营存续期是个人在发展时要考虑到这个事儿能不能干得长，而且能越资深越吃香。有些行业也许并不如医生、投资经理有那样高的含金量，但是任何时代都缺少不了，比如销售。有些事情短期很有利可图，但是注定无法持续下去，那么在这样的活动中就要清醒一点儿，早做打算。比如中关村攒机致富的时代，又或者当年几大新闻门户网站对决，让相关从业人员的薪资暴涨，这些显然都是不可持续的。

经营周期定位从个人发展来看是最重要的，选择一个未来生命力强大的成长型行业，远比在一个日渐沉寂的行业里默默努力重要得多。行业选择的威力当然大于个人努力，但问题在于我们往往并不具备肆意选择的能力，并且很多行业的发展也确实出人意料。所以选择与努力其实是分不开的，越努力的人在同样的人生阶段往往会拥有更大的选择权。

但好在我们处于一个快速发展中的时代，新机会还是相对有很多。在这种时代中，如果你已经在一个 DCF 视角下的“好跑道”上，你需要做的是专注并不断提升在这个领域内的能力。如果你在一个“烂跑道”上，你更需要的是多抬头看看有哪些重要的变化正在发生？在这些变化中有什么机会是在自己能够达到的范围内的？说白了，在“好跑道”上你要耐得住寂寞，好好沉淀你的职业复利，否则就算一开始就被阿里巴巴和小米招聘进去了，也等不到发财的那天就被洗牌出局了。但如果你在一个“烂跑道”上，那么就特别需要趁着年轻，拥有敏锐的观察力并且愿意多尝试，否则马云今天还是一所不知名院校里的英语老师，而不是阿里巴巴的老板。这就像企业一样，一个“好赛道”的企业最关键的是专注和机制，汽车可以做一辈子，金融、能源等行业可以传承几代人，做到行业里的优秀就可以了。“差赛道”的就要多动动脑筋，甚至要在关键时刻做一些有风险的重要决策。

人生也像投资一样，复利是最关键的。RNG 思维一样可以衡量个人价值，R 是你的事业可以创造多大的社会价值？N 是你的职业有没有足够长的可持续性？G 是你可以调动多大的社会资源？高价值公司与高价值个体在本质上是高度相似的。所以你看，真正最成功的人，从 R 上而言，都是立志于改变人类或者社会或者行业，从 N 上来说，不但要选择好的赛道而且有强大的自我激励，或者高度的兴趣能把这个事情坚决做下去，从 G 上来说，要善于调动各种社会资源包括金融和人力。

如果说得现实一些，对普通人来说，就是要比大家有更高的社会和职业责任感，敢于承担责任并找到一个高价值的点；要选择在未来有巨大发展潜力的产业，只要看准了就坚定地等风来。简单来讲，选择一个好的行业，加入一个厉害的团队，不断提升自己“被需要的程度”，并且恪守职业道德，最后市场对你的定价大概率会是十分公允的。

职业投资人的生活到底什么样

（1）作为一个职业投资人，你觉得股票投资是否可以作为我们普通人的终生职业？

（2）专职做股票是否会比利用业余时间做股票获得正收益的可能性更高？还是更差？

（3）我目前的年龄和经济条件（30 多岁，300 多万元存款，2013 年至今投资收益还不错，事业单位工作平稳，不善交际，喜欢简单生活）是否应该下定决心早点儿辞职去做自己喜欢的事情?

一般而言，我都是非常不赞成网友学我一样做职业投资的，因为这条路的特点是：初期失败率极高，很多人都是在自己短期收益最好的时候自信满满辞职炒股，结果低于预期又荒废了原来不错的主业。

职业投资这碗饭并不是那么容易吃的。我有一个理论：下这个决心，最好是在你投资走背运的时候。因为如果走背运都无法打败你，剩下的就好办了。我自己就是在挺过了最煎熬的 2011、2012 年之后坚定走向职业投资的（之前虽然形式上一直是职业，但精神和思想上还是保留着后路的）。千万不要在牛市里赚了钱，觉得赚钱好容易、好轻松的时候想着辞职，那基本是自杀。一定要在充分领悟到投资赚钱真的很难，真的有很多挑战，真的需要如履薄冰，真的需要终身学习的时候，要在心灵深处感受到这个职业极高的壁垒门槛的时候，才是做职业投资比较成熟的心理状态。

除了心理状态之外，物质条件也需要有一定基础。我很早之前就说过，要设想可投资资本在较低的收益率水平（比如 10%）的情况下，也可以起码覆盖 2 ~ 3 年的正常生活支出，才算具有起码的物质基础。从你的情况来看，已有 300 万元资金，年家庭支出十几万元，所以 10% 的收益率基本可以覆盖 2 ~ 3 年的支出，资本上达标了。从机会成本看，你在四线城市，职业上升空间小，当前收益低，唯一优势是比较有保障，所以与投资比较的话——投资的绝对收益、收益弹性都远高于工作，最需要关注的就是投资获利的可持续性和稳定性。

投资获利的可持续性，需要一整套投资体系的支撑，而不能靠运气或者靠机会主义等牛市抓风口（这些都是弹性巨大，但可持续性是最大命门）。所谓投资体系，首先是价值观靠谱，是一套历经国内外历史检验的必胜的法则，比如我说的好生意、好公司、好价格；其次是方法论，这是把理念落地的基本功，比如怎么判断生意和公司好不好？怎么高效地分析公司价值？怎么判断价格便宜与否？说到底，是对象、时机、力度的平衡。最后是知行合一。知行合一的前提是上面所提的“各种知”到位，然后就是坚定不移地执行。

这里其实和个人的品性是有关的，高度的理性和耐性，习惯性的逆向思维，对于大众全体性的情绪失控具有较好的免疫力。解决好了上述价值观、方法论和情绪管控的问题，投资获利的可持续性就获得了保障，复利将开始向你招手，一切都将随着时间越来越好。所以看到这里相信你已经明白了。没错，你确实是在输不起的年龄，但正因为如此，更应该从投资体系上获得高胜率的保障。从你的经历来看，2013 年到 2018 年快 5 年时间的认真投资，收益率是很不错的，但其中的过程以及哪些是必然、哪些是偶然是特别需要自己诚实面对的，这种自我分析的诚恳和不断改进的能力，是对未来最大的负责。

再说到人生选择，我觉得每个人心底都会有自己的呐喊，你要注意去倾听心底的那个声音。如果你人生的梦想就是自由——财务自由、精神自由，那么职业投资是这个世界上最美妙的工作。我从 29 岁以后就没再上过班，以职业投资人的形态度过了 11 年了。我没有一天后悔过做出这个决定，我唯一遗憾的是入道太晚，职业投资毫无疑问就是我这辈子最后一份工作了。不是每个人都有机会选择过自己想要的生活，所以当出现了这个机会的时候，我们应该多听听自己内心深处的声音，而不是被周围的声音所左右——当然这里我要感谢我的家人，当初他们对我都特别宽容，我想怎么折腾都被他们无条件地信任，其实也正是由于这份信任让我更暗下决心一定不能搞砸了。

所以我前面说了半句话：在职业投资的初期风险特别高，淘汰率也特别高。但一旦方法正确、知行合一，坚持过了这个阶段，职业投资的后半段道路会越来越宽阔，复利会越来越“狠”，会使你整个人生从来没有如此的自由和明亮。

综合来看，我个人觉得你确实到了认真思考要不要换一种活法的时候了。从机会成本、年龄和投资历程、财务资本等多个方面，你确实具有走向职业投资的基础，关键是自己内心的选择。

我个人的建议，你对自己和家庭给出一个 2 ~ 3 年的过渡方案。首先明确自己未来将要走职业投资的道路（前提是内心确实渴望过这种生活），但不是立刻放弃工作，而是给一个 2 年时间左右的过渡期，在过渡期内，首先家人要有一个思想准备，更重要的是利用这一期间好好梳理自己的投资体系，一定要搞出一个短期赔率出众 + 中长期必胜的玩法。

同时这一期间，如果你的投资体系有效，这 2 ~ 3 年起码你的复合收益率应该达到 15% 以上，且必须年年赚钱（我自 2006 年至 2017 年 11 年里只有 2008 年是亏了 18%，其余年份不管好赖反正都是赚钱的）。这样你的资本起码也达到了 450 万元以上。此时，无论是心理准备、资本充裕度还是投资体系，都已经趋于成熟稳定的阶段，一切都不是障碍了，而 40 出头就完成这步其实已经是很多人的梦想了。剩下有这些作为基础，再给自己 10 年稳健前行，年复利 15%，十年后也将是 2000 万元，这将是四线城市一般人难以企及的高度。

最后，通常来讲，如果工作不忙，投资模式也应是集中到长期持有类别的，投资绩效受到是否工作的影响不会太大。但从长期来看，投资毕竟还是需要勤奋和持续学习的，特别是要想长期获得超额收益，足够的时间和精力投入是基础。对于缺乏正确投资体系的人来说，勤奋和收益率是没有关系的。但对于已经掌握了这套体系的人而言，专注和勤奋确实是长期超额收益的燃料。

没有能力还想在牛市中获利怎么办

（1）没有选股能力，能不能通过耐心（比如，持股 5 年以上），与择时能力获得收益；

（2）请判断一下下次是慢牛还是快牛，通过哪些方面抓住下次牛市，获得比较正常的 2 ~ 3 倍收益；

（3）牛市怎么操作比较好，持有不动，还是轮动。直接买入券商板块好不好?

（1）没有选股能力，可以用耐心来弥补。但耐心不是说闭着眼随便买只股票持有，那基本和买彩票差不多。10 年前中国铝业达到过 6 元钱，现在复权后还是 6 元钱左右，也就是说，即便你有超强的持股 10 年的耐心，换来的也是惨淡的结果。所以耐心必须搭配合适的策略和正确的方向。比如说，耐心等待市场出现大熊市的时候，分别选择几个优质指数基金，然后耐心地定期买入，再耐心地持有到下一轮大牛市，不断耐心地做这个循环，你肯定可以赚钱，运气好的话有可能赚到大钱。这里确实存在一些择时的问题，但好在这种不是精确和频繁地择时，是大周期的模糊判断，又通过定期分布投资熨平了一定的波动峰谷，所以只要具备基本常识就没有问题。问题在于，耐心、特别是超强的耐心，并不比择股更容易。

（2）我只能相信一定有下一轮牛市，但具体下一轮牛市的特征和节奏肯定是未知，否则我就在最好的品种上加杠杆了。牛市的驱动力一般有三种，经济走好（ROE 提升）、流动性充裕（宽松货币政策）、极端便宜（估值很低，另外利率的大幅下降也会抬升股市的估值水平），就目前来看，未来的流动性是偏紧的，估值目前不算贵（2017 年 11 月），但与历史最低估值区间相比差距还是较大，唯一驱动牛市的就是经济强劲改善，但目前来看似乎也谈不上。所以从我的角度来看，目前肯定远谈不上非常乐观（虽然长期而言是很乐观的）。考虑到 2015 年年中的顶部已经过去了两年多，市场确实已经具备了分化行情的基础（2017 年其实分化就非常严重），所以我觉得不要寄希望于大牛市马上来，而是寄希望于自己的组合短期坚韧稳健，长期具有突出的成长性，那将是一个更有把握的准备。

（3）牛市直接买入券商板块当然好，更好的是买了房子加足杠杆。问题是你不知道牛市什么时候来，等你确认牛市的时候往往已经“涨上天”了，然后你也不知道顶在哪里，跑早了没赚到钱，跑晚了一夜回到赤贫线。所以这种基于牛市、熊市利益最大化的小聪明，早已被前人琢磨、研究了几十年了，但小聪明就是小聪明，偶尔有效，但根据数据统计的结果显示基本上都是坑。所以做投资，还是要像郭靖那样，傻傻憨憨、老老实实做自己看得懂、有把握的，日复一日地做正确的事情，突然有一天你会发现，“降龙十八掌”其实已经练成了。

心态、资金量与人生格言

（1）关于心态。2014 年入市，总想着做 T+0，降低成本，结果屡次追涨，屡次被割。现在，越来越重视价值投资，但有时还是忍不住乱动。请问，有什么办法解决这种心态。或者说，对于这种做波段的行为有什么忠告？

（2）对于低估、成长，对于我这种小资金，配置方面有没有必要侧重？还是说这种想法本来就是错的？

（3）我 27 岁了，普通国企职工。麻烦给点儿生活、投资方面的忠告。

心态这事有先天因素也有后天因素。有的确实天生就更谨慎稳重一些，当然这并非宿命论，我觉得大多数人在市场里的情绪控制能力都差不多，极佳和极差的都是很少数，所以关键还是后天因素。心态其实是一个结果，是不同投资段位的一种自然反映。如果你对某种投资方法很有把握，自然就不会特别焦虑和患得患失，也就不会那么在意短期的结果，就不会总被“市场先生”涮了。

所以，别指望单纯修炼心态有什么用，读语录有帮助吗？大概也有一点儿，但真的就是一点儿而已。最根本的出路只有学习，让自己拥有真正的投资信心和与这个信心匹配的实力。否则我今天无论给你灌什么鸡汤，用不了几天你就会发现完全没用。试想一下，怎样才能让没有经过培训的人去开飞机而不害怕呢？我觉得怎么样都没戏，答案只有老老实实地去取得飞机驾驶执照。而做好投资，并不比驾驶飞机容易。

至于说做波段好不好，我不能一棍子全打死说这样没戏，但确实我见过的成功投资人里还真没有一个是频繁玩波段的。如果你相信各位大师的投资忠告，也相信我个人的所见所闻，那我觉得最好是别用宝贵的人生去测试这条非常小概率的路线，我们又不是探险家，是不是？

小资金与大资金当然有区别，但 1 亿以下的区别可以忽略不计。对个人来说，只要符合投资的基本规律，无论侧重于哪流派都可以成功。最关键的是知道自己的能力适合什么风格。如果你工作家庭稳定且现金流状况好，我建议可以多关注成长股投资。

第一，你还年轻有尝试的时间。

第二，毕竟中国还处于充满机会的发展时代，放弃成长股确实挺可惜。但如果你选择侧重成长股，那么你要先去搞清楚什么是真成长，什么是伪成长，什么是成长陷阱以及高价值企业的特征（这些在《股市进阶之道：一个散户的自我修养》和《公司价值分析案例与实践》中都有详细讨论）。总之，不管是想选择成长股还是价值股的投资，你都要先搞明白大家是怎么“死的”。

关于生活，我比较喜欢芒格的三句话：

（1）想拥有一个好东西的最好办法就是让自己配得上；

（2）年轻人，要特别小心陷入各种意识形态的陷阱，那对你宝贵的大脑完全是一种损害；

（3）如果我能知道自己会“死”在哪里，那我就永远不去那个地方。

用杠杆战胜房价可行吗

【2017 年 3 月 11 日】如果目标是在中长期内跟上或超过京沪房价涨幅，用类似按揭的利率、期限和杠杆率（杠杆率要比按揭差一些，毕竟要留一些空间，现在对于腾讯，盈透证券的融资用满杠杆大概是 1 ：3，自己计划最多用到 1 ：1.5 或 1 ：2，而且还是逐步实现），融资买腾讯，用定期不定额的定投方法，大概参考 60 周均线和 TTMPE，当年和下一年 PE 等指标，尽量在低点多买，在高点少买或不买（参考历史回测数据，但尽量平滑投入，不追求成本最小化），原则上只买不卖，上述策略是否靠谱？主要的风险在哪里？有何优化建议？

你的这个计划，我有一个坏消息和好消息要告诉你。坏消息是这个计划里的变量条件太模糊，比如你说的中、长期，多长？ 5 年还是 10 年，或是 20 年？而且其中的一些设想没有太多胜率的必然逻辑，比如 60 周均线法，这本质上是用过去的表现推导未来，可能在惯性区间内是有效的，但放长了来看没有什么逻辑。另外只买不卖未必是最好的选择，特别是在腾讯目前已经创新高附近的价位而言，最好的预期也就是明牌投资，在其产业地位未受到实质挑战的前提下，几年下来，亏钱确实概率不大，但超额收益未必理想。

好消息有几个。

第一，你的目标是从目前开始跟上或者超越京沪房价涨幅，这个对比指标目前所处的赔率有利于你目标的实现。目前京沪房价过高是不言而喻的，一个泡沫化的指数，其最好的结果就是通过时间来消化泡沫，其本身已经失去了超额收益的基础；

第二，从目前已有的长期数据统计来看，长期而言，证券类资产都是超越房产收益的，而且是大幅超越，如果你相信中国也不例外，那时间是站在股票资产持有者这边的；

第三，目前的资产比价是建立在房地产资产拥有一手王牌（城市化进程高峰、人口高峰、收入提升高峰、M2 连续十几年高增长等），而证券类资产处于熊市环境（但无论是从财富结构、未来资产投向潜力还是经济转型前景来看，都刚刚处于繁荣期的前夜）。常识告诉我们，资产周期的力量其实就是各种变量条件在盛衰之间的轮回转换，一种资产把好运气都用完了之后，其之后的表现往往是平庸甚至令人失望的。反之亦然。所以站在以上三个层面，你用股票资产战胜这个指标的概率都很大。

我的建议如下：

第一，不建议上杠杆，长期的比拼最重要的是存活，而杠杆始终是存在突然死亡的问题。

第二，不建议专门投一只股票，一个黑天鹅可能就会满盘皆输。建议用资金在中证 500、红利指数、消费指数等几个 A 股的优质指数里进行挑选，构建一个指数组合。在确保现金流无忧的情况下，执行你的“低位多买，高位减持或者不买”的策略，稍微可以优化的是熊市或者至少合理估值范围内定期投资，大量购入。在牛市到了人人都成为“股神”的阶段起码减仓到 3 成以下（这 3 成到了熊市确认后右侧操作进一步减仓），这样首先你长期绝无爆仓或黑天鹅的风险，利用股市周期律，短波动强烈的特点又能进一步增厚收益，同时对专业能力的要求较低，可执行度高。

阅读与理财对人生的影响

（1）我看书有所偏好，这是不是会视野狭隘？我阅读的主要目的是想成为一个比以前的自己更好的人而已，想做一位对自己有点儿要求的人，当然这一点只针对自己，不针对身边的人（包括我老公和小孩）。我这样看书的态度是否正确？

（2）我从事的是会计的工作，从小学到大学数学学得非常好，和一般人相比，可能有一点对数字的敏感性，逻辑思维也还不错。我也知道要实现财务自由不是每个人都可以做到的，但是不管未来如何，一个人必须要学会投资理财，让钱生钱。我应该如何把我的本职工作和投资理财相结合呢？

（1）从你的描述来看，你比较像 A 型血性格的人，就是有强烈的目标感并善于自我激励，思维方式上注重逻辑性，日常生活中，相比谈感情更偏重讲道理。这类人的快乐大多不来自社交或者感性活动，更多来自完成挑战后的满足感。

基于这种性格特质，高度的目的性是很自然的，这就是你看书非常有挑选性的原因。我觉得这没什么不好，阅读对于每个人的意义不同，有的人是寻找娱乐性，有的是看中功能性，也有的涉猎广泛，都很好。要成为一个更好的人，关键在于你怎么定义“更好”呢？是更博学？是更感性柔软？还是更理性专业？我个人觉得，在年轻阶段“改变”是最重要的，要有变化、成长的勇气，在那个阶段这种改变的勇气和可塑性就是更好的。而人到中年，我觉得“接受”是最重要的，接受自己并不完美，接受自己的平凡，也接受自己的兴趣偏好。年轻必须要趁早和自己较劲，人到中年则别再和自己过不去了。而早点较劲，恰恰是为了中年时不用太较劲。所以，接受自己的需要，坦然地阅读并享受翻开书的乐趣，而不要把必须看什么书、如何看书作为一种任务和压力，这起码不是更糟的。

（2）投资理财对于中产阶层不是一个可选项而是必选项，这是所有有产阶层共同的、幸福的烦恼。投资理财进阶的起步是学习，终点是职业投资，在这个进程中能走多远取决于学习的效率和天赋。学习可以大致分为概念理念层（解决走正确的道路和方向，形成底层投资原则），专业技术层（熟练各种专业知识和技巧，起码会看财报，理解好生意、好公司、好价格的具体评判指标）和投资体系层（根据自己的能力圈和投资战略目标，形成可持续盈利的决策体系，即明确有所不为的原则又锁定有所必为的范围）。

根据以上学习进展的不同，对第一层的清晰认识可满足弱理财模式（比如，选择长期投资优质基金和简单理财产品），第二层可满足中理财模式（稍微复杂的自己可以进行指数化投资，或一定份额的股票投资实践），达到第三层基本接近职业投资的门槛（但还要考虑资本、经验、工作与专业投资机会成本等问题）。

以上这几个层次和投资强度，越初级越容易达到并兼顾工作，但超额收益越少；越高级超额收益越高，但同时风险程度也急剧上升（当多年历练且投资达到初步财务自由以上，风险反而会大幅下降）且对现有工作的不兼容度越高。所以你可以根据以上指引，结合自己的实际条件来尝试一下可以或者愿意发展到哪一步。

其实投资的最终成就是有一定的偶然性的，天时、地利、人和综合的产物。但我觉得，只要是在一个持续发展且正常的社会里，一个持之以恒的有目标、爱学习的人，总会大概率地被生活温柔以待。

个人投资与团队合作

现在你在投资方面还是自己单干吗？还是有团队做辅助？日常的工作安排是怎样的？我有一个做技术的朋友，天天盯盘，基本处于没有兴趣生活的状态，但今年收益率很高。自己做很自由，但有时候觉得信息的获取和整理十分枯燥并且消耗精力，正犹豫要不要带一两个实习生。

先说说收益率的问题，其实大家谈的收益率经常是一种假象。比如你有 100 万元流动资产，拿出 10 万元来炒股，这部分收益率是 100% 还是亏光，其实意义都不大。我们谈的收益率必须是对照在家庭流动资产总额基数上才有意义。说白了，敢押上身家的才是重要的投资。而一般朋友之间说的收益率，大多不过是流动资产中某笔钱的收益而已。这个问题的意义在于，要押上大部分身家的投资，该怎么做呢？在这种模式下，暴涨暴跌完全是受不了的，所以一定要稳健、要靠复利，也就是一定要做得长久。想清楚了这些，就知道整个投资体系都要围绕着这几个关键点去构建了。

一个人的好处在于自由，缺点在于覆盖面。对于我来讲，覆盖面的缺点是可以相对克服的，因为我的换手率不高，主要关注的重点在于好生意或高赔率，所以对于占比绝大多数的差生意和差赔率（包括无法判断的），我会选择有策略性地主动放弃——越是难和差的生意，就越讲究信息掌握的全面及时，这就省了好大精力（关键这些精力投入还是无效的）。而对于生活的自由度我看得比较重，这块是不想打折扣的。对于 10 亿元以下的资金量而言，其实这种模式只需要长期关注和更新大概几十个标的，重点更新和维护十几个标的就够了。这个范围对于个人投资者而言其实是可以应付的。

当然，为了建立并且定期更新这十几个重点股票池，可能需要翻看过上百个公司，但由于有方法论来勾勒公司的主要生意特性，所以大多数会看得很快，这对于有大量自由时间的人来说不会是太大的难题。而且投资只是生活的一部分，我觉得没必要搞得如临大敌的样子，理性认真、谨慎保守是刻在一个人骨子里的，不是用来装样子给别人看的。如果把投资搞得比上班还累、还紧张、还焦虑，我觉得这投资是很难做好的，就算做出漂亮的收益率了，人生状态也是丝毫不值得羡慕的。

至于团队作战，我相信如果能找到投资价值观一致而能力等级接近且能力倾向互补的人，那当然是非常好的，我自己也有这方面的朋友，互通有无共同进步。

另外，建立团队不仅仅是一种需要，同时也是一种责任。对于团队的管理本身就需要持续的精力投入（这可能反而降低对于投资的精力分配），更重要的是，这就不像你个人做，哪一天想不干了就可以停止，你要考虑对于团队成员负担的责任。所以在没有考虑清楚上述问题之前，不宜盲目的机构化，否则可能既丢失了个人投资者的灵活自如，又没得到大机构的资源和团队支撑。

职业投资如何克服单调生活

作为一个专业投资人，有时候会面临挺大的压力和单调的生活，另外会焦虑与社会脱节等问题，请问老师是怎么看待的？另外，为保持一个良好平和的心态，是不是有一些克服贪婪和恐惧的好办法或者是“心法”？

经常看到有人问：“职业投资会不会很无聊，很寂寞与社会脱节”？我其实很想给他们讲一个故事：一个罪犯被判 30 年监禁，等到他刑满出狱的时候却犹豫不决，因为他不知道一旦获得自由以后该怎么生活？他已经习惯了牢狱生活，自由反而令他恐惧了。我们有时候是否也是如此呢？身在江湖却梦想田园牧歌，而一旦真的迎来这样的人生契机却不知所措了。

投资很多时候与人生类似，都需要一直面对不确定性。踏出的下一步是对还是错？是更好还是更糟？有时候你不亲自试过是不会知道的。说到底，我们自己的人生是很难从别人那里获得答案。但财务自由的好处是你有后悔的权利和能力。试过了，不喜欢，大不了再试试另一种活法而已。当人生第一次脱去了外界给你的各种枷锁时，为什么要急着给自己套上另一个封印。所以我说真正的自由其实很难，财务自由只是物质基础，它能让你在物质上不委屈，但未必能让你活得更好。会生活的人，穷着也能自找快活；不会生活的人，富了依然自寻烦恼。

对我自己来说，这种生活正是我所向往的。其中最美好的生活就是带着女儿一次次说走就走的旅程。城市、海岛、大漠、草原、雪山、密林、苗寨、古寺、高原、古镇、幽潭……我们的旅程还在继续，旅途中的一些珍贵记忆可能会一直陪伴我直到生命的尽头。更重要的是，这种与孩子旅行的时间窗口是不可逆的，5 岁之前那种与天使同行的美妙感觉和 10 岁之前的天真亲密，错过了这个周期，就算以后再有钱也补不回来了。这一切珍贵美好的人生体验，该如何去物化或者量化呢？

所以我说对自由生活的一切担心都有道理，但最该担心的是，是否还有尝试一种新生活的勇气？是否还有享受自由的能力？其实职业投资人这个称谓不是很适合我，因为这可能让人感觉我的生活完全是围绕着投资在转。但事实上并非如此，投资仅仅是我生活的一部分，投资从来不是我的信仰和“命根子”，它不过是我获取财富的一种手段而已，投资的目的永远是为了让生活更美好，而不是生活全都服务于投资。

当然职业投资的前 3 年压力还是蛮大的，不光是基数不够大的问题，还有拼命学习的压力（因为知道市场水很深而自己很“菜”），这几年基本上没有这方面的压力了。对于生活，可能每个人的态度和感觉不同，我觉得简单的日程表很好。上班的时候倒是天天多姿多彩，但自己真心还是个喜欢没有条条框框约束也没有复杂人际关系的生活。另外，我毕竟不是 20 来岁的人了，一路职场下来也算经历过一些事情的，所谓繁华真的也就那么回事儿而已，简单自由才是我向往的生活。当然这和人的品性有关，有的人确实就是喜欢不断攀登高峰并在战斗中能体会到快感，当然坚持自己并自认为舒服的就好。

心态其实多看看书还是有用的，但最关键的还是要对自己自信，当你自信你的方法论必然有效，并能获得满意复利回报的时候，其实就不会太看重短期的波动了。当然，我们都是凡人，要说完全不被影响也是装（连著名投资人们都会选择僻静的地方做投资，何况我们），所以日常会有意识地不和市场较劲，没大机会的时候该干什么干什么，看书、看电影、逛街、健身、旅游、发呆、思考，这些都是转移注意力挺有效的办法。“心法”其实就是我很早之时说过的八字真言：理性、辩证、中庸、守拙。

为什么要坚定支持中国的高科技企业

你说过自己坚定支持中国的高科技企业，但也有人认为货不必分国内国外，好的就行，也不必对国内企业有所偏袒。我想问一下，你怎么看待这个问题?

我想这个话题要从两个层面来看。

首先从长期来看，为什么要坚定支持类似华为这种自己的高科技创新企业？不谈什么爱国的大道理，我就问大家关心不关心自己的利益？想不想让自己和孩子，未来能有足够好的社会福利和轻松愉悦的生活？那轻松的生活和更高的福利背后是什么？是足够高的人均 GDP，没有这个作为基础，一切都白搭。

那么，高人均 GDP 从哪儿来？靠卖香蕉和衬衫，或者靠搞餐馆做服务，甚至是基建盖房子，这些产业就是做到“宇宙第一”了，附加值也就那么点儿，而且边际扩张成本极高，不但利润率微薄，而且“天花板”很低。小国家几千万人口，只要把一个大产业做强或者依靠某个自然资源，就能活得很滋润了。但几亿、十几亿的人口规模，若不能在高附加值的大产业上站稳，那对于大多数劳动者来说就注定是劳苦且困顿的命运。

对中国来说，安身立命的农业、石油、化工等大产业基本控制了，支撑全民小康生活的普通制造业和服务业也站稳了。但只要半导体、先进制造、汽车、互联网、生物医药等更高端的产业不拿下几个，人均 GDP 是上不了多大台阶的，而且随着人口老龄化加速，传统产业会加速凋零。经济台阶上不去，还会面临低端产业被其他经济体竞争的危险，国家经济陷入泥潭，民众普遍收入下降，失去职业发展前景，所谓的“拉美化陷阱”就是这个意思。

这个规律即便对于美国也是一样，在纪录片《美国工厂》中有这样的一幕：一个美国老工人感慨在美国通用公司工作时的优厚薪水和条件，但他也觉得可能以后都不会再有了。其实他可能不知道，这一切的背后是资本和技术全球化的结果。以往欧美普通产业工人轻松工作就可以获得很高薪资和生活水平的前提是技术未扩散，哪怕是钢铁和玻璃这种普通制造业，都牢牢掌握在少数欧美国家的产业巨头手上，高成本也无所谓，因为别无选择。

但全球化技术扩散后，特别是中国制造业崛起，那些美国工人直接面对的是发展中国家产业工人的效率和成本竞争，而这其中又以中国工人的效率最高、成本也是最低。反映在数据上，就是自全球化以来，中国产业工人的收入和生活水平提升最大，美国传统制造业工人群体则是二十多年来不进反退，生活质量的持续恶化只是这个现象的副产品。而劳动生产率和产业附加值要想提升，就必须多一些类似华为、腾讯、阿里巴巴这种大企业，还需要更多的高附加值独角兽企业和制造业细分冠军，人均 GDP 才能持续上升。

我们都希望有高福利，希望能多休点儿假，希望活得轻松滋润。但这些会从天上掉下来吗？如果一个国家的产业都很苦，赚钱艰难，那么从业人员和他的家人能过起逍遥悠闲的小日子吗？这是完全没有逻辑基础的。

所以，大量高科技产业的突破和上位，受益的是绝大多数老百姓——不仅仅是这几个公司本身的产值高，每个巨头都能带动一批高价值的产业链，就像苹果的供应商很多都是百亿以上的营收。这一堆公司每个又能养一群高薪员工，这些高薪家庭推动了相应的中高端消费市场，围绕这些中高端消费市场会产生大量的中高端服务业需求，这个效果会层层扩散，整个经济生态是自我强化的。所以，我们支持中国的高科技、高附加值的公司，就是对我们自己的未来负责。

当然，说支持不是说纵容假冒伪劣或者呼吁抵制外国品牌。相反，只有自由竞争才能带来真正的强大。所以只需要用理性消费观为真正优秀的中国产品投票就足够了，但对于中国优秀科技企业群体的成败意味着什么？我们自己应该心里有数。

孩子的教育与竞争问题

对于孩子的教育问题你怎么看待？现在孩子普遍压力非常大，学业竞争十分激烈，父母们也陷入了普遍性的焦虑。这是不是一个死结呢？这是追求成功必要的代价吗？这样惨烈的竞争又对孩子的未来有多大影响？父母们该怎么看待这一现象？请指教。

世上有很多问题都没有标准答案，孩子教育也是其中之一，这个问题的答案取决于很多要素，其中最关键的就是孩子所在家庭，特别是父母的客观资源条件（包括物质、人际关系等）、主观精神追求价值观以及趋势判断。客观资源条件决定了孩子的起步区间和选择范围，主观精神追求和价值观决定了父母对于教育成果的预期和教育过程的倾向性，趋势判断决定了父母在可选择范围内和可接受的预期范围内的路径规划。

客观资源条件差，主观特别强调拼搏改变命运和成功带来幸福的价值观，一般是拼博的家庭。客观条件优越，主观谈不上特别大的野心，一般是积极向上、按部就班的精英家庭。客观条件很差，主观消极灰暗，对未来完全没有明朗的预期，一般是问题高发的家庭。客观条件较好或者一般，主观上比较放松，认为人生多姿多彩，不必和成功死磕的，就是比较中庸、随遇而安的家庭。所以大家可以对号入座，看看自己大体在哪一区间。趋势判断会在一些关键口决定行为和态度，比如最终决定到一线城市打拼还是二线、三线城市找机会，是去国内还是国外，长远来看该培养什么能力或者学习什么专业等。

我觉得人生很难进行比较，很难理解一个完全不同的物质和精神背景下家庭的选择，我个人觉得只要不伤害别人，什么选择可能都有其内在的理性，只是我们不理解而已，这与对或者不对无关。但我觉得，一个家庭之所以称为家而不是“改变命运共同体”或者“奋斗合作小组”，爱和情感是第一位的，是始终应该放在最核心位置的，家首先该是温暖和流淌着爱的气息的，其次再考虑成功的问题。

另外重申一个我的观点，对未来不要线性地推导。我的同龄人大约是人生弹性最大的一代了，经历了改革开放与世界接轨的特殊历史时期，我们从父母那里基本没有继承什么巨大的利益，所以个人奋斗比代际传承重要100倍。

第一，上一代可传承的物质资料少；

第二，时代处于剧烈变动中，每十年都爆发巨大的发展红利；

第三，个人的奋斗与特殊的时代机遇相碰撞，改变命运的概率和效率都很高。

但是再过20年，随着经济发展高度成熟和严重的老龄化，社会经济变化会越来越缓慢，各行各业进入壁垒也比今天高得多。什么意思呢？就是那个时候，个人奋斗能带来的弹性和今天将是无法相比的，另外，他们能从父母那里继承到的东西却会相比我们这一代多得多。也就是说，代际传承的重要性会非常突出，甚至高于普通个人奋斗一辈子所能达到的上限。当然好消息是作为补偿，有相对稳定的预期和较好的福利兜底，也会降低“成功”的必要性和紧迫性，换句话说，那个时候，其实普通人也能有体面的生活。

上面这段话的意思就是良好的教育当然在任何时候都是最重要的，培养孩子积极向上的意识在任何年代都是正确的。但是别太期望孩子简单靠学习和考试成绩突出就在未来可以出人头地（除非孩子在某方面显示出超人的天赋），大幅改变个人命运的神话在未来的概率会比我们这一代小很多。所以如果你真的很在乎“成功”，与其让你的孩子在20年后更难成功的未来拼搏，还不如你自己现在好好拼搏，这样家庭改变的可能会更容易实现一些。

有句话说得很有道理，我们都是慢慢地接受了自己的平凡，又慢慢地接受了孩子的平凡。其实现在激烈的教育“军备竞赛”，既是理性的选择，又高估了这场战斗获胜的概率和意义。当前的教育主要是“智商”选拔，高智商本身是小概率事件，同时名校对于未来的人生来说，其重要性也没有想象中的大（从好学校到好工作，从好工作到成功，从成功再到幸福，这个过程中的每一步其实都有很多变量，完全不是线性发展的，只能说有相关性，但不是因果关系）。当然，如果做科研类工作，智商还是核心竞争力，但大多数工作（包括二级市场投资）其实都不是拼智商，数学高手并没有什么优势。而且相比个人努力，更重要的还是时代机遇，大面积和大幅度的阶级跃升本来就是阶段性的现象。我们会看到，在十几年后，所谓的学习改变命运，既没那么容易也没那么紧迫了。

如何做到平凡普通却又精彩幸福，其实才是一个更重要的课题。

所以我的态度是要奋斗、要努力，但不要孤注一掷，更不要简单把成绩好坏等同于未来的成功和幸福与否。努力奋斗本身是一种人生乐趣，但也要让孩子触摸和理解人生中还有很多别的乐趣和意义。所谓幸福，我个人理解，不见得是登上富豪榜，也不是在职场披荆斩棘超越所有对手成为CEO，而是获得内心最本质的安宁和喜悦，是满足也是释然，是在生命的最后一刻能微笑着说“我的遗憾不多”，至于怎么获得，每个人可能都不一样，有的人需要拿起，有的人需要放下，终点的风景如何只有最后一刻才知道，在那之前的每个人都只是在路上而已。

资产配置与财务规划

最近在看大卫·史文森的《不落俗套的成功》，提到再平衡问题，书中描述了各类资产的再平衡操作，个人感觉可能太频繁了，2003 年交易量达到 38 亿美元，买进卖出各占一半。老师怎么理解各资产的再平衡问题，如股票和现金或债券，你是怎么操作的，一般操作的周期有多长?

史文森在耶鲁基金的惊人成功吸引了大量的追随者，但就像巴菲特的惊人成就吸引来的大量追随者并不可能获得普遍的成功一样，资产配置这条路也没有那么好走。资产配置的基本思路我很认可，难点在于找到大量非相关性而又能得到超额收益的优质标的。

以史文森的资产配置为例，国内股票、国外股票还算比较容易的，风险投资、杠杆收购这类权益的配置对普通人来说就几乎不可能了，其他诸如房地产、信托、自然资源和绝对收益产品等，需要投资人具有非常广阔的视野和宽阔的研究面——更为关键的是，你需要对所有这些资产进行估值以判断配置的比例和时机，而不同资产的估值方法又是不同的，所以我并不觉得这比股票投资更容易。

如果以降低风险而言，大量不相关资产的配置肯定是一种聪明的选择。但资产配置本身也并非完全能躲避风险，即便是史文森自己也在 2008 年出现了 -30% 的情况。在看得广一些，虽然大卫·史文森的 30 年近 13% 的年复合收益率，以及只有 1 年亏损的业绩是杰出大师级别的，但其实并未超出传统股票投资大师的业绩范围，比如邓普顿 38 年 16% 的复合收益率，约翰·涅夫在温莎基金 31 年 13.7% 的年复合收益率，巴菲特就更不用提了等。所以很明显的一个结论是：问题的关键并不是在已经广泛得到历史验证的几种投资模式中选择哪一个，而是你在某个可以成功的投资模式中做到了多高的水准？有足够的水准，哪条路都没有问题。功力不足，无论是大类资产平衡还是股票投资甚至是基金投资，都一样难以获得成功。

当我们问怎么做的时候，首先应该想清楚为什么要这么做？或者说我们的主要目标是什么？如果以长期获得超额收益来说，即便是史文森也承认权益类投资是最大配置（虽然他将风险投资和杠杆收购也作为权益类选择），所以对于普通投资人而言，长期投资的核心还是在于权益类资产，其中专业能力较高的可以侧重股票，专业能力一般的可以侧重各种指数基金。

此外，我个人认为，资产配置的重要性是随着资产的规模越大越重要，但在中小规模资产向着中大规模资产增值的目标进程中，把一种具有高弹性的资产投资能力做到极致，可能更重要一些，哪怕为此我们不得不承担更高的波动。

就我而言，一直以来在配置的策略上，在极端态区间（极端高估和极端低估）会进行股票和现金之间的大幅度转换，而在绝大多数的模糊情况下则是以优质股票类资产作为核心资产。相信至少未来 5 年这个策略不会有什么变化，再之后可能会考虑进行全球权益类资产的配置，也可能会纳入更多的资产类别以增强资产的韧性（哪怕这会降低收益率）。

我是证券从业人员，发现行情火热的时候风险最大但是产品最好卖，熊市预期收益率最高却没人买，很无奈。另外，在做资产配置时，应如何选择资产搭配，才能兼顾风险和收益的平衡？是否应该更侧重那些冷门和超跌的品种？挑选资产和产品的时候从外人来看（不从公司销售角度），应该注意什么？

这是个内心选择与业绩考核之间的矛盾挺常见的。比如，基金经理的考核导向与其内心的投资倾向也经常不一致。我觉得这种游戏规则有可以理解的地方，因为普通大众普遍而言是不懂投资的，所以必然是在资产越是高涨的时候，越想冲进来，资产越是低迷的时候越不敢动，从理财机构和基金公司的角度来看，趁着某类资产收益最高、最热门的时候拼命销售，是最符合其自身利益的理性行为。在这种局面下，个人能做的就是选择那些相对理智的、价值观上比较贴近的客户为其提供服务，但这样，一来是个奢侈的选择，二来也是注定定位在小众市场，所以肯定不会成为主流。

从你的思考来看，有逆向投资的基本思想。不过逆向投资并非哪里跌得惨就去哪里，根本的尺子还是价值本身。你在言辞里提到的“冷门、超跌”还是属于概念范畴，真正投资范畴的语言是“远低于内在价值”。另外，你在这么做的时候又下意识地担忧其短期业绩表现，或者担忧其短期跑输其他强势的指数，但遗憾的是，逆向投资或者说价值投资从来不会保证你短期胜出，对于市场走势其实我们是无能为力的。我们能做的是什么呢？评估价值、控制风险。

最后你提到的问题很好，就是一定要明确你在做配置时候的初衷和目标是什么。比如，你配置资产的核心目标是确保获得长期稳健的复合收益，避免暴露高风险敞口，避免突然死亡。那么你的配置思路就不是以在近期表现出类拔萃为目标，这两者之间的差别就会很大。

你说的目标是“兼顾风险和收益的平衡”，这个话其实很空，你的预期收益是多少？能承受的波动和损失又是多少？如果以跑输指数为代价，但能确定性获得 3 年复合收益率 10% 的结果，你接受吗？还是可以接受短期跑输指数，中期能承担净值 20% 以内的波动，长期预期获得比前一个方案高出 10% 的收益？不同的设想肯定会有不同的策略，由此也才能给予你客户比较明确的心理预期，也才能找到对的客户群体。就一般原则而言，如果你偏向于风险控制就需要配置尽量多的低相关指数，如果你强调收益率则可以重点配置在你认为最被低估或者未来弹性最大的几个指数。

挑选资产和产品的时候，我会建议客户一方面关注这个产品的长期业绩，特别是不同市场环境下的表现是否稳定。另一方面更重要的是业绩归因，这个业绩是否具有可持续性。再就是获得这个收益到底承担了多大的风险。更重要的是，搞清楚客户本身是哪类人，他真实的需求到底是什么？否则很好的产品也可能因错配而带来悲剧性的后果。

请问李老师像你这种资金量相对比较大，在目前的大盘估值下除了配置股票外，还会配置像银行理财这些吗？另外对资金不大，比如百万元左右的小散，你在目前的股市估值下的大方向方面有什么建议？

对于个人投资者而言，资金是一个既需要考虑又不用考虑的问题。说不用考虑，就是5亿以下的资金量对于基本面中长线投资人而言，基本不存在流动性或者风格上的麻烦，根据中登的数据，A股中千万以上资金量的账户有几万个，上5亿的寥寥无几，所以包括我在内的绝大多数个人投资者，不需要从资金量的角度去考虑要不要分散资产配置的问题。

就我个人来说，除了生活费以外，几乎所有的流动资产都在股市里，当然我指的是目标市场都是股市，但可能阶段性的持有不同比例的现金。在持有现金的时候，一般只是做逆回购、打新、银行R3级别以下、流动性较好的现金理财产品，不会参与任何所谓高收益预期的理财，比如信托。因为对我而言，收益最高的就是股票，没有很好机会的时候持有现金的目的是保证安全和流动性，而不是收益率。

说需要考虑，是因为不同的投资情况和不同阶段资金量的变化可能会导致策略上的一些调整。比如，你说的百万资金左右的朋友，如果说你的这部分完全是闲钱，工资性收入或打理的生意是主要的家庭收入来源，并且你的事业未来上升预期还不错，那么我建议你把钱用来做稳健理财，如果风险敏感度高就五成投资股票，五成配置银行理财产品。如果工作现金流很好，那么买个靠谱的私募或者专户理财其实也是不错的选择。对这样的朋友而言，百万资金只要跑赢通胀，长期获取略高于指数的收益就好，资产增值的主战场应在事业上。

如果事业预期一般，百万现金是改变家庭财务状况的主要手段，那其实比较麻烦。因为这些资金要滚大需要相当高的专业技术水平（比如，需要翻 3 ~ 5 倍才有明显改善，翻 10 倍以上才有质的改变），需要寻求很高的收益弹性，而且倾向于集中投资。在这种目标下，要么你能找到持续高业绩增速的企业，要么需要估值出现高倍数的提升，这两个目标你都很难在目前的大蓝筹股上获得，但寻找由小到大的优质成长股，难度确实很高。

所以说到底，什么才是好投资取决于你的财务状况和心理预期，以及相匹配的能力特征，并不存在对所有人都好的投资建议。我个人建议，百万资金的状况，远不足以忽视主业发展而寄希望于股市，最好再给自己几年时间一边坚持主业发展，一边积累投资经验。目前的股市估值（2017 年中期），说实话是个高手市场，赚大钱渺茫，赔钱和赚钱机会各占一半，需要较好的价值发现能力和操作节奏感，对新手而言以学习为主别抱太高预期。

目前面临的一个选择难题。本人已婚，刚育有一子，居住在政府提供的中端廉租房（一线沿海城市，每月租金 1 000 元左右可住至退休，性价比很高），无买房刚需。夫妻年收入 60 万 ~ 80 万元，保守理财年收益为 10% ~ 12%。现的面临选择如下：

（1）选择政府提供的人才补贴，每年 30 万元可领 4 年一共 120 万元，但领取后就要放弃当前廉租房，需用当前家庭所有积蓄支付买房首付，基本没有多余资金理财，且每月房贷会降低生活质量；

（2）放弃总共 120 万的人才补贴，继续住廉租房，且每月另有 3000 元左右（随通货膨胀增加）的补贴直到退休。

从你的两个选择来看：

选项一（拿补贴必须买房）的收益是 120 万元，但 4 年后不能住廉租房。

选项二（继续住廉租房且拿小补贴），收益一个是极低成本的住房，一个是每年 3.6 万元的补贴（且随通货膨胀增加），这样到退休（假设你还能干 30 年才到 65 岁然后退休）总共能拿到的补贴也有不少于 120 万元现金。从总收益来看，其实选项二并不比选项一低，区别只是一个你一次性拿到手，另一个需要分很多年。从投资的角度而言，很快能拿到的 120 万的现金价值要远远高于 30 年间分月拿到手的价值，因为这 120 万你可以进行持续近 30 年的复利投资，哪怕每年只有 10%，30 年后也会达到 1200 万元。

但你的情况又比较特殊，因为你 4 年内能拿到的这 120 万并不能自由投资，4 年后你需要从市场解决住房问题。走向市场一般有以下几个选择：

（1）买小房，一线均价 7 万元 /m^2，算 100m^2 的 3 成首付 200 万元左右，你们补贴一点即可，不用耗费所有积蓄，生活质量不受影响；

（2）买大房，用掉你所有积蓄，但住房质量提高；

（3）租房，假设月租金 8 000 元租中端房 120 万元可以租 10 ~ 12 年（考虑租房成本上升）。

在上面的三个选择里，买小房无论生活质量还是住房质量都没有发生太大变化，用上政府补贴相当于买了一个折扣价的房子；买大房子能在很大程度上提高住房质量，但日常生活质量会受到较大影响，且你会失去其他方面的金融投资以及实现财务进阶的机会，除非你强烈看好所在地未来的长期房产前景，或者生活的幸福感极大地来自住房环境，否则这个选项相当于提升了自己的风险和增加了压力；租房从财务角度而言不失为一个不错的选项（你前面说过 1 年收益 10% 问题不大，120 万元的收益正好大概覆盖 1 年的租房成本，再多的收益就都相当于是赚的，而且你可以有近 10 年的时间充分利用自己的积蓄做投资），但第一会比较麻烦（不知道国家租房政策陆续出台后有无改善），第二你要获利，需要有较强的投资能力。以上选择哪个，需要看你自己对于房价的判断、个人投资能力的强弱以及个人幸福感对什么最敏感。

与之相比，选项二最大的好处是稳定，它为你一边努力工作，一边以一个平常心做投资提供了一个上佳的环境。你们的家庭收入不低，每年假设能存一半（40万元），5 年就可以积累出 200 万元（这还不算以前的积蓄和工资上升），初步可以达到资本规模运作的门槛，以年复利 15% 左右估算，10 年后就可以增值到 800 万元，考虑到这十年间积蓄起码又有 300 万元，已经进入千万元门槛。而这时距离你退休还有 20 年，有这千万元资产在手，你进退就都很从容了——就算退休后没有产权房又如何？你手里有几千万元现金，还怕没有地方住？相反，如果你工作了一辈子，最后就剩了个已经老、破、旧的大房子，那才是很被动，特别是考虑到 30 年后老龄化社会的老旧房产价值就更“悲催”。

但缺点呢，第一要看你对目前住房有多么的不满意。如果你觉得目前住房质量还可以，那么这个选择就很好，如果目前住房（或者可预见的未来 3 ~ 5 年）会让你有很憋屈、难以忍受的地方，那么我觉得还是在前面的选项里找比较好，因为人赚钱毕竟还是为了活得开心，对吧？第二个缺点是稳定本身，你还比较年轻，事业应该还有上升的空间，太稳定安逸的环境有时候会让人产生惰性。相反稍微有点儿压力，反而能激发人的潜能。当然，如果你可以很好地管理自己，这不是问题。

如果是我，我可能会倾向于选项二（继续住政府的房子拿日常补贴，并且一边工作一边用投资争取上一个台阶）。因为从我的判断里，我不会倾向于在如此高的房价下把大部分的资产拿去接盘，而放弃掉用金融投资改变命运的机会。在选项一里的租房方案，我也不会选择，因为我实际的得利 120 万元只有家庭年收入的 2 倍，杠杆并不大，但那条路需要很高的投资技巧，有可能让人的心态变差，影响幸福感。选项二里，我可能会花一些钱把现在的政府房好好装修或者家居弄得好一些，在住房无忧的前提下，设立一个长期的金融投资方案，并且希望在 10 年左右实现初步的财务自由，再往后就是天高任鸟飞了，总之我个人倾向是既不想被房子拴住也不想被工作拴住。

以上意见仅供参考。总之，这种事情要仔细想想自己的幸福感到底来自哪里，仔细考虑一下你对自己未来的期望，以及为了这个期望，你愿意承担的压力和代价。想清楚了就不必纠结，努力去做就好了。

希望通过投资实现财务自由，请问你有什么好的建议？个人基本情况，一名普通上班族，28 岁，年薪 18 万，目前有存款 30 万元及一套商品房（每月还贷 3000 元），目前没有其他经济负担。

第一，实现财务自由的注定是少数人，通过股票投资获得财务自由的注定更少，这不是主观愿望能决定的。所以，当作一个理想和目标是可以的，但不要太执着，要知进退、留后路。我自己在职业投资的前几年都是留有退路的。

第二，你 28 岁，年薪 18 万元，如果在一线城市算一般，在二线及以下还是不错的。但是你有房贷，这个是需要稳定现金流的，然而不巧的是，股票投资的现金流非常不稳定。这也就决定了你不能扔下工作，用大部分精力去做股票投资。而且你才 28 岁，薪资也还过得去，这么早放弃事业去做毫无基础的股票投资，风险和预期收益完全不匹配。所以，你保留工作并且继续努力，实现事业的上升是必需的。

第三，你目前的存款才 30 万元，距离财务自由的第一阶段“工作自由”都还差太多，工作自由需要流动资产 10% 的收益来覆盖起码 2 ~ 3 年的家庭财务支出（而且 30 岁以后你会进入家庭开支上升阶段，这点要预估充分），距离财务自由的后面阶段差得更多。也就是说，如果你以 30 万 ~ 50 万元为投资起点，需要起码翻 10 倍以上才能达到工作自由阶段。而第二条已经说了你的兼顾工作不能扔，所以这相当于你用业余的一点时间、用很少的本金、用目前并不扎实的投资知识，去获得 10 倍的超高收益率——我觉得从短期而言，除了撞大运好像没有特别逻辑化的实现条件。

我个人的建议是你把财务进阶分以下几步走：

第一步，3 年里事业要冲刺，同时做到高储蓄率 + 持续的投资学习和小仓位的实践、试错，试错的目标是不亏损。这样 3 年后第一看事业有没有打开局面，第二假设每年可存款 10 万元，可投资金额上升到 60 万元，同时又具有了 3 年的学习、实践、试错的经验；

第二步，3 年里仔细思考事业是否有进一步上升的空间，投资倾向于较高集中度，获取超过指数的收益，这时顺利的话，你的 60 万元本金起码应该翻 1 倍（3 年复利 25%）加上新的储蓄达到 150 万元，不顺利的话 6 年也够看清自己是不是适合做投资了；

第三步，实现工作自由，这时候继续投资，以 3 年复利 25% 为目标，达到 300 万元以上，然后再做一个重大的决策，就是未来事业和投资到底走哪条路。

这样过去 10 年，顺利的话你已经站在一个新的人生高度了，300 万元初步达到工作自由标准，但投资依然压力较大。40 岁事业能不能上去也基本清晰很多了。换句话说，财务自由虽然还需要至少 10 年的努力（能 50 岁以前实现财务自由的，其实都是幸运儿），但至少开始看得见出口了。

确实挺麻烦的，但目标既然高，规划和执行怎么可能轻松？没有这个觉悟，就放弃实现财务自由的梦想吧。

【2018年初】我四十多岁了，有个MBA文凭，财务知识水平很差，看不出门道，但自认为大局观和战略眼光好过大部分基金经理。2015年曾经浮盈近400万元，没有守住，全赔了，还倒亏了100多万元。现在还有小几百万元，全家的生活基本靠它了。把房子抵押给银行的话，还可以增加400万元资金，但利息较高，风险较大，暂时没有这么做。很想做全职的股市投资者，有些小技巧，但缺乏大智慧，心态也不够沉稳，会买不会卖，关键是妻子反对，内心杂沓。再有，请分析一下康美药业。为什么康美药业的营收和利润比恒瑞医药要好，市值和股价的表现反倒差了许多？康美药业是一个好的价值投资标的吗？

从你的描述来看，坦率地讲，你的自我评价我觉得是有偏差的。比如，2015年从盈利400万元到亏损100万元，这就是典型的没有大局观的表现——在股市里，最大的大局观和战略思维不是对未来行业和公司的眼光，而是你对投资周期的认识。一个缺乏公司深度研究能力的人，只要在投资的大周期节奏上有清醒的认识，那么赚钱是必然的。这种认识在一般情况下表现得不明显，但在市场极端状态的时候就会有突出的表现。而2015年是一个非常典型的市场极端状态，这一环节里你的上述表现，从大局观和投资周期的认识来看是不及格的。

如果不善于处理极端状态，但具有非常强的公司分析能力其实也可以，市场不管什么时候总是有些被低估的股票（但出现的概率差别就很大了，安全边际差别也大）。不过你说自己的财务知识一般，我相信在公司价值分析的方法论上应该也一般。这样的话，如果你既不善于利用“市场先生”，又不善于自下而上地分析高价值公司，怎么敢于做职业投资呢？不敢是明智的，你妻子的反对也是理性的。

目前你的资金有小几百万，属于应该多关注一些投资（因为初步具备钱生钱的规模效益了），但距离职业投资的门槛差得还比较远（比如，300万元资金你需要年稳定盈利 20% 才有 60 万元的盈余，而稳定盈利非高手是办不到的，有个两年不赚钱你就会压力大增）。你没说自己的职业情况、家庭资产配置以及现金流，仅考虑到目前资金不大，投资的能力也谈不上专业水准，我觉得急不得。40 多岁还算年轻，可以考虑资金分三份，一份买优秀的私募、一份定投指数基金、另一份自己集中操作。

前两份是让你不会踏空，有基本的稳健理财收益垫底。后一份是给自己一些压力和学习的目标，以高价值成长股为对象，看看自己未来 3 年有没有稳健的盈利，起码 3 年翻一倍的能力？如果 3 年后自我成长较快，可以考虑再转移一部分资金过来。总之，你的本金是基本够的，关键是能力是否跟上。真跟上了，跑到千万很快的。能力跟不上而瞎搞，七八年过去还是小几百万元都不奇怪。中间道路，就是自己只打理一部分资金，把大部分资金用来投资优秀的私募和定投优质指数基金，也是稳赢。

康美药业和恒瑞医药其实可比性很低，恒瑞医药虽然产品专业性比较强，但从生意模式上而言很简单，是典型的研发型医药公司，重点聚焦大病种的高价值产品，从仿制走向原研，从国内走向国外。康美药业的营业收入与之完全不可相比，2016 年 216 亿元的营收里，中药材贸易和药品贸易就占了 131 亿，保健品和医疗器械、食品又占了 30 亿，真正和“药企”这个定位有点关系的只有中药饮片和自制药品，不到 50 亿元，占比不过 1/4。

所以它基本上是一个中药材交易和贸易型公司，与研发型医药企业基本不是一个“物种”。另外从 ROE 来看，康美药业一直就在 13% ～ 15% 之间徘徊（不考虑负债杠杆的 ROA，不过 8% 左右），而恒瑞医药基本一直稳定在 23% ～ 28% 之间（而且 ROA 就有 20% 左右，几乎不用杠杆），仅从这点来看，这两者的估值水平就不应该一样，因为完全是两种生意形态（当然我并不认为现在的恒瑞便宜合理），康美药业目前的规模大，但模式复杂、生意的含金量、壁垒、可持续性以及确定性都难以与恒瑞医药做比较。这就像一些地产公司虽然营收和利润都高于目前的一些高科技制造业，但后者的估值水平就是应该高于而且是远远高于前者，这才是合理的。

至于康美药业是不是好投资对象。

第一，这种回答是违规的；

第二，我对它的了解也尚不足以做到一个结论的程度；

第三，好与不好是相对于个人期望值的，期望值不明，投资的配置目的不明，好与坏就缺乏衡量的标准。我只能说这种公司不太符合我个人的投资倾向。

【2018 年 7 月 9 日】我来自一个靠南京的三线小城市，28 岁，经营一家小餐馆，年净收入十万左右，一套房自住无贷款，另外投资了一套门面房，大概每月还款三千，还有八年，目前还没有租出去，如果租出去大概能有收益两万一年。刚有一个宝宝四个月，双方父母都有存款，都不用我们太多经济上的支持。现在总资金 26 万元，从 2016 年开始学习投资，刚开始基本都是在陆金所，2016 年年底开始基金定投，定投了创业板 ETF，占目前手头总资产的 8%，定投国泰金龙行业混选，占总资金 13%，这两个占亏损投资额的 12%。

根据平时学习以及其他人的意见，买了一些证券 ETF、医药 ETF、500ETF、传媒 ETF、红利 ETF，一共买了十二万元左右，占资金的 40%，占目前亏损投资额的 5%。

另外，大概 40% 投资股票，投资威创股份占总资金的 20%，占亏损投资额的 35%，投资天润乳液（3%，亏 15%）、农业银行（8%，亏 10%）、东阿阿胶（2%，亏 10%）、同花顺（6%，亏 25%）。股票亏损最多、持仓最重的是伟创股份，因为自己年轻负担较轻，希望能获得超额收益。

（1）分析一下我的投资组合；

（2）做餐饮这行五年了，感觉太辛苦，近几年的效益比前几年要低了一些，是不是应该选择看看其他项目；

（3）作为一个刚入行的小白，你的书已经读过了，好多不懂，但是我准备多看几遍，另外，读了《一个证券分析师的醒悟》《聪明的投资者：一个散户的自我修养》《国富论》。特别认可价值投资，少交易，你认为我未来五年应该怎么做。未来五年我的投资能力应该提高到什么水平，以你来看，我大概学到什么时候才能十倍收益。

你总资金 26 万元，每年净收入 10 万元假设能存下 4 万元，那么就是每年净现金流入约为当前可投资资本的 15%。而当前资金如果以预期收益率 15% 计算的话，能增加年净收入的 40% 左右。一般而言，餐馆收入提升的瓶颈明显，所以未来主要的收入弹性主要来自投资。

目前投资的 60% 在各类指数基金中，投得比较分散，从投资进程来看，有点儿缺乏经验。比如，创业板指在 2016 年年底的时候还很高，不是定投开始的好时机。不过，从你目前指数基金的亏损情况来看是比较轻微的，问题不大，毕竟投资指数本来就是让问题简单化的。这块后续可以考虑用新现金流继续定投，继续定投的指数基金优选已经达到历史下限的 50、300 和 500 为主，其次是传媒、环保等近期跌幅巨大的指数。

股票除了威创股份之外，其他亏损其实也还好。威创股份没太看出来你投资的逻辑是什么。你说想要高弹性，威创股份利润占比 55% 的数字拼墙业务，2016 年相比 2015 年和 2014 年都是大幅倒退的，2017 年也不过微幅增长，这块能稳住不下滑就不错了。2015 年靠收购切入幼儿教育，2017 年增速也不过 20% 出头。这个业务除非不断靠收购，否则扩张起来也没有那么快。而收购带来的

2017 亿商誉未来也是麻烦。从估值来看，目前动态也只有 28 倍 PE 左右，作为一个 ROE 不过 5%，谈不上多优秀的生意，且竞争优势不确定性较大的公司，这个估值也并不算便宜。弹性来自哪里呢？看不太出来，除非是牛市来了正好选中它炒一把，可这个也没谱。

所以我觉得你的投资组合，指数定投部分 70 分（基本都靠谱，但品种和时机算不上突出），股票组合部分 40 ~ 50 分之间（缺乏核心投资逻辑，品种平庸或者不确定性大）。

至于说改行与否，其实并不取决于你现在有多辛苦和愿望的迫切程度，而是取决于你有多大的选择余地。选择余地来自你的资源——专业知识技能、资本、社会资源等。这个只有你自己清楚，别人就算建议你去做互联网创业，那个确实是风口，但你有资源吗？何况还要兼顾收益率和工作轻松，那对资源的要求还要高一个等级。

未来几年，如果你要把投资作为一个严肃的晋级方向的话，要先忘记什么十倍股。你先学会能不亏钱，然后再学会能在保持不亏钱的基础上赚钱，在这个基础之上持续多赚钱。你的 26 万元本金 5 年复利 25% 就可以到 80 万元左右，考虑到持续现金流入 5 年后变为 100 万元是妥当的。30 多岁，有 100 多万元可投资本已经算很好了（那个时候每年 15% 的收益率已经比你现在的年工作收入都高），届时你就会面临一次大挑战：如何从 100 万元达到 1000 万元——第一个 100 万元在今天已经不算难，但第一个 1000 万元就是检验你投资能力的时候了。如果你能在未来 5 年间达到我说的那几个台阶，你就很有希望进入下一轮“游戏”了——否则，可能你下一个十年、二十年还是在原地打转。

所以，你现在正站在一个很关键的人生抉择路口，仔细想想上述问题吧！

本人 34 岁，在北京已贷款买房（每年还 10 万元，要还 15 年），女儿刚 1 岁，我和我老婆都是朝九晚五的工薪阶层，年收入一共 40 万元，目前还有 60 万元的股票（积蓄几乎都在股市里，就留了点儿生活费），我对目前的工作兴趣也不大。我的问题是像我这样的情况，通过自己的努力能达到以后不上班自由炒股的阶段吗？或者说要实现这一理想必须要在这几年达到一个什么样的投资水平，比如说一年的收益要达到多少？

你的情况 34 岁，家庭年收入 40 万元算工薪收入的中等水平（我按税后算）。每年还贷 10 万元还 15 年，看来买房还算较早，供房压力不大。但减去每年 10 万元供房，每年大约 6 万元的一般生活费用和孩子幼年每年 2 万～ 3 万的预算，没有其他特殊情况下，每年结余约为 20 万元，由于生活状态较为稳定，估计费用波动不会大于 2 万元。

从投资来看，目前持仓市值 60 万元而且基本所有存款都在里面了。以目前的情况来看，短期内就不要考虑大行情的问题了，我们简单用一个完整 5 年周期计算（从目前的熊市到未来的牛市）假设年复利达到 20% 的良好水平，那么 5 年后净值约为 2.5 倍，达到 150 万元左右。再加上 5 年每年的结余存款 20 万元，总计约为 100 万元，合计约为 250 万元。再考虑到你的每年结余 20 万元可能会持续投入股市，但这部分投入的市场机会未必都很好，以平均计算，年复利 10%，增值 60% 左右。所以如果以一个良好的预期推算，5 年后你的流动资产净值有望达到 300 万元左右。

当然，上述这些推算基于一些假设和变量条件。比如 60 万元的当前持仓选择了良好的公司，能够基本吃到公司的业绩增幅。如果你在周期择时上有一定的造诣，能在未来出现估值低位时期果断增加投资，并且在未来牛市高潮期间果断离场，那么投资绩效有可能大幅度提升——但这依赖于对投资中对象、时机、力度三要素的深刻理解，以及强大的理性和高度“反人性”的执行力，非常不简单。

所以推算中不宜用太乐观的预期，未来 5 年 300 万元的净值，是你如果坚定执行长期投资，并且不犯大错可能达到的水平，如果犯了我列在《股市进阶之道：一个散户的自我修养》第 43 页、175 页总结的大陷阱和高风险的错误，或者把 335 页的内容做反了，那么很可能 5 年下来净值很差，甚至颗粒无收。所以从现在开始，你的判断很关键，特别是避免陷阱的能力非常重要，建议把《股市进阶之道：一个散户的自我修养》中有关如何排除风险的部分多读一读。

我们假设是你顺利完成了 5 年投资目标。那么届时 300 多万元的净值，意味着未来每年 20% 的收益率可以追平你们的工资收入（考虑到你们的工资收入有所增长），那个时候你们将拥有较好的财产性收入了。但在这个水平线上，考虑职业投资还是太早。因为投资属于典型的收益不均匀，好的时候收益率超高，差的时候也可能 2 年不赚钱（这都没算水平太差亏损的问题），以 300 多万元的净值水平要想扛过艰难时候的压力是极大的——你要考虑到虽然你通过牛市获得了这桶金，但紧接着你就要开始面临新的熊市考验了。所以至少 5 年内，你们的工作还需要延续，而且 35 岁往后的 5 年，其实是一个人在职场上有可能较大突破的一个关键期，这么早就轻言放弃有点儿可惜。

好消息是只要你通过了这 4 ~ 5 年的学习历练，达到了预期目标，你在投资上一定会有长足的进步。那个时候你的工作依然要保持，但投资上可以考虑进取一些——这个进取不是说价值观和心态有变化，而是随着你选择股票和感受市场风险能力的提升，你可以相对侧重集中于几个优秀公司的布局，以期待下一轮周期的质变的机会。不过那么远的事儿，现在很难说细，只能定性说你在数百万元资金的基础上是绝对有机会实现财务自由的，至于时间和成功率那取决于个人在投资上的天赋和运气了。

最重要的建议是不要对未来抱过多的预期和幻想，每一个未来都是由每一天的过程累积而成的。如果你真的对投资感兴趣，并且也有用投资改变命运或是改善生活的强烈愿望，那就踏踏实实学习，别耍小聪明，别到处找捷径，把基础打牢靠，用严肃的投资视角来看待问题，好好在学习和实践中摸索适合自己的投资方法，把每一个过程做好，最后的结果即便不是 100 分也 80 分保底。反之，太多人只是空有雄心壮志，但你让他把几本书好好读完，写点儿总结都做不到，那还谈什么呢？

（1）我今年 30 岁，去年夏天因为生病，有了一整年在家，什么都不干只读书的经历（很奢侈）。读了许多经典投资书籍，当然也包括你的。非常认可价值投资的理念，但自知分析企业的能力很弱；

（2）生活在苏北小城，大约有 43 万元可以用来投资（未来至少 3 年用不着），预期年收益 10% ~ 15%。现阶段我觉得自己首先要考虑风险，再考虑收益，然后学习财务知识，增强企业研究能力；

（3）从去年 12 月初开户并开始购买股票，在 2 月 9 日股市大跌时买了大约 10 万元，浮盈约 20%，之后一路跌、一路买、一路读书学习。截至昨天，个股买了 28 万元，指数基金买了 2 万元。浮亏约 6%。具体行业配置 45% 银行，40% 房地产，15% 工程机械。具体个股分配如下：中国建设银行、中国民生银行、浦发银行、保利地产、中国建筑、华夏幸福，仓位在 11% ~ 15% 之间。徐工机械、中联重科、柳工、金地集团、中国工商银行、中国农业银行，仓位在 2% ~ 5% 之间。指数基金是沪深 300 和深证 120，目前各定投了 1 万；

（4）李老师，我的问题是这些公司的业绩有没有“大雷”？这样安排合不合理？将来最大的风险是什么？以及除了继续学习之外，怎样更好地平衡、认可价值投资理念和研究企业能力不足的问题？最后你对我这个股龄 1 年的人最想说的一句话是什么？

我觉得你的预期年收益太保守了，现在全市场的中位数预期收益率都有 3.5% 左右了，一些公司的分红收益率都有 4.5% 以上了，如果公司的素质明显高于市场平均水平而估值较低，哪怕算上 2% 左右的分红收益率，不考虑估值的明显回归和牛市的可能性也能轻松获得 6% 左右的预期收益率。

目前你持仓 30 万元，也就是还有 13 万元约 40% 的增持空间，结合目前的市场情况来看，我个人觉得持仓偏低。从你的持仓来看，就个股本身而言，都是知名的行业龙头或蓝筹股，说不上什么大雷（我个人理解的大雷，首先是存在造假嫌疑的，其次是业务杂乱或者经营思路不清晰的，最后是资产存在巨大风险的，最后就是基本面虽然很好但是估值泡沫化的），无非就是正常的经营波动（这个在所难免）。

如果从行业的搭配来讲，房地产相关的占比过高，房地产与金融和工程机械也有较强的关联性，所以你的整个组合都是和房地产强相关的，这是一个主要问题。当然如果你强烈看好房地产行业，那么这么配置就是对的。否则的话，应该考虑到组合在几个弱相关行业的搭配，以避免因为地产景气波动带来整个组合的大波动——另外，如果着眼于下一轮牛市的长期持有也是如此，如果你的组合只押注在一个行业，那么一旦这个行业押错了，整个牛市你就错过了，相对多个行业的组合就会降低这种可能性。

认可理念研究能力不足，那就通过坚定学习去提升，没有什么好办法。这就像问我很确定要出国留学，但不会英语怎么办？学，还有别的回答吗？就提升研究能力来说，关键是要有正确的研究框架和方法论，其他就是努力了。如果对你说一句话，那么就是别急，做好学习规划慢慢来。但也别停，按照计划一步步实现。投资是世界上最需要自律的工作。

【2018 年 11 月 17 日】本人 28 岁，自己创业做出口贸易。现在资金大概 330 万元在股市里面。50 万元现金作为生意的流通资金。每年大概可以产生 100 万元现金流。股市：其中大华股份（35%)、马应龙 (35%)、康美药业（20%）、东阿阿胶（10%）。今年 10 月份到现在大概有 10% 的亏损（其间一直有加仓）。现在最担心的是康美药业，原因如下：

（1）从三季度报来看，公司备注栏的在建工程将近 180 亿元，但是报表上面为什么才显示 40 多亿元?

（2）公司持有现金 370 多亿，为什么控股股东和关联人还要把股票质押；

（3）公司近几年的总资产周转率都比较低，而且新发的债券也在增加。请你解惑，点评一下我现在的情况。

你的投资情况介绍比较简单，很难做一个详细的评估。仅从现金流状况来看，投资额度还是比较健康并且是可持续的。由于每年现金流占到当前股票投资额度的 30%（但没有说这部分现金是否扣除生活必需费用后），这样就不是一次性建仓持有模式，而是必须考虑不断有新资金需要建仓，所以中期几年来看，你的投资对时机的选择来说相对被动，更需要动态挖掘投资机会的能力，这对投资能力的要求是比较高的。

目前，持仓集中度非常高，东阿阿胶以前点评过，目前看法没有什么变化，占比也很小。马应龙属于不容易消失但也看不出什么大前景的类别，痔疮类药品还是占利润近 70%，但产品潜力不大，2012 年就有 5 个亿的营收了，5 年过去不过增长到 7.57 亿元，5 年增长 60% 不到，其他更看不太出来，当然估值处于历史低位，但未来医疗行业的风口不会在这里。

大华股份所处的安防是个比较好的行业，毛利率高、资产非常轻（5% 多），行业竞争格局目前也较好（两强占 50%），在制造业里来说非常有优势了。但面临海康威视的竞争压力很大，2015 年的时候大华股份的收入和营业利润分别是海康威视的 59.5% 和 21.8%，2017 年这两个数据是 44.86% 和 25.28%，2018 年三季度是 44.37% 和 20.68%，可以说海康威视在更高定价、更高利润的情况下，还实现了更快的增长，这个势头如果持续下去是很不利的。当然，从短期来看，毕竟行业还是增长扩容的，竞争是属于中长期的风险。

康美药业确实值得担忧。它在财务上的疑点确实很多（建议看一下在建工程具体是预算数还是实际发生数，比如中报在建工程的预算总数是 49 亿多元，但余额只有 10.8 亿元，加上新增和转固后，期末余额只有 15.9 亿元），但更关键的是业务上非常模糊，所谓的中药材贸易到底是怎么运作和赚钱的？存货占到流动资产的近 1/3，占到净资产的 53%，相当吓人的一个数字。

你怎么确认这些存货的真实性和价值？资产当中大量的现金与借贷不说造假，至少说明业务的扩张发展对于资金的渴求是非常高的，这里第一是业务的扩张需要以大规模资金的投入为前提，这什么时候是个头呢？从生意本质来讲，这种资金推动的生意本质上应该是折价的。第二是当公司高杠杆运作的时候，你要小心的是，负债往往是真实甚至是低估的，而资产往往是有水分或者是高估的，这至少说明公司处于一种非常高风险的经营状态，除非其布局的业务具有极高的价值并且很快将进入回报期（对于资本的需求大幅下降，进入销售收入的自然扩张以及利润率的提升循环），这就要回到对这个公司到底做的是什么以及怎么赚钱这一根本问题上了。

我个人对它的业务看不懂，所以从我的视角来看，看到的全是风险和疑点。由于它占你投资的比重不低，所以对上述问题是不能含糊的，好不好还可以讨论，真不真是不能有半点马虎的，否则什么价格都难以说到值不值的问题。

【2018 年 8 月 17 日】1970 年生，初中文化，做全职证券投资前是一名出租车司机。2007 年 6 月进入股市，2008 年年中转让了出租车后全职证券投资。或许是性格使然，进入股市后不久就走对了方向，以公司的价值思考来买股票，但直到 2009 年上半年通过自学看懂了财务报表才开始盈利，从 2009 年至 2017 年间除 2011 年亏损 10% 外，其余年份都是盈利的，今年亏损 16% 左右，至今获得了 19 倍的盈利。我的操作方法是一直满仓（除 2015 年 7 月至 9 月将仓位降到 20%），从 2012 年 5 月开始融资加杠杆，一般控制在 1.3 ~ 1.4 倍的杠杆，但 2015 年上半年最高达到 1.7 倍（1.7 倍是指自有资金 100 万融资 70 万）。持有个股一般 8 ~ 10 只，其中大部分时间有单只个股持仓达 25% ~ 40%，但规定最多不能超过 50%。股票的选择上以低市盈率、低市净率，对公司未来 1 ~ 2 年发展有一个较好预期的个股为主。

买卖的原则以超出买入理由、有着巨大的涨幅、发现更好的个股为主。问题如下：

（1）如何思考杠杆或者说如何控制自己不碰杠杆；

（2）对持有个股总数和个股持有仓位是如何思考或规定的；

（3）我现在 1.4 倍杠杆满仓，持有 43% 仓位苏威孚 B+ 威孚高科，其中 85% 是苏威孚 B，持有理由：低估值、行业龙头、行业处在景气周期。持有 28% 仓位陕西煤业，理由低估值、煤炭行业景气周期还未结束。

从你的经历介绍来看，2009 到 2017 年收益率 20 倍左右，相当于 8 年的年复合收益率 45%，并且其中只有 2011 年小幅亏损 10%，这可以说是非常优秀的成绩了。从业绩归因来看，你一般都是满仓，那么择时的贡献应该很小，但 2012 年 5 月开始融资，这期间一轮牛市应该收获颇丰。但我也怀疑这期间对你上述的业绩占了绝大多数的贡献值，如果是，那么这 8 年优秀业绩的含金量是下降的。再叠加后面的描述，其中单只股票经常占比达到 40% 左右，高度集中加杠杆，这种模式隐含的风险其实是比较高的，低市盈率、低市净率类股票本身并不代表安全。

（1）对于杠杆，其实要区分情况，我指的是一般情况下，融资杠杆利息不低，并且有可能因政策变动导致调整（比如，窗口指导突然要求降低杠杆率），这种杠杆最好别碰。我很早以前就对自己说过，杠杆是能力放大器，如果我能力足够，那么自己的资金做到财务自由也毫无问题，如果我能力不够，那么杠杆只会让我赔得更快。特别是到了一定阶段，哪怕是保守投资的可预期收益已经可以令人很满意，杠杆的一夜暴富意义并没有那么大，但杠杆的一夜爆亏的风险则是完全不可以承担的。股市里看得越多，越要认识到一点，我们的能力是有限的，风险就在身边徘徊。我们必须依靠一个体系让自己能永远“存活”下去，而不是押注在几次豪赌上。或者说，依靠豪赌的阶段已经过去了。所以这得看你对风险，对长期思维和行为习惯是怎么考虑的。毕竟，人生富一次就够了。

（2）我觉得不能从自己有限的个体经验里去得出结论，不到 10 年的有限投资经验里其实偶然性可能比我们想象的要大很多。还是要从本质上去思考，从体系构建的角度去认识问题。持仓多少，比例多大，肯定是没有统一答案的，分散还是集中，以及具体多大比例，取决于很多假设。比如，投研资源是否丰富，体系是更强调安全稳健还是弹性，是着眼于长期持续性还是短期机会，个人价值观是更倾向于概率优先还是赔率优先等。一个好的投资体系，其实就是一个优秀的复利机器。至于怎样发挥复利的威力，在《股市进阶之道：一个散户的自我修养》的开头就有重点阐述。所以我们不要纠缠在具体操作层面的取舍，要首先把高维度的事情想明白，把原则定清楚，下面低维度的具体动作其实是可以比较灵活的。就好像价值投资的核心原理其实就那么几条，但具体延伸出来的打法和策略却可以有很多，你要想明白的是核心原理，而不是去复制别人的具体策略打法。没有前者的通透，后者的复制用起来总是拧巴。

（3）这两个我大概看了一下，都得不出什么明确的结论。原因在于，它们基本上完全依赖于行业的景气度，而对于它们下游行业的景气轮回或者阶段定位我无法得出判断。我的投资经历里从来没有在周期性行业或者依靠某个行业的景气赚过大钱，在我看来，生意可以分为好的、坏的和难的。这类生意就是典型的难生意（而我比较喜欢的是好生意），以行业的高景气度来获利，你必须成为这个行业里最深刻的专家和最敏锐的观察者，因为行业经营者本身都很难精确预测和捕捉到景气轮换。对于周期性比较强的行业，一般原则是在其全行业惨烈亏损，市盈率极高但市净率很低的状况下布局。至于行业已经持续景气（比如，陕西煤业从 2016 年就已经业绩暴增）后该怎么投资这类行业，我觉得除了成为这个行业的业务专家并且时刻把握反映行业景气度的重要信息之外，可能没有什么别的好办法。

最后，股市是不管谁学历高还是低的，“市场先生”从来不吃这一套的。在股市里只有强者和弱者，赢家和输家，其他的都是扯。这是它最可怕的地方，也正是它最可爱的地方。

【2018 年 10 月 25 日】我的情况是这样的，我从 2015 年到 2017 年才开始从生意上赚钱，之前一直打工，现在扣掉房贷，大概有一千二百万现金，手上两个生意都赚钱不容易，开支又大，又不懂别的生意，很是担忧。但有大把时间可以去学点东西，刚开始学了点缠论，后面看了一篇你的文章，说到以十年为周期来思考财富的人，相信的是复利和周期，感觉被点醒了一样。从 2015 年 5 月入市，每年亏十多万到股市都亏习惯了，一直狂热地想买只一年十倍的股票。从你的书中开始回归正常想法，以前出发点就错了，自己还不知道。现在我的想法是不买个股了，拿一半钱买上证 50EFTF，四分之一做现金保本理财，四分之一做风险小的理财产品。关于什么时候买入 ETF，我也弄不清，现在证券公司都在讲买 ETF 是最好的时机。

我觉得，首先理财的方式和对未来的判断，没有特别明确地对和不对的标准，更关键的是适合不适合。

比如，你的情况我觉得就挺适合的。

第一，你现在算有点儿钱了，并不着急赚钱，哪怕坐吃山空，生活品质至少十年不会受到任何影响。

第二，你已经说服了自己，就算错过机会也无所谓，更害怕的是承担风险。我觉得这就是对自己有一个很清晰地认知，包括对于未来的预期也有一个很明确的设想，把资产的安全性远远凌驾于收益之上，这个定位非常明确。这不是对错的问题，想清楚了那么对自己来说就是对的。所以基于这个心理预期，你前面说的资金布局也是比较合适的，相信大概率地可以满足你的需要。

至于说你判断对错，我也没有资格做评论，因为面对未来都是未知的，都需要承担不确定性。我只是从基本思路上有一些建议。首先是你的判断过于感性，这不是乐观还是悲观的问题，不管是正向还是负向逻辑，都需要足够的数据和逻辑支撑——有这些支撑未必就一定对，但至少是经过一个理性思考的过程，容易对于问题的范围和幅度有一个相对准确的认识，否则就容易停留在一种情绪化的或者概念化的认识上。再比如说等见底、等绝望，什么观测指标呢？其内在逻辑和原理又是什么呢？如何进行量化？

我的看法是，保守在任何时候都是对的，特别是当自己的理财需求非常明确地定位在“不求有功、但求无过，不在意大收益但对波动非常敏感”这个层面，那么尽量保守是与内在心理预期高度一致的。但最好是解决好投资体系的内在逻辑和交易的量化标准上，否则很容易陷入盲目或者情绪层面的判断——这个问题的危害可能是巨大的，因为情绪化的交易体系对于市场波动特别敏感（从你2015年5月接近上轮牛市最高点入市来看，这个可能性就更大了），容易表现为越跌越保守，越涨越乐观（因为缺乏投资的内核和交易的量化客观评估体系），这样一来，一旦市场出现与自己的预判不一致的走势（比如，大反弹）就容易改变观点，容易被连续的阳线改变情绪模式，最终可能“尽量保守”的投资预设就会自我崩溃，这样反而就被动了。

所以保守没有问题，对未来的预判也谈不上好坏对错（因为都是面对不确定性，当然可能包含各种判断），关键是要有衡量的可观测的量化标准。根据这个标准，进，可始终保持自己的主心骨；退，可知道什么时候情况发生了变化以便及时改错（毕竟人都会犯错）。这样可能会更从容和理性一些。

【2018 年 10 月 13 日】经过几个月的纠结，家人终于同意将房子卖了入市，大概变现 120 万元。按照你的建议，要么选择优质私募基金，要么配置指数。一来确实不知选哪个私募，一来家人接受不了把钱给陌生人打理。那就只能靠自己了。目前我深知自己不具备选股能力，只能从雪球上选几个活跃用户都比较认可的标的。计划配置如下：10% 平安银行、10% 腾讯控股、15% 格力电器、20% 融创中国、20% 沪深 300、25% 中证 500。

（1）这个配置靠谱吗？有没有什么风险隐患？等下次牛市来临时有没有机会获得资产 1.5 ~ 2 倍的增值？

（2）关于建仓步骤，我总是太心急，一有钱就立马买入，恐怕买不进去，结果今年经常出现买入后立马被套十几个点的情况。但这一百多万元的资金又怕买得太慢，拉的战线太长，变成越涨越买。

（1）我觉得基本靠谱，唯一考虑一下 15% 的格力电器和 20% 的融创中国都是地产链条上的，合计 35% 的比例。个人觉得在这个周期可能要再斟酌一下。融创单仓位 20% 估计是冲着高弹性去的，但我个人觉得，地产这类高杠杆公司是不能用线性预测其业绩水平来简单看 PE 的，我们的地产公司其实这十几年从来没有经历过一次真正的行业下行的考验（其他行业大多数都已经历经了多轮景气高低），在真正的考验到来的时候到底会是怎么样的？仅仅是从业绩增速 50% ~ 60% 下降到 20% ~ 30% 这么简单吗？贵州茅台和五粮液在景气低点都没这么稳（贵州茅台在 2014 年和 2015 年都距离负增长一步之遥，五粮液 2015 年净利润下降近 30%）。地产这个生意受到宏观政策的影响极大，目前行业层面有拐点迹象，政策层面进入多事之秋，虽然有极低的 PE 和当前极好的业绩，但放在几年来看不好说，建议不要拿过高的仓位。

另外，沪深 300 和中证 500 建议各拿出 5% 左右凑成 10% 的仓位，用来投资一些比较好的行业指数。比如消费和医药，相对纯宽基指数来说，这样的搭配更加合理。

（2）我觉得仓位建立没有完美的办法，但其实我们自己是不是也经常既要别放过机会，又要短期浮亏别太多，还要别让我长时间忍耐、等待……所以我觉得重点就是问问自己最看重什么和最怕什么？如果你目前就有建仓的能力的话，讲实话，这个问题在此时此刻就简单得多了，当然是可以偏向快速建仓（仅针对 10 月 18 日当前的情况）。如果是几个月后那就不好说，需要具体情况具体分析，总之是先解决好自己最核心关切的问题，同时保持从长远视角来看待问题。

> 我今年 30，已婚，有一个孩子，过去曾是一名投行“小兵”，目前职业散户，同时日常少量精力管理一个酒店的生意（稳定每年约 200 万元的净利润）。2016 年年初入市，3 年来陆续有 A 股、美股、澳股配置，目前美股已清仓。A 股本金陆续投入共 850 万元，为最大比重配置，并自今年 7 月底从 5 成加重到目前 A 股账户超过 9 成仓位，总资产 900 万～ 1000 万之间。持仓股票 / 持有均价 / 占净值比重如下：法拉电子（37 元，20%）、三花智控（12.5 元，10%）、比亚迪（38 元，33%）、凯众股份（22.8 元，7%）、交通银行（5.9 元，3%）、医药 ETF（1.49 元，8%）、中证 500（2.35 元，8%），物质欲不强并在逐步降级，无非理性奢侈品追逐。自己买股票过程中的最大快感来自认知变现，因此也造成倾向于选股多过指数或投资私募的行为。请你简单评价一下我目前 A 股的配置情况。

你的财务情况应该超过 95% 以上的人了，现金流稳定，覆盖生活和适当负债毫无问题，在这个时点上的资产配置上也有足够多的股票，一手好牌没什么可太担忧的。更难得的是年纪轻轻又没有被物质欲望裹挟，喜欢简单生活其实对于投资也很有帮助，因为不急不躁的心态就已经超过了八成的股民。

你的组合也谈不上有什么大问题，如果仅从我的喜好来看，觉得公司选择上缺乏鲜明的特点——既不是选择了非常优秀、突出的成长型公司，也不是具有特别鲜明地逆向投资注重赔率的倾向。当然投资不是为了证明自己有特色，但特色不鲜明的背后往往是由于在投资价值观和体系上还没有想透彻，由于缺少深层的聚焦，因此容易走向机会主义，而机会主义往往意味着不稳定和持续性弱。看到你 2016 年才入市，如果存在这个问题并不奇怪，也是值得你未来好好考虑的方面。这个深层次的问题比你现在组合的情况重要得多。

几个重仓如比亚迪，之前曾说过，汽车本身是个难生意，比亚迪是个特色优势（产业链一体化，强调技术研发）和弱点（产品力弱）都很鲜明的公司，波动大是必然，作为你的第一重仓要有心理准备。法拉电子是典型的沙漠之花，在薄膜电容这个小天地里经营得极好。它的下游分布极广，一方面有利于它的业绩稳定性，另一方面的问题是缺乏高弹性。目前最核心的拉动来自空调用电容，与宏观经济和房地产有一定的联动，车用薄膜目前占比较低（2018 年上半年据估计在 1 亿元左右），但却是未来的主要看点。总之，这个公司属于急不得的类别。三花智控和法拉电子有点儿像，传统业务稳固，最大看点在于汽车应用。公司的生意特性一般，但经营很高效。总体来看，除了比亚迪对组合的波动冲击可能较大，其他没什么太大的隐患。

免责声明：本书所涉及的公司案例，均依据公司定期报告及第三方研报等公开信息，所做分析均为对企业财务、经营等方面的交流探讨和合理推测，仅供理论研讨和学习交流之用，不作为任何投资建议，并且也不对所涉及资料的完整真实性和结果的正确性负责。所有案例的分析讨论均完成于 2017 年至 2018 年年底之间，各个案例分析发表期间以及前后 1 个月内，本人对其无持有和交易计划。

第二篇 案例分析

STOCK

第三章　工业与制造业类案例分析

东方雨虹

【2017年3月30日】两个问题：一个是我下面对关于东方雨虹2017年的主要矛盾点分析有没有问题？二个是如果我分析得没错，在目前这种状态下我应该怎样给东方雨虹估值呢？由于市场目前已经恢复正常，估值在合理的区间之内，但我预期东方雨虹2017年大概率表现平平，如果是你，你会怎样思考这个问题？

劣势：

高额固定资产折旧费（13亿多元的固定资产），销售方面是否跟得上产能的利用率，前两个都是影响毛利率，房地产市场不景气（下游客户80%以上来自房地产商），2016营收基数较大（70亿元）；目前基建及民用市场还没看到明显成就。

优势：

（1）防水符合中国供给侧改革的政策，由于2008年至今（2017年）的房地产市场粗放生长，造就防水问题极度严重，公民防水意识觉醒是必然的；

（2）市场空间广阔，防水全行业900多亿元的空间对于目前业绩70亿元（业绩快报预测）来说，市场占有率只有7.8%左右，对于拥有明显竞争优势的东方雨虹来说，市场占有率达到15%～20%是可以预期的；

（3）对于目前 ROE 只有 19 ~ 21，周转率只有 0.65 的东方雨虹，从 R、N、G 三个特征来看都有发展空间。

投资的收益站在长期来看，取决于公司的业务前景和竞争力，站在短期来看，取决于预期差。这两者合一的时候，一般是大机会（也就是短期赔率好，赚市场错杀的钱，中长期赚公司不断成长的钱），这两者不一致的时候，如果是预期差高但公司前景一般，那就是机会主义的交易性机会；如果是长期前景很好，短期赔率不佳，取决于对未来的信心有多强。如果信心超强，就踏实持有，用时间换空间，要么耐心等待更好的安全边际。

回到东方雨虹的特性。总体看你的认识没有问题，行业空间在这儿摆着，公司在行业内的竞争力也是无可置疑的。那么从逻辑上来看，除非防水市场出现重大技术变革或者商业模式变革，否则东方雨虹的素质长期来看，收割掉 20% 以上的市场是大概率事件。

关键是短期的 1 ~ 2 年。从过去的 5 年看，东方雨虹的营收增速稳健良好，但最亮眼的是净利润增速，而净利润增速远高于收入的原因是毛利率。2012 年时，公司毛利率和净利润率只有 29.44% 和 6.42%，而 2016 年三季报时已经提升到 44.5% 和 15%。毛利率提升有规模效益提升、原材料成本下降和产品结构变化三种途径，从过去的几年看，原材料因素毫无疑问是第一大贡献。

其次，应该是规模效益和结构优化。而看未来，原材料成本波动其实很难预估（基本等于猜油价），我个人觉得强烈上涨概率不高，但可能温和上涨或者温和波动。规模化这块产能还将陆续投放，需求端又是房地产因素影响大（看 2015 年地产低迷时，公司曾经出现过季度收入负增长），这块大概率的不乐观。产品结构不太可能短期有剧烈的变动，而且一旦房地产下滑恐怕难免产品价格会有所下降。

由此可见，定性而言，公司未来的毛利率压力是比较大的，哪怕不出现下滑，但如果再出现类似过去 5 年那样的毛利率持续上升，确实概率很小。也就是说，收入增长是推动公司未来几年业绩的核心指标，而收入营销的第一敏感指标就是房地产开工的情况，对这一背景的判断决定了对东方雨虹的短、中期判断。但基本可以认为，相比过去几年，至少其业绩的弹性大概率会下降。从估值来讲，应取谨慎的设定。

就目前而言，显然市场并未对此做出足够谨慎的反应。这几个月的上涨其实更多的是由于之前的预期差造成的（之前市场普遍预估业绩在 EPS（每股盈利）1 元左右，结果却是 1.25）。目前，东方雨虹我个人觉得从中、长期来看还是合理的，但短、中期的赔率就不太好。对于短、中、长期的投资价值出现矛盾的时候，可以参照《股市进阶之道：一个散户的自我修养》中关于对象、时机、力度的思考方式：好对象，一般的时机，那就给予较轻或者一般的投资力度；待市场出现机会，转向好对象，较好或者上好的时机，再给予重仓的力度。当然这些都是指导原则，具体买卖点和力度并没有办法精确化，它取决于以下三点：

（1）你对这个标的最终的信心有多强？

（2）可代替它的选择有多少？

（3）对市场整体所处的风险和机会区域的认识。

【2017 年 10 月 21 日】东方雨虹公布了三季报，业绩不及很多人的预期，股价大跌。仔细看过去，三季度不及预期的主要原因在于原材料价格上涨导致毛利下降，还有股权激励摊销的影响，这些都是短期的，很快就会过去。防水材料市占率的提升还在快速进行中，房地产集中度目前迅速提升，对于东方雨虹是很有利的局面，雄安新区的基建也是一个利好，从大幅提升产能布局的角度来看，也说明管理层很有信心。假设今年实现 30% 的增长，明年继续增长

30%（我认为可能性很大），则目前价格对应 2018 年估值不超过 20 倍，不算很低，如果能够继续跌一跌，则是一个比较好的机会。你怎么看呢?

东方雨虹三季度报净利润增速只有 5%，主要是由于同比去年三季度毛利率从 47% 下降到 39%，足足下跌了 8 个百分点。其实毛利率问题在案例评估和之后的跟踪简报里都谈过，其过去几年的利润快速增长中，贡献最大的就是毛利率提升（从 2012 年的 29.5% 提升到 2016 年的 42.6%，毛利率的增幅高达 45% 左右），但既然毛利率的提升已经到达这个地步，考虑到当时原材料的价格也在低位，所以展望时认为毛利率可能将受到压力，而 2016 年三季度便是这轮毛利率提升的最高峰，所以今年同比大幅下滑（年初以来，MDI 和沥青都上涨近 50%）是可以理解的。

另外，我们在以前的展望中也说过，驱动东方雨虹下一轮增长的一定是收入规模扩张。从这点来看，三季度营业收入增长 41%，属于 2014 年一季度以来最高的阶段，还是不错的。从未来看依然是这样：收入是主要驱动，毛利率要观察什么时候达到本轮稳定区间。收入这块确实受益于房地产集中度的提升，同时也受益于 2016 年的房地产高景气度。从更长期的区间来看，市场集中度还有较大提升空间且依然没有出现强有力的竞争者，公司的产能布局和释放节奏都没什么大问题。因此，长远前景我个人觉得比较乐观。

但要说好的交易机会，我个人感觉目前市场对于其预期基本正常，并未有明显偏离。未来 1 年增长，公司自己经营方面应该没什么问题，但它毕竟是一个受宏观经济影响很明显的生意，上游原材料价格的波动以及下游房地产景气度的波动，都会导致业绩出现一定的波动，而且坦率地讲，这两方面目前看起来都不是那么稳定，恐怕不宜简单得出明年增长的预期。

三聚环保

【2017 年 9 月 6 日】你对三聚环保怎么看？这个公司争议很大，有专家认为是伟大公司，也有说是“骗子”。看业绩非常不错，公司也很有进取心，关键目前估值似乎也不贵，也就 20 多市盈率。对它或者它这样的公司，你能否说说怎么判断？是完全放弃还是不顾及争议，只要业绩好，估值低就可以买呢？

我犹豫了一下要不要回答，后来觉得可以说说，但要声明以下个人看法仅供参考，不作为投资建议。三聚环保这个公司确实挺有意思，也争议很大。对你的问题我先说一个实际情况，那就是去年三聚环保曾是我的重仓，但在去年年末我已经清仓了。下面是对这个行为的一些说明（也顺便可以回答你的问题）：

（1）去年 2 月份我看中并且买入三聚环保，基本判断是，首先这不是一笔长期持有型的投资，因为公司的生意模式和确定性都达不到（后面会说）。但从短、中期而言，却可能是赔率相当好的一个选择。在 2016 年 2 月份时，市场对三聚环保的关注度很低，同时由于原油价格大幅下挫导致它还出现较大的跌幅，再叠加当时的快速小股灾，三聚环保跌到了相当低的一个估值水平，我入手时候在 26 ~ 27 元之间——这相当于 2015 年 1.05 EPS 的 25 倍 PE 左右（4PB 左右），也就是说，即便 2016 年增长很少或者不增长也不算贵。

当然不贵还远远不够，还要看赔率。同时，从 2015 年开始，三聚环保正从以往的添加剂生产销售，转变为环保工程承包商（就是公司财报中的能源净化综合服务）。这意味着什么？是收入弹性的极大增加——能源净化综合服务在 2015 年半年报收入为 16 亿多元，全年在 30 亿 ~ 40 亿元之间。这其中焦化厂的综合改造应该是主要收入（占 60%）。2015 年公司的销售总收入为 56.98 亿元，而一个焦化厂综合改造的工程订单金额就高达几十亿元，国内规模以上的焦化厂数量就有 200 多家。可见一旦焦化厂改造订单兑现，很容易出现高增速。而 2015 年三季报在手订单已经达到 47 亿元，四季度末在手订单更达到近 90 亿元，也就是说，2016 年很可能就有较高的增长，这样公司的动态估值就低得多。

当然订单不见得都能实施，特别是这个公司的生意模式很差，基本都是垫资实施，现金流非常差，资产负债表非常“恐怖”。要是现金流枯竭了怎么办？然而，2015 年下半年公司刚刚完成增发 15 亿元，当时在手现金 30 多亿元，马上又要发企业债，这说明什么呢？说明至少 1 年内公司的现金流大概率不会断，这就够了。1 年内现金流不断，足够它铺开摊子争取更多的订单和收入（虽然都是应收账款白条），业绩的极高弹性还可能带来估值的强力修正。另外，这个公司还有很多预期没有纳入价格，比如油价可能反弹回升，带来预期扭转，比如环保工程订单数量超出预期，比如传说中的黑科技悬浮床的进展等（实际上在后续半年多的时间里，这些正面的预期都出现了）。

所以，这个交易是典型的向下概率低幅度小，向上概率高幅度大，运气不好，吃个业绩增速（还不低），估值又低不容易亏钱，运气好了，没准就是“双击”。

（2）之后发生的事情大家都看到了，预期一个接一个的实现，股价完全反转，买入之后的当年涨幅超过 130%，应该说运气着实不错。但在市场对其越来越关注，三聚环保成为一个广受赞誉的“大白马”时我清仓了，为什么呢？

首先，这笔交易本身就不是定义为长期持有。因为从生意特性的角度来审视，三聚环保的模式实在是和高价值企业不沾边儿。2016 年半年报收入增加 162%，净利润增加 99%，大超市场预期。但经营活动的现金流净量是 −10 亿多元，去年同期是 −2.8 亿多元，增加 290%。也就是说，随着业绩快速增长，现金流还在更快速地恶化，而且这基本是三聚环保的常态。也就是说，它所有的工作拿到的都是白条。

当然，我知道三聚环保对此有一套说辞，说白了就是和时间赛跑（期望先垫资金抢单子，等帮助工厂获得转型效益后，再逐步收回现金，实在不行还可以债转股等）。但不管怎么说，即便你对公司管理层的置信程度很高（何况我并不是），这也是一个难度系数和危险程度都很高的游戏。

此外，我观察它的下游客户也经常惊出一身冷汗，基本上都是经济困难地区的困难大户。何况，三聚环保所做的事情包含了太多的技术概念，我们真的都懂吗？高技术，特别是史无前例的高技术，从来都是风险极高的。另外说一个有趣的信息，如果你查看公司 2014 年到 2018 年的发展规划，他们曾经提出 2015 年的营业收入要增长 90%，达到 57 亿元。而之后 2015 年的增速是多少呢？89.31%，56.98 亿元，可谓神准。

其次，随着股价的大涨，三聚环保已经远远离开安全边际的范围。很多人说不贵啊？假设它业绩增长 80% 或者 100%，股价其实也就是 30 PE 不到，这么高增长的公司这个价格不是很便宜吗？我觉得这些朋友肯定是没看过《股市进阶之道：一个散户的自我修养》，至少是没看懂。估值一章里早就说过，要 PE 和 PB 一起看，还要结合生意特性和 ROE 来看。以当时或者之后高点的三聚环保而言，PB 已经是 8 ~ 10 倍了，这是什么概念？再怎么厉害，三聚环保本质上来说还是一个工程性公司（我们暂且不聊这工程中的诸多疑点和风险），工程性公司从来都是折价的，何况还是一个现金流极其糟糕、资产负债表风险巨大的工程性公司。低 PE，那是在极高的业绩增长预期下的假象，实际上从 PB 的角度衡量，这已经是一个相当高的估值了。只要其高预期假设中的若干落空或者低于预期，很快就能变脸成高 PB 和高 PE，从而带来巨大的杀跌风险。

当然，了解我的朋友都知道，我不会断言哪个公司造假还是伟大，那不是我的风格，我也懒得在这方面打口水仗。我的习惯很简单，那就是在价格很低的时候要多想想大概率的事情，在价格很高的时候要多琢磨琢磨哪怕是小概率的风险。很多人不明白，高预期本身就是风险——与之对照，我重仓买入时的预期低得可怜，在那个价位水平上，很多业务的细节问题都不需要弄那么明白。但当市场热捧，众多人追捧到一个相当高的溢价水平时，你就真的要很诚恳地回答一下，自己是不是真的那么懂，那么有把握了。

而我诚恳地回答自己，我没那么懂，也没有那么大的把握，同时我也有了更好、更安全的长线选择，所以与这段好运交易说再见也就没什么纠结的了。

总结一下，投资是一个很综合化的决策过程，需要我们认识公司，同时认清市场，还要认清自己。公司是动态变化的，市场会对公司做动态的价格调整，我们自己也容易随着股价涨跌而动态调整预期，在这一系列的动态中，学会依靠概率思维和赔率意识，努力地理解市场信息的变化，并且诚实地面对自己，是我们唯一的选择。

综上，也许有点啰嗦，但希望回答了你的问题。

【2018 年 8 月 29 日】（1）三聚环保，之前其实你已经表达得很清楚了，最近市场也有所表现了，公司也在想办法，你现在怎么看其赔率概率；

（2）宁波华翔最近也“滑翔”了一下，跌破净资产；

（3）想问的是对这种公司如果被套了，并且发现可能之前的决策错误了，该怎么处理？直接认错割肉吗？还有别的可能吗？

三聚环保我已经说得挺清楚的了，一个特殊阶段和时点下的高赔率短期投资对象，但时间是它的敌人（要特别注意这个）。了解我的朋友们都知道，我不会对某个公司做出斩钉截铁的定论，但只要有了足够说服我自己的逻辑和证据，足够让我自己行动就可以了，所以之前那个问答我只是把自己的想法分享一下，完全没有要说服任何人的意思，都是成年人，所以都应该对自己的决策负责。

对公司的判断，一定要紧紧围绕在业务的核心逻辑和证据上，其他的措施（不管是利好的增持、股权激励、大股东回购或者其他积极行为，还是负面的减持、增发等）都只能作为辅助条件。一旦业务的核心逻辑和证据出现了可疑，再强调一遍，可疑还是可信都是很主观的个人判断，每个人对信息的采集和处理都有主观性，所以是否可信和可疑在大部分情况下其实是没有绝对标准的（除非公司被明确地证伪了）。但也正因为如此，投资的风险才巨大，因为等真证伪的时候，股价早已经完成行动了，这个时候就足够做出决策了。

所以，如果我持有的公司的主营业务在逻辑上出现重大可疑的时候，我肯定第一时间认错离场，而且我肯定把错都认在自己身上，不会去怪公司说漂亮话骗我，也不会怪任何“大 V”对我产生了误导，这是一个合格投资人最低的理性要求。不管亏了多少，一定会止错（不同于单纯市场波动被吓怕了的止损）。错误谁都会犯，没什么大不了，你去看任何一个投资大师都出现过具体投资标的的判断失误。关键在于，不要把一般性错误变成导致严重损害的错误，更不要因为面子或者其他不理性的原因，把严重错误一步步演化成致命错误。致命的错误，一辈子出现一次，就可能归零了。如果没有持有，那么我就会去研究一下为什么它能让那么多人犯错，看看自己能不能避免，也就是用别人的教训来刷自己的经验值。

宁波华翔情况还不一样，业务真实性上没什么疑问，但就是一个很“苦”的生意，上下游两头受气，资产重，毛利又低，这种生意一般情况下都应该是折价。对于这种公司，下游汽车行业景气度和上游原材料价格的预判更为重要，别指望它有什么独门竞争优势能超越行业波动。所以，汽车配件这行虽然在大趋势上而言，长期的进口替代国产配套的空间还是比较大的，但确实这个生意既难又苦，不好做。作为补偿，这种难生意每个周期波动从低到高的区间往往也能提供远比稳健增长型公司高得多的弹性，所以这个取决于能力圈，运气成分也比长 N 型公司要大。

康得新、信维通信

【2017 年 12 月 25 日】由于以前持仓过于集中，我现在将持仓平均分配到北新建材、碧水源、金禾实业、康得新、信维通信、大族激光和潍柴动力。这样持仓较为分散，而且北新建材和碧水源的 PE 都约为 20，潍柴动力只有 10 倍。组合中有近一半股票估值较低，望您在百忙中给予指导。

其实确切地讲，风险并不取决于集中度，而是取决于你对它的认识是否正确。在正确认识的自信下，全仓就 2 ~ 3 只股票也比胡乱投资几十个公司要安全得多。从你最新的调整而言，7 个持仓可以大幅降低单个公司的黑天鹅风险，但你没有介绍对它们各自的期望，所以其实很难说这种组合是否合理——举个例子，一个公司可能在我看来很平庸，没什么亮点，但是价格又便宜，又经营稳定，在你的组合中，你的预期就是它能至少不亏，然后当作类现金放着，慢慢找到其他的机会再换，那么，这个平庸、毫无亮点的配置可能就是对的。

从你的组合来看，大族激光、信维通信和康得新应该是用来进攻的，这几个公司业绩表现良好，行业前景诱人自不必说。这种当前业绩已经释放，市场评价较高的公司，最重要的考察点是其业绩的可持续性和估值之间的关系。这里面康得新还是比较正常的估值状态，信维通信已经是大热门，呈现了高 PE、高 PB 的极高估值状态，大族激光由于业绩大幅超预期熨平了 PE，但 PB 已经是历史高点。

所以，这里至少两个是在极高预期的状态下介入的，在这种状态下做好迎接较大波动的心理准备是必需的。高增长的科技行业都是竞争激烈，需要日常多注意行业信息和技术变化，既要注意景气度的问题，也要注意能否在技术竞争中获胜的问题，所以绝非闭眼长期持有的类别。

通常来讲，超额收益很难在已经极高预期的公司身上获得，除非：

第一，这个公司是真正的伟大公司，具有无比广阔的市场前景和极其强悍的竞争壁垒，长时间累积下来依然是可以获得暴利的；

第二，公司未来的成长期还很长，同时处于业绩高增长的爆发阶段，那么在几年的高峰期依然可以获得好的盈利。但由于其可能缺乏长久的壁垒，或者行业难以形成永久的壁垒，所以本质上是景气高峰驱动的，因此操作上要比较敏感，在行业景气的高峰区域需要变现。

北新建材、碧水源、潍柴动力和金禾实业属于低 PE 的部分，这几个公司首先都比较靠谱，属于自己行业中经营比较出色的老牌龙头，有的从发展空间来看，也还比较广阔（比如，北新建材和碧水源），估值也不贵，总体是靠谱的。从风险角度来说，潍柴动力有较强的周期性需要注意，北新建材已处于盈利能力的历史高点，要注意它随着市占率提升后定价权是否稳固，碧水源远低于历史估值区间，但由于过去其生意形态是高利润率的 EPC，现在则是工程占大头，所以估值中枢不可简单比较（但也确实不贵）。其主要风险是工程性公司的回款和现金流，另外工程类公司业务持续性差，适宜在景气高峰区域选择退出。

【2018 年 6 月 1 日】康得新多次闪崩，股权质押压力大，今天闪崩后停牌不超过三天，已经需要用重组概念来挽救市值，公司对是否入 MSCI 语焉不详，在这样的情况下，该股是否需要重新判断投资价值?

我觉得不宜用近期走势来“解释”公司，闪崩在很多股票上都曾发生过，以某个阶段股价的大幅波动来审视投资价值是错误的，这就像仅仅根据公司领导的豪言壮语来判断公司价值一样。最根本的还是要看公司最基本的逻辑是否扎实，入没入 MSCI 我觉得一点儿关系都没有。

回到康得新，其业务规划非常壮阔，但经营激进却是客观事实，这是互为表里，规划过多，过大必然要带来巨额质押和融资。但其实资产负债表和现金流较差，符合这一阶段的经营特征，扩张期且对下游无定价权，这种情况下，融资只要顺畅是有腾挪余地的，今年货币收紧会有较大的影响，但好在公司并非那种拿钱才能开工的工程性业务，去年和前年都有大额融资，这块应不是主要矛盾。相对而言，我认为其主营业务逻辑是否扎实才是核心问题——而且不仅仅是现在股价大幅下降才需要考虑，哪怕下周股价大幅上涨，依然不能离开这个主要判断标准。

康得新从预涂膜起家，到显示用光学膜的进口替代，这一阶段我认为是逻辑最清晰和扎实的部分，背后也有向国产转移、显示面板崛起等大环境的依托和产业需求。但慢慢再往后的，比如窗膜和裸眼 3D，业务逻辑是否扎实？这是投资人必须探究和回答的问题。

我在和一些朋友的交流中曾举过两个例子，以 2017 年公司调研公开过的数据为例：窗膜实现销售 2000 万平方米，裸眼 3D 也实现销售近 2000 万平方米。这是什么概念呢？汽车窗膜按公司给的数据，其市场占有率超过 20%（还是 25% 记不清了），相当于每 4 ～ 5 辆车里就有一辆用的是康得新的贴膜（包括两个品牌和贴牌），这个量和占有率是相当惊人的，而且就是在短短几年里爆发完成的。这部分怎样核实呢？很困难。但又不能忽略，因为它占到销售收入和毛利相当大的比重（毛利比显示用光学膜高得多）。这部分除了公司高管的讲话，我还没有看到过比较翔实的验证（客观上来讲这种调研确实很难）。

如果说汽车一年销售量在 2600 万辆以上，且一般每辆车都要贴个 4 平方米以上的贴膜，那么这 2000 万平方米的年销售量从理论上而言是存在可能性的。但裸眼 3D 能卖那么多就比较令人费解。2000 万平方米是个极大的数字，我们假设每个裸眼 3D 的终端产品用到 10 平方米这么大的尺寸（比汽车用贴膜还大一倍不止），那么需要 200 万个应用终端来消化。这是什么概念呢？分众传媒的广告终端在一、二线城市几乎随处可见，但其实也就是 150 多万个终端。

200 万终端或者说百万级的终端，按理说应该很容易看到了，可实际上几乎看不到。对于这点似乎没看到公司有详细的解释（公司解释过机场有一些巨型广告，还有合作厂商的电子产品，但这些销量和消耗的平方米数是相差甚远的，这点可以自己计算）。

另外，从公司现金流来说，在显示用光学膜占主导时，确实下游强势账期长符合逻辑，但窗膜和裸眼 3D 的下游应该都是比较分散的，下游客户也不像显示屏巨头一样那么强势，所以当窗膜和裸眼 3D 的销售收入已超过显示用膜的时候，其现金流按照道理来说应该是稳定好转的。当然取决于窗膜和裸眼 3D 具体的销售模式和下游，也需要了解公司前几位大客户中有无这两个业务的客户。

一个公司的财务指标除非特别异常，一般来说，对数字是可以有很多解释和可能性的，这点我认为不能仅就一两个指标不好就轻易下结论，特别对于业务比较复杂的公司更是如此。但是业务逻辑应该是相对清晰的，不可能有很多解释和变化，特别是业务结构中占比很重要的几个部分，其需求应用的基础、客户体系与销售收入之间应该有一个很简单明确的关系。在这点上，康得新的各种报告也好，或者调研会也好，一直没有很有力的资料，因此我个人对上述问题存在较大的疑问。当然我一直说，存疑不代表事实，存疑只代表自己的看法，也只能决定自己的选择，毕竟我们来市场是赚钱的不是“探案”的。

所以，对于决定了长期投资打算的投资人而言，我建议是首先要在业务层面上梳理清楚，找到让自己很踏实的逻辑支点，排除重要的疑问，这是一切的源点。其实康得新原来的显示用光学膜本身是一个蓝海（据公司披露，年 10 亿平方米级别，目前才占 25% 不到，下游大客户特征明显也相对容易获得佐证），窗膜也确实具有现实的巨大存量和增量（这与上面的疑问并不冲突），而裸眼 3D 其实一开始几乎所有人就都不看好（不仅仅是技术问题，这个东西本身需要强大的 C 端能力，包括产业链内容端整合，这些都是康得新的弱项），不太理解为什么在这上面下这么大的功夫。这几年业务复杂度提升了很多，随之经营杠杆也越上越大，所以说雄心抱负肯定是好事儿，但也要有个度和平衡的问题，当然那个话题就比较宏大了，就此打住。

其实，康得新的业务属于典型的既有很大吸引力又兼具较大疑问点，选择投资的人相信主要是因为吸引人的那面，而选择离开的则是因为未得到答案而存疑的那面，选择哪一个取决于自己对其业务的信心和对机会风险的评估，这些只能由时间来给出答案。

以前说过，投资的重点就是考察真不真、好不好、值不值这三个方面。康得新现在最主要的问题是真不真。我认为公司在目前这样的局面下，有义务和责任针对详细的业务结构，收入来源和客户去向以及对应的财务钩稽关系，做一个全面细致的回复。在真不真这个问题解决了之后，才能去谈好不好和值不值的问题。

美盈森、拓斯达

【2018 年 7 月 4 日】目前选择美盈森的理由是大行业中的小公司，跌得够多，这两年利润同前两年比提升不少，且新签了蒙牛、远超实业等大客户，业绩尚未体现，PE、PB 可以，ROE 有提升潜力；拓斯达智能制造业，领头人及团队比较优秀，查它的 ROIC 及 ROE 都不错，就是 PB 有点高。

美盈森确实是典型的大行业、小公司，比较好的地方是它过去 10 年每年都实现了营业收入的正增长，这个也反映了在纸质包装这个大市场里，还是有比较宽松的增长空间的。另外，它的营业利润波动很大，说明其营收中具有较大的不稳定因素（比如，毛利率波动大或者费用波动大等）。

在目前这个时间点来看，还有两点值得注意：一个是公司的财务费用历史上基本都是负的（偶尔几年为正），财务压力非常小，资产负债率只有 20% 出头，总共 85 亿元的市值在手现金就有 21 亿元，商誉只有 2 000 多万元，在金融去杠杆环境下，这样的公司资本压力就很小了。但这个公司也算不上优秀的生意，ROE 和 ROIC 一直都徘徊在 8% 左右，在产业链里没有话语权，应收占收入比重的 30%，固定资产占比也在三成左右。另外，现在整个行业不景气，上游成本涨幅大本身就是压力，但由于行业很分散，进入壁垒低，这种压力可能反而有利于下游客户选择更靠谱的供货商，小包装厂可能加速退出市场从而有利于市场集中。

总体算 60 分的生意吧，行业比上不足比下有余，需要赔率弥补。最大风险是管理层。历史上这个公司做了很多不靠谱的事情，有不少黑点（具体自己搜索），牛市里更会搞概念，但如果玩脱了，影响到主业就麻烦大了。

拓斯达作为新股还没有足够时间的数据，现在谈好不好恐怕太早。其所处的机器人零部件领域竞争激烈，从其介绍资料里没看到什么明显的“第一或唯一”，所以在激烈的市场竞争里其前景难以判断。另外其下游客户有 4500 多家，高度分散，就零配件类制造业而言，这似乎不是一个很好的优势。零配件最好是下游有几个大客户，虽然没有定价权，但一旦突破壁垒后起量会非常猛，并且高壁垒的产品还有强大的客户黏性。下游太分散，覆盖的费用就比较高，零配件标准化程度也较高，但如果是标准化程度高的零配件就很难实现差异化，最终容易同质化竞争，那就比较苦了。总之，新股除非是特别著名的独角兽或者细分行业内遥遥领先的“第一或唯一”，其他不建议过早下结论，因为既没有足够的数据和经营脉络评估，也没估值方面的优势。

上海新阳

进入股市将近两年，起初通过雪球里别人转发你的微博合集认识你。后来陆续买了你的两本书，目前正在反复研读，每读一遍都有新的发现和收获。我对国产半导体行业比较感兴趣，认为目前半导体行业处于国产替代进口这个风口中，国产 12 寸大硅片即将通过测试投产，从而打破进口垄断，但对未来大概率出现的国产和进口企业行业之争感到有些迷茫，如果能分析一下这个行业或者上海新阳这个公司就更好了。

关于半导体我觉得这是一个非常大的产业，目前每年进口的相关产品产值超过 2 000 亿美元，对中国来说，这肯定是产业必争之地。但这个产业在我看来也太复杂，主要表现在产业链非常长，不同环节的技术壁垒都非常高，技术更新的节奏也非常快，部分环节属于典型的重资产，同时还具有较强的周期性。从这些方面来看，半导体绝对是一个大生意，但现阶段中国相关公司是不是好生意仍是见仁见智。

从三星的成功来看，其早前坚定切入内存芯片后，一直就是反周期投资（产业亏损周期咬牙扩大规模，忍耐到景气周期就是大胜），但做到这点的前提是有其他大的现金流业务持续输血。从中国目前的情况来看，大基金等各种金融和政策都体现了极强的国家意志。但总体来看，目前半导体产业的几乎所有关键环节和关键技术都在英特尔、高通、三星这种巨头和各种专业技术龙头手里，中国企业看不出有什么相对优势，我觉得这可能会是一个比较漫长的烧钱和追赶的过程。

在这一过程里，资本层面肯定会有很多大手笔运作，但具体到公司层面有没有高确定性的回报？我觉得悬。几年前听朋友建议看过一个芯片封装类的公司，当时资料看着也很有特点，似乎也挺有希望，但过去几年观察下来的结果，是其业绩连年大滑坡，当年很多看似不错的逻辑都没有实现，由此我觉得这行的水真的挺深的，不是说不能投资，而是对专业知识要求太高，属于投资里很高的跨栏。

上海新阳我不能给予什么投资建议，初步看其财务特征，大概有以下几点需要你留意：

（1）公司过去几年的营业收入和利润增速相当不稳定，经常刚大涨，下一年又负增长，这表明其市场环境或者竞争格局复杂，其业务缺乏稳定性。

（2）从 2011 年以来到 2017 年的 6 年里，公司的 ROE 一直在 10% 以下挣扎，甚至近几年还呈现出继续下降的样子。这其中我们看到其净利润率大幅的下降，这到底是需求端的问题？或是竞争导致的？还是公司费用和成本端有剧变？又或者是公司产品结构发生了变化？这些变化是暂时的还是持续的？未来是向好的还是向坏的？这些都决定了这个公司未来的价值，需要仔细思量。

（3）目前公司的市场预期已经极高，动辄已经给出 60 多倍的 PE，PB 也达到了 6 倍多。这显然已经将半导体产业的美好前景以及今年以来的业绩高增长予以了较高的预期。但结合我们上面分析的长期激烈竞争和较强周期性的行业特性，以及公司历来的营收不稳定和资产盈利能力不佳的情况，这两者之间显然出现了一定的矛盾。投资的超额收益来自超常的业绩增长和估值提升，现在估值已经很高，未来的业绩持续超额增长能达到吗？概率有多大？我觉得这应该是你整个思考的核心立足点。

所以总的来讲，我个人觉得半导体行业很“性感”，但就目前而言，我还没有找到很放心的对象。

华懋科技、宁波高发

【2017 年 12 月 30 日】新能源化、智能化、电子化现在都是大热的风口，可我看不太懂，于是就布局了两个不热门的汽车零部件股票：华懋科技、宁波高发。这两个公司感觉经营都比较稳健，ROE 一直保持在不错的水平，经营业绩也能保持持续增长（华懋科技今年业绩有所停滞），目前的估值也不算太贵，故开始介入。想听听您对这两家公司的看法。

我认为随着国产品牌汽车的崛起，汽车零配件的国产化会走一个类似手机配件国产化的过程。但是由于汽配件远比手机配件复杂多样，又涉及安全性问题，另外，整车厂商也远不像手机行业一样有那么高的集中度，所以这个进程不会那么快。不过相比整车厂商目前同质化的激烈竞争，汽车零部件更加的专业化、细分化，而且目前在一些细分领域已经出现了龙头甚至寡头，确定性更强。

在这两个公司里，华懋科技显示出来的经营质量更高。汽车零部件行业有45%的毛利率和近30%的净利润率的公司实在太少了，这说明其安全气囊产品的壁垒极高且竞争格局也很好。公司的历史经营出色、增长稳健、ROE高，相比同行的费用率更低且资产负债率又低，显示了管理层很好的经营素质。另外这个公司的发展态势比较清晰：首先是受益于未来多安全气囊的配置，其行业增速会高于汽车销售增速；其次是公司的产品结构正在更新，以前是气囊布产品占比高，现在更高毛利的气囊袋占比在提升（已经占比40%），未来有望进一步提升，拉动毛利率；此外，公司还使用低成本涤纶纤维替代锦纶纤维，涤纶长丝替代锦纶长丝消耗比例每提升5%，安全气囊布毛利率可提升0.95个百分点左右，又是一个提升毛利的驱动；最后就是公司的未来产能释放安全、合理且有保障。总的来看是个没什么大毛病的公司。

这个公司如果说缺点，可能就是目前可见的市场空间还不够大（目前已经占据国内35%的市场空间，应该还有一定的提升，但很难相信高额垄断，因为整车厂商通常不希望某个配件被垄断，因此会有意识地从多个配件商购买以维持平衡），这样就很难成为大市值公司。另外，与下一波风潮中关键的电动化、智能化没有相关的产品是个遗憾，公司资金充裕要看看未来会不会有这些方面的并购，一旦有成功的切入公司，那格局就不一样了。

宁波高发的产品品类更多一些，通过收购雪利曼电子和雪利曼软件切入汽车电子领域，但目前利润占比还不高，同时毛利率也比自动挡产品略低，但其中的CAN总线市场是个看起来比较“性感”的业务（客车CAN总线的市场规模约为5亿元，卡车、乘用车的市场规模约为11亿元、660亿元，市场基本被外资垄断）。从主营业务来看，我国自动挡乘用车渗透率不到50%，而自主品牌自动挡渗透率低于30%。公司下游客户中，南北大众、五菱&宝骏、吉利分别占比约为25%、25%、13%，从中可以发现，其实未来更多的机会应该来自国产品牌。

从经营数据来看，宁波高发也是不错的，但明显比华懋科技要逊色一筹，但产品的想象力要比华懋科技更多（电子换挡也在布局中），不过目前估值已经在大幅杀跌的汽车零件公司里中不便宜。

总之，这两个公司都没有什么大毛病，属于一般生意，较好素质（特别是华懋科技）的类别。当然汽车零部件受到整车市场景气波动影响的风险是天然的，这也是下半年这类公司整体被杀跌的原因之一。在汽车行业增速下滑、景气下降的背景下，我个人认为需要关注两点：

第一，是大客户结构，如果占比高的大客户正好是处于强上升周期里（新的大产品周期＋品牌升级期），能相对受整车市场下滑的影响小；

第二，是有没有重大高壁垒、大市场的零部件准备上市，用新的重磅产品在老客户中的渗透，用单车配套价格的明显上升来抵御景气度下降时下游要求配件降价的压力和风险。

宁德时代

【2018年6月28日】如何根据具体信息来推测公司业绩，以及如何合理地给出估值，百思不得其解，希望你抽空答疑，非常感谢。你上次提到电动汽车是一个很好的赛道，2018年上半年电动汽车出货数据也说明了这一点，几乎月月同比增长100%的节奏。你提到下游电池，是有利于规模生产、降低成本的，有头部效应，容易产生大市值的公司。目前宁德时代也上市了，请问你如何看待它目前的估值？2016年宁德市占率低于比亚迪不少，2017年反超（30%），2018年1～5月，市占率提升至43%，而比亚迪仅为20%。头部优势却如你说得很明显，但目前市值已经高达1500亿，并且

2017年扣非净利润仅仅为23亿元，静态估值已经高达65倍。各大券商对今年业绩的预测多集中在30亿~35亿元之间，明年40亿~50亿元之间。这样算动态一般也能接受。如果一般的成长股30 PE是大底，那么宁德时代这样算很优秀的，是否40 PE动态估值就已经落入很好的估值区间，值得长期坚守？

不知道我的回答是否会让你失望，因为精确预测当年或者未来一年的业绩，从来就不是我的强项，也不是我获胜的重点。不是说我没试过，是试过后发现确实现实世界的变量条件太多，很难把握。客观上利润指标也很容易用会计手段操纵。我也关注过其他几个财务专业能力和业务研究比我深的朋友，其精确预测业绩一样经常偏离，有时偏离还很大，说明这是条很难走的路。就像我所说的，投资老手自以为能力高反而更容易“死”在难生意里。

相对容易的是找生意变量比较少、确定性更高的标的，并且在其长期前景坚固而短、中期负面逻辑充分展开的时候参与。

回到宁德时代的电池生意，长期来看，其主要逻辑是持续降低成本，促进下游更大的放量，这个与光伏产业本质上是一样的。降低成本有两个关键点，规模和技术（比如，高镍化）。规模是线性发展，技术可能跳跃发展。这就要求电池龙头在规模上领跑，在技术上站对方向（否则就像科力远那样押错了跑道）。这里技术是一个很难把握的风险点，我们只能选择靠谱的团队帮我们决策。规模是目前的主要矛盾。

从宁德时代来看，规模量的增长好预期，产能建设是主要依据。但价格的变动不好预期，去年电池价格下降30%，谁能准确预测？明年、后年呢？不知道，只知道一定会降低，幅度取决于很多变量的动态变化，其成本的降低也是如此，长期方向明确，具体某个阶段很难预测。但没有这些预测精确的业绩就出不来。

所以我觉得宁德时代也是属于长期方向比较清晰、格局也初步显现寡头趋势

（不仅是规模成本，还有性能品质、优质客户获取和黏性）。但价格上反映的乐观预期比较多，负面逻辑展现得远不充分。

从理论上来说，伟大公司什么时候买都是对的，但实际情况是，一方面伟大都是后验的，另一方面通往伟大的路上并非一帆风顺。折中的方案，如果确实极度看好，可以买一点盼着跌。跌了你也高兴（正好可以补仓），涨飞了也算有个安慰奖。而要满足真正的重仓，条件就比“长期看好”这个朴素的理由复杂多了。

长城汽车

【2017 年 9 月 23 日】从历史财务数据上看，长城汽车极其优秀，ROE 一直保持 20% 多，总资产收益率在 10% 以上，总资产周转率 1 以上，净利润率 10%，分红率 30%，没有有息负债，几乎没有应收账款，资本开支中等，财务非常保守，公司杜绝腐败，成本低，单车利率很高，企业文化“每天进步一点点”非常好，魏总（魏建军）是一个实在和靠谱的人。

长城汽车聚焦 SUV，目前还是坚决不做轿车，但是最近三年，长城汽车遇到了一点麻烦，哈弗冲击高端 SUV、H8、H7 失败后，公司营收和利润增长都开始放缓了，同时，中低端 SUV 市场变成了一片红海，特别是 10 万元以下的竞争程度惨不忍睹，合资的宝骏，还有广汽传祺、吉利博越、长安等抢占了不少长城汽车中低端 SUV 的市场份额，哈弗 H6 虽然总数上还是销量第一，但是市场占比在下降，所以今年港股汽车股牛市，长城汽车是远远落后于吉利以及广汽的（吉利博越和广汽传祺刚好新品周期爆发），市场上充斥着长城汽车是价值陷阱的看法，说一条腿走路不行、营销水平不行、长城只会换壳技术、油耗高、不会做电动、SUV 变红海、市场被分食等。

但据我了解，长城的发动机、变速箱等已经实现自产了，而且技术水平不低，超过国内同行；长城汽车准备了四年的高端品牌 WEY 已经上市几个月，品牌定位价格区间是 15 万 ~ 25 万元，也是国产品牌的禁区，目前表现还不错，8 月份 VV7 销量超过 7000 辆，9 月份估计加上 VV5 能够超过 10 000 辆了，而且长城汽车在法兰克福车展上也展示了它的电动车实力，一口气推出了非插电弱混的 VV7 和 VV5、插电的强混 VV7x（P8）以及全电动的 L4 级自动驾驶 WEY XEV 等车型，其中 P8 今年就能上市，其他三款大概明年下半年上市，可见，长城汽车在电动车和自动驾驶方面的实力有所隐藏。长城汽车能否再次恢复高速增长?

看得出你对长城汽车的基本情况已经非常了解，所以我谈谈其他方面的看法，个人观点仅供参考，不作为投资建议。

长城汽车的优秀甚至卓越已经不用证明，历史财务数据在那儿摆着，这至少证明了长城汽车的团队拥有出色的经营能力。但在看待这种成功的记录时，我们可以发现其实它占有很多历史时机的因素。比如，当时国产低端的 SUV 市场完全是空白，长城的准确定位居功至伟，剩下的很多事情其实是顺其自然或者说大势推动（这并非抹杀经营能力，但出奇好的业绩有时确实并非完全自己的能力，而更多的是靠大势，比如，天士力的复方丹参滴丸，当时也有这样的历史机遇问题，包括很多投资人的业绩也是如此），在国产车全都血拼轿车时，长城独立开辟出一个几乎独享的细分市场，是其成功的最关键因素。

但从现在乃至未来，可以发现这个曾经独享的细分市场正在越来越拥挤，大家都看到了中、低端 SUV 的火爆，吉利和广汽等全都跑来要分一杯羹，而且个个实力不俗。另外，我们需要认识到，汽车整车行业本质上是一个竞争烈度很高的市场，在这样的市场里很难存在经营无忧的公司。另外，汽车市场同样还是一个周期性较强的行业。因此，投资这类公司注定需要一颗强大的心脏来承担波动，同样注定需要对行业和公司的经营波动和数据变化非常敏感，这与投资高壁垒和强差异化类公司的情况是截然不同的。

回到长城汽车本身，基于目前它的收入结构可以推导出其主要的观察逻辑：

第一，H6 在低端厮杀中必须稳住是底线，没有这个底线会面临迫在眉睫的危机；

第二，VV 系列大获成功是关键。从目前了解到的情况来看，这两点似乎都还可以；比如 H6 今年也会有好几个新改型上市，而 WEY 的产品力确实不错，我自己也挺喜欢它的设计。之前 H8、H9 冲击上级失败虽然是个阴影，但这几年过来，一方面是大家的消费能力、水平又提高了不少，几年前的 15 万元可能还是中级车，现在门槛又低了不少；另一方面是 WEY 的产品力确实也比之前的 H8、H9 强不少，所以我相信在这个级别会有所斩获的。

至于业绩能否高增长，既涉及市场需求和接受度，也涉及公司经营布局和节奏，不确定性较大，很难说，只能说如果长城汽车干好了，在 SUV 升级这个大方向上还是有看头的。今年下半年如果新车型推出顺利且产能可以保障，那么明年上半年相对今年的低基数来说应该有表现的机会。但我个人有另一个担心，就是目前整个汽车市场的增速又下来了，虽然 SUV 细分领域和部分国产龙头的增速还很好，但市场需求波动这种东西很难预测。如果明年行业出现继续萎缩，而 SUV 的竞争也肯定会更加激烈，这样就可能导致业绩再次低于预期，这种风险是绝对存在的。

所以，汽车整车这个行业就是如此，优点是国产车崛起大势已经不可阻挡，前途确实挺好，但缺点是这行整体而言是个比较高的跨栏，在国产车奔向成功的大道上，各个车企本身的确定性却没有那么高。

新天科技

【2017 年 11 月 18 日】一直盯着新天科技这只股票，迟迟没有下手，新天科技在 2015 年短暂低谷后，这两年接连并购数家相关行业公司；搞了增发，11 元的成本，也刚刚解禁；燃气板块也大有起色，合作推进顺利，年报说是要做到与智能水表同量级；最近接连签了智慧农业节水长期合作协议；募投产能也终于要达标了，公司在投资者平台讲“力争在 2018 年销售旺季前完全达产”；特别是物联网的兴起，公司前期的布局好像也快要到成长期了；三季报报表也好看多了，如此种种，确实是如《股市进阶之道：一个散户的自我修养》书中所言：“大行业、小公司”，但是最近两年的净利润率却下降得有点儿大，看着有点儿不省心，股价也是一路下行，都到 10 元了。

想请教你，你如何看待新天科技这期间的变化，算是有质的飞跃吗？是走向 Elster 的正确发展方向吗？2016 年报中说“智慧水务未来是千亿级以上的市场空间”，你如何看？最后请教个实在点的问题，结合以上那么多好的预期，新天科技现在 PE 40，市值 52 亿元贵吗？周五大跌尾盘我已经忍不住买了不少，请问向下空间能有多大？

新天科技这两年的经营确实有了一些起色，募投产能开始投产并且扣非业绩也在逐步回暖，应该说经营方面也算符合预期。

你说的公司净利润率下降（从 2014 年的 28% 下降到近两年的 20% 多一点儿），从毛利率来看，其实基本是稳定的（2014 年的 45%，2015 年的 41.18%，2016 年的 43.69%，2017 年三季度的 49%，考虑到这几年间公司燃气、热力和水表的结构占比有一些变化，这个幅度是正常的）。

净利润率下降的主要原因在于费用端：2014 年的三项费用率是 17.56%，而 2016 年已经是 22.45%（增加了近 5 个百分点），2017 年三季度更是到了近 25% 的历史高点。从费用结构来看，销售费用率相比 2014 年只增加了 1 个多百分点，而管理费用率从当初的 9.4% 大幅提升到了 14%，所以，可以认为净利润率的下降主要不是由于产品缺乏竞争力导致，而是由于加大了销售和研发管理力度等导致的。

结合这几年公司确实推出了不少新产品，在燃气和智能水表领域有了新的市场进展，且产能大幅提升，需要尽快消化掉这些的背景，可以认为这种费用率增长目前来看还是良性的，甚至是有利于公司中、长期保持产品技术竞争力的举措。

相比净利润率，其实更需要重点关注的是总资产周转率，这是目前拖累公司 ROE 的根本。而要达到这点，首先需要募投产能实现满产，其次需要存货周转率和应收账款周转率等大幅提升（在 ROE 很高的 2010 年存货周转天数只有 51.6 天，现在却需要 95 天；应收账款周转率也下降了近一半儿），这既需要公司的下游比较景气，也需要公司具备很高的经营效率。

从理论上来讲，公司所在行业较大，而当前业务规模还很小，且新涉及的智能水务等也都是具有大潜力的市场，这是这个公司的希望和预期所在（我其实比较担心的是它有点喜欢追概念的苗头，其目前所涉及的市场体量均足够大，只要把现有事情做实就是优秀级别，但如果再继续并购，扩大经营面，就要小心这种浮躁的状态了）。从公司历史经验情况来看，我感觉这个公司基本上倒也是按部就班干事业的，但还远谈不上优秀的高效经营水准，能不能把好牌打好还真需要慢慢观察。

公司已经上市好几年了，且目前的生意特性和经营水准都没有发生质的变化，所以可以参照其历史估值区间。从过去来看，其在非牛市环境下的 2012 ~ 2014 年平均市盈率为 27 ~ 28 PE，2012 年创业板熊市期间年末收盘价约为 26 PE（最低极限到过 20 PE 左右，但年末收回到 26 PE 左右，之后非极端熊市状态下的年末收盘价都在 32 PE 以上）。所以你可以根据这些公开信息，结合自己对市场大环境的判断来评估可能的波动区间。

特斯拉

【2017 年 12 月】如何看待特斯拉（仅做探讨，个人认为这代表着动力锂电池及智能化汽车的行业发展及趋势），特斯拉的商业价值及生意属性，它是否属于未来优势型企业（扩张性的亏损能否转化为未来的壁垒）？

特斯拉是我非常赞赏的公司。如果说苹果重新定义了手机，那么特斯拉就是重新定义了汽车。电动化概念不是它最先提出的，但它的 Model S 在 10 年前一经推出就惊艳了整个世界，不仅仅是动力系统的重大革新，从外观到内饰，整个概念都是颠覆传统的，从产品的角度而言已经堪称卓越。

但特斯拉不仅仅是产品惊艳，还完全打破了传统汽车厂商的整个销售和服务业态，从臃肿的 4S 店体系进化为直销，从尽量让客户多维护赚钱变为大幅降低售后成本，完全可以称得上是在几十年惯性发展状态的汽车市场投下了“原子弹”。无论是从产品还是从商业模式来看，我觉得特斯拉可能都是整个汽车发展历史上最颠覆、最伟大的设想者和推动者之一。

从生意模式和财务的角度来看，特斯拉的固定资产占比 60% 以上，依然是典型的重资产制造业，这种形态下规模效应是最重要的指标。在规模没有起来之前，大量的前期投入和再投资成本都难以在每辆车身上得到分摊，所以体现为净利润负数，现金流当然也会很难看。但我们要看到，过去 5 年特斯拉的收入的平均增速是 105%，而且更重要的是，特斯拉的品牌战略就是先高端再中、低端，过去这些年是高端占领概念和口碑，这个第一步可以说已经大获成功。

第二步就是中端的（相对于 Model S 而言，其实定价还是豪华车级别）Model 3 的放量，这一步走成功（目前从预约来看概率极大）特斯拉的财务应该会得到较为明显的改善。但我相信特斯拉的关注点本身就不是财务，而是在全球每年近 10 万亿元的大市场里，最终它能收获到多大的份额？与之相比，今年预期大概 40 来亿美元的销售额还只是起步阶段，在这个阶段纠结财务好看意义不大，最关键的还是战略和执行，只要资金链不断裂就可以。所以毫无疑问，它是一个未来优势型的企业，而且目前还处于战略的初、中级阶段。

特斯拉的弱点或者说风险也存在。我觉得特斯拉的战略虽然很完美，但是定价与品质之间的间隙，给其他品牌留下了足够大的立足和赶超空间。目前它只能覆盖 100 万元以上和 60 万元左右的豪华车级别，并且在每个级别上与目前的同档价位在配置、做工、舒适度和豪华感上还是有明显差距的。这就首先给以比亚迪为代表的国产传统厂商在 30 万元以下的空间预留了很舒服的成长区间，并且可能迅速做大，这一方面会影响未来特斯拉的继续下沉放量，另一方面还会被升级到 50 万元以上区间的产品竞争。

另外，是类似宝马、奔驰和蔚来汽车这种，在 60 万 ~ 70 万元档次甚至 100 万元以上档次可能做出很有竞争力的产品（比如除了一样科幻漂亮的造型，在智能化和舒适性方面的大幅提升，至少对我的吸引力就会很大了）形成冲击。总之，随着电动化技术越来越标准和可方便获得，特斯拉以往一枝独秀的局面会丧失。到那个时候，可能就要拼综合实力了，真正的电动汽车“诸侯混战”才刚刚开始。

最后一点，就像对一些才华横溢的导演而言，最大的挑战是克制住自己太强烈的表达欲望。对太有梦想和激情的企业家而言，控制好自己创造历史的欲望，不要把战线拉得太长，一步一个脚印把梦想逐步实现才是最重要的。

劲拓股份

【2018 年 7 月 7 日】对于劲拓股份（300400），应该是你十分熟悉的行业个股，买入的逻辑是：

（1）大行业、小公司，龙头；

（2）业务上分两块：传统焊接业务与智能机器视觉检测，主要下游客户包括富士康、蓝洁科技、伟创力，产品主要应用于手机消费电子、汽车、军工；供给方面，传统的焊接业务经过前两年低价竞争洗牌，目前已经淘汰了绝大多数小厂，公司是绝对的龙头；

（3）需求方面，随着山寨手机被华为、小米、VIVO、OPPO 挤出，下游集中度向大厂家提升，手机更新速度越来越快，以及全面屏的使用，也促使其产品需求增加。表现在财报上就是 2017 年焊接业务营收和毛利率同步提升。但焊接业务公司的市场占有率已经在 30% 以上，未来业务的看点在于智能机器视觉检测，这项业务空间比较广，目前还看不到天花板，经过和公司沟通以及公开资料查询，国内目前尚无直接能够与之竞争的对手，主要竞争对手在美国的两家公司及日本的公司，其中有家去年已经退出中国市场，公司对这块业务的布局比较早，加上传统焊接业务的加持，目前业务增长情况较好，2017 年增长近 50%，今年一季报又大增 75%，已经超过传统业务的增速；

（4）公司从上市以来，ROE 在负债率没有大幅提升（2017 年，31%）的情况下稳步提高，2015、2016、2017 年分别为 8.6%、12.8%、16.9%，且控股股东在上市近四年几乎没有减持，目前新产能在 2018 年年底将完全投入使用。

疑惑在于：这些业务离我的生活比较远，而我以前习惯于在下跌中找偏见，因为给企业找想象力、找值得投资的点，也许在事后看不过是盲人摸象，而逆向投资可以通过下跌来化解掉未知的风险，简单地讲，我认为劲拓股份是成长股，按 2018 年 70% 的业绩增长（一季度是淡季），目前估值不过 20 元左右，但其业绩的持续性与稳定性让我有些不放心。你怎么看？

劲拓股份从产品结构来看，焊接设备还占据 85% 的收入贡献和更高的毛利贡献。虽然 2017 年以及 2018 年一季度这个主力产品增速亮眼，但从其历史来看，经营并不稳定。比如 2015 年还有 2 亿元出头的营收，2016 年就下滑到了 1.91 亿元，2014 年相比 2013 年只增长了 6% 左右，2012 年相比 2011 年下滑了将近 29%。事实上，直到 2017 年焊接设备业务的营业收入才超过 2011 年曾经的高峰值 2.15 亿元。劲拓股份是市占率龙头且定位于中、高端，所以这个情况应该主要不是由竞争格局变化导致的，而是由其下游需求的波动性导致的。

值得注意的是，2011 年的毛利率高峰就是 41%。所以这个决定公司营收的主力产品的周期性比较强烈（公司的 ROE 从 2011 年的 26% 到 2015 年的 8% 之间波动，真正的成长股是不会这样的），且目前处于高景气阶段（营收和毛利表现），对于一个需求呈现较大周期性的业务，这反而让人对未来的情况有些担忧。同时公司在调研中也谈到，焊接设备方面，公司的市占率基本已经达到顶峰（也就是说，更加依赖行业整体需求增速），占比如此大的业务如果定性为周期性强烈，且占有率已到高峰，从中长期来看，是一个很负面的消息。

智能机器视觉看你的介绍应该是竞争环境越来越好，但看这个产品的毛利率却是从 2016 年的 54% 一路下降到 2017 年年末的 36.54%。这个有点儿奇怪，产品增速也不错，同时竞争对手在退出市场，生产也更规模化了，为什么毛利率却在如此剧烈且持续地下降？这个有必要搞清楚。目前公司焊接产品的毛利率有 42%，新产品如果毛利率相差较低，将明显降低其收入增速带来的利润弹性。由于第一业务的不乐观信息，未来要密切关注新业务的高增长，可持续性和毛利改善状况。

SMT焊接设备及AOI检测设备扩产项目目前建设进度为68%，预计2018年底投产，而且在建项目是一次性投产，目前并无贡献收入，产能端的弹性较大。但问题是，这个行业是不是结构性、持续性的供应紧缺（比如，MLCC目前就是这个情况，需求持续旺盛，产能缺口太大，现在只要有产能就能转化为持续性收入）？还是需求景气高峰的暂时现象？这决定了产能投放后的结果。特别是手机业务的放量情况，我觉得是最关键的一个变量。

在我看来，这个公司的业务还是太过于集中和单薄，所以至少两年内其业绩状况取决于焊接设备下游需求的景气度。其他两个业务虽然增速很高，但第一占比还是比较小，第二那两个业务本身需求的稳固性、可持续性也还需要实际表现证明。公司的其他生意属性方面比较正常，典型制造业的中等水平。另外，作为to B的生意，销售费用和管理费用双高，这不是我喜欢的费用结构。

良信电器

【2017年11月6日】不知你对良信电器是否有过关注。公司是国内低压电器高端市场的领先者，愿景是成为低压电器高端市场领导者。低压电器行业容量大概为700亿元，50%为低端产品，50%为中、高端产品。目前中、高端市场主要被施耐德、ABB、西门子等国外企业把持。低压电器行业整体低速增长，公司未来增长动力主要来自两个方面，一是整个行业产品结构的变化，中、高端产品占比提高；二是对外资市场的替代。

良信电器2016年营收为12.6亿元，在中、高端市场大概占了3.5%的市场份额，2014年上市时占比为1.1%，有了较大幅度的提高。由于产品事关安全，公司产品具有较大的客户黏性，进入一个行业，拿下一个客户需要1～2年的严格验证，目前下游客户覆盖艾默生、华为、万科、万达、阳光电源等优质企业。

目前仍是投入期，公司的主要控制人都为工程师，研发投入近三年在5.9%以上，逐年增加，今年上半年达到7%，在业内处于前列；近两年对销售渠道的投入也较大，良信品牌在局部市场也有了一定的知名度。公司财务数据表现较好。近三年营收保持了20%左右的增长，净利润保持了25%左右的增长，并且有逐年上升的趋势，2017年前三季度净利润增长39%。毛利率、净利润率等各项指标处于行业前列，ROE有逐年上升的趋势（2016年受融资影响）。整体感觉公司竞争力在不断增长，未来几年，保持30%左右的增长概率较大。像良信电器这样的公司是否可以介入？主要风险点和关注点在于哪些方面？

我简单看了一下这个公司，一些情况仅供你参考（可作为财务知识交流探讨，不作为投资建议）：

（1）从公司的毛利率来看，上市三年分别为35.8%、36.9%、37.5%，今年三季度达到了39.45%（同比增加1.5个百分点）的新高，特别是考虑到今年以来，上游原材料价格普遍大涨，公司的毛利率依然表现坚挺并创下新高，这与你介绍的公司产品整体走向高端市场比较吻合（低压电器巨头施耐德2016年的毛利率为38.03%）。

（2）公司的费用结构中，销售费用和管理费用各占11%左右。这其实不是我个人很喜欢的结构。因为如果是高管理费用率、低销售费用率，往往说明行业技术壁垒高且一旦突破，很容易通过下游大客户放量。如果是高销售费用率、低管理费用率，往往说明渠道和品牌壁垒高，产品更新换代压力小。

这种很平均的费用结构，一方面说明产品技术更新或者技术竞争压力较大，需要不断投入研发，另一方面下游客户又相当分散，需要广覆盖完成销售。这种情况下，公司一般很难出现爆发增长——产品足够好还不够，客户要慢慢渗透积累；销售渠道覆盖了也不够，产品不断更新需要高频销售。突破这种限制，可能需要公司拿出行业级别的重磅产品，或者在营销模式上大力创新。

（3）上市 3 年来，公司的营业收入和净利润增长都堪称良好，而且背景是公司的销售费用率稳定，应收账款的周转天数从 38 天大幅下降到 23 天左右，表明增长的质量高。在宏观环境较剧烈的变化中有如此稳健的增长，说明大行业、小公司特点比较突出，有足够的行业纵深供公司腾挪（其下游广泛分布在多个行业，这对于熨平行业周期波动很有利）。

另外，也说明公司的经营水准较高。公司的现金流非常好，固定资产占比低，负债率非常低，无长、短期有息负债，且净运营资本为负数（大量经销商的预付款），表明公司的生意模式较佳。目前公司的 ROE 为 14% 左右，还算不错，考虑到公司似乎缺乏高杠杆需求，未来主要看净利润率和周转率演变，目前这方面暂无趋势性的判断。

（4）从基本面来看，公司的主要逻辑一个是中、高端低压电器的进口替代，另一个是不断拓展新的下游行业应用，这两个中、长期逻辑应该是基本成立的（2015 年公司营收出色，而在华外资巨头的业绩却出现集体滑坡）。目前公司的在建工程量较大，未来的产能驱动也比较有保障。

（5）公司的主要风险，一个是社会固定资产投资下滑，因为其低压配电产品是电力能源保障的一环，其需求的主要来源是固定资产投资（每个固定资产都需要电力能源保障）。另一个是行业缺乏绝对优势，公司的终端电器、配电电器和控制电器三大类产品都有众多的竞争对手，而且目前在规模和技术上并无绝对优势者出现，这表明公司在一个激烈竞争的行业里需要始终高效并且正确。由于这个行业壁垒较低且差异化程度并不是很高，预计难以出现真正的垄断者。但目前公司在中、高端市场仅有 3.5% 的占有率，应该还有长足的进步空间。

总体而言，良信电器所处的行业相当传统，所以估计很难有风口效应。但正因为如此，容易出现被市场忽略而出现低廉价格的机会。从公司目前的数据可知经营比较优秀，但尚未锻造出真正差异化的独特竞争优势，难言长远的确定性，但客观上大行业、小公司又经营出色。因此，我认为可以列入值得关注的范围。至于估值范围，由于其并未有独特优势，所以可以基本参考同行业上市公司的历史估值区间，至于给予其优秀经营多少溢价空间，就需要见仁见智了。

均胜电子

【2017 年 12 月 14 日】对现在的均胜电子怎么看，这一个月回调了近 25%，PE 在 30 以下为历史低点，存在较大的安全边际。公司通过近几年的并购，收入和净利都获得大幅增长，在此价位存在较高胜率。

先说说均胜电子现在看着确实不贵，2017 年动态大概 26 PE，属于历史低点，而且看一下它的业务那是相当好的，各种汽车智能电子产品听着就高级而且有风口感。这些一眼就能看到的靓丽面就不多说了，但是对这个公司我有以下疑虑提出，仅供参考：

（1）这么好的业务为什么从财务上看不出技术含量和壁垒？它的产品平均毛利率只有 18% 左右，净利润率只有区区的 5% 不到，完全是低端类生意的表现，为什么？同样的汽车配件业务，我们看到做汽车玻璃和汽车防震或者内饰件的公司，可以达到 30% 或 40% 以上，一些有技术优势的汽车智能电子类产品毛利率可以达到 45%，这看起来才像是有壁垒的东西。均胜电子的产品里最高的毛利也不过 20% 左右，为什么那么低？这么低的毛利润率说明了什么？

（2）从费用结构来看，优秀的汽车配件厂商财务费用率往往很低，甚至是负数。但均胜电子财务费用率几乎与销售费用率一样，而销售费用率和管理费用率的占比又明显低于优秀汽车配件厂商，看起来公司确实在销售和研发上的重视程度远不如利用财务杠杆来收购扩张。从历史经营绩效来看，ROE 好的时候也不过只有十几个点，还是主要靠的高负债杠杆，ROA 低得可怜。

（3）从历史表现来看，公司的内生性增长其实很平庸，出现较高增长的 2017 年和 2013 年都是并购带来的。问题在于，仅靠并购的增长价值大吗？如果是一个盈利能力强又有较好增长前景的公司，为什么会卖给你呢？而如果被并购的公司本身经营情况就不好或者面临天花板，那么交给均胜电子这样一个自己的经营历史都很平庸的公司，被调教成功像沃尔沃被吉利催化出第二春的概率有多大呢？我个人对此是怀疑的。大规模并购能带来业绩规模的攀升，但是对于每股收益以及 ROE 的贡献却很难说，经常是大幅低于预期。

总之，均胜电子布局的领域很好，公司显然也有足够的野心。但我个人认为，一个公司的素质首先要看内生增长的实力，对外并购并不在于规模扩大而更看重优质业务领域和优质客户资源的导入和后续转化。现在汽车电子和智能领域，几乎是全世界最热门的细分行业，各个汽车配件巨头或者电子产品巨头，无不虎视眈眈投入巨大资源，推出各种产品，可以说竞争十分激烈。在这个领域，我个人觉得，还是有能力自我研发、推出高壁垒产品的公司更为靠谱。

洁美科技

【2018 年 11 月 26 日】最近国巨年底减产，洁美订单存在一定程度的影响，您怎么看待此次集中炒作后减产事件。另外据公司声明，日、韩客户供货正常，如果消化库存时间为 3 ~ 6 个月的话，会影响洁美目前的估值吗？

MLCC 这个产业很专业，投资人缺乏大量的第一手信息，比较难准确预判行业节奏，所以我们只能从一些公开信息中相对稳定的要素着手去分析。首先这个行业的中长期需求扩张目前来看是扎实的，无论是消费电子、5G 和物联网，还是新能源汽车，都会促进 MLCC 总量的稳步扩张。从供应来看，竞争格局也基本还是稳定的。从消息来看，MLCC 的价格炒作更多集中在经销商渠道端，这部分肯定囤积了不少存货，具体多少以及需要多长时间消化库存还不清楚，经销商这端的价格剧烈回归理性应该是大概率的。原厂这块，由于长期需求膨胀且存在缺口，大厂目前都有温和的扩产规划（增长的总量较大，但提升弹性其实并不大，比如国巨目前为 500 亿元的月产量，明年底规划扩张到月产量 600 亿元，也就是 20% 的增量），厂商的扩张幅度较大但由于占比太小，所以绝对增量很小，对于行业供需影响不是很大。这么来看，由于 MLCC 价格回归的概率很大，所以反而是增量幅度较大的国内厂商可能更容易用量对冲价格的下降。

洁美的纸质载带目前占营收比重的 75%，直接与 MLCC 的景气度相关，并且这部分的国内市场占有率在 50% 以上，全球市场占有率在 35% 左右，如果 MLCC 进入一段期间的去库存，可能在价和量两个方面都会影响到洁美。量方面缺乏竞争力的 MLCC 产品可能会阶段性减产（以及大厂的策略性减产），下游的景气度下降和价格下调也会增加洁美的降价压力。有利的一面是洁美今年三季度刚调过价，如果价格可以守住明年全年受益比较明显，但今年下游确实太景气了，也带来了很高的基数，所以对于 2019 年来讲，业绩压力会是很大的。

占比 20% 的塑料带业务目前的主要下游也是 MLCC。公司在调研中曾表示：由于今年下游客户电容火爆，客户最迫切的需求是提高稼动率、产量最大化，对成本不敏感，切换新材料动力不足，对塑料带整体进程有一定的影响——似乎下游景气度下降反而有利于具有成本优势的塑料带的渗透，这部分进展值得注意，看看能否形成景气下降期间的对冲因素，毕竟占比不小且毛利率相比纸质载带也高得多。

估值因素见仁见智，特别是短期估值主要是市场情绪主导，很难说。但一般来讲，如果下游出现景气度的下降趋势，估值确实容易受到负面影响。另外需要注意的是，公司毕竟上市时间还很短，其稳定的估值中枢到底在哪里其实尚未清晰。至于市场整体走势，还是放弃预测，没有任何意义，根据估值和赔率的变化来做反应就好。何况个股与市场未必保持同步，还可能出现押准了大盘却押错了个股的情况，而要同时猜准市场和个股的走势来一个两全其美，那可能比较难。

中材科技、盈趣科技

【2018 年 11 月 25 日】对中材科技（002080）和盈趣科技（002925）的看法，特别是盈趣科技（002925）目前有利润点的是电子烟（本人算是老烟民了，2 年前就尝试过 IQOS，觉得很难抽），但近期有部分国家和地区禁止电子烟销售，会对它今后的利润增长带来多大影响？

中材科技的生意特性很一般，你可以看到，其过去多年的 ROE 都不足 10%，这还是在长期高负债率的情况下的表现，固定资产占比 50% 多，且应收占收入比和存货额都非常大。从财务数据来看，公司的盈利波动很大，而且营业利润和扣非后净利润的波动远高于销售收入。

造成这种现象的原因在于，首先公司产品的附加值不高，只有 25% 左右并且具有一定的周期性波动，20% 多的毛利率下，费用率还高达 18% ~ 20%，真正剩下的净利润率只有几个点。在这种情况下，成本端稍微波动一下，或者费用端稍微上几个点（比如，近几年由于老业务扩张和新业务投资，财务费用率就从 2015 年的 1.6 个点上升了 2 个点，如果原来净利润率是 7 的话，一下子就能下降 15% 的净利润），或者出现一次较大的资产减值（如 2016 年的大额资产减值损失就占到了销售收入的 2.84 个点，相当于净利润的小一半儿没了），净利润就会出现大幅波动。这么来看，这个生意还真挺难的。既不具有收入需求端巨大的弹性和想象力，在成本和费用端又不具有超强的控制力，这样就比较容易出现“意外的经营波动”。

盈趣科技 2017 年才上市，2018 年就业绩变脸了。从其业务介绍来看：公司在智能控制及创新消费电子领域积累了丰富的设计制造经验，为公司自有品牌的开发奠定了坚实的基础。

公司基于无线互联云计算等技术，着重开发智能语音控制、智能场景模拟、移动终端控制，并联合“Intre 盈趣云平台”进行产品的综合拓展与功能升级，逐步自主建立智能家居生态系统，并致力于该领域的技术攻关和应用研究，目前公司已推出多款高技术含量的家居产品……几乎什么都能做，但你也不知道它到底是做什么的。

就目前能看见的主要是电子烟，我个人对电子烟的前景持高度怀疑态度：就像你说的，真正的烟民不觉得这个东西好抽，轻量级吸烟者直接戒掉就可以了，它没有什么扎实的应用场景，并且当前已经有研究证明电子烟的危害可能比烟草还大，唯一的健康性都不稳固就完全没戏了。而且这不是一个新概念，也有上市公司搞了好几年，一个真正有生命力的东西应该是迅速成长渗透的，不会这么多年还只活跃在电视购物里，而除了这个，公司真的没有其他看点了。

劲嘉股份、海利得

【2018 年 11 月 25 日】劲嘉股份属于拿在手里很安心的股票了，点评几句。海利得，产能释放的逻辑在汽车销量下滑的背景下，是否还能站住脚？

劲嘉股份的优点是下游烟卷消费相对较为稳定，主营烟标业务也有壁垒，在去年不低的基数下还能实现烟标 9.12%、镭射包装 15% 和彩盒 76% 的增长（其中，精品烟占比 60% 左右），在现在这样的宏观环境里也算是难得了，而且还没有有息负债，在手现金有 9 个亿，现金流很好。将近 10 个亿的商誉确实挺高，不过过去 5 年商誉都没发生过减值，减值主要来自存货和应收账款，这说明公司在主营业务范围内的并购风险还是可控的。至于电子烟我觉得就当白送的概念就好，别有太高期望。另外公司目前股息率也有 4% 左右。

海利得的经营逻辑还是看车用丝的增长，帘子布确实在增长但放量低于预期，毛利也没有什么明显改善，我发现汽车配件类的生意都很容易出现这种渗透和放量低于预期的情况，侧面说明这行发展比想象中困难。汽车销量下滑确实是它逃不掉的经营背景，这个没办法，属于生意属性难以免除的风险。值得注意的是，海利得的现金流不错，历史的盈利分红比例极高，目前按照去年的历史较低的分红政策计算，税前的分红收益率也达到近 5%，这在制造业和小盘股里都是比较少见的。

总体上看，这两个公司的业务都不富有想象力，生意属性上也算不上高价值类公司，经营上还都相对靠谱但称不上优秀，相对来说，便宜和高股息率是比较突出的。

信维通信、赣锋锂业

【2018 年 11 月 24 日】信维通信和赣锋锂业在产业链中、长期都具有较高的 ROE，反映了较好的生意属性和竞争壁垒，我认为两家公司都具有很长的雪道，但赣锋锂业受资源类企业周期性影响，信维通信受智能手机市场总体饱和及技术类公司技术前瞻不确定性影响，但两家公司管理层较为优秀且具有行业野心，请你点评一下这两家公司的机会和风险，未来两年投资盈利的概率和赔率问题?

高 ROE 本身不代表好的生意属性和强的竞争壁垒，行业的景气度高或者通过高杠杆一样可以获得较高的 ROE。生意属性好或者强竞争壁垒，需要体现在 ROE 不仅高而且持续地高，以及这种高不依赖于大量有息负债等资本性投入（占用上下游款项的无息杠杆不算），这种特征的 ROE 才是高价值的。

赣锋锂业和信维通信所处的行业前景都很广阔，可以认为雪道是足够长的，但它们的问题也很相似，就是雪道够不够湿滑、是不是容易堆成大雪球（竞争优势的强度以及经营的可预期性）。

赣锋锂业的 ROE 从 2010 年到现在，最低的时候只有 5 ～ 6 个点，最高的时候 2017 年达到 36% 以上，而且 2015 年之前 ROE 都是长期在 6% 左右徘徊，暴涨的主要原因是这两年多毛利率翻了 1 倍，费用率下降了 30% ～ 40%，导致净利润率暴增了 3 倍左右。

2015 年以来，公司一方面大举布局买入锂资源，另一方面整个锂资源也存在较大的供需缺口，导致锂资源价格大幅上涨（电池级碳酸锂从 2015 年的 4 万元一吨直线飞升到 2016 年中的 16 万元一吨，工业级的增长曲线也类似），但根据相关报告显示，锂资源将从今年起进入供大于求，且由于全球供给端还在持续扩张，增速超过需求端（增速最高的新能源车毕竟占比只有 25%），这个过剩趋势还会强化，所以锂电池的价格前景并不乐观。今年三季度同比碳酸锂均价下跌了 22% 左右，公司收入虽然还在增长，但第三季度净利润下降了 32%，由此可见，公司业绩不但与锂资源价格紧密相关，而且呈现放大（固定资产占比高，有息负债也高）。所以这类公司就是赌价格，而对大宗商品类价格的预测基本上属于投资上难度最高的一个级别。

信维通信也是自 2014 年以来有了一个巨大的飞跃，从历史来看，公司领导层确实抓住了重要的产业机会切入苹果产业链，又凭借着高效经营，不断扩大供应链中的重要性，从这些情况来看，公司的战略眼光和执行力都十分出众。但这个公司本质上具有较高的风险，因为这类公司的生存发展完全是由下游大客户捏在手心里的，不但给予什么订单，而且给予什么价格和利润空间都是相当被动的。

即便公司能力很强，但同业的竞争却也非常激烈，完全是你追我赶的格局，错一步可能就得落后，对公司经营的容错级别很低。并且电子配件的更新换代频率很高，你拿到一个好产品订单也就是吃 2 年，再往后还有没有你的“肉”便很难说了。而且这行还有个麻烦就是信息不透明，厂商需要为大客户保密，产品进展动态等没有内部消息很难及时了解，比如最近这次 LCP 天线的风波就很突然。另外，公司近 10 倍的 PB 其实也隐含了较高的盈利预期。

所以，如果说赣锋锂业是赌锂资源价格的话，那么信维通信就是赌管理层能力，这两个生意类别的风险本质上都很高，并且未来两年都面临着一些行业性的压力（一个是锂资源的价格下降，另一个是手机电子消费的增速下滑），波动也一般比较剧烈，即便看好也不建议重仓高度集中持有，而应根据个人情况和整体攻防组合情况予以更合理的配置。

中金环境

【2017 年 11 月 15 日】对于中金环境我也长期进行跟踪，由于近几年南方泵业向产业链下游（环境保护行业）进行拓展延伸，并购与投资了金山环保与中资华宇，打通产业链上下游，并重新定位于环境医院的南方泵业，我有几点疑惑：

（1）新定位（环境医院）下的中金环境的商业模式中的核心优势与壁垒是什么？新定位与原泵业公司在估值逻辑的上差异有哪些？

（2）在新公司的新定位下，你的书中对南方泵业的高价值评估中的项目（X 变量）：市场空间与商业价值、商业模式（重资产、扩张的边际成本）、高客户黏性、弱周期、强竞争优势、R 特征、N 特征与 G 特征会发生变化？这些 X 变量的变化又会对整体的估值 Y 变量产生什么样的影响（定量和定性）。面向未来，应该如何思考中金环境的估值框架？

（3）除了高端泵的产品竞争优势、前期泵销售积累的客户资源还有公司在销售模式（直销）与渠道上的优势。你认为重新定位并正在转型中的中金环境存在哪些优势和机会，转型初期的劣势与最大挑战是什么？目前企业经营中存在的主要不确定性与风险是什么？

（4）关于近期并购浙江“金泰莱”切入危废领域，该领域从行业属性上与水泵下游产业链的关联度较弱，同时并购的金额较大，对公司的现金流压力较大，对核心主业的协同性初看也不强，从你的角度怎么看本次并购对其估值评估的哪些 X 变量会产生不确定性影响，并购的价值有多大？有哪些方式可以评估？

其实，中金环境的问题没有那么复杂，抓住以下重点即可：

（1）原南方泵业的制造主业定位于中高端泵产品的进口替代，公司的经营一贯比较稳健靠谱，这个主业长期来看获得平稳发展的问题不大。但主要的问题是业务空间有限。正因为如此，南方泵业开始了转移业务重心到大环保产业，其主要目的就是让自己的事业有一个更广阔的平台。其中环保行业的持续景气以及泵类制造业与水处理环保的一些协同是其下决定的核心。

（2）这个转型主要是通过收购兼并来实现的，其环保工程业务的主体是金山，环境评估是一个聪明的入口。就环保业务而言，这个行业细分领域多，各种技术路线也比较杂，但从生意特性上而言都一般，特别是 PPP 模式下的工程性业务多，利润率低且现金流压力大。从生意模式上而言，并不如其原来的高端泵制造业，当然行业空间大得多了。这会对估值有什么影响？我觉得就生意本质而言，环保特别是环保工程类公司的估值是比较低的。随着其业务中的环保比重越来越大，你可以基本参考其他类似环保业务的公司估值。

（3）中金环境短、中期而言最主要的看点如下：

一是收购兼并不断拓展业务范围，有一个外延式增长的驱动，特别是收购都有业绩对赌，结合目前依然持续的行业景气，其业绩估算相对有一个参照并且确定性相对高一些。就最近的收购切入危废领域，我没有什么特别的看法，这对于其经营战略和生意模式都没有明显改变，具体经营绩效只能随着时间进展慢慢看。

二是看看其从环评入口不断拉动后端治理的业务设想，是否能够顺利实现，如果顺利这是一个内部增长的驱动。至于制造业也还是有稳健增长的前景，但主要是提供现金流并降低一些工程成本。

（4）这种模式在目前行业景气下比较有利，但从长远来看，环保工程为主的业务都缺乏稳固的经营环境。收购兼并得多了，管理和业务协同也是一个问题。而且目前可以看到，由于行业景气，许多公司都在加大环保 PPP 的投资，行业的竞争烈度必然上升，由此可能导致项目质量和金额都持续下滑，最终影响到公司绩效、现金流和资产风险，而且一旦环保 PPP 投资高峰一过，怎么继续增长依然是一个问题。

【2018 年 7 月 11 日】详细点评一下中金环境，除了负债较大，整个估值处于 2010 年以来的历史低位，基本面能收集到的信息没有变坏迹象，相反正在逐步向好，看起来现在处于严重低估的情况，低 PE、低 PB，持股信心开始动摇了。

中金环境从转型到环保后，整个生意都发生了很大的变化。环保是个大产业，这一点毋庸置疑，但环保类生意属性却很少有好的，特别是工程性质的业务生意属性太差，竞争激烈，需要大量的垫资并且现金流很差，所以环保行业创造的社会价值比经济价值大，经济价值比对上市公司的内在价值贡献又大得多。中金环境在南方泵业时代的现金流很不错，每年的财务费用都是负的，但这几年财务费用上到 2.8 个点，有息负债上到 27 亿多元，收购还搞出了 29 亿多元的商誉，大股东还质押了 75% 左右的股权，经营压力非常大。这一切在 PPP 受到鼓励的时候还可以杠杆负重前行，今年一去杠杆了马上就受不了了。

从中金环境本身的经营而言，可以说转型一波三折，流年不利。刚收购金山没多久先爆出来金山总经理的问题，好不容易想办法把金山剥离出去了，去杠杆又开始了全市场杀 PPP 估值。从公司的经营情况来看，水泵制造业还在稳健增长，2017 年增长情况还很不错（+28%）。环境咨询业务典型轻资产，耗费现金不多，毛利率 50% ~ 60%，增长迅速，2017 年年末，环境咨询目前占 10.5% 左右的利润比重。

危废处理业务也是典型的高毛利率，金泰莱业绩承诺 2018—2020 年实现净利润 1.70 亿、2.00 亿、2.35 亿元，上市公司 2017 年扣非后净利润也就是 5.7 亿元，所以这个业绩带来的增量是比较可观的。看一些调研信息，预计 2018 年公司轻资产 / 现金流的泵、咨询、污泥运营、危废利润占比主营业务可达 85% 左右。这是它与纯环保工程类公司最明显的区别。

所以，其合理价值可以考虑将其制造业和环保业分别估值再加总。以水泵制造业为例，2012 年的最低估值在 20.3 PE 左右，还可以借鉴下其他水泵公司，如新界泵业的估值情况。环保从其轻资产业务的占比越来越大而言，相比纯工程性环保企业也应该有所溢价。

当然它的收购带来 29 亿元的巨大商誉，这个风险不能不考虑。此外就是现金流被 PPP 耗得厉害，业务重心如果还在不断扩大 PPP 工程规模上，就需要持续融资。另一个风险是业务理解难度，普通制造业相对好理解，但危废处理也好，环保设计咨询也罢，既不透明，也不是很好理解，这降低了对其中、长期的可预测性。

从对以往的观察来看，中金环境的管理层我认为还是属于比较稳健的，传统制造业做得也算是成绩不错。但转型环保过程中显然低估了切入这个行业的风险。而金山事件后，公司的总经理已经是环保行业的资深人士郭少山，未来发展的主要方向在环保咨询设计以及危废处理（这个还需要观察确认，如果公司只是一味求规模而把 PPP 工程作为重点，则其业务价值将持续下降），从环保行业里来看，它还是有一定差异化特点的（当然不足以改变较低的 ROE 和 ROIC 属性）。

整体来看，其并不比其他环保类公司有更突出的风险，反而有一定的特点，可以根据这个性质做估值上的考量。当然所谓合理或者低估毕竟都是主观判断，真正的底部往往是情绪杀出来了，这个很难精确把握。

北新建材

【2018年11月26日】分析一下北新建材，从上半年19元建仓，到现在已占四成仓位，15元价格亏15%不到。像你说的，石膏板领域的竞争早已不是问题，目前最大的问题是60%的市占率是不是业绩已经触顶？我甚至不太确定北新建材到底是“当前优势型”还是“高峰拐点型”？虽然研报说家装只占三成，我想这个价格也包含对经济下行、公装下滑预期的一面。三季报中19亿元的在建工程看得出公司正在大刀阔斧地扩大产能，如果2020年能达成30亿元平的产能，按照现在80%多的产能利用率，在维持现价的情况下业绩能增长40%，前提是得有那个市场需求。而隔墙应用在家装中的渗透率到底有多大的提升空间，也是一个看不太清楚的地方，日本、美国的参照意义有多大？

过高的固定资产占比和资本投入，已处于较成熟的价值周期，不符合你说的“经常性溢价”品种，但应该是“高回报低增长”一类，假设当市场回暖给到15倍的PE，那价格也会是现在的一倍。我相信一个简单的道理，中国人均住宅面积跟发达国家相比还是有一定提升空间的（即便考虑到人口下降），要想控制房价，就要加大住房用地的供给，我认为这两个方面是长期来看的大趋势。

从历史上来看，公司的总资产周转率的高点就在0.75，再没有更高的了，而2017年已经达到这个高度。销售净利润率2017年达到21%也是历史最高（之前2013 ~ 2016年一直徘徊在17%左右，再之前5年徘徊在12%左右），主要是毛利率从2011年的22%多一路稳步上升到2017年的37.23%（2017年提价），费用率却几乎没有发生变化。资产负债率明显下降，从2011年的56%一路稳步下降到 2017 年的 22.4%，2018 年继续下降。简单来讲，成本和利润率端乃至资产端，都是历史最好情况，挤不出什么弹性了（除非原材料价格大跌）。反而要考虑到行业压力加大时，通过让利和促进销售带来的利润率下降风险。

从需求端来看，石膏板行业需求与房屋竣工面积正相关性较高，自 2016 年以来，这个基本面是下降的，目前依然非常低迷，未来除非出现强刺激，否则持续低迷的可能性比较高。整体需求不振，需要从结构变化方向来考虑。从结构上而言，石膏板的下游，70% 是公装，30% 是家装的格局依然没有太大的变化，而办公楼、商业用房这些石膏板应用更多的地方，其对应的施工面积数据比住房更差，目前持续下行。累计同比数据持续为负。所以从短期来看，压力会是很大的，2018 年 Q3 实现营业收入 35.24 亿元，同比下降 0.6%，归母净利润 7.44 亿元，同比下降 15.63%（中报的时候，收入还有 25% 的增长，净利润还有 50% 的同比增速），考虑到石膏板应用相对于房屋开工建设有一定的滞后期，说明行业下行压力刚刚开始传导到这里，短期看不到扭转和好转的因素。

从中、长期而言，唯一的出路在于扭转结构，扩大家装市场，并且让石膏板的应用场景从当前的 70% 集中于吊顶大面积渗透到墙体建设及墙体装饰领域。但说实话，这个“故事”已经讲了很久了，至少 4 ~ 5 年前我关注北新建材的时候就在谈这个逻辑，但到目前为止，北新建材的增长驱动应该主要还是来自市场占有率提升和行业景气度，结构转变依然还是一个故事。我相信这些年既然没有快速在新场景应用普及，肯定有其内在原因，所以不能简单套用所谓美国、日本的应用数据。由于目前尚未看到结构变化出现什么强力且符合逻辑的因素，所以对于未来几年结构转变的顺利程度，我还是持谨慎态度。

如果这个方面没有突飞猛进（哪怕虽然对财务贡献有限，但结构转变如果成为一个应用端的新浪潮，那么对公司的预期也会明显不同），恐怕公司受到行业波动的影响就会是很明显的（毕竟市场占有率已经很高了），除非在生产成本端出现大的对冲（比如原材料持续大跌）。所以从短、中期而言，似乎盯着房屋竣工面积和其原材料的价格这两个要素的变动是最重要的。至于你的设想，有其合理性，但一个局部的合理性在复杂的宏观决策中也很难说具有确定性。

好消息是估值确实已经来到历史最低，行业竞争格局也没什么可担心的（环保因素可能反而会进一步有利于北新建材）。所以只要业绩不大幅下降（这需要你去盯着上述两个数据），那么熬到市场转暖期肯定是有较大估值回升的——当然这不是针对北新建材一家，目前太多的公司其实都是如此。

大族激光

【2018 年 8 月 28 日】请谈谈大族激光未来的发展趋势。先说下我的一些看法，激光装备及自动化发展趋势还是很有看点的，但是成长空间最终能做到多大规模这个看不清。还有目前的高 PB、低 PE 估值状态，相对当前整个市场普遍低 PB、低 PE 估值似乎又缺乏诱惑力，期待你的高见。

大族激光无疑是一个优秀的设备制造商，2004 年中小板第一批登陆的公司，到现在快 15 年了，每年营收都是保持正增长，这很不容易。更重要的是，在激光设备这一领域里，大族激光几乎就是行业的代名词，国际排名第二，国内排名第一。2017 年营收 115 亿元人民币，排名国内第二、第三的华工科技和联赢的收入分别只有十几亿元和 5 亿元左右，完全不是一个数量级。考虑到大族激光目前的研发投入还在提升，近年达到了营收的 8% 左右，光它的研发投入比其他对手的营业额都要高。另外，高端激光设备具有较多的定制化需求，大族激光与下游众多行业龙头客户建立的黏性也更为牢靠。所以只要激光加工这一行有前景，大族就是最大的受益对象。

激光加工设备在制造加工领域具有适用面广，使用灵活，性能突出等优势，缺点是价格昂贵。但情况也在发生变化，首先是人工费用在持续上涨，降低了机械 + 人工模式的性价比。更重要的是，激光设备的上游核心配件，特别是激光器的价格在持续大幅下降。

由于国产激光器的逐步突破，过去几年，小功率激光器的降价幅度达到了 30% ~ 60%，而激光器又占设备成本的 30% ~ 60%，所以这推动了激光加工工艺在相关领域的渗透——最明显的就是小功率激光加工设备在消费电子领域的突破。但目前高功率激光器国产化率只有不到 10%，大族激光在建的项目之一就是大功率激光器生产线，如果成功投产将会推动大功率激光设备在各个切割和焊接等应用领域的渗透（但需要注意，这个生产线完全达产需要 6 年左右的时间）。

据统计，目前全世界激光加工市场在 100 亿美元左右，其中激光设备的市场空间也就在 30 多亿美元，合 200 多亿人民币，第一大厂德国通快 2014 年营收在 35 亿美元左右（之后 2 年持续下滑），大族激光排名第二，2017 年已经 115 亿元人民币，整个市场的集中度已经很高。大族激光未来发展一个看大功率激光器的进口替代，另一个就是终端激光设备对传统机械加工的替代。

此外，2016 年和 2017 年大族激光的业绩高增长主要受益于苹果的大订单（如 2017 年小功率收入 66 亿元，IT 领域收入 42 亿元，其中来自苹果公司的收入预计 40 亿元），且这部分毛利率最高（45% 左右）。由于苹果有所谓大小年的周期性，因此 2018 年很可能是个淡季，半年报也基本确认了这点，重点看 2019 年的情况，但这块的弹性考虑到基数应很难达到 2017 年的水平。

大功率激光器 2017 年营收占比在 20% 上下，毛利率近 30%，2016 年和 2017 年分别保持了 57% 和 64% 左右的增速，再加上规划中的高功率激光器自产，未来比较值得期待。制造业公司的增长基础是产能的建设先行，所以需要关注和计算一下。

虽然大族激光是一个优秀的公司，但它本质上还是设备制造商。成套设备提供商的优势是单套产品价值高，定制化程度较高（所以有一定的客户黏性），但缺点是低频消费且没有定价权。解决盈利能力的关键在于上下游一体化，打通激光器自产是关键的一步，对于产品相对机械制造设备的优势，以及产品毛利率提升都有明显的帮助。设备制造商具有较明显的周期性，特别是大族激光这种需要面对多个制造行业的制造商，在经济下行区间，下游通常会削减产能，会直接导致设备供应订单的大幅下滑。从历史上来看，无论是激光加工市场的国际表现（2009 年增速 -40%），还是大族激光本身的业绩波动，都确认了这一点。

就它的生意属性和公司素质而言，中、长期继续成长的概率很高，短中期波动和弹性看下半年消费电子订单和 2019 年苹果创新大年，以及后续国产大品牌的渗透情况。估值状态肯定不属于极端状态区域（非常贵或者非常便宜），所以是否有吸引力则见仁见智。

最后综合一下驱动其增长的几个主要要素：

第一，苹果大客户订单，这个不确定性较大，处于被动方，但属于短中期因素，影响较大；

第二，激光器持续降价以及自产，这是可持续因素，属于主动方，影响较大；

第三，公司持续提供丰富的多行业解决方案，这是可持续因素，属于主动方，影响较大。

中国巨石、京东方

【2018 年 7 月 5 日】我初步选择了：金螳螂、京东方 A、海澜之家、红日药业和中国巨石做 1：1：2：3：3 的资金比例配置。目前深入研究个股的能

力有限，这样选的原因是我认为这几只股票，至少有业绩作为支撑，估值不是很高，股价大幅向下的可能不高，容易熬过这段恐惧期。然后坚持等出现牛市氛围后逐渐卖出。寻求一至两倍的收益，不知道这种方法是否可行，是否有踩雷的可能（目前浮亏 10 个点）。

最近发现一个问题，就是很多来询问的网友一方面说自己对个股的研究能力有限，另一方面持仓却相当集中。比如你这个情况，有两个仓位都达到 3 成了，在我的理解里，除非对公司的短、中期情况有深刻的理解，并对其中、长期情况异常自信，否则很难想象一个仓位就压到 3 成以上。所以这个矛盾本身就昭示了一种风险，要小心了。抛开其他不谈，就这样的组合带来的高波动性是可以预期的，所以你肯定需要一颗强大的心脏。

这几个公司我个人的看法是，业务前景都很难把握。金螳螂多年前曾经是我的主力持仓之一，这个公司在同业里经营水准很高，但它的成长本质上是靠公装的行业景气程度。2013 年以后公司业绩陷入低谷，直到现在，依然看不太出其未来增长的路径。家装市场与公装特点差异很大，且订单散单价低，除非看到公司的模式真正击中家装市场的痛点，否则发展不见得顺利。

京东方 A 我以前评价过它的生意特征，这种固定资产占比一半儿（包括在建工程）、固定资产中的近 85% 又是设备的重资产、短折旧类生意，在投入阶段收入规模起不来，经营成本却很高，利润和 ROE 注定惨烈。但随着规模起来，设备折旧高峰已过的时候，利润增速在这一阶段的爆发力往往很吓人。

这种公司收入规模太重要了，而规模化又取决于前期不计成本地砸钱。这个生意就是要不停地融资砸钱，固定成本极高，而面板技术更新换代很快，面板本身价格波动也很频繁，这就导致公司必然经营波动很大。你看 2017 年年末，业绩还大涨 3 倍，到一季度就几个月的时间，因为面板价格波动，利润一下子就同比下滑 16%。季度间如此猛烈波动的生意，你怎么预测两年后？

海澜之家也是一直看不太明白的公司，看数据其实也还可以，除了服装业必然的存货高，占流动资产的 45%，其他也没什么大毛病，由于可以大额拖欠供货商货款，所以现金流很好，但存货周转率相比九牧王来说，明显差很多。看它的策略比较聪明，自己主品牌拖欠供货商货款且可以退货，然后再收购退货品，通过自己的另一个低价品牌卖出去。服装业本身就变化比较快，消费者喜好也不好琢磨，海澜之家大概属于那种都知道但也确实看不到很多人买和穿（至少我的观察是如此），所以看不清楚它的未来，当然这可能是受限于我个人生活范围的局限了。

医药股其实真不是以挑便宜为主的策略，这行不能耍小聪明，不能押宝单品，长期机会来自大病种、大研发、多重磅品类。红日药业的产品线一个是中药注射液，一个是中药颗粒。前者在新医保体系内被边缘化，后者受分级诊疗负面影响明显。而这两个都是长期因素，不太容易看到明显的转机。新药方面公司储备本来就少，新药本身就是高风险的代名词。所以暂时看不到什么大机会的确定性。

中国巨石相对来说是这些里面最有特点的一个，投资逻辑也比较清楚：玻纤行业走向高市占率的巨头。而且业务逻辑上不仅是规模的大幅扩张（同时确保成本领先），还有玻纤制品产品结构不断向着轨道交通、汽车轻量化、风能、管罐和电子产品等应用领域渗透，不但有利于利润率的改善，还期望降低以往过于偏重建筑材料的强周期性。过去几年公司利润增长迅猛，但其实收入增速平平，说明驱动主要来自利润率的提升，未来的驱动到底是营收高增长拉动还是利润持续改善（又或者利润率有下降回归的风险），这是需要特别分析关注的（内部经营结构变量）。还有就是关注玻纤市场价格的走势（外部行业景气度及价格变量）。

所以这个组合我觉得不确定性的占比过大，很难对两年后的经营状况有一个大概的预期，以上看法仅供参考。

运达科技

【2017年11月16日】运达科技，致力于轨道交通安全行业，市占率达到30%以上。该行业规模小，进入壁垒高，竞争不是很激烈，产品毛利率可以达到50%，净利率30%。投资的逻辑主要有以下几点：

（1）城市轨道交通建设高峰带来新的增量市场。目前轨道交通收入占比只有10%左右；

（2）维保业务：维保市场，容量大。如果进入，相对目前业务（6亿元）有大弹性；

（3）依托成都地域优势。成都人口和经济条件决定投入刚需，测算成都市场空间是835.5亿元；

（4）外延式增长可期。

疑问在于：回归本源，考察其生意模式和现金流情况，从历史看不是很好。不是很理解市场对于铁路系统行业公司的高估值（体现在高PE上）。这是一个好生意吗？用26倍的PE作为最低估值合适吗？主要的投资逻辑是立足于大股东的并购逻辑和利益诉求，赌的是大股东和西南交大的行业地位，产业运作能力和对于运达装入资产的利益诉求，这个出发点正确吗？风险点在哪里？

（1）这个公司从你的介绍来看，市场空间狭小，而在这个细分市场内它已经获得30%的占有率，即便这样，看其过去几年在产品结构并无很大的变化下，毛利率依然出现明显下降（从2014年的53%下降到2016年的45%），说明其并没有什么特别的竞争优势（特别是目前占比较高的检测和控制设备）。其他方面，公司的资产负债率和现金流都一般，不算好但也不算差，由于下游大客户特征明显，所以其应收账款肯定很高，且没有定价的话语权。

粗略地总体来看，我觉得这是个比较普通的生意，算不上很差，但肯定也不算什么好生意。

第一，增长空间没有太大预期；

第二，业内竞争力也说不上多出色；

第三，生意模式也不出众。所以这种公司本质上应该偏折价。

公司还是次新股历史估值区间，是不能作为依据的，可以参考其同业的估值范围，但基本上我感觉以目前可见的基本面情况而言，26 PE 并不便宜。

（2）你赌的主要是大股东并购带来的外延式增长，我觉得不能说这个出发点不对，凡是能带来明确公司价值增量的经营举措都是对的，关键就是确定性。相比公司的内在驱动经营，你可能通过下游需求的变化，同业对手的行动，以及公司在产品研发、投资建设、渠道准备等各个方面的动作，能比较有效地推测甚至掌握公司经营的方向和大致进展，毕竟一个不是虚构的生意，上下游还是有很多可以调研印证的，而公司的经营数据也是必须按照要求公开的。

并购公开的信息通常来讲会很少，很多东西你也搞不清是真的还是捕风捉影，公司也没有义务对相关事项进行说明。这就带来不确定性的问题，不但是并购事件本身的不确定性，包括并购对象是否足够好以及并购的时间节奏，都是相当难说的。这里面哪一个环节出了问题都可能让你的整个预期受到重创，最大的风险就是这个。如果你选择它，就要在这方面把关键的并购事项挖清楚，要对这些假设有非常大的信心才行。

所以我个人是喜欢基本面持续向上的，有这个保底，再有点儿什么吸引力的资产注入或者并购当加分项自然比较好，纯赌产业运作我自己是不会下单的。

风华高科

【2018 年 9 月 21 日】关注到 MLCC 的风华高科。对基本面做了一下简单了解，目前行业处于相对供求失衡的状态。之前价格上涨一部分是本身供求关系，另外一部分也有中间商囤货涨价因素。现在似乎有抛货迹象。三季报业绩预告和预期基本一致，在毛利率提升、供求关系短期没有办法打破的情况下，目前 15 元不到的价格，个人认为是被低估了。当然，前提是保持稳定盈利预期的情况下。对于产品的应用，看到电子产品对相关零部件的应用单品是提高的，所以从基本面的中期来看，还是相对稳定的状态。从你的书上来看，公司管理层方面，今年出现一些污点，正好是高位出现，所以导致价格急速打压。对于这方面，之前没有太过重视。只是想到了产品的供求和业绩兑现。想请教你一下，对这个行业和公司做一下点评。

其实你在提问题的时候，已经说到了一个很关键的变量因素：前提是保持稳定盈利预期的情况下。那么，所有的分析其实就要顺着这个核心去梳理。

首先判断一下，风华高科是不是那种能熨平行业周期起伏的公司？也就是说，是否能在 MLCC 价格波动下维持稳定的盈利能力？一般能做到这点的需要以下几个条件：

（1）公司具有超强的定价权，本身就可以左右行情价格；

（2）公司虽然不具有定价权，但具有超强的一体化成本控制能力，下游产品的价格波动可以靠着自己产业链一体化的优势得以化解；

（3）公司上述两项都不具备，但是业务多元化，多个增长产品占比结构均衡，增长的驱动来源多样化，也可以相对熨平某一个产品价格波动的影响；

（4）在价格波动下降的情况下，出货量能够大幅提升，用量增弥补价跌。

风华高科首先肯定不属于第一点，整个 MLCC 高端被日本村田、韩国三星等掌控，中、低端是国巨、华新科等，风华高科我没记错的话，MLCC 的市场占有率只有 3% 多一点儿（2017 年的产量占全世界产量的 3.5% 左右），是没有任何话语权的。

第二个能力风华高科目前也不具备，这个从粉体到浆料再到专用设备都是壁垒很高的，短期没看到风华高科突破的能力（这点从其历史极低的净利润率也可以看出来）。

第三个和第四个方面稍微好一些，2018 年半年报 MLCC 占收入比重 34% 左右，占利润比重 55%，FPC 和片式电阻器等产品能提供一定的缓冲。

同时公司今年 1 月份自筹资金 4.5 个亿，建设新增月产 56 亿只 MLCC，技改扩产项目（2017 年年底 MLCC 产能约为 1450 亿 / 年，这个扩产项目带来 450 亿左右的增量，弹性约为 30%），也就是说，价格下降幅度如果小于 30% 是可以被量弥补的（当然也就没有增长了），不过这个项目的达产日为 2019 年 12 月。

综合来看，风华高科对于 MLCC 的价格波动还是会具有很大的敏感性，不具备脱离开价格波动谈增长的基本结构和能力。

回到 MLCC 行业来看，由于它属于被动元器件中的基础元件，其需求刚性很足，并且随着物联网、5G 和汽车电子化这个大趋势的发展用量会越来越高。所以其中长期的需求前景是很乐观的。但价格是供需两端的结果，这个变数就很多了，难以判断。仅以短期 1 年左右的时间来看，行业倾向于认为价格会稳定在高位。

这个结论目前有较强的逻辑性，因为一方面需求刚性足，另一方面扩产必需的烧结炉等主要设备目前交期已经延长至 14 ～ 18 个月，所以很难出现短期突然暴增的产能。另外，由于产量占比较低，所以其扩产短期也很难造成对全行业的冲击。但变数也有，比如目前 MLCC 下游需求近 40% 来自智能手机，中国手机市场近期下滑了 20%，会不会影响需求？另外，当前的价格是否准确反映了供需，还是中间商囤货夸大了供需矛盾？这些变量情况都可能引起价格波动，毕竟在短期那么大的涨幅下，产生明显的波动也是很正常的。但这些波动就会被敏感度高的厂商在业绩中反映出来，也许市场会就此在预期上进行强烈地反映。

至于说管理层素质等，我觉得风华高科暂时还谈不上考虑这个问题，主要矛盾没在这儿。总体而言，我觉得这个行业和这个公司，其实都谈不上“稳定”的性质，其特征主要在“弹性”。也就是说，这种公司的某个弹性往往会让人惊喜，而中、长期稳定性往往会让人失望。

菲利华

【2018 年 12 月 15 日】菲利华是一家军工企业，主要做石英材料，目前公司业务分三个行业：

（1）军工占利润的一半左右，在相关的调研报告中公司估计每年有 10% 的增长，目前收入占比为四分之一左右，毛利率为 70%；

（2）半导体耗材（由于有认证壁垒，全球仅 5 家做，目前占有率为 10%，石英股份正在认证，之前（2018 年取得认证但还没有消息）是以石英砂为材料，制作的石英主要应用于低温环境，而通过化学方法合成的石英主要用于高温环境，目前公司在合成石英方向上有进展，并已投放半导体，毛利率大概 30%，今年增速有 50%，目前收入占一半，但是我担心的是，整体消费电子产业链出现下滑以及矿机问题产生需求减弱的问题，这种高增长很难持续（虽然从长期来看，各种物联网、AI 利多）；

（3）光纤石英耗材收入占 1/4，毛利率为 40%。我觉得目前主要成长看 5G，这个数据我是无法估算，这几年光纤到户以及三网融合使得光纤需求增长很快，亨通光电、长飞等获得很好的增速。我担心 5G 建设的光纤需求在现有的规模下不会有太大的增长。公司目前对应 2018 年 30 倍，光纤（5G 需求不会那么大）与半导体（消费电子需求下滑的大背景、石英股份通过认证）不确定性挺强的，30 倍估值是不是高了一些？ 20 倍合理吗？

菲利华的资产特征是典型制造业，固定资产比较重（30% 以上），有息负债率很低，公司的 ROE 和 ROA 都在 10% 以上，现金流也还不错，但分红比较差，上市 4 年以来，分红只有募集资金的 50% 不到，公司的净利润率高达 20% 以上，产品附加值和技术壁垒较高（低销售费用、高管理费用），下游有一定大客户特征（单一大客户占收入比 11%，前五大客户占收入比为 30% 左右），从这些方面来看，公司的生意特性还不错，不是苦生意和难生意。

从介绍的业务情况来看，军工是基本盘，很牢靠（目前无对手），增长中、低速。半导体这块目前占比较低，但从全球石英材料的市场格局来看，半导体占到全部市场 65% 的份额，是最大的市场来源，其次是光纤占比 15%。所以半导体这块看什么角度，从经营波动来看，确实存在风险，是否能持续保持高弹性增长还需要进一步观察，如果从这点来看是风险。

但如果从经营战略来讲，这个恐怕是“兵家必争之地”，是公司长期预期最重要的构成部分，公司目前进入这个领域是长期机会。光纤也是如此。所以从长期来看，这 3 个领域的发展前景应该都是不错的，至于说 1 年、2 年的经营波动我觉得只要不是剧烈下滑，应该都是正常的，只要能维持增长就构成了估值的底线。

从估值来说，绝对估值目前来看，PETTM 为 27 倍，确实还是贵，特别是结合目前这么被低估的市场，一些同样增长前景很好的公司已经达到 20 倍出头，这就显得贵了。当然就相对估值而言，目前也已经是公司2014年以来的最低估值，但公司没有上一轮熊市的估值坐标，所以相对估值的参考性比较弱。

如果考虑到公司发展的不确定性，似乎公司短期业绩起飞的概率也很小（这就给等待留了较宽裕的时间，不用怕它业绩突然爆发而丢了）。所以，从安全边际的角度而言是需要更多折扣的。当然估值这个东西，永远是见仁见智，关键还是在于你有多看好它，以及它有多么地不可替代了。

尚品宅配

【2018年10月5日】公司的经营策略想请你指点一下，这个公司就是家具制造行业的尚品宅配，这个公司我看了一下上市后并没有和同期的公司一样迅速扩张产能，另外，其销售模式也不完全相同，同行业的公司基本采用经销商销售的模式，而它采用的是一半自营，一半经销商销售，另外，同行业的公司基本上都是通过扩张产能来覆盖产品品类，而它是通过对客户的需求分析来满足客户全屋定制的需求，而且部分产品都是外购，体现在财务方面就是近几年业务收入增速基本是最好的，存货比例在同行业中也是领先的，按照你的归类，这个行业的竞争应该是主要看成本的，就是要先大后强，但我觉得这个公司和同行业的经营有一点儿不一样，它始终强调以客户需求来定制产品，就是将标准的家具匹配不同客户的需求来进行差异化，强调以客户的需求为起点来覆盖品类而不是强化产能建设。因此，想问一下，这种公司的经营策略和同行业相比，能不能算是经营上有“出格”的举动?

尚品宅配在经营模式上确实与索菲亚、好莱客等有所不同，但这种不同有多大的效果是需要考虑的。差异化经营一般无非是在三个方面追求差异，要么追求更低的成本，要么追求更高的效率，要么追求更好的体验，再或者是重塑更高价值的商业模式。

从定制家具这个行业来看，有没有达到更低的成本呢？从数据看并没有。尚品宅配虽然毛利率达到 45% 上下，远比索菲亚的 38% 左右高，但这主要是因为其直销占比较大，所以出厂价高导致的，而不是成本更低。实际上由于这种模式，其销售费用率高达 30% 以上，比索菲亚的 10% 左右高出 3 倍，实际上总体运营成本要高得多，所以这种模式未达到成本端的优势。就效率而言，直销也相对经销商模式的扩张要更慢一些，事实上这两年尚品宅配是在大力发展加盟商的。

体验可能是尚品宅配最想发力的地方了。从其介绍来看，拥有软件优势和全屋配饰理念，应该是能提供给消费者更好的体验感的。但这仅仅是在设计端的优势，而定制家具是从设计、制造、安装的完整服务链条，光是设计端的优势（这还只是猜测，我并未实际体验），制造和安装服务端出了问题一样不行。在全服务链条上，尚品宅配怎样提供完全不同的服务体验？我现在没看到这方面的详细介绍，好像也没有看到好评如潮的消息。反而是由于最近两年加盟商扩张得太快，出现一些消费者对服务质量的控诉，这个就需要小心了。在体验和效率之间如何取舍，是一个麻烦的问题。

就重塑商业模式这点而言，尚品宅配倒是很有想法的。它的整装云概念比较亮眼，试图通过赋能中小装修公司，为它们提供软件和技术支持，让它们来为消费者做定制化的服务，是用技术撬动整个行业。这个模式已经跳出了索菲亚等同行的层次，非常有魄力。但这个构想要成功有很多显而易见的障碍，整个产品和服务链的整合和标准化将会非常困难。这块我觉得值得高度关注，看看有没有切实的推进。一个真正有生命力的模式，应该很快就能显示出很高的增速和巨大的资源号召力，可以从这点去持续观察它。

其实，这个行业最困扰人的是到底是否存在高度差异化的土壤？索菲亚现在的规模比较大，但相对同行有什么规模效应吗？没太看出来。有什么本质上的差异吗？好像也没太看出来。还是那句话，2017 年稍微提价一点儿就在销售上马上遇到压力，说明这种领先是非常容易被模仿的，并不能带来定价权。行业确实是个大行业，但过去几年发展快，首先是定制家具模式刚出来，是吃的装修木工的份额，再加上当时房地产市场景气，现在外部环境正在下行周期，行业供应更是急剧扩大了。

而且这两年“打仗”打到现在，发现大家都差不多，谁也没有定价权或者占据消费者心智的办法，又或者在商业模式或者技术层面有很高的壁垒，好的时候大家都挺好，现在行业不景气了，三季度大家都会受到很大影响。

所以，从目前的信息和数据来看，尚品宅配有一定的独特性，但似乎还没独特到在经营结果和预期上有完全不同的基因（比如顺丰之于快递，海底捞之于火锅，特斯拉之于汽车）。所以，很可能行业的共性压力还是凌驾于公司的个体差异之上。

格力电器、长城汽车

【2018 年 12 月 18 日】目前是中国股市的底部区域，也是一个难得的机会，自己也想在有一定安全前提下搏一个稍微好一点儿的弹性，希望在牛市到来时能有翻倍或接近翻倍的收益，以便改善一下生活水平。所以请点评一下我的组合：格力电器、民生银行、复星医药、雅戈尔、天士力和长城汽车，前 3 个都重仓在 20% 以上。

组合集中度较高，我个人觉得从你的介绍来看似乎没有什么严谨的投资逻辑，也没有体现出特别的投资偏好（低估值可能是主要偏好），所以个股的选择理由显得比较随意。

从组合来看，格力电器毫无疑问是伟大公司，经营绩效极其出众。但你的思路“制造业担当和寡头垄断”和投资决策其实没有太大的关系，这两条只总结了过去并不代表未来，这里没看到你对未来的预期主要在哪里。格力电器目前估值很低是优势，账面大量现金是优势，空调业接近垄断无竞争困扰是优势。如果后续能持续高分红或者高额回购注销股份，那么即便公司不怎么增长，保持一个稳定的状态和很好的现金流，以 DCF 估值也是值这个价格的。隐患一个是房地产下行，空调行业超预期波动，另一个是加大对外的投资损害现金流和持续分红。

民生银行估值极其便宜，但从数据来看，资产负债质量确实距离招商银行等有较大距离。个人认为，未来可能不宜用板块思维来考虑银行股，银行之间经营的分化会趋于明显，银行股之前的估值溢价和折价也可能成为常态。银行的估值是有很大水分的，一切低估值都要建立在其风险管理高度可靠和数字高度可信赖这两个基础之上，特别是在经济下行周期，对于银行的风控就更重要一些。另外现在有一个苗头，似乎政府有意用金融部门的利益补贴中小企业，这可能是银行业面临的新问题。

雅戈尔也是个看不懂的公司，服装业务本身前途就不太明朗，说不出什么必然增长的逻辑和依靠，投资这块就更无法说，因为投资主要就是靠人的判断，关键取决于你有多信任他。我只看到你相信他，但没有看到你相信的原因，所以无法判断。而且这种公司业务一旦复杂化、多元化了，估值也是一个麻烦事儿，很多时候说不清到底值多少钱。

复星医药应该是带量采购中受影响相对小的，其有近一半儿的收入来自医疗服务、器械、海外市场等，目前通过一致性评价的几个品种，销售规模也比较小，对存量销售冲击不太大（具体请看相关研究报告，这里的结论也来自研究报告），在带量采购新政之后，未来只能看创新了，但这个过程可能会比较漫长，公司在研产品很多研发投入也很大，所以未来有机会。天士力短中期主要还是看丹参滴丸的 FDA3 期了，除了这个，暂时看不到重大的触发机会，新发布的补充实验方案估计还得 1 ～ 2 年才有结果。另外中药虽然现在没有受到带量采购影响，但我个人觉得也并没有那么乐观，其已经在过去几年的医疗改革中逐步边缘化，医保缺钱未来不排除会对一些中药、“神药”下一些狠招。总之还是要靠疗效说话，或者退回 OTC 渠道当保健品。

长城汽车去年比较担心的情况还是发生了，一个是大环境很差，汽车消费出现从未有过的大幅下滑，另一个是长城的主力品牌和新车型都表现不佳，在产品力上没有获得市场认可。汽车行业还是一个非常难的生意，固定支出很高，行业波动大，公司要想好，必须靠爆款，但爆款这个事儿是非常难以提前预测的，我们怎么知道公司出产的下一款车是不是爆款，会不会获得市场的欢迎呢？所以这个赌的成分就非常高。如果你投资车企，就需要你对这个公司的创新、成本控制，以及理解市场的能力特别有信心。

所以总的来讲，你的组合估值确实都是很便宜的，成本很低，属于时机上非常好。至于对象层面，普遍不确定性较高，当然这是我的个人看法，不见得准确。至于你的预期，到了牛市赚接近 1 倍，看起来倒不是很难，毕竟现在估值已经砸到历史极限，讲实话，很多公司只要不出大雷，哪怕是不增长或者很低的增长，在牛市背景下估值很可能都能拉起来接近 1 倍。当然，牛市我们只知道它会来，至于在什么时候来，那就是不知道了。

定制家具行业

【2018 年 6 月 22 日】最近一两年，定制家具行业新上市了好几家公司，从索菲亚、欧派、尚品、金牌橱柜等龙头企业的增速来看，定制家具行业处在

爆发期。请问你对定制家具行业有关注吗？对未来的竞争格局如何看？是仅有一两家能够胜出还是上市的这些都能活得不错？另外，随着下游集中度提升，上游的加工机械如弘亚数控、人造板丰林集团是否也有很高的确定性和投资价值？

定制家具行业还是一个不错的生意。以索菲亚为例，面向C端，所以业务的应收账款占营收比重只有3%出头，且净运营资本为负数，经营的现金流净额远远大于当期净利润，公司的ROIC可以达到20%，而且由于都是定制存货额，风险也不高。唯一就是固定资产占比30%，毕竟是制造业，这个没办法。

这个行业的市场空间也不小，2017年商品房销售量达到1700万套，就算未来下降到1300万套，加上老旧房屋的装修改造，每年接近2000万的装修需求是可能的。而2017年的数据，索菲亚的客户数只有53万个，前5个龙头加一起估计200万个不到，占有率也就是10%左右。据统计，目前定制家具的市场占有率在20%左右，距离发达国家还有很大的提升空间。

目前，上市的定制家具还是有一定差别，有以橱柜为主，也有以衣柜为主，相对来讲，更看好以衣柜为主的公司。因为：

第一，定制橱柜的渗透率目前已经达到60%（衣柜占比30%，当然定制衣柜最终的占比也不会像橱柜那么高），且竞争激烈，毛利率、净利润率都明显低于衣柜。

第二，精装房的普及可能会影响橱柜公司，目前万科已经100%精装房，绿地、恒大、碧桂园等大地产上精装交房的比例也越来越大，未来头部地产商集中度还会大幅提升，所有精装房都会做橱柜，但基本很少做衣柜。地产商的定制橱柜可选择的厂商余地太大了，而且议价能力强，毛利肯定非常低。所以橱柜虽然看起来市场空间很大，但赚钱的前景可能反而没有定制衣柜好。当然从远期来看，厂商的最终目标都是全屋定制（更方便客户，更高的客单价），只不过优劣势不同。

就目前阶段来看，我觉得定制家具主要还在抢传统成品家具的市场，各个厂商之间同质化比较严重，似乎没有体现出很大的差异化。比如，这几年上市公司的收入基本都在 30% ~ 40% 的区间，没有大幅分化。

毛利率也基本相似（除非产品差异大）。比如，同样以定制衣柜为主的索菲亚和好莱客：3 年的平均毛利率和净利润率分别为 37.46%、14.27% 和 38.83%、17.09%。过去 3 年的存货周转率和总资产周转率也难分高下。虽然索菲亚被称为定制家具第一品牌，但去年一提价马上营收增速就下来了，不得不继续推出优惠，由此也可以看出，这个行业目前只有规模和营销的领先，似乎并未出现真正产品力和品牌上的实质差异化。我相信未来在定制家具抢夺到足够的市场份额后，各个厂商之间的竞争会更加激烈，如果届时还缺乏实质性的差异化，到那个阶段可能会比较惨烈。如果哪个厂商能锻造出鲜明独特的形象（比如像宜家做到的那样），或在定制服务的全流程口碑遥遥领先（类似顺丰，做一样的事儿但口碑完全不同），那就很好了。

中期来看，虽然市场空间还是很广阔，但供需两端都是有担忧的。从需求而言，三四线市场是最大的需求量来源（索菲亚、欧派和好莱客衣柜的门店占比中，一二线城市占比分别为 19%、15% 和 14%，三四线及以下的门店占比为 81%、85% 和 86%），新出的棚户改造数大幅降低的政策会带来多大的冲击？目前还不明朗。但我想不管是货币化还是实物分房，反正都是要装修的，每年 1000 多万套的住房需求量短期不会暴跌。这样在装修这端，特别是目前占比还不大的定制家具这端应受到的影响相对较小（用更高的渗透率对冲总量的下降）。从供应来说，上市公司都在大幅扩产和增加门店，越来越多的家具厂都开始来抢这块肥肉（比如，兔宝宝以及一些地板厂商）。也许就在未来两年，严重的分化就会出现。

至于说上游设备厂商，相对下游厂商一般没有定价权，特别是在行业不景气的时候容易第一个受到下游大厂商压榨（除非其产品几乎难以替代，比如拥有更高的自动化率、成品率直接决定了客户的产品质量和成本，竞争对手难以企及）。另外，主要看设备商绑定的是哪个客户，以及其设备服务到底有多大的客户黏性？客户的发展壮大是其增长的前提条件。

【2018 年 10 月 28 日】在南京、苏州、上海以及本人居住的地方昆山火车站、地铁站、公交站看到大量家具行业的广告，我相信找到了一个快速成长的行业，之后我把 2017 年所有上市家具公司的招股说明书以及券商报告仔细看了一遍，最终选择了志邦股份这只股票，主要看重它的精装修业务以及公司高层的不激进、稳重作风，在过年前重仓买入，今年 5 月份之前，一切都是美好的，6 月份到现在的走势深深地打击了我，其间本是可以盈利出来的，但我深信那个判断行业快速增长的标准，所以硬是没有卖出。这段时间我一直在思考，为何行业年均 20% 增长，但是上市公司的业绩没有出现 50% 以上的增长，除了棚改户政策变化对其影响，难道没有其他原因，我觉得还是行业集中度太低，使得红利不能在个别公司上完全体现，红利被分散了。请你评价一下我的结论以及选择的公司。

如果投资成长股就是找行业增速最快的，那投资也太简单了。我大概在 2008 年参与了一个基金公司的投资征文大赛，一不小心还得了唯一的一个一等奖，记得当时的题目就是《成长股投资的成与败》（记不太清了），其中一句话写的大意就是“行业快速增长本身是好事，但快速增长的行业经常会给乐观的投资人带来打击”，说的就是你今天碰到这个情况。为什么会这样呢？

第一，供需两个要素加在一起才是一个完整的行业视角。需求快速增长，供应也大量增加的是典型的混战升级格局。这个在《股市进阶之道：一个散户的自我修养》第 7 章的 7.1“六种供需格局”里已经说得很清楚了，所以你看几十块钱的一本书就可以避免几万、几十万元的损失，有价值的阅读其实就是投资回报率最高的东西。把这章好好读一下，都贴心地列出表格了，总结了6种供需格局。每一种最重要的特点和最大的问题，无法再详细了。

第二，高速增长的行业是最容易被热捧而形成高溢价，但这种高溢价如果恰好是“需求增长，供应也暴涨”的格局，就是最容易产生成长陷阱的。以你的案例来说，过年时（2017年）重仓买入志邦家具，当时的PE约为37倍（2月份收盘价62元，2017年EPS 1.67），这是一个相当高的估值了，这种溢价程度要求公司要么能实现短期爆发性增长，要么就是能实现高持续性地稳健增长。但仔细看看这个行业，你会发现情况远没有这么乐观，这个行业本质上差异化程度很低（这点从2017年索菲亚稍微一提价，营收增速就下来了可以验证），说白了，活得滋润主要是市场景气程度高而已。

另外，由于是近几年增长最好的市场，已经吸引了大量厂商介入，仅新上市的就有好几家。可以预期这个行业的竞争激烈程度将极大提升。同时，近年的高速增长还受益于涨价、去库存、棚户区改造、货币化几大强力房地产利多政策的刺激，一旦政策转向再碰上竞争激烈程度提升，日子大概率就不会那么好过了。而一旦行业增速起了阴霾，市场对其杀跌是很正常的，同质化制造业杀到20PE是最起码的，如果随后业绩增速也下来了，还得杀一波业绩，所以这种风险是巨大的。当然定制化家具这么快就销售疲弱了也确实有点超出预期。考虑到这个行业还是具有较大的市场空间，所以混战过程中倒是值得留意（特别是市场预期已经大幅下修了），看看能不能杀出个优胜者或者具有高差异化的长跑选手。

另外，说到牛股这种事儿，看你用什么视角了。如果是短期，半年、一年的大牛股，我觉得基本靠蒙，市场风格赶上了，越涨看起来越有道理，别太当真。真正的长期大牛股，反而很少在每年成为最牛的那批，但是经营的可持续性往往最强，利润和股价不断创出新高，这种牛股是最值得关注的，也往往是给投资人带来收益最高的。

所以总结一下，成长股投资绝不是找成长速度最快的行业，然后选个龙头那么简单，要这么简单也太没技术含量了。成长股投资的核心，是其长期增长的确定性。是用 RNG 三个维度的视角（如果不明白就去《股市进阶之道：一个散户的自我修养》补课吧，这一课缺了，亏几十万元都很正常）去审视这个生意真实的价值含量和长期创造价值的大概率依据，然后还要耐心等待一个便宜的价格为自己的判断提供一个安全的容错区间。

汽车零配件行业

【2018 年 7 月 6 日】有没有看过汽车零配件行业的相关公司？我觉得这个行业有一些机会：

（1）汽车零配件不像整车，整车的消费属性太强，消费者比较在意品牌心智消费。零配件由于是面对汽车厂商，最终靠的还是产品和服务的性价比，而这是长期可以习得的；

（2）目前很多国内零配件厂商已经打入一线合资车厂，甚至直接出口海外一线原厂。国内企业竞争力是可以走出去的，毕竟大多数汽车零配件并不像发动机或者芯片一样高不可攀，更多的是经验性的技能；

（3）国内很多企业由于后发，在精益生产、智能制造、自动化方面反而更有优势；

（4）海外一线整车企业的利润率长期徘徊在低个位数水平，一线车企是有降成本动力的。不少车企最赚钱的市场就是中国市场，国内零配件企业性价比普遍优于国外同行，进口替代的逻辑是存在的；

（5）汽车是第一大工业品，中国又是世界第一大汽车生产和消费国，天花板很高。这个行业理应诞生国内优秀企业；

（6）很关键的一点是目前市场大跌，很多公司的估值确实已经很便宜了，大部分在十到二十倍之间。

市场对于汽车行业的一些偏见：

（1）中国市场增速放缓。这点我觉得不足为虑，理由如上面第5条。以国内企业现在的地位，天花板还早；

（2）下游整车厂太过强势。但同时这也是两面性的，车厂的认证门槛极高，时间极长，对已经突破车厂的零件商来说，这是很好的护城河；

（3）资产较重。很多零部件厂商属于总资产的制造业。但还是两面看问题：下游车企，尤其是外资车企，计划性非常强，产品规划周期短则两三年，长则三五年。这就使得和它们紧密配合的零部件厂商获得了很好的可视性，甚至可以说零部件厂商是获得了车厂的车型订单“承诺”后才会扩张产能，不见兔子不撒鹰。产能节奏和营收节奏基本吻合，可预测性强。这和其他制造业订单容易大起大落不太一样；

（4）新能源。只要避开单纯的汽油能源车零配件厂商即可。而且说实话，很多汽油能源车配件厂，估值甚至到了十倍出头。至少十年内汽油车还会广泛存在，外资已经不会再投入这些领域，这些国内企业反而有不错的成长空间。

（1）汽车零部件是我国进口工业品第二大品类，长期来看，这个技术含量的产品没有理由维持这么大的逆差，因此进口替代是一个长期逻辑。这其中，国产车崛起和新能源化可能是最重要的机遇，前者天然有利于国产配件的渗透（比如，日本品牌整车厂商就捆绑了大量的日本本土配件商，外人就很难渗透），后者提供了一个绕开传统精密部件的弯道。但从目前来看，国产品牌驱动因素更明显一些，后者真正脱颖而出的还没看到。总体而言，这个生意不是溢价类别的。

（2）汽车零部件这个生意的优劣特征都比较突出。好的一面是进入优质客户需要严格的认证壁垒，且日常服务属于合作研发，需要大量的协调定制设计，所以客户黏性较强。另外，这个生意的成本控制也很关键。所以生意的壁垒是比较高的，下游又是海量市场空间，成功夺得多个细分市场龙头的公司会是大市值公司。缺点在于，下游非常强势（对目前国内零件商是这样，但本质上这取决于零件商的技术创新和不可替代性，比如博世这种公司对国产车和二、三线品牌是很强势的，车厂很多时候要看它的脸色，这也是国产车推动国产零件替代的一个因素），每年产品基本都要被迫降价，资产重（但有的现金流不见得差），由于汽车产业周期波动较大，自身固定成本高，因此也容易受到行业波动的影响。进入壁垒高的另一面就是扩张新客户和放量比较缓慢，产能节奏不对也容易错失机会。

（3）与手机零部件商相比，汽车零部件更复杂和非标准化，进入门槛更高，但放量弹性也小得多。虽然汽车配件价值远高于手机零部件，但手机市场一是巨头垄断一款机型，动辄放量几千万，二是手机型号更新频率比汽车型号更新要快得多。从定性而言，手机配件商容易高弹性（切入大客户热门型号），但竞争格局变化较多。汽车零件放量相对就慢，一旦在某个细分专业领先就更容易形成长期优势，被替换颠覆的难度更高。

（4）汽车零部件业包含类别实在太复杂，其中技术复杂度、毛利率以及市场格局相差非常大，很难一概而论。从上面的逻辑推导，产品技术标准高，直接进口替代的，下游占据势头最好的优质国产车龙头的，打通了著名外企车厂供应壁垒的，有新能源重要配件产品的，可能更值得长期关注。当然，高效经营，管理精细，有产业雄心更是好公司的标配，这就不多说了。

光伏行业

【2018 年 6 月 6 日】光伏产业龙头股票因为政策突然刹车大跌，请问你怎么看，是否是抄底的良机？从常识来看，国家是肯定支持光伏产业的，只是希望不要劣币驱逐良币。

光伏产业链比较复杂，不同公司的情况相差巨大，不能放在一个基准上来判断。就本次光伏补贴政策而言，你从几大光伏厂商集体申诉的信件里也可以看出来，情况是非常严重的。我觉得就目前这个阶段，市场对于业绩的杀伤力还没有开始体现，到底会有多惨还无法评估，所以从价值底这个角度衡量还处于较大不确定的状态。至于说中期博弈的层面，会不会从政策上做出重大妥协和改善？就更难说了，这个赌至少不敢在大仓位上打。其他短期技术反弹之类的就不在考虑的范围之内了。

从长期来看，光伏产业的核心矛盾在于量、价、成本和竞争这四个主要要素的相互作用。这其中由于真正的平价上网是终极目标，而平价上网的前提是光伏发电的成本继续下降，所以整个产业链的主要方向依然是持续降价，这个是产业定性。

那么，在这个持续降价的大进程里，要想盈利首先要看电池组件（以及上游涉及的各个环节）能不能大幅放量，这样用量来抵充价格的下跌（比如，某龙头公司原本今年的计划就是硅片出货量增加 166%，组件出货量增加 70%，从而在产品大幅降价的背景下依然推动收入 50%）。

结果突然出来这么一个文件，补贴一夜之间几乎就停了，还限制了需求量，同时下调了电价。前不久行业内公司联合发布的一个新闻发布会里，企业们预估今年的市场需求最多只有 28G，去年是 53G，下降近 50%。要知道今年的毛利率已经在大幅下降，这双杀的惨烈程度可想而知。而且别忘了由于大家之前都奔着 2020 光伏规划去的，都在扩产，负债率都很高，这个时候又在去杠杆，融资成本和难度又高，等于风险叠加了。

价格向下，量又突然被掐断，只能指望成本和竞争。目前成本这块硅料价格在高位，行业预期未来有较大的下降空间。另外，随着技术进步，硅片特别是电池组件的价格还有较大的下降空间。但这需要时间，成本端完全无法应对 5・31 新政的冲击。在这个冲击下，可以预见行业会出现剧烈的洗牌。需求端旺盛的时候，不具备成本优势的公司也能活，但在大熊市里，只有成本最低、技术最优、财务最稳健的公司才能活下来。而活下来的公司将真正具备光伏平价发电的供应能力，对手也淘汰得差不多了，光伏发电的成本和环保优势有望带来巨大的市场，并且由于没有了补贴因素，这个市场将大幅降低对政策的敏感性，整个市场有望呈现出巨大刚需的特征。这可能是这次 5・31 新政从长期来看最重要的作用。这个过程有多长，短期的业绩下降有多大，谁在这个过程中会最受益，目前还需要观察。

【2018 年 6 月 24 日】最近 5・31 新政导致光伏板块大跌，引起了我的兴趣。了解了一下板块内的公司，大多是重资产，看不出特别核心的竞争优势，在做的事情就是扩产降价，而且又容易受到政策的影响，产业链上的公司基本上都过得很辛苦，不属于好生意。但是随着光伏上游成本的下降，度电成本的降低，光伏平价上网的时代即将来临，光伏产业应该会有一个广阔的发展空间，里面的优秀公司理应有较好的发展前景。而且这次新政释放了政策风险，很多股票跌幅巨大，可能会是一个布局光伏的好时机。很想听听你对光伏板块的看法，这个板块是否具有良好的投资价值?

光伏新政和光伏板块主要的观察逻辑，我在前不久的一个问答里有过讨论，可以参考一下。这里补充一些看法：

（1）光伏行业过去几年的高歌猛进本身不是常态，光伏产业近几年的高景气度，除了技术上有较大的发展外，国内的补贴政策依然是主要驱动力。我看一些分析认为，国家希望在平价上网之前控制装机容量的规模，因为现在装机就会给补贴，而且这是一个持久战，所以财力上压力太大。所以这次的新政反映了政府收缩控制规模的意图。

（2）在这样的意图下，恐怕在光伏实现无补贴或者非补贴下的平价上网能力之前，政策都是趋紧的。在这样的环境里，首先行业要为过去几年的大规模增长还债。在这个过程中，不具备成本和技术优势的公司，特别是高债务的公司又碰上了去杠杆，估计会倒下一批企业。行业最困难的时候，有利于龙头相对优势的建立——但相对优势不代表日子就能好过。这个时候成本有优势，技术是未来方向，融资渠道好，海外市场拓展得力的公司更有活下来收割市场的可能。

（3）从投资的角度来看，这个行业的生意是比较苦的。除了资产重之外，盈利能力受到上游原材料波动以及下游政策影响都太剧烈了。即便是在景气时期，其实盈利好的也很少，这就说明这个生意很难做。而且这行还不仅仅是规模扩张，每过几年还有重大的技术变革（比如从多晶硅到单晶硅，金刚石割片工艺等），如果企业没有在技术变革里站对序列，或者动作慢了被人从技术到规模赶超，就会一下子陷入被动。也就是说，这行你很难用现在的技术优势和行业地位优势来推导 3 ~ 5 年后期优势的确定性存在和扩大。你投的其实从本质上而言是一个能敏锐押注行业技术前景，具有很强的战略视野和执行力的团队，这与一些好生意的非常稳固持久的优势是完全不同的。

（4）光伏产业在我看来是一个大生意，也是一门难生意。所有关注它的人都是因为大的前景，真正达到平价上网后的空间确实太诱人了，现在的中国再找一个有 5 ~ 10 倍增长前景的行业确实不多了。但它也是一个难生意，生意模式太苦了，生意对决策和经营的容错空间太小了，这个业务我觉得是属于晚上挺难睡得踏实的那种。好在现在新政出台、行业景气度大降，这个整合的过程应该不会很短，所以还有时间继续加深对行业和公司的了解。如果最终能做到对行业和公司有深刻地把握，那当然是很好的。如果实在难以把握，那么错过至少比两眼一抹黑还重仓赌要好得多。所以关键取决于个人的能力。

新能源行业

【2018 年 5 月 19 日】一直在关注电动车行业，去年电动车行业由于降低补贴，导致产业链个股普遍大幅下跌。今年原油上涨强劲，本周已达 80 美元，是否能明显加速电动车进程？今年 1 ~ 4 月电动车销量倍增，同时有大众集团加码到 640 亿美元采购电池，是否说明行业短暂低谷已经过去，重新迎来上升期？因为去年的大涨，电动车个股普遍市值不低，估值不低，但从远景看，电动车又是历史大趋势，目前是否具备良好的长期投资价值？

新能源汽车的大方向肯定是不用怀疑了，特别是对于我国，这既是一个具有顶级市场容量的市场，也是一个事关国家安全的政治问题，所以中国肯定会成为新能源车发展最快、未来最大的市场。原油价格这种东西很难预测，谁也不知道在高价能顶多久，所以不宜作为行业性判断的主要依据。

在这个产业链里，我感觉下游整车的不确定性最高，谁能出爆款很难说，唯一建立起了根植于客户心智品牌的目前只有特斯拉。而且由于电动车时代，整车制造环节相对而言不是更难，而是更简单了，所以新能源车的玩家在未来还会大量涌现出来，老牌厂商对车的理解深刻但传统的产品、销售体制等包袱也多，而新玩家们虽然制造业根基浅，但普遍拥有更颠覆的商业思维和对用户痛点理解，所以谁能胜出真不好说。不确定性极高的是各类零配件厂商。

无论是汽车电子配件还是新能源相关的零部件，目前一方面技术处于快速迭代的过程中，另一方面，各个巨头都在布局竞争还处于初始阶段，似乎没有谁在技术或者市场上显示出难以超越的优势，而一些很有特点的技术型小公司没到做大就被收购了（比如 mobileye 被英特尔收购），这就很难下注。

上游锂矿石由于是最基础的材料，受电池技术路线影响较少（除非锂电池这个大方向被替代，短期还看不到这个可能）。中游这块，电池组件这个环节由于具有突出的规模效益，所以高概率地会有很高的市场集中度，至于正负极、隔膜、电解液这些感觉难以产生持久的竞争优势且在产业链上会被电池组件厂商压制。所以相对而言，锂资源和电池组件这两个点的确定性更高一些，其中电池组件这块对于经营的要求更高。不过由于过去两年这个产业的景气程度极高，各个主要公司都处于业绩高峰和估值高峰（动辄十几倍的 PB）。

你提到的电池领域，小公司恐怕越来越难有立足之地了，除非出现什么颠覆性的技术。特别是电池公司由于行业整体的供需失衡，未来几年将面临激烈的竞争，比亚迪曾经的垄断巨头稍微打了个盹儿就被宁德时代超越了。想象一下，一个二、三流市占率的公司，还在搞电子烟等多元化业务，面对竞争烈度的提高和宁德时代、比亚迪等巨头的主动攻击，有多大的概率能胜出呢?

总的来说，新能源属于大家都知道的长期都很好的跑道，但目前的时点我是觉得市场给出的预期还是太高，没有充分反映这一长期过程中竞争激烈程度和市场需求的波动等负面风险。

【2018 年 9 月 23 日】（1）关于新能源汽车，盈利增长的确定性似乎很高，但目前的估值水平，上汽集团 PB 接近 2015 年牛市高点，吉利汽车腰斩后也有 3 倍以上 PB，比上汽还高，你在《股市进阶之道：一个散户的自我修养》中提到，钢铁、汽车公司高 PB，低 PE 时，往往预示着牛市末期的来临，那是不是意味着上汽、吉利估值已经过高，现在不是介入的时候。

（2）看好军工行业，虽然从大逻辑上做了一些粗略的思考，但还是因为研究水平太低，对未来 3 ~ 5 年的确定性看不清，且对这几家公司也理解得不够透彻。能不能请你点评一下洪都、航发、中直、中飞和海特各自的确定性与赔率?

我国的军工行业只适合用宏大叙事的方法去理解，千万别看财报，看了就是一身冷汗。比如洪都航空，你看看过去这些年它的净利润高的时候只有 3% 多一点儿，低的时候只有百分之零点几，净资产收益率没有过 2% 的时候，扣非后的净利润经常 60% ~ 70% 的下降，看得人简直吐血，理论上来讲，这样的生意的回报率不如把厂房卖了把钱存进银行。

当然国家战略需要这不是收益率的问题，但麻烦的是这个也就无法用普通投资的逻辑去衡量它了。到了什么地步呢？关于洪都的券商报告，最新的一篇还是 2016 年年初的，连券商都觉得跟踪他的财报简直是无法干了。中直股份也没好到哪儿去，常年 5% ~ 6% 的 ROE，3% 左右的净利润率，常年 65% 的资产负债率，利润情况极其不稳定。总之这就是一个很差的生意。

军工的特点就是，一方面这是很差的生意（从财务角度），另一方面这里又有很大的想象空间。所以这个领域的东西不属于投资的范畴，属于炒作的范畴。该怎么炒作？有多大炒作空间？这个就不是我所擅长的。如果纯从投资的角度而言，无论是估值、生意属性、财务指标等各个方面，这个都不能碰。但客观上这些东西确实经常被炒作，所以这个主意你自己拿吧！但千万不要骗自己这是“投资”就好。

新能源汽车的整车企业，现在处于混战的初期，基本上看不出来几年后谁会占据强大优势，比亚迪是综合能力最强、积淀最深的，但同时品牌和产品力的短板也确实突出，其他的都是初期，完全谈不上格局稳定，新的挑战者还在不断杀入中，这个格局下，谈不上盈利的确定性（何况还有补贴政策等的扰动）。汽车不是一个差生意，在工业强国都是出大市值公司的，但是它是个典型的难生意。

难生意的意思是说，它很难做预期，特别是精确地预测，很多人自恃对财务和业务分析极深，但做出来的预判经常和结果也是大相径庭。对于这种生意就需要多一些安全边际为自己的错误预留空间。吉利汽车过去10年的PB中位值在2.02左右，目前在3.04左右，高于历史上70%以上时间的估值(上汽集团也差不多，PB目前比历史上75%的时间要贵），这个估值也意味着，需要它保持非常出色的经营而不能出任何低于市场预期的事情，你可以从这个角度去分析一下。

从你的选择来看，总体上是奔着牛市大弹性去的，是搏一个周期而不是立足于对标的的严谨业务和财务理解，不是冲着好生意去的。我不能说这种模式绝对不对，牛市总是会来的。但你也要做好以下几个心理准备：

（1）牛市一定会来，但不见得按照你押注的概念去炒；

（2）你的持仓都是那种不好说的公司，业绩爆个雷什么的很正常；

（3）由于你对持仓缺乏足够的认识，标的也确实没什么扎实的经营逻辑，所以很可能会在波动中不断怀疑自己。所以这个押注的过程，很可能不像你想象的那么一帆风顺。

STOCK

第四章　医药与消费类案例分析

天士力

【2017 年 9 月 11 日】关于天士力想请教你下面三个问题：

（1）受医改政策影响，医药行业近几年风光不再。两票制、医保控费对整个医药行业的负面影响非常明显，俗话说“危中有机”，请问在目前的政策背景下，对哪类医药制造企业、药品流通企业有投资机会，该从哪些方面进行甄别筛选；

（2）天士力这几年几乎都是负面的信息，重磅品种丹参滴丸、二线品种均增长缓慢，应收账款也未如管理层所言逐渐控制，反而以远超营收增速增长。在公司流动资金非常紧张的情况下，公司几乎年年大比例分红，去维持其他水、酒、茶产业。丹参滴丸 FDA 三期也不顺利，目前在向生物医药转型。天士力前期大规模的投入并没有在营收上得到体现，它的问题主要出在哪里？它的投资机会在哪里？

（3）你对目前天士力的管理层怎么评价。

天士力这个公司其实发展节奏挺不走运的。最早严格把控中药质量体系的时候，整个国内市场都是灰色交易为主流，所以它花了大工夫的现代中药质量体系并不能得到市场的充分回馈。特别是前些年中药注射剂的大机会，像中恒等不少公司都靠针剂实现业绩大爆发，但同时期天士力的两个针剂却始终没有得到上市的机会，错过了一个历史性机遇。等它的注射剂出来了，市场也开始严厉管控中药注射剂了。不久后 FDA2 期通过，但仅仅两年后（这期间增速受到两期通过影响，丹参滴丸曾经重返 20% 以上的增速）医保控费开始，它的业绩回归进程再次被阻碍。

这些背景，其实就是你说的，前期大规模投入却始终没有在营收上体现的背景。这导致了原本寄予厚望的两个针剂新产品迟迟无法放量，导致没有产品能弥补丹参滴丸 FDA3 期通过前的空窗期。另外，小闫总上台后也有一些战略摇摆，比如曾经试图收购、兼并、扩张等，这进一步影响了公司的资产负债表，并干扰了主要目标的推进。

但说实话，管理层的一些摇摆只是小问题，根本性的问题还是在冲击 FDA 期间，公司的研发始终缺乏亮点，缺乏真正的大产品。这就导致到现在为止，天士力最大的看点和期待依然只能是 FDA3 期通过，在此之前，我个人对其目前可见的产品线不抱有什么期望。FDA 认证进程不断拖后，这属于新事物的必然风险，是正常的。当然这在客观上导致这几年长期持有的投资人收益比较尴尬。对于它的投资机会，我们可以放到第一个问题里看待，就是未来什么样的医药企业更有前途?

我个人觉得一个看研发，另一个看海外（对于医药流通企业我研究不多，不敢瞎说）。真正有疗效的重磅产品的研发将是正常医药环境里必然的市场选择，而国内医保控费会是常态化的，观察与之类似环境的日本医药市场发展历程可以发现，能够开拓海外大市场的公司在这种背景下往往具有长期的成长机会。如果能将研发和海外协调一致，肯定是前景最突出的，恒瑞其实就是这样做的，而且已经获得成功。

讲实话，天士力目前研发这块我个人看不到太大的新产品出现，特别是其从过去的现代中药平台转为中药和生物药并进，其实是对多年来坚持中药平台型企业战略的一种调整，我个人觉得，这种调整到见大成效的时间还需要谨慎估计。但它符合另一个可能性，就是海外市场。毕竟努力了这么多年，丹参滴丸的FDA3期已经是临门一脚了。我不是专业人员，无法从专业角度评估这种实验，但从各方面因素来看，通过的概率可能很高。一旦通过并且投入美国市场，虽然市场拓展依然存在不确定性，但它确实会打开一个足够吸引人的可能性。

总结来说，天士力的投资机会看得见的是由于近年来业绩萎靡，所以估值不高，只要现有业务别滑坡（可能性低，而且新产品正在逐步进入医保体系），那么亏钱很难。但要想赚大钱，目前来看唯一的可能性就是FDA3期通过，并且通过后获得较好的市场反响（包括国内市场的配合推进和其他海外市场的开拓），如果进展乐观，可能赚大钱。如果处于这两者之间的状况，那么可能还是收益平平。所以对它的决策，可能绝大多数的权重还是要归结于你对它FDA3期的了解、信心和预期。

南极电商、好莱客、生物股份

【2018年8月24日】目前南极电商仓位40%，看好它的品牌授权业务是因为毛利高，无扩张边际，现金流好，每年还能增长30%，确定性好，照着电商的发展趋势，再成长几年应该问题不大。最近花大价钱收购了时间互联，感觉和主业不是太关联，现金流也不好，但是这部分业务爆发力很强，当作锦上添花了；

好莱客，仓位25%，感觉这只股票未来三年增长25%的确定性很高，现在的估值实在是太有吸引力了；

> 生物股份，仓位 20%，动保疫苗龙头，近半年业绩不好，因为猪价低、口蹄疫三价换二价疫苗、股权激励增大费用、同行抢占市场份额等一系列原因。不过我觉得下半年除了一些市场份额的丢失，其他因素都可以解除，业绩可能回升。现在的估值很有吸引力，当作一只逆境反转股买的，还有一个济川药业。想问问你的看法?

南极电商这个生意看数据那是极好的，对上游授权生产，对下游授权经销，几乎相当于“空手套白狼”，增速也很漂亮，也就是应收账款比较高。但对它我是想不太明白背后的逻辑和未来的前景。南极人的品牌有这么强大吗？这套模式对于品牌和运营能力的要求很高，越是轻资产的模式越是如此。

南极人的品牌和产品力到底有多强的竞争优势，其需求可持续到底有多久？这是漂亮数据背后的问题，对这个问题我暂时没有答案，既不是肯定也不是否定，就是觉得比较虚，对答案不确定。其定位低端、低价中相对优质，最近拼多多的火爆似乎也证明了低端市场从街边摊向二三线品牌的消费升级也有比较大的需求，这可能是对南极人产品定位和生命力的一个侧面佐证。

至于新收购的移动互联业务，还是看不懂，不明白公司为什么要做这块，也由此对公司的经营定位和发展战略看不明白。有背后坚实逻辑支撑的公司，经营数据出现一些波动往往不会让人太担心，因为逻辑都是在台面上容易归因。南极电商这种我觉得数据确实不错，但逻辑不是很清楚，所以一旦数据出现波动时，容易导致恐慌和难以准确归因。不过说真的，这种公司在牛市里一般是很受欢迎的，如果其一直没有被证伪的话。

好莱客确实非常便宜，业绩增长情况也不错，定制家具这个行业的生意模式也不错，公司的股权激励也很厚道，搞到动态 15 PE 左右确实很低了。好莱客相对有利的一面，在于定制家具行业本质上差异化程度其实并没有那么大，这就给目前相对落后的好莱客留出了生存发展的空间，它的低估值也相对同行有了更高的安全边际。但它的麻烦是中、长期的前景比较模糊。

本来未来主要就是看三、四线城市的增长，但年中出台的棚户区改造新规定直接遏制了三、四线房地产的需求，同时定制家具这块肥肉的竞争越来越激烈，在总需求增速被遏制不乐观的情况下，又叠加竞争烈度提升，行业本身又缺乏强差异化壁垒，一般经验来看会走向一个惨烈的杀价竞争阶段。定制家具龙头索菲亚的2018年半年报显示，在2013年以来首次增速掉落在20%左右的区间，并且明说了后续还会继续降价，这个趋势值得注意。

生物股份是历史优质大白马股，同样估值很低，生意数据很漂亮。但这个行业一个是下游猪价的周期性不可避免地影响上游市场疫苗接种的积极性，另一个就是新疫苗的更新换代和政策影响。生物股份在市场疫苗大客户渠道上有突出优势，但并不能抵消上述两者的影响，关键是上述两个因素又很难预测和把握。对它一个是紧密观察二价苗在落后，中农威特退出市场后的表现，这是短期影响公司最重要的因素，中、长期更重要的是多品种的培育，能否复制口蹄疫疫苗的成功才是其能力溢价的关键。

至于济川药业也是数据很漂亮，估值又不高的对象，但同样背后的逻辑搞不太明白，它的中药占利润比重70%以上，但那几个产品你很难用疗效的逻辑去推测，它毕竟不是消费品，在目前医药改革对于辅助用药越来越严格管控的时候，去年和今年上半年还能有这样的业绩增速算是很好了，但未来会怎样？走出辅助用药局限的突破口是什么？以前的增长逻辑还能不能持续？都是不清楚的问题。投资最怕的其实不是业绩波动，甚至不是高估值，而是怕“杀逻辑”，就是这个公司以往增长的逻辑消失了（逻辑的背后其实是内外部环境的变化），这样就没有估值的“锚”了。

总的来看，你的持仓都是估值比较低的，至少在2018年业绩状态来看，没有追赶大热门和泡沫的对象，甚至从今年业绩增速来看性价比不错。它们业绩背后的逻辑，在增长的确定性和可持续性上都有一些问题，需要针对核心问题进行更深入地挖掘和证实。如果市场很快反转的话，这些公司有可能估值短期弹性较高，但如果市场持续较长时间的低迷，就特别强调公司增长的高确定性和逻辑的清晰可预期性，最怕的是随着时间延长，买入时挺便宜的公司却越拿越贵了。如果是分散持有较多类似的公司是比较合适的，目前你高度集中在同一类别的公司上，我个人觉得持仓的确定性比较弱。高度集中持仓，一定是确定性比赔率更重要。

至于公司挖掘和研究的效率问题在这一题目中就不展开讨论了，以往有过专门的问答可供参考。

安琪酵母、伟星新材

【2018 年 7 月 8 日】说一下自己的思路：

（1）考虑到行业特性的因素，选择了安琪酵母作为主仓位，个人觉得大消费行业比较稳健，安琪酵母在行业中的地位非常稳固，疑虑是其成长空间不一定很大（虽然已在推进调味品、营养品领域）、业绩增长可能会长期放缓；

（2）伟星新材在 PPR、PE 管材的品牌知名度很高，过往公司的经营非常成功，指标（ROE、ROA、ROIC）非常优秀，疑虑是房地产大周期的拐点临近，对于伟星新材造成的影响会有多大？会不会是景气高点的长期回落？

这两个都是比较有特点的细分龙头企业。

安琪酵母在 2013 年之后，一路到 2017 年的经营一直向上。公司属于固定成本很高的生意（占比 56%），所以产能建设投放和下游消化的节奏是否匹配是决定其业绩的关键。比如，2012 ~ 2017 年，其营业收入都是正增长的，但利润增速差别极大。2013 年收入 14.95%，扣非净利润增速 −38.45%。而 2015 年和 2016 年收入增速也不过是 15%，扣非后净利润增速却都是 100% 以上。这期间公司的毛利率和净利润率有很大变化（净利润率从 2013 年的 5.84% 到 2016 年的 11.88%），运营效率大幅提升（固定资产周转率从 1.07 提升到 1.16 和 1.39）。

2013 年是在建工程集中转为固定资产造成财务费用上升，毛利率下降，这之后形成一个新的经营拐点。从历史来看，公司成本端控制得不错，出口部分占利润比重 23% 左右。所以人民币汇率变动会对公司产生影响但也属于可消化的范围。公司的市场占有率亚洲第一，品牌也是国内第一，所以我个人认为竞争不是它的主要问题，关键在于两点：

第一，经营节奏上产能扩张与市场消化节奏是否匹配（否则容易造成历史上的经营波动）；

第二，不断开发新的产品，拓展天花板。这个不确定性就比较大，目前酵母类占比还是在八五成左右。前者决定业绩稳健，后者决定估值的想象力。

伟星新材属于建材类企业中比较少见的具有高毛利和定价权的公司，3 张财务报表都非常干净漂亮，伟星新材管理层从历史来看也相当稳健靠谱。公司最强的就是把管材这种本来同质化的东西，干成了类似消费品牌的差异化产品，渠道服务全面差异化，看似容易模仿，其实是有较高壁垒的。基于目前市场占比还很小，所以中、长期而言，它的天花板还比较远。管材生意肯定还是受到房地产景气度的影响，但其市占率毕竟还很小，我个人认为其受到的冲击不会很大。倒是精装修交房趋势是一个值得关注的问题，以前毛坯房装修模式下，其苦心经营的经销商渠道和服务差异化是核心竞争力，但精装修模式下对其原来的经营优势是一个冲击。公司目前已经开始对接这个模式，且试图依旧用经销商优势来对接，这块的效果值得持续关注。

总之，这两个都是靠谱的细分行业龙头，竞争都不是它们的主要矛盾，关键是应对市场变化和经营节奏，再一个就是要对比其历史估值区间，寻找一个安全的价格。

中颖电子、东阿阿胶

【2018 年 7 月 14 日】中颖电子做芯片设计，虽然产品不是很高端，但是下游市场足够大，国家支持的产业，公司也是一直专注研发，财务非常干净。东阿阿胶这几年股价停滞不前，各种负面消息不断，市场对它的增长是质疑的，但是我觉得公司现在开始在营销上面发力了，重拾增长是没问题的。

中颖电子 2013 年之前和之后是截然不同的两个状态，之前是剧烈滑坡，2014 年开始至今，则是年年不俗的增长，且每年都是净利润增速明显高于收入，毛利率持续上升。公司作为一个极度轻资产的公司，最主要的资产是研发人员，资产负债表干净，无商誉风险，现金流很好。

从现金流和资产状况而言，是不错的生意。它的主要风险和软件研发类企业很相似：一个是要确保研发人力资源的领先，公司对研发人力采用高分红的激励机制，但相对同业竞争，公司研发力量需要对比一下。另一个最主要的风险也是造成其 2013 年前后业绩变化的核心，就是要判断好下游市场。

2013 年之前，下游 MP3 被替代，导致市场消失是其业绩大滑坡的主要原因，这几年在大家电领域的成功则是业绩翻身的主要原因。电子行业各个细分市场的变化较快，要持续保持对下游产品的正确选择，其实难度是比较高的。目前公司重点突破的笔记本电池管理芯片和 AMOLED 方向好像都不错，值得关注。另外，从经营历史来看，公司不吹牛、踏踏实实做事，不乱收购、不冒进，看起来是个稳健靠谱的团队，这种属性一般不受市场炒作的喜爱，但比较值得长期关注（看有无说到做到的能力）。

东阿阿胶这些年陷入了瓶颈期，除了提价没别的招。但是这么多次提价，已经累计很大涨幅了，其毛利率基本没有变化，2011 年是 66%，现在也不过 65%（10 年之前只有 50% 左右），这说明在 2011 年之后的各种提价其实主要是应付原材料成本上涨，自己没得到多少好处，与其说是主动提升产品价值，不如说是被动应付成本上涨。屡屡提价影响收入增长，说明其品牌力不足。而产品力方面这几年除了桃花姬，也没看到让人眼前一亮的产品（阿胶咖啡等基本失败）。

公司的营销其实一直在努力，但我觉得品牌力和产品力才是关键，很难靠一般的营销得到明显的提升，所以对其未来，个人感觉，一方面确实也没有太大风险，ROE 也能维持在 20% 左右，估值也不贵，但它未来较大的机会或者拉动它进入新一轮增长的逻辑是什么？不清晰。它如果能换一个机制，估计就有可能打破目前一潭死水的状态。

宋城演艺、洁美科技

【2017 年 12 月 20 日】分析一下宋城演艺，请问它符合“好生意、好公司、好价格”吗，如何看待它在六间房及海外的投资导致的不确定性？

宋城演艺确实是一个比较有特点的公司，虽然旅游文化产业整体很蓬勃，但像宋城演艺这样具有极高利润率和可扩张性的对象却不多。宋城演义主业在我看来是极好的生意类别，高达 70% 以上的毛利率，极好的现金流，并且具有异地可复制的能力。一个异地项目总投资不过 2 亿～ 3 亿（但现在新项目投资额越来越大），能带来的收入持续期极长（比如，最早的杭州大本营现在每年都还在增长中），这种投入回报比和极长的摊销期，从生意模式上比类似规模的电影或者游戏投资项目强太多了。而且现场演义这个生意，看起来简单，其实有很高的“know how”壁垒，看看万达那个起初雄心勃勃但很快就折腾不下去的《汉秀》就知道了。所以说宋城演艺确实是一个典型的好生意、好公司。

宋城演艺 2015 年收购了六间房之后，虽然短期获得了业绩的增厚和热门的风口，但这两年看下来，似乎可以说这是一个错误的决定。首先是直播秀场的竞争实在太激烈了，如果六间房能获胜成为巨头之一当然是最好的，但现在来看希望实在渺茫，甚至已经被边缘化了。直播秀场这种生意模式最终只能活下来几个寡头，这就带来几个问题：

首先，为了收购六间房，公司一下子增加了 20 多个亿的商誉，2018 年是六间房业绩承诺的最后一年，同时未来几年，六间房面临的竞争局面似乎越来越不利，一旦业绩下滑，巨大的商誉就是个“堰塞湖”。

其次，六间房本身的生意模式其实并不如现场演艺（毛利率只有 50%，净利润 25% 左右，远低于演艺的 70% 和 45% 以上；持续性远不如演艺，爆发性在经过了直播红利后也很难说，所谓的线上、线下协同，经过了这两年也没太看出来——与之相比，轻资产输出倒是更值得重视：这个生意的毛利率为 59.64%，净利率为 38.35%，做好了是有扩展性的，而且按现在的协议模式可做到稳赚不赔）。

目前六间房占公司的业绩比重约为 25%，未来比较好的情况其实是演艺继续扩大规模，而六间房占比逐渐下降，这样公司短期利润弹性减弱，中、长期的发展确定性可能反而上升，生意的价值含量也会提升。

另外，今年跌得这么惨，也和公司干了几件事儿有关。比如，2015 年年末，刚在 29.88 元的高价增发一次，2017 年 3 月，在 20 元左右居然又要搞新的大额增发，要知道公司资产负债率仅为 12.6%，每年的经营现金流净额足有 10 个亿以上，适当举债加现金流足以满足规划中的投资需求。而且 2016 年 11 月 23 日，控股股东宋城控股以及持股 5% 以上的股东黄巧龙、刘萍减持公司股份共计 6400 万股，占公司总股本的 4.4059%，减持价位 22.6 元 / 股，合计减持套现金额超过 14.46 亿元。这两件事都是发生在增发参与人在高位被套时干的，确实有点儿恶心。

但前几天公司终于终止了 2017 年 3 月的增发，算是改正错误。未来除了六间房的不确定性较高，上海和澳大利亚的投资项目不确定性也不小。首先是因为不再是公司熟悉的景区布局模式，其次是这两个项目投资额都不小（一个 7 亿多元、一个 16 亿多元），这么高的成本是否能带来足够高的盈利能力很难说。当然如果成功的话，公司的前景是打开了新的想象力。

【2018 年 7 月 6 日】宋城演艺是一只非常典型的热门个股，从历史经营来看，已开的几个复制得非常成功，质量很高，现金流周转少数为负，相比其他游艺类公司，能盈利是主要优势，也因为在单场成本可覆盖的人数多，而游艺设备人数太少。迪士尼靠的还应该是周边产品与强品牌。宋城演艺未来看点在于轻资产输出，还有西安项目的固定资产政府全包，可见宋城演艺的话语权和吸引力。另外六间房的“雷”终于也解除了。

疑问（1）：需求端异地复制成功的概率特别是在澳大利亚存疑，存量景点感觉没人复看?

疑问（2）：这类 2C 的业务看似需求巨大但又感觉有些飘忽不定，只能定性，无法定量。也不是像动力电池这类强制需求。

疑问（3）：六间房摘除后长期利好，但短期内三成利润可能影响中期业绩，介入时机应该在之后还是之前。我觉得宋城演艺是可以重仓的标的，你怎么看?

宋城演艺的现场演艺，是一个看起来门槛很低，实际上挺难做好的东西，完全不是靠钱就可以堆出来的，可以去看看万达曾经高调投入大笔资金搞的《汉秀》的结局。虽然宋城演艺没有强势的 IP，但它深谙国内市场特点并且经营十分高效，成功率很高，这几年也开始成为一个著名的旅游品牌了。

前期的宋城演艺主要是旅游地演艺，靠热门旅游地导入客流，盈利快并且培育品牌。现阶段，一方面利用长期经营获得的诀窍在非旅游地的大城市复制，另一方面开始轻资产输出品牌，我认为这些都是正确的方向，就国内旅游业的发展阶段而言，我觉得目前担忧它的“演艺＋娱乐”这个大业务圈的天花板还早（但海外的项目我持谨慎观点，并且投资额也太高），而且观众结构的持续散户化还可以提升利润率。

宋城演艺的生意本质上是很好的，相对于制造业来说，投入不高，盈利能力却超强，现金流好且都是持续性消费，唯一一点就是资产太重，扩张慢一些（这可能也是宋城演艺当初想搞互联网的原因之一），但从总体而言，这个生意模式比电影制作公司强太多了，未来其价值多大还要观察公司能否持续推出受欢迎的产品，就像迪士尼最大的价值不是它们拥有多少 IP，而是它们有持续推出新话题 IP 的能力。六间房是一次不成功的尝试，差点儿把公司价值含量降级，好在公司终于决断剥离了。六间房的剥离，短期财务上的数字波动我觉得是小事，关键还是宋城演艺终于又回到了正确的发展道路上。至于这个事件引发的短期市场走势，难以预测。

【2018 年 7 月 6 日】次新股洁美科技，上下游打通，行业天花板不高，进口替代有一定的定价权，低价类产品竞争者进入意愿不强，疑问在于：新业务天花板较高的转移胶带是否能够成功，这类有点儿像伟星新材的纽扣。判断属于高效经营下游景气的个股，目前略贵，你会考虑这类“沙漠之花”吗?

洁美科技很有特点，产品不起眼壁垒却很高，自身具有产业链一体化的成本优势，下游客户主要是电子和半导体巨头企业具有一定的认证壁垒，也属于那种优点比较扎眼的公司，对于其产品业务就不多说了，各种研报都写得很清楚。从其生意属性上来说，公司业务的盈利能力好、有壁垒，其产品距离终端应用较远，属于偏上游的基础应用材料，所以技术变化的频率相比靠近下游的配件、元器件要低很多，这也是一个优势。但不好的地方在于，目前业务过于单一且下游有大客户特征（前三大客户占营收的 50% 以上），这使得其经营波动的风险较大，目前市场对于其风险是有所忽略的。

此外应收账款较高，现金流一般（经营性现金流净额与当期净利润比值在 50% ~ 60%）。电子元器件行业历来变化较快，所以持续研发新产品，拓展天花板是这种公司的宿命，能否持续研发出新成果并转化为收入也是衡量这种公司优劣的主要指标，由于公司上市时间还太短，所以是否具有这种能力还需观察，也就是说，这个公司目前还是高效经营级别（所以用 DCF 三要素来衡量的话，N 要素还不能给予高评分）。

强需求与高壁垒是一种追求方向，也是一个衡量标的价值含量的黄金指标，这个还是要自下而上的具体问题具体分析，并不能行业级别的一概而论，即便是医药里的公司也不都是如此（甚至很大部分都不是）。

康美药业

【2018 年 11 月 19 日】请教分析企业的方法。我持有康美药业三年了，但是学习你的思路是从今年开始的，请你分析一下康美药业的优劣?

公司分析的方法这个话题太大了，足可以写一本书了。我建议新手可先参照我书中的内容入手，这里就无法详细展开了。

分析的目的其实就是回答三个事儿：真不真、好不好、值不值。分析的手段无非是从业务展开和从财务展开。这里业务是关键逻辑，财务是佐证逻辑。业务清晰财务有疑问，可以慢慢去证实或者证伪。财务漂亮但是业务迷惑不解，往往是更为危险的，需要尽快搞清楚并且不能留下重要的死角。

从康美药业的情况来看，最吸引人的无疑是历史增长情况：从 2001 年到 2017 年里，几乎每年都是中、高速增长，扣非后净利润增速只有两年是低于 20% 的，营业收入也是年年为正。这完全是让人惊艳的成长数据，如果我们仅仅从数据筛选来看的话，康美药业可以称得上是千里挑一的极品。

但随便翻翻年报，增长数据中奇怪的地方却挺多，比如从 2010 年起，中药材贸易 13 亿，已经占到营业收入的 40% 以上，并且是毛利率最高的（44%），到 2013 年，中药材贸易已经发展了 6 倍多达到 81 亿元左右（年报介绍此时涉及的药品品种在 30 个左右），但毛利率却下降到了 25% 左右。再看 2016 年年报，中药材贸易的品种扩张到了 138 个，但营业收入居然只有 58 亿元左右了，仅用 3 年时间，比 2013 年下降了 28%（毛利还是 25% 左右），但另一个西药板块里的“药品贸易”业务却异军突起，从 2013 年的 24 亿元上涨到了 70 多个亿。我们会看到，在几年时间里，公司不同业务的稳定性并不像数据显示得那么强。

更关键的是，这些业务到底是什么？虽然年报洋洋洒洒介绍了很多，但你真的理解吗？再看看它的费用结构，销售费用不过 3%，管理费用也就是 4 ~ 5 个点，似乎好像既不需要很费力的销售，也不需要高的技术含量和持续研发，这生意到底是怎么做的？怎么就那么好做？唯一需要的似乎是大量的资金（财务费用不断上升，几乎与管理费用和销售费用持平）。

这个财务结构有点儿像九州通这种药品批发流通企业（销售和管理费用都只有 2 ~ 3 个点），但九州通由于可以占有大量的上游客户应付款（200 多亿元），所以财务费用率很低。康美药业占不了客户多少应付款，反而有大量的应收账款，存货更是高达 180 亿元占到净资产的一半，固定资产也比较高，这个生意从增长来看是个黄金，从资产负债表来看则是个坑，这很奇怪。关键是九州通的生意你完全知道它是干什么的，中、西药材贸易就距离很远，很难理解和核实。

另外，确实很难理解它一边持有 310 多亿元现金的同时，又搞了 125 亿元的短期借款、147 亿元的应付债券，这还不算 2016 年刚增发的 81 个亿，巨额现金在手的时候为什么要把财务费用搞得那么高呢？费解。

所以我觉得康美药业的观感还暂时谈不上优势、劣势的问题，而是要先把谜题解开的问题。一般来讲，好生意的数据越多，组合在一起的逻辑就越清晰一致。一般的生意也是如此，数据越多会发现越多的平庸和不确定点，逻辑是清晰的。但康美药业的问题不是好还是差，而是费解，对于整个生意怎么运转的？为什么会体现出这样的财务特征？过去如此完美的增长是依托在什么逻辑上长期驱动起来的？这有太多的问题得不到答案。所以，如果你对它感兴趣，我的建议是先把这些答案搞清楚，然后才能谈到有多好和该值多少钱的问题。

以上信息均来自公开披露文件，仅作为企业经营和财务知识的理论探讨和交流，不作为任何投资建议。

科伦药业

【2017 年 11 月 26 日】请你评价一下科伦药业?

科伦药业这几年从数据来看，还是挣扎在转型的泥潭中。2012 年时收入将近 60 亿元，2017 年预期收入大约为 100 亿元，5 年增长了 66%，但是净利润相比 2012 年已经是 9.6 亿（扣非后），而今年预期也就是 6 亿～ 7 亿元，5 年里居然还大幅下滑了。这主要还是为了“三发轮动”转型而耗费了大量成本费用，川宁投资了几十亿，期间几经周折终于公布投产，2016 年做到 11 亿元收入，2017 年上半年做到近 10 个亿，全年估计过 20 亿元了，随着销售规模慢慢扩大却没看到净利润改善，2014 年这个项目亏损了 5700 万元，现在还扩大亏损到了近 8000 万元。

当然这些都是有理由的：为了环保达标增加了巨大投入，还被迫限产、停产，还有巨大的在建工程转为固定资产以及投产后其硫红、6-apa 和青霉素等原料产品又面临激烈竞争而难以提价，但这一切只说明一个问题——川宁项目本质上也是一个很难的生意，它这些年来并未把科伦药业从抗生素大输液的红海里提振出来，至少截至目前是这样。而未来它能不能像科伦药业之前预期的那样，焕发勃勃生机，成为提振业绩的巨大弹性来源，看起来也并不确定。

这个不确定，不是说科伦药业的管理层不能干，而是这个生意真的挺复杂，变量条件挺多。本质上是供大于求，从竞争策略上看，科伦药业本来也不是奔着大提价去的，科伦药业之前强调了川宁巨大的成本优势，公司在历史上也一直是行业中的规模和成本杀手，所以川宁要想杀出一条血路，可能还是会走“成本杀手”的路（至少是在开始阶段），那么川宁的巨大成本优势体现出来了吗？至少从财务上似乎没有体现出来。那么什么时候可以体现出来？目前确实不太清楚。

那就这么不清不楚行不行呢？可能不太行。因为科伦药业的看点是“困境反转”，抗生素主业这块比较平稳，但肯定是没什么未来的。而作为未来长期看点的新药研发团队，虽然配置豪华并且布局储备的在研新药规模惊人，但距离财务贡献确实还早着呢（帕瑞昔布钠刚刚批准投产了，但距离上亿的规模起码也要 2 ～ 3 年，而且后面也有恒瑞的竞品，更别说其他的仿制药了，这还不考虑任何审批和推广上的意外耽搁），唯一可能明显改变这两年财务表现的，还是川宁项目。

所以要研究科伦药业，就要把川宁的获胜概率和可能的时间周期搞清楚，而这个确实属于很难把握的东西，否则也不至于从之前的美好设想拖到现在了。如果没有川宁的确定性，那么科伦药业在估值上是比较虚的，“想象力”占的比重较大。乐观起来看那庞大的研发新药可以给市场很多期待，而悲观起来看财务和业务现状又可能带来较低的估值。

总的来看，科伦药业的“气质”属于敢赌，敢干的类别，但不幸的是，它生在一个很苦的行业，而且正在豪赌的川宁项目本质上也不是一个好生意（属于很复杂的生意），目前其局面依然是艰苦奋斗、喜忧参半，还谈不上已确定的否极泰来，更非一马平川。赌这种困境反转的公司从以下四点出发：

第一，成本很重要；

第二，要意识到需要很好的耐心；

第三，个人认为不宜大仓位集中；

第四，应该在组合中放在攻击序列位置而不是防守的位置。

汇川技术、华兰生物

【2017 年 12 月 12 日】汇川技术属于典型的投入研发、质量体系等未来优势型企业。它四大业务板块实际上是技术同源的，用在不同的行业就是不同的产品，边际复制成本极低；目前，它的利润主要来源在工控确定性比较强，其他三个业务板块都有很大的利润弹性；随着第四季度新能源汽车的恢复性增长、集中增长以及轨道交通中标宁波项目，研发投入不再增长，等等。未来没有问题；这个股票我是会拿几年的，争取 3 ~ 5 倍收益。华兰生物，核心是特许经营权，血浆制品行业 5000 吨的市场缺口以及研发、工艺上较低的资本支出，作为行业龙头，当前也遭遇了短期市场错杀，有机会修复估值。问一下你的观点?

我觉得从经营上来说，这两个公司基本上是靠谱的（但对于其投资价值不便评论），我的基本看法如下：

汇川技术的主要驱动是变频器和新能源（2016 年各占收入比重的 45% 和 30%），其中变频器这块市场集中度不高，下游涉及的行业又非常广泛，各个行业占比相对比较平均（前 5 大行业各占 8% ~ 9%），汇川技术在行业中占有率靠前，从中、长期来看，在宏观经济稳健向上的背景下，变频器应有稳健增长的基础，而且毛利和净利都很高，属于比较好的生意。新能源业务增长迅速，6 年时间从零做到 2016 年的近 8.5 亿。新能源的雪道肯定是足够长，其他轨道等细节就不用说了。

总的来说，汇川技术这种公司所处的工业自动化控制领域，所涉及的面非常广，市场几乎看不到尽头。但缺点是这个市场基本每个产品都是完全竞争市场，而且技术更新较快，需要始终研发领先，投资人需要紧密跟踪各个领域的进展和竞争情况。

行业前景好但绝非高确定性领域，是一个典型的事在人为的生意。这种公司说白了就是投团队，在我的决策体系里属于可以投但不会太重仓的领域，当然这只是个人看法。另外，公司目前 40 PE 左右的估值并不便宜，没有明显的预期差，所以对未来业绩的释放有较高的要求。

华兰生物的需求端是很坚挺的，但供应端的情况比较复杂。从业绩影响来看，两票制导致销售费用大增，这个费用提升是持续性的（直销比例大幅上升，学术推广需求增强），但同比的变动影响应该是短期的。另外，2016 年的采浆量同比提高 40%，超过 1000 吨，已经是相当高的水平。虽然 2015 年 9 月到 2016 年 8 月，公司重庆南门分站、河南云阳站、河南浚县站等 8 个新设浆站都陆续进入采浆期，但由于历史基数已经很大，未来要想带来大的业绩增量恐怕还是要看新设浆站。

总的来看，华兰生物的基本盘有需求坚固和供应壁垒确保不太容易崩盘，但可能也确实不再是几年前那种量价齐升、躺着赚钱的好日子了。一个是两票制带来的费用增加、净利润率明显下滑是常态，另一个是血液制品的竞争也趋于激烈化（占收入40%左右的白蛋白就受到进口白蛋白的巨大冲击，这块如果继续出现过剩，对业绩影响肯定很大），看样子未来几年是考验公司经营效率的时候了。至于疫苗和单抗在研，短期都对业绩的贡献不大。华兰生物未来1～2年可能会缺乏足够的弹性因素，至于稳定性，则要看在新局面下管理层的应对能力了。

汤臣倍健

【2017年11月16日】前段时间刚刚以22倍PE重仓汤臣倍健，想跟你说说我的逻辑。企业自上市初就保持了营收和净利润的高速增长，年均复合增长率达到了48%和52%。但因为企业的经营模式随着线下药店和商超渗透率地不断提高，便出现了增长乏力的情况，2016年更是出现了净利润下降15%的情况。

随后企业提出三大战略：

（1）大单品战略；

（2）品牌电商化，同时为了避免线上、线下竞争，线上销售的产品都是专供产品；

（3）健之宝。企业与境外企业成立合资公司，利用公司在境内的优势资源销售境外优质产品。

> 我对汤臣倍健目前的定性是这样的：企业所处的行业是一个大行业，统计数据显示，2016 年保健品行业规模达 2000 亿元，但目前公司营收仅 20 亿元出头；企业的发展周期定位处于成长期，主要原因是保健品进入中国市场并没有几年（主要推手是安利），并且全民对于保健品的认知仍处于教育期，并没有对保健品尤其是膳食补充剂有较为全面和客观地认知；企业竞争优势方面我觉得是企业的短板。
>
> 膳食补充剂并不是差异化明显的产品，品牌知名度和品牌价值是这类企业的核心优势，从目前的企业的经营战略来看，企业也是对此比较重视的，但结果的验证是非常漫长和不确定的；企业盈利的质量方面是非常优秀的。应收账款/营业收入常年维持在 4% 以下，经营现金流/净利润近几年一直大于 1 以上；估值定性方面，我觉得市场对于企业的估值会有所溢价，但不属于经常性溢价企业。
>
> 综上所述，我觉得汤臣倍健可能会是困境反转型企业。所以，未来对于汤臣倍健的关注重点就是营收、净利润的监测，2017 Q3 公司财报显示，营收 22%，净利润 40%（净利润增长较多是 2016 年 10 月公司产品提价）。从目前来看，企业的三大战略好像是有成效的，我认为这笔投资是低风险、高赔率的，你怎么看?

你的假设是将其作为“困境反转”，但困境反转的证据并不充分。首先它不像典型的周期性行业，需求端本身就是强周期的，低到极致时市场的手自然会回拨向均值，保健品市场不存在这种“行业层面的必然性”。

另外要思考，汤臣倍健过去几年的成功是必然的还是偶然的，是阶段性条件的产物，还是可持续性条件的产物？我个人觉得，其高速增长的 2010 ~ 2013 年，主要还是渠道和营销的胜利，但随着渠道渗透接近饱和，下一阶段的增长应该主要依靠产品力。但对于保健品而言，产品力到底是什么？说实话我也没想清楚，因为它既不像药品有确切的疗效和数据，也不像一般消费品靠口味和体验的美好、独特性等胜出。它的所谓产品力要体现在什么上？营销？品牌？都沾边儿，但又都不确切，这是我感觉它比较模糊的地方。

这个公司目前的情况我觉得你说有多大风险确实也说不上，因为资产负债表很健康（20多亿现金在手，应收款占收入比极小，存货占流动资产和收入比也只有10%和15%，固定资产占资产比不到15%，几乎无长短期有息负债，也没什么大额的商誉等可能重大减值项目），保健品也确实是个现实的、较大的市场，总归是有人会买。但你要说它如何的“反转”了，我觉得目前似乎证据和逻辑也并不明显，只能说是在2016年负增长的低基数下，其似乎是逐渐见底有所反弹。但到底什么能带领其开启新一轮的较高增长？你列出来的大单品战略、强化线上战略我觉得都算是公司正确的方向，但效果如何或者高概率成功的原因，我觉得还需要深挖，目前看逻辑还是有些单薄。

从赔率而言，首先要注意到从2014年开始，其估值中枢已经明显下移了，这表现出市场对其的疑虑。从目前的估值大体在2017年30 PE，个人觉得这个价位不算便宜，而你22 PE左右的成本我认为比较合适。所以综合来讲，汤臣倍健的基本情况是基本面向下，风险应该不大，你入手区间的估值也很合理，但决定赔率的较大弹性和为了实现这一弹性的确定性目前还比较模糊，应不足以称之为高赔率。

欧普康视

【2017年12月21日】聚焦在硬性角膜接触镜这个行业上，基本的行业历史发展情况、技术情况、市场结构、相关公司的生产经营情况、财务数据都

有一个大致的印象。主要还是想请你给我一些对这个行业的意见，如果可以的话，也希望能了解你对这个行业当前的具体思考、看法以及顾虑？

这个产品我也大致看过，一些初步的感觉仅供你参考：

（1）这个业务堪称暴利，甚至好过贵州茅台。但一般商业常识告诉我们，除非有极大的壁垒和独占性，否则暴利很快会被竞争破坏。这个业务从表面来看，维持暴利的原因是CFDA的审批门槛，导致竞争不够充分。但这其实挺难理解的，对此有两种解释：

第一，是这个产品技术门槛实在太高了，少有国内其他厂商能涉足；

第二，这可能是CFDA由于某种原因严格控制的领域，目的是暂时不让其得到大量的普及和供应。我个人认为，这个产品要说是第一类那么高的技术壁垒，很难令人相信。

（2）从各种资料来看，这个产品在副作用方面确实很有争议。结合CFDA的审批情况来看，这种争议可能并非空穴来风。再一个，这个产品是一个十几年前美国的舶来品，我查询了一些资料，似乎没有证据表明这个产品在美、日等发达国家成为一种主流的临床方案，甚至有些信息表明几乎是无人问津的。这点可能需要进一步核实，如果确实如此，那么要打一个大大的问号。一个缺乏确切临床疗效和发达国家实际应用推广的方案，其前景往往是非常脆弱的。

（3）由于有严重副作用方面的隐患，特别是随着未来推广应用人群的进一步扩大，如果再次出现类似OK镜之类的严重问题，在这个互联网信息传播极快的时代，这个业务一夜之间被取缔归零的可能性不是没有。这也是这个业务最大的风险。

我们都不是临床专家，对于这个产品的具体性能和优缺点其实很难有专业的认识。但从一般商业规律而言，这个公司的业务确实很罕见，巨大的需求 + 超强的盈利能力，却没什么竞争，同时技术壁垒也并不是那么高、精、尖。合理的推论是，这个业务并不被商家认为是有前途的方案，所以根本缺少积极研发和去通过审核的需求（想想有那么多极高技术壁垒的新药，都有大量的公司投入巨资研发冲关）。

总之，我觉得主要是考虑清楚这个奇怪现象的原因是什么？以及发达国家的实际应用情况。有这两个方面的信息后，就比较容易下判断了。

张裕

【2017 年 10 月 28 日】国产电视已经回归，国产手机已经回归，国产车开始回归，中国的葡萄酒在世界舞台也应该有一席之地。过去几年是张裕最难的几年，感觉受红酒的冲击已经见底，业绩也企稳，好像要变好，那这个时候布局张裕是不是符合戴维斯双击？尤其是张裕 B，想听听你的高见。

用国产家电和手机、汽车业务的崛起来类比葡萄酒产业，这其中没有什么逻辑联系。前者都是制造业，而葡萄酒是消费品，两者的业务属性完全不同。上述 3 个产业的崛起，一方面是产业转移到中国这个有制造成本优势的结果，另一方面是中国的优秀企业在完成低端规模化之后，也有了足够的技术和资本资源实现逆袭，更重要的是，中国成为上述消费的主要市场，本地企业更加了解国内用户的心理，并且家电、手机这种产品本质上差异化程度很小，关键是在快速迭代并且质量可靠的前提下价格还实惠，这些都是中国制造业最擅长的领域。

而葡萄酒则完全不一样，首先这类产品有一定的差异化，品牌美誉度和定价权明显掌握在外企手里，大众潜意识里都认为葡萄酒总归还是国外的比较好。张裕的黄金岁月是从2004年到2010年，成功的原因是葡萄酒品类渗透率快速提升，同时张裕很好地建立了品牌和渠道，登顶了国内老大的地位。但2011年开始溃败，主要是前期自己靠中、高端酒赚钱，而进口红酒的大量涌入带来大量低价洋酒，导致产生既无品牌状势又缺乏价格优势的结果（毛利率从2012年75%下滑到现在的66%左右，存货周转率从高峰的1.1以上下滑到0.7左右）。

从经营来看，2011年之前公司ROE高达35%以上（比2004年的11%增长了3倍），但之后一路下滑到2016年的12%，几乎跌回十几年前，净利润自2012年开始多次负增长，2015年看似企稳，结果2016年再次负增长，一直到2017年的三季度，在同比2016年已经很低基数的基础上，依然还在负增长。从这点来看，张裕目前还在泥潭中挣扎，但考虑到影响公司绩效的冲击已经持续了五六年，公司也在做一些经营进口酒、收购兼并海外酒类资产的调整，似乎可以认为这种冲击已经进入后期阶段，但是不是完全见底这个不好说。

我觉得关键还是未来它增长的逻辑，你要双击肯定就不能指着便宜买一把，一定要有中、长期业绩持续增长的逻辑，这点不管张裕A还是B都一样（虽然看起来B比A便宜很多，但市场环境也不同，你可以注意到两者的历史估值区间完全不同，这里有流动性折价的问题，这种差价除非B股市场出现政策性变动，否则不见得能弥合）。从目前来看，公司似乎是想复制美国星座搞以收购、兼并为主要手段的全球扩张。

从理论上来说，国内葡萄酒市场还有几倍的增长潜力，但竞争确实太激烈，对于张裕的转型和经营前景到底胜率多大，我个人没有什么把握。从公司估值而言，确实不算贵，分红率也不错，公司成功会有不错收益，否则可能还会耗很久，关键还是其目前的情况确实处于不容易判断成功率的阶段。

洽洽食品

【2017 年 12 月】前段时间看了你对保健品汤臣倍健的看法，很受启发，这次我想问的是对快消品洽洽食品的看法?

洽洽食品从历史数据来看表现平平，毛利率不高，营业增速乏力（过去几年平均增速只有 5%），营业利润和扣非净利润更是比较差（2013 年、2016 年以及今年的营业利润都是负增长）。虽然在传统瓜子市场的占有率很高，但由于葵花籽原材料成本的上涨，带来公司盈利能力的下降，说明它也基本没有转移成本的起码定价权。从这些角度来看，这个生意确实比较乏味。

消费品的看点，我觉得就是三种：渗透率、爆款和品类扩张。渗透率强调的是需求硬度高，但需求尚未普及，需要一个渠道铺货到位的过程；爆款就比较容易理解；品类扩张是由一个品类向着关联品类扩张。从洽洽食品的情况来看，瓜子消费的渗透率没有什么大的提升空间，爆款这个东西目前也看不出什么端倪（实际上爆款可能是偶然性最大的，我觉得就算曾经成功推出过爆款产品的公司，都很难说清楚下一个爆款怎么弄。比如，云南白药的牙膏之后再弄新的重磅品也很难）。但是现在洽洽正在试图做品类扩张，从传统瓜子向着休闲坚果食品大品类去发展，这是它未来的主要看点。

但我这里不想聊品类扩张的前景，因为我觉得这个前景说不上有多大的确定性，也说不上完全不可能，大概处于一种可能但并不那么肯定的中间状态（当然这只是我的个人感觉）。我想说的是，这些综合信息摆在一起的时候，就显现出洽洽食品的投资选项是一种什么特征。比如，你能把它作为优秀甚至伟大企业的种子选手来看待吗？我觉得距离有点儿远。

无论是它所处的这个生意，或是它过去比较平庸的经营历史，还是它现在正在做的这件事情的创新格局（现在做的我认为是对的，但充其量也仅是按部就班地对，谈不上什么格局立意上的高大深远），看起来都大概只是个生意特性一般的，走过一些弯路，正试图重新回归正轨的公司。而且它所准备扩张的领域，除了渠道优势，目前还看不到其他特别强大的东西。虽然炒货坚果市场空间在1000亿以上，但这个市场不太可能有高集中度，因为门槛太低，需求差异化也较多，所以在这种特性的市场下，公司经营品质和管理层能力的高低几乎决定一切，而洽洽食品过去的经营品质和多元化失败的历史，让人对其在这方面不会给予过高期许。

如果定性在上面的这种公司特征，那么投资机会肯定瞄准的是两个关键要素：

第一，它的经营态势最好是基本见底的，或者说错误的路必须确定停止了，正确的路必须确定已经开始了；

第二，由于其经营水准并不那么高明，你很难给予它短、中期极高的成功概率和中、长期极大的成长空间，所以它一定要定位于折价交易，一定要用足够便宜作为保护垫。

目前从这两点来看，我个人认为第一条算是基本符合了（三季度实现营收9.1亿元，同比增长3.82%，环比二季度增长13.61%。新品瓜子和坚果今年预计总共能达到6亿元左右，营收占比达到15%以上），需要密切关注后续几个季度的数据变化来进一步证实（特别是新品的增速，是未来可见的主要弹性，以及为了获得这个营收增速在费用端的代价）；第二条从当前的价格而言，可能还不符合我个人对于这种公司安全的定义。

哈三联

【2018 年 11 月 12 日】以哈三联为例：

（1）财报分析：公司毛利率极高，体现了一定的定价权；公司营收增幅大于 ROE，但扣非净利润增幅小于 ROE，主要原因是销售费用中的市场推广费用急剧增加，因净利润率下降所致；

（2）市场空间及潜力分析：公司产品主要应用于神经系统类和心血管类疾病，成长空间大，确定性高；

（3）市场格局及竞争分析：公司主要产品奥拉西坦，市场规模在 100 亿元左右。公司约占 27% 的市场份额，有一定的定价权和知名度；大输液产品由于区位优势，在黑龙江占有 50% 的市场份额；

（4）估值分析：医药行业平均 PE 最低 22，PB 最低 3，从上述估值及产品相近的友商的估值水平来看，哈三联的估值有一定的安全边际；

（5）风险分析：市场推广费用异常；从募集项目的进度来看，公司的管理层的执行力一般；

（6）投资逻辑：从行业、产品及 ROE 的分析来看，公司属于成长期（但不确定，因为净利润增速太低），公司符合小公司、大行业的特征，基本符合 DCF 三要素，估值存在一定的安全边际。

后面的看点：营收的增长能否保持，推广费用能否下降，从而提升 ROE 水平。

问题（1）：上述的逻辑分析步骤作为一个通用的价值分析框架是否可行？是否有重要的部分遗漏？

问题（2）：你如何看哈三联公司？以及在面对这种有重大不确定因素的标的时如何处理？

（1）毛利率高和定价权没有什么必然联系，毛利率反映的是产品价格相对于直接成本的附加值的高低，定价权反映的是公司相对竞争对手和下游客户的支配地位，两者完全不是一个维度。ROE 的高低取决于利润和总资产的比值，这与公司的经营节奏有关。收入高增长的同时费用也高增长，如果公司的固定资产占比较高，并且处于扩张投资阶段，那么 ROE 会降低（利润增速下降而总资产大幅增长），未来如果投产销售旺盛则 ROE 有可能提升。其他几个方面的介绍看起来还可以，还需要注意业务发展是否并购较多，商誉较大，以及随着业务增长的应收账款占比趋势，存货周转率和总资产周转率趋势。

（2）神经系统和心血管类药品市场空间是细分品类里最大的几个，空间是没问题，但确定性是另一码事儿。需求的确定性肯定是很强的，但竞品也非常多，并且医药技术专业性强不容易把握，大面上需要了解其产品的技术性能，竞争力和竞品对比，以及当前在研管线是否足够强大和拥有较好的技术卡位。

（3）和（4）看了一下，公司的产品全部为仿制药，公司的利润主要来自冻干粉注射剂（占 40%）和小容量注射剂（占 37%），初步来看技术门槛都不高，产品亮点不多，竞争比较激烈，在研管线也没看到什么潜在重磅产品。医药公司的估值很大程度上是取决于产品的独家性和唯一性，以及对重磅产品的持续研发投入形成的研发壁垒，如果没有这些的话，其实就是个普通制造业，其估值与真正的研发型公司是不可相比的。

（5）销售费用受两票制的一次性影响可以理解，但幅度确实太大，说明之前完全缺乏自己的渠道建设，公司的前瞻性较差。另外，对医药公司来说，最大的风险还是产品缺乏竞争力而被边缘化。对这行来说，没有好产品，再强的执行力都是空中楼阁。另外还是一个新股，经营数据也不稳定，进一步加大了不确定性。

（6）基本不同意，由于了解不深，不敢说肯定不行，粗看下来确实没有看到突出的亮点。如你所说，对重大不确定性的处理要分情况，比如虽然有重大不确定，但同时又有重大亮点的，那么会在市场给予极低预期的时候考虑参与，但由于确定性较低，所以仓位一定是较小的。如果既感觉重大不确定，又没发现特别“性感”的潜在预期，那么为什么还要浪费精力呢？

三诺生物

【2018 年 11 月 12 日】三诺生物，从公司从事的行业来看，渗透率较低，零售市场和医院市场为六四开，公司在零售端口似乎占据有利位置，市占率达到 38% 左右。以其净资产收益率来看，除 2015、2016 年参股公司并购资产亏损拉低了收益以外，收益率基本保持在 15% 以上，同时因为其面向零售为主，其经营性现金流量也是不错的，生意的属性也不错，总体应该溢价。但从另外一个方面来看，公司在高端市场即医院市场占比仅为 1% 左右，医院市场基本被外资品牌控制。

公司为了切入医院市场进行进口替代，近几年推动了几次大的并购，参股公司心诺健康和三诺健康管理又分别收购了 Trividia 与 PTS。同时，为并购这两个公司，大股东股权质押比率高达 95%，且这两个公司在近几年持续亏损，也基本由大股东自身融资解决，至 2018 年才将转亏为盈的 PTS 注入上市公司。

另外，原合伙人车宏莉自 2015 年不在公司任职后，不断减持公司股份，对其他大股东的行为值得高度关注，对外延发展的公司需要高度警惕，特别是对外延并购发展、发挥协同效应并达成整合效果等风险点也在《股市进阶之道：一个散户的自我修养》中做了详细点评，从这个角度来看，如果公司战略未能达到预期，公司又将处于折价状态，目前公司的估值也显著低于 POCT 行业。在这特别想问一下你对这种行业前景较好，生意属性不错，公司在市场中也占据一定优势，估值也处于历史低位，但也有疑虑的标的该怎么去判断它?

血糖仪从行业层面来看，还是一个成长中的行业，一方面，老龄化和生活方式决定了糖尿病患者会越来越多，另一方面，中国血糖监测市场的渗透率只有 25% 左右（世界平均 60%，发达国家 90%），所以行业有增长的基本底蕴。从市场竞争来看，目前 CR4 的集中度已经非常高，罗氏 35%，强生 25%，三诺 20%，北京怡成 15% 左右。

目前看来，任何一方要想再大幅提升集中度，看起来都是需要投入大量资本的消耗战。特别是从血糖仪产品来看，其实是个技术专业门槛不高的产品，同质化也比较严重，所以特别是在零售端市场竞争很激烈。但从美国的经验来看，血糖仪市场份额的 85% 是在 OTC，只有 15% 属于医院，这符合血糖仪需要日常经常监测并且使用简单的应用场景。中国目前两个市场还是各占 50%（罗氏和强生基本垄断了医院市场），未来零售端的市场规模理应远远超过医院端，这对于在零售端渠道遥遥领先的三诺来说，是一个好消息。

而且血糖仪有一个特性，就是卖设备其实赚不了多少钱，真正高收益率的是测试条。在这种情况下，持续的跑马圈地就有战略意义，先覆盖尽量多的人口，然后再靠测试条提供可持续性的回报在逻辑上是成立的，但在财务上会造成费用在前期支出较多的情况，这与三诺过去几年收入高速增长，利润增速远远落后的状况相符合。而且这里还有一个未来的期待点，就是中国现在每台血糖仪的年测试条用量只有 100 条，俄罗斯是 200 条，美国达到 400 条（这也与 OTC 占市场主导的应用场景符合）。所以人口覆盖和测试条用量的提升，对未来盈利有相当大的影响。

从公司这几年的动作来看，是专注于主业的，目前在高端医院市场切入上似乎还没有立竿见影的办法，收购的方式切入效果如何目前也还不好说。但从上面的分析来看，中、长期而言，其实零售端的市场更具有决定性，医院端可能主要在于品牌制高点的效应。OTC 市场三诺虽然领先，但竞争激烈程度还是会维持在较高烈度，三诺 OTC 端占有率达到 36% 左右，但外资还占有 40%，后面还有一堆国产厂商在追赶，所以未来趋势很可能三诺在 OTC 继续规模扩张，但费用应无大幅下降的空间（多年来的销售费用率高达 30% 左右），外有外资内有国内厂商盯着，毛利率趋势也是稳中下降的概率极大。

总之，这应该是个持久战，行业有长期发展空间并且还挺大（毕竟血糖类设备占到目前 POCT 总市场规模的 49%，是 POCT 中最大的市场），但竞争激烈突破并不容易，高竞争下容易出现收入增速较好，但利润增长较弱的情况。较大的变数一个是收购国外品牌切入医院端的效果，另一个是血脂检测等新业务的增长情况会不会带来惊喜。

正海生物

【2018 年 11 月 27 日】正海生物优点：

（1）在售产品主要为牙科耗材，市占率逐年提高，牙科因为老龄化趋势和民营牙科医院扩张趋势，是一个不错的行业，正海生物虽然天花板不高，但是前景成长性不错；

（2）在研产品主要看点，活性生物骨及子宫内膜，按国外医疗器械巨头美敦力、史塞克财报数据，同类产品市场空间巨大，且因为一些原因没有进入国内；

（3）国内生物制品主要集中在靶向治疗的生物药方向，做再生医学的公司较少，同行业冠昊生物在售、在研相较一般，正海生物在医药股里有一定的独特性和稀缺性。

正海生物存在的问题：

（1）老生常谈的解禁减持和业绩变脸（我认为解禁套现正常，不认为业绩会变脸）；

（2）研发能力差、费用低（我认为需细看、细想）；

（3）在研产品的最终销售成效（确实有风险并需要观察）。另外个人认为次新股是牛股大本营。

（1）次新股确实有一些优点，还没经过上轮牛市的爆炒，经营上还有较大的展现空间。但相比较次新股的缺点来看，优点就不是那么重要了。第一是次新股在A股的发行机制下，虽然没经过牛市，但上市就是一轮爆炒，估值回归路途漫漫。第二是新上市积累的经营数据太少，特别是对于一些比较复杂和陌生的行业，读懂公司主要是需要看经营数据的变迁，特别是在不同景气背景下的表现，这方面新股基本靠猜。所以如果从整体而言，新股、次新股是投资的“高危”地带。有一个统计，历史上长期表现极为糟糕的指数有两个：一个是新股指数，另一个是高换手指数，完全是财富毁灭“集中营”。在这个里面找投资机会，其实风险相对并不是小了，而是更大。

（2）正海生物目前主要利润来自口腔修复膜和生物膜（各占约47%的利润），这两个产品的毛利率高达93%，净利润率高达39%，确实是暴利——但要注意一点，极度的轻资产（公司固定资产只有2500万元不到）除非拥有极其强悍的壁垒（比如独门绝技、强大品牌），否则其实比重资产的公司更容易被颠覆。用这么点儿的资本投入，就能产生这么高的收益，怎么做到的（冠昊生物营收是它的 2 倍，但固定资产有 2 个多亿，是它的 8 倍）？未来就靠几千万固定资产再把营收做大几倍？很难想象。

从费用结构上来看，公司的销售费用率高达 40%，这种情况一般说明公司的竞争力主要是建立在销售渠道或者营销层面（冠昊生物也是如此），也间接说明了竞争很激烈（在种植牙领域，公司的市占率只有 10%）。这样的格局，积极地看，说明增长空间还非常大，消极地看，就是并没有什么牢靠的竞争优势，表明不确定性是较大的，公司的营收才 2 亿元左右，其实属于非常小的公司，能经得起多大的市场风浪，需要考虑。

至于未来的看点是在研产品、活性生物骨，目前是国内独家并且市场非常大。但乐观估计要到 2020 年才能正式上市销售。

（3）从公司介绍来看，它希望全力打造“再生材料 + 再生因子 + 干细胞”三大主要产品线，看起来还是很有想象力的。但这三大领域全都是技术密集甚至是科学前沿领域，而公司的管理费用率仅仅只有 8% 左右（2018 年三季度，去年同期很高是由于上市费用和股权激励），研发的绝对投入值只有 1100 多万元，靠这点儿投入，要在三大战线展开，我个人觉得是有点儿难以想象。

（4）说了以上这些，已经可以看出好几个很难理解的地方了。倒不是说造假，但至少从大轮廓上应该能感受到公司其实还处于相对弱小脆弱的发展阶段，并且对于未来的经营其实绝非是高枕无忧的，是充满了竞争和挑战的。那么，在这些相应的不确定性的背景下，公司目前的 TTMPE 高达 55 倍，市净率高达 9 倍多，这个估值水平隐含着对公司什么样的预期？有没有足够的安全边际？值得斟酌思考。

当然说到底，投资不是一道判断题，而是一道选择题，选择什么、放弃什么，取决于每个人的价值观和能力圈了。

大博医疗

【2018 年 10 月 26 日】跟踪了大博医疗挺久，觉得这个公司经营稳健，公司市场布局好、业绩增速稳定、市占率很低、雪道长、各方面财务状况似乎极好，而且目前的 PE 虽然有 30 倍，但基于今年业绩的高规格股权激励，要求三年业绩再翻一倍，这样算就不是很贵。但由于公司财务过于优秀，所以有不少质疑的声音，集中在公司的毛利率很高（87%），净利率更是远高于对手（高达 51%），销售费用率仅为 12%，远低于对手，所以质疑者认为公司存在业绩粉饰或关联交易的嫌疑，你怎么看？公司上市两年，业绩并未变脸、大股东锁定三年且推出了高规格的股权激励，似乎不大像有问题的样子。

我粗略看了一下相关资料，确实有可疑点。

首先，公司的市场地位很一般，市场占有率只有 2%。但两个国际巨头市占率相当高，说明这个行业比较倾向于高集中度，也就是说，有强者恒强的行业基因。即便是国内公司，威高股份的市占率也是它的一倍以上。这个基本背景表明，公司肯定面临着激烈而巨大的竞争压力

那么，市场地位很不牢靠，面临国际巨头的技术品牌压制和国内规模更大竞争对手的产品同质化和价格竞争时，你会怎么办？通常的做法是，要么独辟蹊径做高度差异化的缝隙市场的产品，要么在确保性能符合标准的情况下，将性价比做到极致。骨科植入产品的技术性能指标非常关键，在短期内难以挑战国外巨头的情况下（特别是公司宣称自己定位在高端市场，更要直面巨头竞争），如果价格还不具有明显优势，很难想象如何生存和胜出。但公司的毛利率却出奇的高，毛利率高无非两种可能：更低的成本优势、更高的定价。

从成本来看，公司招股说明书里没有表明在占比最高的原材料上有任何优

势，行业基本都是外购，公司做不到自给自足。而制造成本与规模关系很大，公司销售规模和市占率都很小，难以想象有什么制造成本优势。但定价高，放在前面的基本竞争背景下，这个就更加难以理解——除非公司的产品具有出类拔萃、超越性的技术和性能指标，这个我没有答案，只能存疑。

除了毛利率，另一个很可疑的就是销售费用比行业平均要低 10 个百分点。公司招股说明书的解释是：凯利泰和春立医疗在采用经销模式的同时，也有比重不同的销售系直接面向医院，在这一模式下，一般而言，相关公司需要自行组织大量学术推广活动并进行市场开拓，销售费用较高，而公司采取经销模式，会根据市场需要举办一些学术推广活动，但经销商会承担更多推广及市场开拓职责，销售费用率较低——这个可以解释消费费用低的原因，但是与毛利率联系在一起就很费解。因为经销商也是要盈利的，而且越是依赖于经销商你就越需要给予他们更大的利益。

特别是像公司介绍的，经销商还要承担大量的推广和市场终端开拓费用，这种情况下，最常见的就是公司将产品以很大的折扣卖给经销商，经销商通过与终端价格的高套利空间来盈利。但如果这样，公司的毛利率应该大幅下降，至少应该比直销占比高的公司毛利率明显要低（直销不用让利给经销商了，毛利率高的同时要承担更多的销售费用）。但大博医疗却很奇怪：一方面销售完全依赖于经销商，另一方面销售价格维持着极高毛利，显示给客户（也就是经销商）的折扣很小，这是怎么做到的？这种模式下靠什么激励经销商，让他们跟随公司冲锋陷阵（毕竟公司市场地位和品牌都很弱）？

仅凭这些当然不能断定公司造假，但可以说确实很可疑，需要公司对此给予直接而明确的解释。另外，公司刚刚上市，财务总监已经辞职，这也不是什么好兆头。总之，这个公司一方面刚上市，缺乏足够长时间的经营验证，另一方面毛利率、销售费用等数据的同业对比确实非常奇怪，再一个，新上市公司一般更具有粉饰财务数据的主观意图，加上财务总监离职等信号，需要投资人非常谨慎地对上述疑点予以核实。

至于说两年的业绩数据，股权激励目标、股权锁定等，都是置信程度很低的信息，不能作数，估值问题更是要放在业务和财务真实性以后再考虑。所以我再总结一下，目前这些信息不能断定公司有造假等行为，而且这还是个比较专业化的产品和市场这就更难理解一些。但确实已经显示出足够重要的疑点，对其感兴趣的投资人需要针对上述疑点尽快与公司沟通，要求公司给予正面、详细的解释，才能根据公司的解释来看是否在商业上符合基本的逻辑。

科大讯飞、洽洽瓜子

【2018 年 9 月 14 日】现在市场总体低位，个人在学习的基础上，逐渐加大投入，总体 300 万元左右，已入手科大讯飞、宋城演艺、洽洽食品，各占三分之一仓位，还有部分“预备部队”，个股入手原因就不班门弄斧，烦请你点评一二，并给出一些建议?

这三个公司基本上是完全不同的特性。

科大讯飞被我选为第一大“妖”股，上市以来，这么多年旗帜一直飘扬着，给点儿风就飘。这个公司看技术成就介绍和卡位前景让人激动得浑身流汗，但看这些年的实际业绩增长和财务指标则让人直冒冷汗。这些年市场一直赋予它互联网入口级公司的估值水平，但公司目前实际贡献收入的生意形态却很一般，而且执行力也一直远远落后于市场预期，这可能与其机制有很大关系。

从长远来看，如果真是一个平台级的生意，那么前期的烧钱和亏损完全没有问题，但必须要表现出强悍的流量，垄断集中能力。科大讯飞其实现在的商业模式是什么还未知，市场一直在期待来个重磅级别的产品，但一直没有。而且形势正在发生变化，以往讯飞引以为傲的语音技术积累和数据库，在真正的互联网巨头，比如百度的切入后是否还有优势？技术投入和执行力相比，在这些互联网大鳄前有持续竞争力吗？我觉得非常悬，而且时间越长越悬。现在公司估值完全就是靠预期支撑，如果哪天这个预期被扭转了，会发生什么？

宋城演艺是一个能干也能折腾的公司。能干自不必说，国内旅游演艺市场几乎一家独大，掌握了旅游演艺的技术诀窍（看似简单实际壁垒很高）。其主营业务的优势在于可复制性较强，盈利能力超强，生意的可持续性极强且具有长期提价能力（看看杭州宋城），缺点在于资本开支大，所以 ROE 被拉低了，并且最优质的旅游目的地已经快占领完了，后续将开放的疆土相对不确定性得到极大提升，投资成本也越来越高，但总的来讲，这还是一个比较好的生意。

能折腾就是公司比较高调，战略野心大，但收购六间房被证明是完全的头脑发热和事实上的失败。今年公司又折腾出了剥离六间房的方案，算是认错回归主业的利好，8 月底方案又有了新的调整要推迟剥离（完成今年业绩承诺后），这可能反映了对方的一些微妙的态度，后续这部分是否顺利剥离值得关注，这块如果剥离完毕（虽然还持股）希望公司好好做大演艺这个主业，其他泛娱乐的事情最好少折腾。

洽洽食品相对于上面两个来说就是个“老实孩子”，麻烦也在于太老实了。公司的瓜子基本盘比较稳固，但增长前景也比较暗淡（其持续提价能力并不确定）。现在主要的看点都在新品，目前看得到的主要是坚果，但截至 2018 年中，坚果占营业收入的比重只有 12% 左右，所以从目前来看，公司的亮点不多，当然估值比较便宜算优势。

你的情况介绍得很模糊，比如你对投资的期望值和主要疑虑和担心都不清楚，所以很难说给出什么具体的建议。关键是想明白为什么做这个组合和仓位配比的选择？做这个选择后最起码的期待是什么？最大的风险点在哪里？风险和期待具体表现在哪些观测的指标上，以用来判断是继续减持还是改错放弃？把这些东西明确下来，就是你目前最需要做的。

医药行业 I

【2017 年 12 月 12 日】近期我在某访谈节目中看到了某著名投资人的采访。他现在的观点是未来 10 ~ 20 年最具确定性投资机会来自“保命”的医药及医疗护理行业。理由是目前 A 股医药公司市值和国外大型医药公司市值相差太大。而且中国进入老龄化社会，医药行业机会很大、很多，大有未来医药股市值赶超国外公司之势。就像曾经的银行、消费、高端装备制造一样。当主持人问及看好医药股中哪个分类未来会有他认为的大机会时，他却避而不谈。我的问题是：

（1）你是否同意他对于优秀医药股未来 10 ~ 20 年会涨到上万亿市值的观点?

（2）你能否把他避而不谈剩下的话以你的观点给我们说说?

（3）如果科伦药业走出泥潭的话，是否有万亿市值的基因?

抛开谁说的这点就你说的话题本身聊聊。我个人觉得大医药行业长期来看，还有很大的发展空间，这个肯定是对的，也不必有什么太高深的学识都可以确定这点。毕竟这么巨大的人口基数又即将进入老龄化社会，生活富裕了之后对于医疗健康也会更加注重，这些基本面放在哪里呢。就像你说未来消费领域一定也还有很大的投资空间，这话都不会错的。但这话也意义不大，因为医药制造业目前一共有 162 家公司，算上器械和服务超过 200 家，而医药行业又是差异化程度最大的，这个领域是典型的同行不同命。

未来优秀医药股能涨到多少市值谁也不知道，所以无法回答。但可以肯定的是，真正的好医药公司生命周期很长，千亿市值确实也只是起点，具体走多远取决于长期经营的结果。

中国医药行业近年来确实发生了十分巨大的变化，显然未来对于具有强大研发能力的公司而言已产生了战略性机会，这是与过去拼渠道截然不同的环境，所以未来的医药行业分化会非常厉害，不能瞎投的。但简单把美国医药公司市值类比中国也是荒谬的，因为行业和国家利益结构完全不同。

美国是医药和保险公司及医生结成高价利益共同体，医药开支占 GDP 比重高得畸形，但优点是带来了对研发极大的刺激，导致重磅药不断。我们更像日本，医保是入不敷出的，控费和广覆盖、低水平是核心战略，商业保险力量多大还需要观察。

另外，美国对于大研发产品有销售政策上的诸多便利，我们这里医药销售政策与研发技术一样复杂，目前还很难产生那种一个重磅药一两年就卖上百亿的情况。如果以日本作为一个参照对象，我们会发现，只靠国内需求活着的比较惨（当然由于中国人口基数大，所以这点会有差异），能靠研发走向国际市场的类似武田制药这种则不受控费影响，能成长为大市值的公司。

其实如果长期看好医药行业的话，投资并长期持有医药指数可能好于不专业的个股选择。另外，医药行业空间虽然巨大，但业绩弹性却未必高，再加上现在被看好的研发型公司估值普遍很高了，要获得超额收益就需要有巨大的耐心，但时间一长也是会有变数的——比如生物医药正在崛起，这对于以化学仿制药为主的公司也有很大的威胁。总之，这是一个很专业的领域，绝非轻松赚钱的“一尺高”的栏杆。

至于科伦药业，咱们还是别一竿子支到万亿市值去了，先关注何时真正走出泥潭更现实一些。其他美好的假设，不妨先放两年。

【2018年10月27日】三个问题想请教：

（1）近年来，许多研究报告、机构专家、投资大咖一直都在追捧医药行业，预测中国未来必然产生万亿市值的医药企业，当前市场对整个行业也给予了很高估值，其主要论据在于：中国老龄化进程加快及生活水平的提高；对标国外大型医药企业，国内医药企业还有巨大成长空间，但从目前来看，整个行业的成长依旧乏力（智飞生物等个别具有特殊壁垒优势的药企除外），对此你怎么看?

（2）传统大白马，虽然长期被市场看衰，但其依靠宽阔的护城河和强大的竞争优势，业绩依然持续稳定成长，最为典型的就是格力电器、贵州茅台，伴随着不绝于耳的质疑声高歌猛进，对此你怎么看?

（3）请鉴定一下万华化学这只个股，对其兼具的成长性和周期性应怎样看待和把握?

（1）从美、日等发达国家的国际经验以及我国过去20年的数据回测来看，医药行业都是回报率极高的行业之一。这里有几个原因，首先是需求呈现刚性，特别是中国的人口基数和老龄化前景，需求就更为确定。其次是经济越发达，医疗需求越显著，人口又多又老龄化还有钱，医药需求的巨大和刚性是显而易见的。

除此之外，医药行业的生意特性是壁垒极高，包括研发和销售的双重壁垒，并且制造所需资本投资很少，产品附加值高，公司容易形成既高又稳定的ROE，也就是生意的特性很好。当然这是从整个产业来讲的，从公司来说，医药是最复杂的投资领域之一，产品高度差异化，专业化程度也很高，不容易理解和把握（所以巴菲特在美国这么有医药优势的国家都没怎么投资这种公司）。

中国的情况及需求是看得见的，但是医药研发底子薄，医疗政策不稳定。所以这么一种扭曲的结构，只是需求端基本不用担心前景，供应端真正优质的对象并不多，行业竞争会非常激烈，政策端受到政府支持与否的影响及药品监管倾向的变化，从而带来的不确定性很大。需求有依托，肯定会稳步向上，公司很分化，格局不稳定，政策多变化会带来额外的波动。

（2）公司的发展一般会分成3个阶段：行业渗透阶段、行业集中阶段、新驱动接力阶段。行业渗透阶段是普及率快速提升的逻辑，这个阶段行业成长逻辑最为清晰，容易受到追捧，但是供应商多且竞争激烈，营收提升快，但由于忙于消灭竞争，抢占份额，利润不稳定，死亡率高；行业集中阶段是寡头垄断诞生的逻辑，市场从战国到十强赛，再到双雄会格局，行业增速大幅下降，不再那么“性感”了，但是优质龙头公司瓜分市场，反而容易出现一段高质量的快速增长期。最后行业发展完全成熟，渗透率和集中度都演绎完成，公司要么寻求新的业务空间，要么成为低增速高分红的类别。

当然这些都是比较理想的状态，有些行业永远走不出第一阶段（因为壁垒太低，进入成本太低，或者难以形成可积累的竞争优势），有些行业第二阶段只是相对集中而未形成绝对集中，效益和持续性就大打折扣。所以需要具体问题、具体分析，不能一概而论。从过去的几年来看，确实容易低估一些大白马公司持续深耕增长的潜力，这说明中国经济的韧性和潜力确实很大。

（3）万华化学是一个优秀的化工公司，优秀是指其经营非常出色，没什么可挑剔的，但其定性是化工类的公司，这种公司的问题一个是与宏观经济联系紧密（因为很多化工品的下游是非常多的行业，面越宽受到经济整体的影响越明显），另一个就是化工产品很少具有自己的定价权，价格波动较大，而化工类企业的固定成本又很高（比如，万华化学的固定资产和在建工程占总资产的比重在50%以上，折旧就会很高，特别是需求下滑、开工率下降时，单位折旧成本就更高。

另外，由于需要持续大额固定资产投入，需要大量的借款导致财务负担也较大，其财务费用率曾经达到4% ~ 5%），所以容易表现为较大的业绩波动。万华化学也不例外，MDI 的价格波动完全能左右其利润走向，但价格本身受到国内外很多因素的影响非常难以判断。所以，这种公司在初期化工材料高价格被国外垄断的时候，如果实现了技术突破进入国产替代环节，收益是最确定、并可能最高的。

到了自己已经成为巨头之一，产品供需基本平衡甚至供大于求的阶段，周期性就会更加明显。当然优秀的化工公司是能穿越周期的，在下一个周期景气点再创新的经营高峰，万华化学倒是具备这种成功的基因，但是这个过程要想做到对周期低点和周期高点地准确把握，对我来讲实在太难了。

医药行业 Ⅱ

【2018 年 9 月 14 日】有以下两个问题：

（1）近年来医药行业从“两票制”“一致性评价”到最近的“带量采购”等政策密集出台，这一系列医改政策是否会带来医药股估值重构？这些政策是否对仿制药企偏利空？对医药股是否应该从乐观改为谨慎？

（2）科伦药业的未来是否值得期待，请说说你对科伦未来的预测和看法？

最近这些年，医疗体制领域“大招”频出，整个医药市场确实是面临着前所未有的变局。从需求端而言，医药行业是非常确定的，人口老龄化和生活水平提升都会长期支撑医疗需求的持续膨胀。但从供给端来看，情况就变得复杂多了。

相对而言，“两票制”是一个轻量级改革，本质上是要降低中间流通环节，砍掉中间费用。这对于依赖代理商的代金销售模式冲击最大，对于搭建了完整直销体系的医药公司而言是有利的。这个措施能挤出一些实力很差的厂商，但总体上对医药质量的影响有限。“一致性评价”则是一个相对重磅的改革，能从本质上把研发和质量控制体系优秀的仿制药厂商筛选出来，未来很多的改革可以把“一致性评价”作为最基本的门槛。但一致性评价虽然从标准上解决了仿制药是否有效的问题，但并没有完全从绩效上予以对应。这个时候“带量采购”作为新成立的医保局的重磅改革出现了。

带量采购未来的详细方案还未确定，但从目前来看，就是质、量、价三个要素的博弈。质方面“一致性评价”是个门槛，所有达不到标准的自动失去资格，当然也包括难以一致性的品种，比如中草药和生物药（所以中药和生物类似药的厂商受这个政策的影响很小）。以往招标降价明确，供应量却是模糊和没有明确承诺的，这次很可能会明确片区和具体的采购量承诺（一般是 1 年左右的用量，用完后再次招标）。由于招标政策复杂，对于不同情况的公司影响差别巨大。总体可以归纳为：

（1）独家仿制品种受益，价格受影响小，量具有增长的大弹性，同时销售费用却可能大幅下降，从而利润率还有明显提升的潜力。但独家品种一旦出现国产竞品，则价格和占有率会大幅下挫，所以从中、长期来看，这种公司的业绩波动性可能会增大。多个竞品的仿制药价格会大幅下滑，要不要参与带量采购还要看具体招标范围和承诺量，但基本上利润率应该会明显下降。

（2）创新药和非带量采购的高价药可能受益。创新药受益是因为医保控制了费用以后，有更多财力倾斜到真正的创新药（非必然，只是可能性），创新药可能会得到更好的价格待遇。非带量采购的高价药，可能会受到医生的欢迎（由此弥补大部分被带量采购品种占据的回扣损失）。

（3）中药企业、生物药公司影响不大。

科伦药业以前点评过，从短、中期来看，正面临传统业务拐点，从中、长期来看，创新药正在开花结果。公司的营业利润从 2017 年三季度开始反转，业绩持续三个季度爆发。其中输液板块景气度反转的提价贡献较大，非输液板块无论是川宁的抗生素还是制剂产品都增长迅速，占比迅速提升（2018 年中已经占到总收入的 38% 还多）。

随着多个仿制药和创新药进入临床和申报一致性评价，可以说科伦药业迎来了近年来最好的局面。当然从投资的角度而言，未反转的时候最难熬但赔率也最高，在情况逐渐明朗后，股价也做了快速的反应，未来的超额收益一方面来自传统业务增长的可持续性（支撑 EPS），另一方面取决于市场对其研发产品线的预期溢价（PE 中枢）。科伦药业是属于比较有特点的，非常进取，野心也非常大，敢投入、敢赌大的。从目前医疗改革的大环境趋势而言，长期有利于头部的创新公司（行业进入壁垒越来越高），科伦药业能否顺利转型到这个高度值得观察。

药机行业

【2018 年 6 月 27 日】基于看好未来中国人口老龄化趋势下对医药健康行业的需求，所以趁前几天大跌，重仓买入了制药设备行业的公司，准备持有 3 ~ 5 年（指数新高）。买入理由，一是择时上我觉得目前应该是个底部区域了（好价格），二是药机还是技术密集型，有一定的壁垒。但深入了解发现，未来医药公司行业集中度要从目前 5000 多家集中到 200 家左右，医药公司减少，代表制药设备需求的降低，目前药机行业也面临行业集中的问题，对龙头倒是利好（好公司），处于天花板上，从发达国家这一行业排名前十的公司市值对比上还是有较大的空间。请你分析一下制药设备行业能算得上是好行业吗?

我个人觉得医药公司的核心是研发环节，而不是制造环节，这就决定了药机制造设备在产业链里的附加值和地位不会很高。相反，比如半导体或者精密材料、锂电池制造业的上游制造设备往往非常关键，很多设备参数差一点儿都会直接影响产品的质量和成本（很多设备属于绝密级别，根本买不到）。

所以关键是看设备有没有绝活，同质化的设备是没有任何意义的。另外，就一般规律而言，下游客户太分散对于设备厂商的推广也是一个噩梦，几千个厂商你能覆盖多少？需要花费多少销售费用？下游市场高度分散，上游的设备厂商也很难发展起来。而那些半导体、新材料等设备的供应商，往往下游就几个大的玩家，突破了它们的供货认证壁垒，就可以马上起量。

而且你可以看看下游公司的固定资产里，设备占比有多大，以及更新频率有多高？设备占比越高、更新频率越快的，说明制造环节供应商越受益。以宁德时代为例，其固定资产中，设备的占比达到75%，更新年限在3 ~ 10年。也就是说，其产能扩张中每投资1个亿，大约7500万元是用来投资设备。那么，如果它有一个产能持续扩张的预期，你就可以比较容易知道其设备供应商有较大的机会。

再看看恒瑞制药和天士力，2017年恒瑞机器设备占固定资产比值的61%（更新年限是10年），天士力约为40%（更新年限4 ~ 18年）。这里看起来设备占比还不算低，但更新年限真的非常长，说明这个行业制造环节的技术比较稳定，并不需要时常更新升级。当然如果能更进一步了解到具体设备对应的更新年限那就更好了。

另外，就我看到的几个制药设备公司而言，业绩都是一塌糊涂（如千山药机、新华医疗的子公司英德，还有东富龙），所以如果你看中这个行业，你就需要细究一下为什么？它们到底惨败在哪里？行业里有没有一枝独秀的例外？例外的根本原因是什么？说到底，设备行业是个“傍大户”的特征，下游客户越大、下游行业越突出、规模壁垒（所以就需要不断扩产）、生产制造环节技术难度越高、越是重资产、下游技术变革越快越激烈，上游的设备厂商就越受益。你可以根据这几个条件衡量、对比一下。

至于你一开始说的看好的理由，过于简单宏观和概念化了，不足以作为投资的依据。

餐饮行业

我一直在餐饮行业工作，总感觉餐饮行业是个非常苦的行业，除了销售现金流充裕一些，每几年就要重新装修再次投入。另外，还需要不断地开店，不断地增加资本投入才能增加销售规模，尤其是最近几年，餐饮行业已经杀成红海，面临房租、人工、食材原料价格的上涨，好多大规模的餐饮企业都遇到了经营困境，也与上市的规范成本有关，目前资本市场上的餐饮企业并不多，不知道你对餐饮行业有没有研究，随着税制改革的逐渐深入，规范的餐饮企业税负相较营改增之前有较大幅度的下降，未来几年有可能会出现一批餐饮企业上市，你觉得什么样的企业能在这个“苦”的行业中胜出?

餐饮行业在我来看，要考虑本质和模式两个问题。

就本质而言，餐饮提供的是一种兼顾基本需求与享乐的需要，好吃和经常吃是在这一行立足的两个基本点。只要抓住一个就可以活，两者兼顾可能就能活得不错，想想是不是这个道理？但如果放到资本市场来看，餐饮业要想成为一个大生意，就必须实现规模经营，而规模经营的前提是品质可控的标准化。所以你看，现在的资本市场上，那种丰富的百家菜类的传统餐馆基本都没戏，就算是全聚德这种驰名中外的老字号也从模式上完全落伍，所以很难发展壮大。

真正能在这个行业胜出的（这里的胜出不是说百年老字号或者获得米其林

3 星这种行业荣誉，而是成为大市值公司），一定是兼顾了好吃、经常吃并且品质可控的标准化。最典型的类似标准快餐连锁店，无论是麦当劳、必胜客还是味千拉面、呷哺呷哺，基本都要做到口味 OK，还可能经常食用，品质可控的标准化，有这些存在，才能大规模连锁。与之相比，越是菜品复杂，越是依赖于优秀厨师和食材等稀缺资源，作为消费者，偶尔去尝个鲜是个很好的选择，但作为投资人一定要敬而远之，因为它从根儿上就无法扩张，一旦强行扩张就会品质失控，砸了招牌。

所以未来有两类餐饮企业可以关注：第一类是把方便做到极致，把某几个单品菜肴做到极致，同时做到餐厅成本大幅下降，大规模快速铺设连锁店的，这种从本质上是最符合连锁规模的要求，但缺点是口味单一，需要有定期迭代出优质爆款的能力，现在的西少爷肉夹馍就是此类；另一类是在口味和品质上做出特色，靠标准化厨房和配送做到对厨师依赖性的降低，类似各种火锅和外婆家、西贝莜面村、绿茶这种性价比很高，走轻奢路线的，符合中产消费趋势，优点是单店营业高，且口味差异化突出，缺点是对于管理和服务配套要求极高，扩张速度相对要慢一些。以上这两者中，我更看好后者，因为不是靠抖一个机灵，而是在整个菜品供应链和前台管理上有扎扎实实的积累和壁垒，也许走得慢一些，但会更容易持久。

如果举个例子的话，比如四川火锅，口味有广泛的群众基础、不依赖厨师、可标准化，是典型的可规模化经营，再加上服务口碑，自然出众。负面例子是雕爷牛腩，模式设想是单品爆款、高周转率、可扩张，但一味追求过高，偏离了餐饮的本质，既不好吃也不会经常吃，只好偃旗息鼓。

STOCK

第五章　其他行业类案例分析

广联达

【2017 年 3 月 14 日】关于广联达转型，在经历 2015 年的低估之后，我们需要重点关注以下几个方面：

一是传统业务的见底回升；

二是费用的恢复正常（相关的是净利润率的回升）；

三是材价信息、施工等业务能否保持快速扩张。从 2016 年的情况来看，似乎这几个方面都表现良好。这里想问的是，类似于广联达这种转型中的公司，如何判断其转型已经从量变积累到质变，需要在多长时间的持续性上进行考察，还是更多侧重于其所依附的行业发展阶段?

广联达所处的行业，与城镇化、房地产相关性比较大，房地产姑且不说，就单拿城镇化来说，目前中国城镇化率大约为 57%，据住建部估算，未来中国的城镇化率在 68% 左右，只是这个数据，我们怎么判断未来向此目标发展的概率?

个人非常认同你关于未来投资的方向重点在于纵向的 2.0 升级，因此还想问的是，广联达这种由增量向存量市场挖潜力，向施工、BIM 业务扩张天花板的公司容易成功，还是其他类型的公司更容易成功，有哪些值得参考或成功概率比较大的案例?

广联达的转型之路可以分为中、短期和中、长期两个角度来看。从中、长期来看，其转型发展成功的概率较高。这里最重要的原因就是在建筑信息化这个领域中，除了它也没什么别的强力玩家了，只要建筑信息化的基本需求存在（目前来看，这点没什么问题，BIM 还处于初期阶段，各个环节的空白点也较多），拥有近乎垄断市场占有率、强大市场和研发资源、资产负债表和现金流非常健康的广联达，只要自己“不作死”，别人很难通过竞争战胜它，这样就容易先立于不败之地。

但中、长期成功概率大，并不代表短、中期的挑战小或者波动小，这是两个概念。2016 年其业绩的高速增长是可以理解的：

第一，2015 年的业绩基数很低；

第二，其费用率占 7 成以上，2016 年没有股权激励费用的同时，如果控制好费用，就会有较高增长；

第三，2016 年出现了房地产高景气带动的新开工同比大幅提升。比如，保利地产的 2016 年中报中写道：“从 2014 年开始，房地产新开工面积同比增速呈现出负增长的态势，但随着市场的持续复苏，这一趋势在今年得到扭转。2 月份，房屋新开工面积同比增速首次由负转正，为 13.7%，并在之后的 2 个月持续回升至 21.4%，达到近 4 年来的最高值”。所以从这里可以看到，2016 年的高增长主要原因是外部行业景气度大幅回升、降低成本以及同比基数低，不能看见业绩好就将其归入转型成功的结果。

具体来看转型，2016 年中报显示，施工业务、工程信息服务业务合计收入占总收入比重达到 26.8%，而 2013 年的数据只有 13.5%（当然其中有项目管理软件并入的口径变化问题），可以看到这两个对行业波动敏感度相对低的业务，确实三年间发展迅速。再考虑到造价业务中已经转为云端，按照年服务费运营的部分（公司披露云转型已经覆盖了十几个省份，还有十几个省份在未来两年内覆盖），整个对行业波动敏感度低的业务板块占总收入的比重，粗略算应该在 4 成上下。从这点来看，现在的广联达在面对建筑行业的景气波动时应该比 2015 年的影响要小（其中主要变量是费用因素，所以要好好调研公司未来人员增长方面的安排）。

以上的不同周期的看法仅供参考。总的来说，广联达是个经营层面进取和优秀的公司，行业竞争格局也对其发展很有利，但它面临的软件行业的天然挑战是难以规避的，那就需要不断地挖掘新的需求，这个过程本身的不确定性不可能很低。比如，优秀靠谱如广联达，其历史上也出现过几次较大的判断失误：几年前的项目管理软件被其作为大蓝海推动，结果增长缓慢贡献几乎可以忽略不计；再比如搞的“旺财产品”也是规划宏大，野心勃勃，但实际推行中步履蹒跚。这并不是说管理层在忽悠，而是预测需求、总是挖掘新需求本身就是高难度的行为，对管理层也是一样的。

最后，你提到的存量和增量哪个好的问题。从难易程度上而言，当然是做增量市场容易，不过不是增量越大越好，还要考虑到差异化和壁垒是否存在的问题。但总的来说，做存量看模式，做增量看效率。要想在存量市场挖“金子”，必须有创新思维和新商业模式，这个时代搞存量大体是跑不了互联网的因素（典型的如京东、摩拜等）。而增量市场，大家都在发展，都有机会，那就是看谁能通过高效经营，实现量变到质变，看谁最快达到规模壁垒或者突破技术壁垒（典型的如格力电器、长盈精密等）。

广联达 2017 半年财报印象：

（1）总体低于预期，营收低、增速低，金融理财收益 800 万元，营业外收入 200 万元，1000 万元利润属于营业外。2016 年 1.07 亿元，2017 年 1.42 亿元，实际减去增速只有 25%。

（2）投资和公司扩张不顺。公司投资设立和联合参股众多公司，亏损700万元，而且用5.4亿多元设立投资公司，进行海外投资。给公司现金流造成巨大压力，利润带来更多的不确定性。

（3）金融类、工程信息及海外业务发展顺利，不过利润占比很小，加之第二点，对现在企业发展协同度和帮助度不够。存有很大的不确定性。

（4）软件服务升级带来成本的提升，营收增长15%，成本增加58%，未来公司要全面升级云技术估计服务器、电脑等软硬件成本还有一大部分支出，会"吃掉"利润，值得关注。

（5）研发投入和研发人员薪酬2.4亿元，增加21%，占总收入的27%，2016年研发投入1.98亿元，占总收入的25%。管理费用占营收一半，2016年也是一半，费用问题没有得到缓解，有进一步扩大和加剧的可能。软件行业人员收入高，人才竞争激烈，高薪酬是一个常态，没有更多的招数。变好只能扩大营收和利润，只有北京地区大幅度增加，成本增加1.28倍，其他地区变化不大甚至略有倒退，公司说是改为年计费逐次确认，只能看三季度报了，毕竟北京一直是公司营收的重点。唯一的亮点是新业务增加迅速，符合公司的发展战略。按照公司三、四季度确认收入占比高，估算公司年利润可能在3.3亿元左右，最多3.7亿元。现有市值PE在58～66倍之间，明显偏高。请点评和分析一下，广联达还有哪些问题和隐患，经营现金流捉襟见肘、投资现金流一般，除了行业空间大、发展潜力大、龙头地位强等优点外。

以下是一些零散的个人意见，仅供参考：

（1）广联达观察的核心不在资产负债表和现金流表，就它的生意特性而言，这两块没有什么威胁，也没有太大业务质量相关的问题，所以不用事无巨细，大概看看没有特别巨大的变动即可。它的主要观察点在利润表。

（2）广联达现在的主要矛盾有两个：

第一，去周期化。途径是老产品入云 + 施工为代表的弱周期新产品。目前初见成效，施工业务已经达到 20% 的占比，老产品近半（不是特别精确）进入云体系。可以认为公司的周期性已经明显下降，属于生意特性上的重大进步，未来继续强化这一特征的进程可以预期。

第二，酝酿“杀手级”应用。广联达基本独占国内建筑信息化，竞争不是主要矛盾，最大的问题是如何从下游挖掘出来大级别的应用。目前来看，施工是一个潜力很大的新业务，但要想维持在估值溢价，必须达到不断研发出新重磅级应用的能力。基于某个产品的高溢价是阶段性的，基于某种能力的溢价可以持续很久。所以，它的研发费用和管理费用不具有下降的趋势性潜力，也不应该为了财务好看而削弱这一能力。未来要持续关注新产品的数量和质量。但同时这也是它的主要风险之一，持续创新从来都是有风险和不可预测的。

另外，从连续的企业发展角度来看，广联达初步从单个产品打天下过渡到多个产品组合，这是与“去周期化”同样重要的变化，从中、长期来看，我认为会对估值有明显的影响。

（3）从中报展示的结构来看，目前的业务中，施工发展势头不错且已经占超过 20% 的比例，特别是其中 BIM 增速达到 90%，连项目管理软件增速也有 60%，说明整个施工段的需求都在被激活，是一个很好的现象，未来这块差不多可以提供 10% 以上的整体增幅。但同时施工信息似乎已经达到瓶颈，云业务由于特性和财务计算方式的调整，未来应是稳健有基础，但弹性不足。“旺财产品”屡屡低于预期，无论定位和团队可能都有问题。也就是说，从目前的业务线来看，收入驱动的增速可能难以出现高增长（也因此特别需要关注新的重磅需求的撬动）。

从费用结构来看，管理费用会始终保持在高水平，销售费用由于“云”化应该会有一定的下降空间，但考虑到施工业务还处于推广期，估计下降的空间也不大。所以从总体来看，利润的增速应基本与收入增速相当或者略高（考虑到毛利率可能还有改善）。

总的来看，我觉得广联达某个财务阶段的数据并不是那么重要，高点、低点都不是大问题。“生死命脉”还是在于去周期化要做好，这样首先有一个稳健的基础盘，同时对估值有一定的提升。其次就是从中、长期来看，要看看它在建筑信息化这个矿山里能挖出什么新的重磅应用，甚至“杀手级”应用。对它而言，时间是朋友，这个生意的行业壁垒看似低，实则很高，外人很难染指，做好现在看得见的基本盘就够 80 分，万一出个“杀手级”说不定就伟大了。

至于估值交易问题，这里就不细展开了，反正目前这么高的估值是没什么预期差。对它而言，持有一个中、长期的战略认识是第一位的，至于什么时候是好的战术性的交易时点，取决于很多假设的定量，这就需要见仁见智了。

乐视网

【2017 年 2 月 12 日】如何评价贾跃亭在电视、手机、汽车上的战略？乐视生态是否属于未来优势型？（问题不针对乐视网上市公司）

坦率地讲，我对乐视没有很深入地研究，好在你的提问说并不一定要针对乐视网上市公司，我理解为对乐视这类布局非常宏大的公司怎么观察的问题。首先，可以注意到乐视确实是一个非常进取而且曾经超越了很多市场对其的阶段性局限认识的公司，最开始它不过是一个视频播放平台，而且当时普遍版权意识淡薄，对其花大价钱购置版权的行为颇多不解。但事实证明这步走得相当高明，并且与乐视电视形成了较好的生态效应，从这一点上看，乐视确实具有很好的商业创新思维和高效经营的特征。

但慢慢地，它涉足的领域越来越多，手机甚至汽车都开始被它纳入发展版图，而且都推进得相当快。从好的方面来讲，它能够不断地创造新的预期，而且都是大预期，股市很多时候是对预期的交易，所以很长时间里乐视都是最热门的概念龙头。但从另一方面来说，我们说预期和故事，毕竟与基本面投资还是差距很大。

以未来优势型公司为例，“未来”并不是说梦想越大越好，关键是“优势”。目前我们来看，乐观除了视频与电视能形成较紧密的生态优势关系外，手机和汽车上的优势在哪里呢？甚至可以这样说，手机和汽车本身其实就不是一个很容易形成差异化竞争优势的行业，在很多时候，这种行业的周期因素要远远强过优势因素。特别是乐视目前面临三个主要问题：

第一，竞争对手都异常强大，手机里的苹果、三星、华为；新能源里的老牌汽车厂商、特斯拉、比亚迪等电动汽车新贵等，乐观做这些行业的优势是什么？说实话看不到。

第二，智能手机正在进入成熟市场阶段，中国的汽车市场也告别了粗放快速增长阶段（当然新能源汽车这块增速还很高），增量小了以后，存量厂商的竞争势必会更加激烈，这将造成经营和现金流上的更大压力。

第三，乐视开始遇到现金流的麻烦，它开始需要和时间赛跑了。

所以，所谓的未来优势型公司，并不是看谁画饼最大谁最敢干，而是看其当前所见的优势能否在未来带来较高确定性的更大回报周期，其 ROE 是否具有趋势性的向上抬升的逻辑。

总的来讲，乐视这种公司是属于典型的高风险类别，谁也不能说它一定失败，但确实看不到其高成功率的扎实逻辑基础。这种公司容易大胜或者惨败，这是由其公司性格导致的，这点在投资上也是类似的。

东方财富

【2017年9月20日】近几年，有两个你未关注的企业东方财富和同花顺，却领涨软件行业，据我所知，你也是用东方财富软件分析企业的，应该对该公司比较熟悉，我想问的是什么原因你未将它和同花顺纳入你的分析范围呢？还有就是为什么近几年偏偏是它们两个领涨应用软件行业呢？

首先我要澄清一个概念，我们做投资的虽然都期望收益率好一些，但收益率这种东西都是回头看才知道的，事先我们并不知道哪里是风口以及市场在极端状态的时候到底能疯狂到什么程度。我们事先能通过严肃的分析得知的，无非是公司基本面是否靠谱（获胜的概率）以及当时估值是否合算（赔率）两个要素而已。

所以，可能在某些朋友看来，没有抓到这几年市场上最牛的公司实在太遗憾，但其实完全不是这么回事儿。以我自己为例，过去十多年，基本上没有拿到过市场上排名靠前的大牛股，但完全不影响十多年里持续获得满意的收益。为什么呢？因为最牛的那只股票可能5年上涨20倍，但很多优质、靠谱你能看懂且敢于重仓的公司虽然上不了排行榜前列，一样可以5年涨6 ~ 8倍。

你最后的成果不是取决于排行榜的排名，而是取决于你是否真正看懂某个公司并且在便宜的时候敢于投资。当然，也有什么都不懂或者在高风险状态下赌了一把也赚了不少的，但小概率事件没有参考的意义，而且难以持续。

回到你的问题，这些公司我大体都看过。如果能开启上帝视角的话，我肯定也会选择区间涨幅最大的，但很遗憾没有这个能力，我也不知道为什么卫宁能在估值极高的状况下的牛市里继续翻倍，同样也不知道为什么东方财富当时能炒到100倍市盈率（当时还有涨幅更牛的炒到上千倍市盈率）。我只知道，在那个赔率下，它们不是一个很好的投资选择。

对东方财富和同花顺来说，它们是典型的互联网券商股，就像牛市炒券商一样，互联网和券商股当然成为上次涨幅最大的公司之一，这不奇怪。从业绩来看也是如此，东方财富在熊市的 2012 年和 2013 年的净利润，是连续同比下降 65% 和下降 87%，而到了转牛市的 2014 年和 2015 年，净利润同比暴增到 3200% 和 1000%（2016 年净利润下降 68%），这种强周期性的盈利会在短期内出现爆炸性释放（但同样会在短期内暴跌归零），加上牛市给予 100 倍 PE 的炒作，当然会领涨。

所以从整体来说，收益率这个问题，你要从不同视角来看。在任何一个区间内都有极牛的牛股（比如方大碳素），你要是盯着去抓某个区间的大牛股，基本上只能走炒概念、追涨杀跌这条路了。但如果你把过去 10 年收益率最高的股票列出来，那就又是另一个面貌了：长期大牛股往往很少上年度牛股排行榜，但每年都不差，持续多年后就成为长期最牛的股票。同样，你把巴菲特等投资大师长期收益率最佳的历史收益数据全列出来，会发现很少有年度收益率惊人的记录，但却能在超长的时间跨度内一直稳健前行。

所以，别盯着区间收益率这个后视镜去看问题，也没必要非抓到涨幅排行榜前列的机会。理解好生意、好公司、好价格这三点，踏踏实实抓你真正看得懂、敢下手、握得住的机会，收益率这东西最终总不会亏待你。

网宿科技

【2017 年 10 月 27 日】作为比尔 · 盖茨投资的公司它还有前途吗？号称创业板的明星股、价值股，但去年八月买入后就阴跌一年多，几近“腰斩”。它的下跌是不是因为公司业绩出现问题，还是比尔 · 盖茨撤资了，想听听你的分析。

先说投资这事儿，很难判断哪里是精确的顶和底，只能相对模糊的判断是不是安全和具有潜在的投资吸引力。另外，所谓比尔·盖茨的基金投资也没有什么判断意义，人家第一可能只是配置的一小部分，第二也随时可以撤出来，又不是收购。

网宿科技这个案例，看起来市场还是相当有效的。在去年的时候还是高增长状态，威胁都还只是模糊的，但市场在 2016 年 7 月已经开始提前杀估值了（而当期的半年报业绩是大涨 75%），还是不能小看市场的定价能力。接着一直到年末，公司还是延续着高增长的态势，但 2017 年一季度开始增长被证伪，不是缓慢放缓而是直接负增长了，唯一的明显征兆是从 2016 年三季度开始，毛利率连续大幅下降。但显然，这点儿财务数据变化很难让人预期到拐点来临得如此之快，所以这可能与其行业特性有关——距离生活较远，比较难以直观感受，且互联网行业竞争传导得极快。

直到目前为止，公司第三季度的营业利润还在大幅下滑中（−50%），毛利率虽然有所回升企稳，但总体来看，很难说已经达到经营的底部。关键在于，公司 CDN 面临的竞争似乎还远看不到分出胜负或者竞争激烈程度下降的征兆，上半年阿里云还刚宣布 CDN 开始新一轮大幅降价，幅度最高达到 35%。对于阿里云这种短期根本不在乎盈利指标的主儿，只要它想获得市场份额，惨烈的价格战可以长期持续，反之阿里云有的是其他业务的现金流，但这对于身家性命都在 CDN 的网宿科技来说，显然不是好消息。

投资决策这种事情是不能代劳的，而且也是违规的。我能说的就是，你要审视一下当初投资它的主要逻辑是什么？以及支持这些逻辑的主要证据是否还成立？比如，如果你是看 2016 年高增长，认为 2017 年动态估值很低所以买入的，在 2017 年一季度负增长爆出后，就应该果断止损，因为整个买入逻辑被证伪了。但如果你坚信网宿科技在 CDN 市场具有强大的竞争优势，目前的竞争波动只是暂时的，未来其有很大可能成为胜出者，需要紧密盯着你假设的这些条件的动态变化，以此来指导决策。所以这种事情是不能因为涨得好就买，跌得多就卖的，要有逻辑作为证明和证伪的依据。否则，什么时候买和卖，其实都是错的，因为是赌博。

就网宿科技这种案例我个人的体会是，一定要分清是杀估值，还是杀业绩，或是杀逻辑。杀估值是好机会，杀业绩要再次询证长期逻辑是否扎实，杀逻辑最好是先止错，慢慢观察再说。杀估值是暴利来源（比如去年的地产龙头），杀业绩可能短期难受但中、长期潜力不改（比如曾经的万华化学），杀逻辑被证实往往是没有底了（比如苏宁电器）。

用友软件

【2017 年 3 月 2 日】对于处在战略转型期的企业，从哪些方面或者用什么方法来评估分析它未来的价值？具体到个股能否从市场需求、竞争格局和未来前景三方面分析一下用友网络的转型（从管理软件 2.0 向软件云服务和金融 3.0 的转型）。

用友网络我两年前研究过，但没有持续跟踪。详细分析一个公司（哪怕是概要分析）都需要十几页，我这里提供几点需要注意的事项，仅供参考：

（1）用友目前的业务可以拆分为传统 ERP 和新业务（主要是畅捷通的云和金融服务）。传统 ERP 类“戏”不是太大，行业性的增速目前已经在 1% 左右，大、中型公司的 ERP 普及度也比较高了。唯一理论上的空间来自高端 EPR 的国产化替代，但估计没那么容易，而且最重要的还不是空间问题，而是传统 ERP 的运作模式已经落后了，光增收入不增利润。所以传统类看不出来太大的亮点。

（2）新业务2016年的增速看起来非常好，根据半年报的披露，企业互联网服务业务收入4083万元，同比增长201%，互联网金融服务业务实现收入7175万元，同比增长224%。但是，为了这两个不到1亿收入新业务的发展，公司居然投入合计达到4.16亿元。虽然我们并不是把盈利时刻放在最优先级别，但一个真正有生命力的业务，或者一个执行力优秀的公司，为推动一个基本需求还不错的新业务，实在不应该是这个样子。如果照这么下去，这两个新业务的发展带来的可能是更大的亏损，而不是利润的拐点。如果你对这个公司感兴趣，需要特别去了解和调研为什么花了这么多钱？这种投入是阶段性的还是将维持1 ~ 2年的一段时间？成本下降，利润拐点的逻辑是什么？

（3）从公司目前的情况来看，传统业务收入占比还有9成，也就是说，短期1 ~ 2年来看，整个运营模式很难快速颠覆。再考虑到新业务的发展带来的惊人投入，新业务在短期到底是带来利润还是更多的亏损都很难说。所以这种局面下你很难指望盈利指标出现短期大幅的提升。

（4）对用友来讲，关键性的问题并不是收入，历史上其收入几乎每年都是正增长的。它最关键的问题是模式差、公司臃肿并且执行力上也有较大问题。你可以看一下它的营业利润的增速指标，从2010年到2016年三季度，一共是快7年，共27个季度，其中只有6个季度的营业利润是正增长的，营业利润负增长的比例居然达到78%。营业利润比净利润更直接地反映其生意的获利能力，因为净利润里包含很多营业外损益等。所以，你要盯着它一切可能带来费用下降的可能性（特别是管理费用），如果缺乏这种可能性或者这方面的执行力差，麻烦就比较大了。

综合而言，对战略转型的公司我一般比较谨慎。转型本身说明老的路有点儿崎岖，是一个坏消息。转型具体看其领域与旧业务有无协作效应。但无论如何，大的战略转型都是不确定性的提升，成败的关键90%取决于公司创始人和团队的能力，而其能力和品性就需要你从其历史经营的表现和特征上去感受和分析了。

利亚德

【2017 年 9 月 17 日】你对利亚德这个公司是否有关注？个人看好这家公司的成长空间和速度。但对其确定性和安全性存有疑虑，特别是高额的存货和营收账款，紧张的现金流状况。想听听你对这家公司的看法。

我以前说过，成长型的公司分为三种：可理解也可把握，可理解但难把握，难以理解也难以把握。第一种公司属于长线投资的对象，第二种公司属于对时机较为敏感，但也可以投资的对象，第三种公司最好不要碰。利亚德这个公司，在我看来，大体上属于第二种。

从可理解的角度来看，它的业务并不是特别复杂，下游的需求也比较清晰，公司的增长基本建立在下游景气的基础之上，这是它不很难理解的方面。但从可把握的角度来看则比较麻烦，最关键的是它所处的业务范围，很难产生什么持久的竞争优势（公司董秘曾说它们公司比同行大概只领先 6 个月），它的成功基本上是建立在公司领导对市场判断精准又很有进取心、执行力又很强，但这种层面的优势无法转换为真正的行业壁垒和不可撼动的差异化竞争优势，在目前它所处的经营领域里，它依然是靠着更快、更高效的经营胜出，一旦它慢下来或者对下一步的判断出现一些失误，可能很快就会被同行追上。

利亚德过去几年业绩增速很惊人，但公司 2012 年上市以来，公司进行了 5 次增发（马上要第六次），收购了多个公司，说明其过去的业务增长依赖于较大的外延式驱动，比如去年到今年异军突起，已经占到相当营收和利润比重的景观亮化业务就是如此。这当然表明公司领导层很有眼光也很敢干，但这就有点儿像投资里预测未来市场特别准确的人，确实厉害，但你不知道他预测的准确性能持续多久，而从历史来看，没有人能长期持续地准确预测市场。

简单来说，对于一个容易产生差异化竞争优势，并且能将目前的经营成果转化为越来越难颠覆壁垒的公司而言，其实并不怕 1 ～ 2 年的经营波动，甚至你可以肯定它 5 年后一定会更好，10 年后大概率会存在。而对于利亚德这样的公司来说，你能看到的是从短期 1 ～ 2 年而言，它的下游很景气，公司有很高效的执行力，但放在 3 ～ 5 年后它是不是一定会更好？10 年后它还在吗？真的挺难说的。

从生意模式来看，利亚德目前业务的相当比重还是工程性业务，工程类业务的特点往往是起势猛（特别是面向政府类的工程容易出大单子），但项目大多是一次性需求，所以持续性较弱，且这类公司要想扩大规模，需要持续耗费大量的资金（垫资），现金流必然好不到哪儿去。从这个角度来看，其现金流看起来比较紧张，这很正常。这种公司从长期来看应该是折价的。

所以总的来讲，对于这类公司既不宜看到业绩高增长就动辄“伟大”，也不宜看到现金流就谈虎色变。从好的方面来看，毕竟需求真实并且景气，管理层狼性且执行力强，从不好的角度来看，生意模式较差且难以形成长期的竞争优势。那么这类公司在投资决策中就要注意以下两点：

第一，估值。不能用经常性溢价来理解它，而要注意赔率。

第二，需求敏感性。它不属于死拿 10 年的类别，要对其下游需求的景气变动注意跟踪，对于景气的转换要打出一点儿提前量。

苏宁云商

【2017 年 12 月 5 日】关于苏宁云商有几个问题想请教一下：

（1）对目前阶段苏宁云商怎么看；

（2）苏宁这 8 年的转型到现在是不是小有成绩；

（3）无论是线上的销售还是物流上，都感觉还和京东差一大截，按理说苏宁最先做线下零售，物流应该是早于京东做的，为什么整体感觉不如京东物流；

（4）对于目前提出的新零售，对苏宁有多少机会可期。

苏宁从被迫转型至今，也差不多有 6 年了，从数据来看，经历了 2012 ~ 2014 年净利润的剧烈下滑，2016 年初步企稳，2017 年净利润大幅回升（主要是费用率大幅下降），可以认为它基本过了最困难的时期。因为首先，商业模式剧变的经营危险以及高峰拐点的财务风险已经在过去几年持续释放了，唯一还在持续的是线上争夺流量的费用（由此导致线上亏损）。目前来看，完全被京东物流等击败的概率较低了，但转型迎来二次辉煌可能还言之过早。

在转型期间，苏宁的线上、线下有点儿左右互搏的尴尬，2013 年宣布二线同价后马上就毛利下降（因为线上占比低，价格也低，门店收入占比极高被迫参与线上同价），费用上升（加强营销和争抢流量），直接导致净利润大幅下降（扣非从 2012 年的 25 亿多元下降到 3 亿元）。

这些年下来，线上规模增速不错。

第一，依然还要持续烧钱——据调研报告显示，苏宁 2016 年线上自营毛利率 6% ~ 7%，期间费用率 12% ~ 13%，亏损率约为 6%，对应绝对亏损额约为 40 亿元；

第二，这几年竞争下来的结果是线上与京东的距离反而越来越大了。根据调研数据，2016 年整体 B2C 电商市场里，阿里巴巴占 55% 左右，京东占 25% 左右，苏宁易购虽然排名第三，但只占 4.5%。而家电 B2C 这个细分领域里，京东占 62%，天猫占 26%，苏宁占 10.5%。

我认为，在差距如此大的情况下，电商渗透率又过了高速期，除非苏宁拿出崭新的模式或者巨大的体验优势，否则这块的差距可能非常难以追赶了，格局已经很难打破。但从客观上讲，用户体验恰恰一直是苏宁易购的弱势，有统计表明，虽然苏宁物流投资时间比京东早，额度也更大，但京东聪明的在客户高体验层次上做了差异化：比如在终端配送人员，（2016 年苏宁 11952 人 VS 京东 83512 人）、客服人员（2016 年苏宁 1231 人 VS 京东 11699 人）等方面，当然如果线上持续优化，从财务亏损变为盈利还是有可能的，但这与产生新的巨大机会可能是两码事。

相反，线下其实才刻有苏宁的基因，而且从局部来看，国美正在虚弱和收缩，家电细分领域乃至于连锁卖场领域，苏宁都几乎没有竞争对手。从数据来看，线下业务历经调整优化后，整体盈利能力已经改善：2016 年线下亏损门店已降至 178 家（2014 年为 442 家），在总门店中占比降至 12%；2017 年第一季度亏损门店进一步降至 158 家。另外，苏宁这几年设立的易购服务站进一步下沉渠道到乡镇，数量达到 2079 家，可比门店销售同比增长 33.5%，单店全渠道年销售规模可达 800 万 ~ 1000 万（线上线下占比各半），预计 2017 全年全渠道可贡献百亿销售增量。其中盈利门店占比由 2016 年的 42% 提升至 2017 年第一季度的 65.6%，这种实实在在的多层次渠道能力，我个人认为是苏宁最宝贵的资源。

但这块资源怎么打出漂亮的组合拳，还需要观察。从理论上来说，电商其实占整个零售的比例还是很小的，绝大部分的零售行为发生在线下，而且家电这块未来增量潜力更大的也是来自乡镇，这也是阿里巴巴和小米等现在纷纷从线上开始局部线下的原因。但零售并不是渠道铺设这么简单，渠道覆盖仅仅是零售达成中的一个小环节，怎样在老渠道节点上创造出新零售的体验和价值？我觉得这是一个巨大的挑战。谁能回答了这个问题，谁就可能成为新零售之王。

苏宁占有了地利（渠道和线下的经验），整个大环境也可以说有基本的天时，但人和（价值创造、崭新的体验）从哪里来？怎样创造？说实话我目前还没看到苏宁提出一个完整的战略和理论，没有出现类似当年苏宁电器横扫百货家电的那种颠覆性力量的端倪。所以这块我只能说还没有答案，需要继续观察。

总之，未来几年苏宁的看点一个是线上什么时候能迈上盈亏平衡点，从而带动经营费用率下降和毛利率上升，并带来财务盈利的回升。但这个阶段是见底，并不能改变线下遭遇越来越多竞争和线上很难实现质的超越的基本格局。真正用互联网的思维改造线下，用线下的渠道和资源创造出崭新的新零售价值和体验，才是二次腾飞的标志。

分众传媒

【2018 年 9 月 3 日】以分众传媒目前的情况买入是不是一个低风险、高确定性、较好赔率的投资？公司创始人江南春总结 2008 年的教训，不再对外大幅扩张、并购、追求短期的业绩，而是励志做全球最大的电梯及电影媒体集团，我觉得这些都是我能理解、认同并让人放心的战略方向。还想问你的是，从广告行业和分众目前的发展阶段，分众的生意属性和盈利确定性这几个方面考虑，你觉得分众目前 18 倍的 PETTM 是否具有性价比？你是怎么看待分众 18 PE 和 10 PB 这个估值的，属于危险的低 PE 高 PB 吗？

分众传媒可以从以下几个方面进行思考：

（1）分众所在的市场是自己开辟出来的，楼宇电梯市场里分众传媒既是发现者也是垄断者。这个细分市场领域里，首先，广告增速仍然很好，说明下游客户比较认可这种模式，其次确实看不太出来用相同路径把分众传媒颠覆掉的可能。除非是楼宇电梯广告市场本身出现大问题，否则新潮这种仅仅靠“烧钱”想把分众传媒“烧”死，几乎不可能。

所以如果第一细分市场需求是稳固且可持续的，第二市场地位也不会被颠覆，它的估值就有底，而不会像彻底杀逻辑或者被证伪的公司那样一下子成为无底洞。但从另一个方面来看，分众传媒目前还看不到另一个与楼宇电梯广告业务等量齐观的新蓝海，所以原本的主业经营态势非常关键。

（2）分众传媒拥有“恐怖”的盈利能力，其 ROE 比其他互联网巨头都高，这得益于非常轻的资产、巨大的规模垄断以及原材料（广告位租赁）与产品（广告位销售）之间极高的差价空间。但未来盈利能力向下的概率较大。第一是楼宇电梯市场中最高价值的部分应该已经覆盖完毕，虽然从理论上来说，中国的电梯有大约 500 万部，而分众覆盖的只有 60 多万部，看起来空间还极大，但城市与城市，区域与区域，楼宇与楼宇之间的价值是完全不同的，低价值部分的广告位的销售率和销售差价需要观察——这里与阿里巴巴合作的可能非常关键，如果通过阿里巴巴掌握了各个区域精细的消费数据，有可能挖掘出海量中、小广告主的需求，而不是现在这样主要靠着头部客户。分众的调研中透露出正在做这方面的准备，有一个 App 近期将投入试用，这方面值得重视，因为这块的壁垒比扫楼换广告高得多。

另外，新潮等虽然“杀不死”分众，但真的要依托资本横下心去打价格战（当然这取决于新潮的战略，我个人认为不会高调的“烧钱”，新潮是没有任何机会的），还是有可能对分众造成盈利压力。

分众给上下游之间的差价确实留下了巨大的空间，而且以前可能是低调赚钱，现在估计物业方都了解这块是怎么回事儿了。分众与物业的合作也就是 1 ~ 3 年的协议，并不排它，这个时候新潮又拿着支票来抢单子（不仅是高价抢电梯位，而且低价抢头部客户），一个很合理的逻辑就是这种差价会明显降低（之前每个物业面对分众都是弱势群体，力量分散、话语权小，并且电梯盈利也微不足道。

但新潮如果抢地盘心切，有可能大幅提高物业的价格心理预期。

对物业来说，只要地理位置好，不愁有人来找的。地盘比单位盈利能力更重要，没有地盘就没有一切。何况我个人认为，楼宇电梯广告本身并无太高技术含量，是比较容易模仿的，依靠所谓分众的经验优势而不受竞争干扰，可能会过于乐观。如果新潮在此战中无所作为或者快速败北，那分众真的能在楼宇广告市场“封神”了，每年都上调广告价格 10% ~ 15% 的增长，基本盘可以说无忧了。

（3）公司总是有喜有忧，关键是看哪一方占主导，并且市场呈现出什么样的预期。就分众而言，短期面临的是防守局面（第三季度大幅扩张媒体点位是一种反击），在业务格局和商业模式上，一时半会儿看不出再上一个台阶的样子。这时市场担忧其超高的盈利能力下滑，以及市场垄断地位破功，都是合理的推测。就估值而言，短期 PE 已经比较便宜了，PB 估值相对比较迟钝，与其资产盈利能力直接相关。所以后续关键是看它在应对新潮的攻击中盈利波动的程度，是否还能保持很高的盈利能力。其实并没有完美的公司，还要根据风险机会比来建立合理的头寸。

低 PE、高 PB 的公司，最怕的是业绩大幅下滑演变为高 PE、高 PB 的成长陷阱。但分众的低 PE 不是出现在净利润超高速增长这种不可持续的基础上，而且虽然从长期来看，分众再上一个台阶的路径不清，中期与新潮等的竞争影响程度也还有待观察，但从短期来看，似乎也没有什么因素会导致它的收入和利润负增长（还是那句话，除非楼宇电梯广告这个市场本身遭遇不可预知的打击，比如，政策因素或者宏观经济增速下滑的影响）。所以个人认为，其陷入高 PE、高 PB 陷阱的概率不大。

【2018 年 11 月 17 日】请问分众传媒的护城河能否支撑当前的超高 ROE？能否评价一下江南春及其管理层，也分析一下其现在及将来可能面临的风险因素。

分众传媒超高的 ROE 是建立在全新开辟的楼宇广告，其生意模式极好，并且通过十年前的收购、兼并，快速垄断了整个市场。那么它的护城河是什么强度级别？以巴菲特的“给我 100 个亿，看我能不能击败它”的标准来看，分众不属于根植于消费者心里的接近不可复制的级别。分众的业务是 toB 的，而这类客户对经济性和性价比的追求是难以遏制的，所以如果真的出现一个不计成本或者拥有极强消耗能力的对手，向 B 类客户提供一套效果相似但成本明显降低的方案，我相信是有可能成功的。

那么问题在于，这个对手为什么一直没有出现，以及会不会出现？一直没有出现的原因（实际上是出现过，只不过被分众消灭和收购了），主要是分众动作太快，很快实现了事实上的垄断，并且随着这些年的发展而越发巩固。但会不会出现呢？我相信会，新潮可能也不是唯一和最后的挑战者。因为分众传媒在楼宇广告的盈利实在太丰厚了，这种“变态”的盈利能力客观上肯定会吸引来“狼”，并且由于盈利空间极大，给予后来者足够的生存空间（比如，分众传媒要 40% 的净利润率，那我只要 20% 行不行？ 20% 的净利润率在整个社会来说已经是相当滋润的存在了）。

进一步说竞争。目前可见的是新潮这类挑战者，可能会有短期的冲击，但完全按照分众的玩法来抢分众传媒的地盘，我个人觉得非常困难。

第一，分众传媒盈利的核心是中、高端商业楼宇以及头部广告客户，这部分客户对价格的诉求相对敏感性低，特别是头部广告客户。并且由于订单到期是错开的，新潮很难短期内一举冲击，拿下大量中、高端客户。

第二，如果是烧钱的话，分众传媒其实比它更有钱，特别是背靠阿里系。但新潮应该会带来一定的成本上升，特别是分众传媒今年大举进入三、四线城市和住宅楼宇广告，本来这部分客户创利能力就低，再叠加新潮的冲击，所以成本大概率会上升。由于新潮的存在，以为市场对于分众“能稳定提价”的预期可能会改变，从而影响到分众的估值。但这个层次的竞争，分众应该能笑到最后（个人认为在这个传统玩法中，江南春的高效经营能力还是很厉害的）。

由于分众超强盈利的存在，比较可怕的是，还未出现的另两类竞争的可能性：一个是类似网宿被阿里巴巴击败那种，就是一个真正的巨头看中了这个市场的战略意义，不惜血本地杀入，拼价格、占地盘。那分众传媒估计会面临十分惨烈的情况。另一种是类似苏宁被京东、淘宝解构，在原来的路径上玩不过分众传媒，但出现了一个更有吸引力的广告玩法，使得分众传媒的楼宇广告模式变得低效，那就是生死存亡的问题了。这个风险方向很有可能来自互联网。就类似于外卖兴起，方便面和速冻食品的销量下滑。

从长远来看，守着“金山”盼着没有强盗觊觎总不是办法，分众传媒需要打造出更强的壁垒。这里有两点我觉得需要特别注意：

第一，阿里巴巴入股后，与分众传媒在大数据共享上能“玩”出什么名堂。用分众传媒的分发能力加上阿里巴巴数据的精准定位，如果能在广告上“玩”出明显的效果差异，抓住广告客户的“心智”，就能大幅降低在价格战层面上的困扰，并且这种优势是更加难以复制的。

第二，在三、四线市场开发中、小广告客户的新模式能否成功，头部广告客户的“玩”法不太适应小客户，如何以更低的成本开发这些客户，决定了在三、四线城市下沉的价值。

以上说的都是竞争，此外，广告也是一个对经济周期很敏感的行业，所以短期而言，可能经济增速下降传导过来的压力比直接竞争带来的要大得多。特别是一方面，应对竞争加速下沉三、四线城市带来的成本提高。另一方面，经济萎靡，企业广告投放量和意愿下降，这两个合在一起的冲击不小，所以三季度和四季度业绩比预期的差。这可能是短、中期最主要的挑战。

春秋航空、东方财富、福田汽车

【2017 年 12 月 11 日】有三只股票自认为买点尚可，春秋航空一贯优秀，中国唯一的廉价航空，可对比瑞安航空；东方财富，互联网券商，老板心大，进取心强，但未来到底能做多大还看不清；福田汽车，周期股，困境有望反转，后续动作连贯，但企业低效属于高赔率，低确定。

春秋航空经营确实不错，但航空公司天生是变量多的难生意。你看，本来去年（2016 年）油价大跌百分之百的大利好，结果春秋的运力投放节奏错位，照样亏。然后国际航线也受到泰国和韩国突发事件的影响效益大降。可以说航空公司是最需要关心宏观经济甚至政治变动的。而且春秋航空净利润里政府补贴一直占当期利润的大头，这个东西怎么评估给出估值呢？变量太多的公司就是这样，按下葫芦起来了瓢，你期待的 A 部分虽然做得很好达到预期，但 B 部分突然遭遇麻烦，两者一抵消，最后还不知道结果如何了。

这和巴菲特买美国航空公司还不一样，他是看中美国航空公司竞争已经进入末端，美国四大航空公司市场占有率达到 80%，四大航空背后的股权还有交叉，事实上已经寡头垄断了，因此居然带来了定价权。有个报道数据曾说过：由于缺乏竞争，美国航空公司盈利普遍高企，其利润已经超过欧洲、亚洲、中东、拉美和非洲地区航空公司净利润的总和。回到春秋航空本身，目前国内廉价航空的市场占有率已经超过 10%，从国际来看，廉价航空的市场份额占比也就是 25% 左右，空间上也并非特别巨大。

东方财富，业绩极其不稳定，是券商股的常态这就不多说了，估值也高，虽然软件是做得不错，但其业务核心并未独具一格，也看不到能带来定价权的可能性。布局是够大的，但能不能成，成了后对业务有多大颠覆和供需，全靠猜。这种公司我觉得就是赌牛市，然后敏感一些跑个顶，其他的相比这个都不是那么重要。

福田汽车，以前靠商用车成名，轻卡市场份额第一，重卡市场份额第五，近来开始布局乘用车。但是看看商用车历史，长期毛利率极低，净利润率长期在 1% 左右，ROE 从 2010 年后每况愈下，只有 3%，盈利能力很差（对比一下同样商用车领域的宇通，毛利率长期稳定上升，从 10 年前的 18% 多到现在的 25% 多，净利润率从 5.5% 到现在的 11% 多，ROE 十年内没低于过 20%，最高到 40%）。从它的业务来说，可以说商用车市场已经很难再创造高价值了，而乘用车市场当然是大蓝海。

第一，明年（2018 年）大概率乘用车市场的增速会大幅下滑。

第二，乘用车市场已经走过了特别粗放的第一阶段，处于特别强调出爆款的产品力突出、综合能力还不能有短板的第二阶段。以福田汽车的历史表现和经营基因来看，在乘用车市场来个大翻身的机会着实不大。

所以坦率地讲，我觉得这 3 个公司都和好生意没有什么关系，特别需要从好价格上予以补偿，否则就是博弈的路数，那个就不是我所擅长的了。

保险行业

【2018 年 6 月 27 日】鉴于我国商业保险覆盖率低，人均支出较发达国家差距较大，在大方向上，一直以来都比较看好中国保险业的未来发展，以 DCF 三要素看，存续期长，经营现金流充裕，经营周期应还处于成长期。目前中国保险行业上市公司比较有限，从总体上来看，至少头部几家公司发展的都比较健康，也保持着稳健的增速。这样来看，好生意、好公司都有了，主要在于好价格，但保险行业的各项指标牵扯到关于会计假设的内容比较多，目前基于保险公司估值的主流方式是 PEV，我的问题是：

（1）想请你对这种估值体系的合理性和可行性评价一下，目前保险板块具有比较好的投资价值吗？

（2）能否谈谈你对中国保险行业的认识、发展潜力以及有可能遇到的重要风险因素。

保险行业说实话是个比较难的行业，非常复杂，不但报表里有很多假设很难真正弄清楚，而且其利润与费用的周期是严重不同步的（利润后置，费用先行），更重要的是，它受监管政策变动和利率变动的影响巨大，对于经营者的水平要求也非常高，所以并不是一个很简单的生意。PEV 的估值确实假设太多了，但我觉得也有其合理性。虽然美国不看这个，只是看 PB 和 PE，我个人认为，成熟期没有大增量的保险公司适合简单用 PB、PE 来衡量，新增保险驱动力依然很大的成长型保险公司，用 PEV 似乎更能反映其实际的盈利能力，但要注意这个 PEV 中的假设是否足够保守。

虽然这个生意很复杂，在中国的现阶段而言，确实也有其吸引人之处。比如，我国目前只有 1.7 亿张有效保单，人均有效保单只有 0.09 张，而美国是 0.87 张、日本 1.57 张，韩国 1.65 张，这些保单的单均保额是 3.95 万元，而美国是 50.9 万元，日本是 39.2 万元，韩国 18 万元，是我们不需要商业人寿保障吗？

社会养老保险体系的 3 个支撑中（政府：企业：个人），美国是 30：53：17，我们是基本全在政府。在老龄化不可逆转的将来，这大概率是不可持续的，必须要借助第二和第三个支撑。所以从整体来看，人寿保险的大前景还是比较广阔的。而且这行玩家也确实不多，就那么几个。并且由于费用前置，利润要到很久才能体现这个特性，外资进入并且挑战国内几个大玩家也是非常困难的（不仅仅是忍受前期亏损的问题，由于人寿保险很复杂都是被动投保，需要庞大的推销员队伍，目前国内大玩家们近百万人以上的代理人团队也不是很快就能建立的）。

保险公司的主要矛盾可以归结为业务周期、利率周期以及股市周期。从业务周期而言，由于前几年的严格监管，保险回归保障定位等导向，让人寿险脱离了以低质量保单为主的特点，虽然短期阵痛，但从长期来看，有利于其保单价值的提升；从利润周期而言，近几年都是低息环境，高利息承保的压力较小（但低利率会对保险公司的投资端产生负面影响），未来利率提升的初期阶段也对保险公司有利；从股市周期而言，现在受到的影响最大，投资端今年估计是不好看了。

短期的主要风险是市场波动，中期几年主要是公司能不能有效推动新业务价值持续快速发展（PEV 估值的核心理由，过去十多年的新业务价值增速基本在 20% ~ 25% 之间），长期不确定因素来自政策变动和利率波动，以及经营上能否始终做到保守、稳健，不头脑发热。

第三篇

投资感悟

STOCK 第六章　方法和心法

在投资中，极高收益率、极低风险度、极强可持续性构成了一个“不可能三角”。大多数人毕生都在追逐第一条，通常这会以确定破坏第二条和第三条的代价得到一个不确定的结果。其实第一条有很多不可控的运气成分，第二条和第三条的组合才是复利的根基，并且是可以从体系角度主动把握的，更妙的是，在做好这两条的同时并不会阻碍运气的到来。理解清楚这个不可能三角的内涵，能提高投资成功的概率。

从某种程度上而言，我们都是趋势投资者。顶级的趋势叫时代，之下的次级趋势是经济周期，再下层的是公司经营节奏。找到三者之间共振的结合点是真正的大机会，时代向上但被向下的行业周期或者基本面向坏的公司耽误，则是最大的遗憾。捕捉大机会需要眼光和运气，避免好时代的大遗憾需要理性和常识。公司研究的核心是空间、结构、深度、角度；交易策略的核心是概率、赔率和预期差；投资体系的核心是对象、时机、力度；而投资最本质的核心是价值、安全边际和复利。

这几个环节是同心圆，越后面的越靠近内环。内环决定战略和原则，外环确定策略和技术；内环是道，外环是术；内环解决了 What 和 Why，外环实现了落地的 How；内环不牢靠是闷头乱撞，外环不扎实是夸夸其谈。

可知与不可知：对我来说，市场及估值日常的波动幅度和时机都不可知，市场及估值的极端状态和其大方向模糊可知；企业中只有极少数的对象，其经营前景可较大概率地探知，少数企业的前景可大致模糊探知；而对于自身能力的特长和局限、长期获利的方式和必须放弃的东西，可以而且必须清晰地知晓公司的不确定性到底来自哪里?

我想主要是以下五点：

（1）未来市场需求与当前预期之间的差异；

（2）公司战略制定及执行过程中出现的问题；

（3）对经营产生重要影响的各种不可控因素（如原材料波动、汇率波动、政策重大变化、颠覆性技术革新等）；

（4）竞争激烈程度的大幅提升；

（5）随着时间的拉长使一切事物不可控进而不可测。

对于上述（1）到（3）的对策，其实是解铃还须系铃人。优秀的企业家和管理团队是提升这三项确定性的根本依靠；对于（4），更重要的是生意属性上的根本特征，已非简单的事在人为的范畴；对于（5），唯一需要的就是对生命周期的敬畏和对安全边际的重视，其应对本质已在企业自身之外。

投资的窍门就是巧方法 + 笨功夫。巧方法是指方法论体系，让你事半功倍，做到高效聪明的整合信息碎片形成完整认识；笨功夫，就是踏踏实实花时间、花精力一点点去阅读、搜集和积累。市场中 80% 的人在笨功夫这层就被淘汰了，基本失去超额收益的入围资格。剩下的又有一半儿被巧方法挡住了，原地打转，收益与付出无法匹配。所以想当赢家，既要甘于“笨”又要善于“巧”，从投资长期来看，只有两个因子是核心且恒久的：第一是价值，第二是人性，其他一切都只是次级因子。次级因子对于价值和人性的干扰机制是非常复杂的，这其实进一步降低了跟踪次级因子的意义。但锚定两个核心因子的结果呈现出典型的“简单但不容易”的特征，逻辑关系简单有效，但评估和执行却并不容易。

大多数人往往认为投资的最高境界是“入手就涨”，其实投资真正的奥义是“入手就赢”。这一字之差其实反映的是认知层次上的天壤之别。前者是被市场牵着鼻子走，试图做日常市场波动的主人；后者是立足于坚实的安全边际和妥善的赔率测算，是做自己行为的主人。一切结果的差异，本质上都是思维方式上的差异。

对于悟性好的人来说，投资的核心真理用 1 页纸 5 分钟就能说明白。但这 5 分钟的道理，不经过 3 ～ 5 年的实际投资历练，很难真正理解其中的复杂辩证性，并由此精炼出适合你个人的投资方法。但更难的是，在多轮的牛熊转换和各种行情变幻中克服恐惧、贪婪，看清自己并知行合一。而最难的是，用一辈子的时间坚守并简单重复那些最初的道理。

就估值的角度而言，我个人第一怕的不是贵，而是价值难以衡量。难以衡量的核心要么是变量太多，要么是距离能力边界太远；第二怕的还不是贵，而是便宜的陷阱。看起来便宜容易让人下狠手，而一旦证明是陷阱就是大亏。如果其他要素都较为确定，那么“贵”其实是一个很单纯的问题，至少易衡量。但估值的重要假设说不清或者被推翻就很要命。

同样的 3 张标准化财务主报表，不同行业的观察重点往往截然不同，但同一个行业里，不同企业由于经营能力的不同其差异也很大，而同一个企业在不同经营阶段的数据特征甚至也能呈现出天壤之别。投资人可以借第一种不同来认识生意本质上的差异，再通过第二种不同去发现竞争优势，并利用第三种不同识别经营周期。

投资的经历、悟性和直觉是很难学来的。经历可参考但难复制，能从经历（自己和别人的）中挖出多少有价值的东西，则取决于悟性。悟性有先天的成分，但也需要正确的知识土壤来发芽，俗称开悟。经历与悟性的沉淀，会产生某种直觉，它其实是在大量实践和思考后的一种下意识反应。直觉不似逻辑推理那么严密，但快速而直接，却可以帮助在某些不确定的环境中感知风险机会的变化。

投资人的思维面临一种特殊的挑战，就是处理矛盾的能力。比如：价值与价格的矛盾、波动与复利的矛盾、景气与壁垒的矛盾、弹性与稳健的矛盾、确定性与赔率的矛盾等。理解这些矛盾的关键是不能僵化某个点，并不存在绝对的真理和适应一切诉求的方案。诉求不同，评价周期不同，能力特征不同，都可能导致不同的侧重。超越这些矛盾困惑，需要一点思辨的能力，也需要一个开放的心态。

高概率必须要依托在需求端的长逻辑和供给端的高壁垒上，高赔率往往出现在负面共识高度集中，又隐含了高预期差的地方。高概率对象最怕的是被充分预期，但好在它是时间的朋友，等字诀能化解矛盾。高赔率对象最怕的是负面逻辑被证实，机会在于正面逻辑强劲又短期难以证伪，某种程度上是个和时间赛跑的游戏。高概率与高赔率共振是数年一遇的大机会，但可惜的是，大多数人会在这个机会出现时被暴跌吓跑了。

对成长型的公司来说，利润表永远是最被关注的，但其实资产负债表和现金流表是其必不可少的体检报告。一方面，利润表经常是财务操纵的重灾区，但三张表都勾兑的逻辑严密就很难；另一方面，资产负债表和现金流表也从侧面反映了其增长的成色和潜力。换句话说，千疮百孔的资产和现金表之上的高增长往往很脆弱，就像沙滩上很难建起高楼大厦。

短期有业绩的高确定性，中期有增长的高弹性，远期有预期的可扩展性，是我个人最喜欢的类别。短、中期的可预测性能为估值提供基准，而中、长期的成长逻辑不但能提升胜率还可降低机会成本。这两者的结合才是更可靠的安全边际。其中短、中期的决定因素是供需和产品节奏，中、长期决定因素是跑道和经营者的层次。

芒格曾说过："长期持有的收益约等于公司的 ROE"。但这并不简单，长期持有会熨平阶段波动，最终其收益取决于公司的 ROE。但这个 ROE 锚定在哪儿是一个问题。其应该是各个周期跌宕后或者从增长期到均衡期的均值。所以用当前或者最近区间的 ROE 来衡量长期持有收益肯定是错的。也正因为如此，弱周期以及均衡期后，ROE 依然可保持中、高水平的，获得估值溢价就显得十分合理了。

沃尔特·施洛斯，巴菲特的同门师兄。公司只有父子两人，不调研，不建立管理层，不发明新的理论和思想，就百分之百坚持格雷厄姆的投资准则。从

1956 到 2002 年里，实现 46 年复利 20%，也就是收益率 5455 倍（同期标普 500 是 70 倍，复利 10%）。47 年中亏损年份有 7 年，但年度最大亏损只有 12.8%（其他 6 年亏损只在 5 ～ 8 个点之间），最长连续亏损只有 2 年，而最大连续赚钱年数就有 15 年，其中年度收益率最高的那次不过 54.6%。这种殿堂级的荣誉曲线是每一个投资人的至高梦想，我也想试试。

投资的两端分别是分析和交易，而连接这两端的是等待。投资分析的核心是商业理解力和概率思维，投资交易的核心是赔率和逆向思维，等待的核心是谨守能力圈和尊重常识。从长期来看，优秀的交易无法挽救糟糕的分析，优秀的分析却可能毁于糟糕的交易。然而相比之下，最难的还是学会等待（无论是持股还是持币）。

投资很难赚到你不信的那份钱。往小了说，对一个公司没有充分的信心，最多只能赚到财务数据直接相关的那点儿钱，再远点儿、长点儿的钱是不可能赚到的。往大了说，对国家未来从心底悲观，那么最多赚到几个波段的小聪明的钱，要赚大钱也很难了。格局、历史感这些东西在 99% 的时候都很虚，但在 1% 的重要决策时刻往往就是强大信念的真正支撑点。

投资的一切问题归根到底只有两个：时间和概率。

第一，要和时间做朋友，别做那些有可能让你提前下场的事儿，比如杠杆被强平或者被长时间的高利息拖住，赌特定时限内的事件那完全是魔鬼的契约。

第二，就是要站在大概率的一边，与高确定性的对象为伍。天下事无绝对，但搞清楚什么是大概率的方向，就能利用均值回归赚钱而不是被均值回归“干掉”。简单来讲，就是看准大势还要等得起、熬得住。

证券市场有一种特异功能，就是专门摧毁你的短期经验。先用一种温度慢慢炖，等你适应了，得心应手的时候可能就要换汤了。对这种特征，要么你是十八般兵器样样精通，以万变应万变。要么你就抓住根本我行我素，以不变应万变。

但不管哪路风格，最终几个周期下来你会发现，其实盈亏同源，很多人努力追求了一辈子的左右逢源其实只是个美丽的幻象。对投资人来说，这是命，得认。

“市场是有效的”与“市场是正确的”看似一样，其实有本质上的差别。市场有效是假设市场能够有效率地反映绝大部分信息，其有效反映的内容包含了“已知的、正确的、确定的”信息，也包含了“推测的、未经证实的、不确定”的信息。而市场是正确的，假设市场能够对所有信息综合后给予一个准确而恰当的反应。我认为市场有效，但并不一定正确。

如果市场真的是正确的，又或者总是正确的，那么投资人几乎无事可做。但市场是有效的，就长期而言，决定了内在价值必然不会长期偏离价格，投资就有了锚；就中、短期而言，有效性包含了“基本面、不确定性和情绪”因素，投资可以从这几个冲突中找到错误被放大时的机会。

如果再细分一点儿，强有效的市场整体相对平稳，但获得机会的效率也低；弱有效的市场波动幅度更大，但获取机会的效率也高。对于前者而言，对象选择是决定性的而时机选择相对弱化；对于后者而言，对象与时机在投资中的权重都不可轻视。强有效市场里守成易，逆袭难，弱有效市场里逆袭易，守成难。

从这些年的经验来看，那些特别喜欢释放出高预期、投资者关系好得令人“感动”的公司，真的要小心、再小心。一般里面有几种情况：一种是有造假的强烈动机，骗子都是典型的表演型人格，操纵预期是拿手好戏；另一种是内心知道前途艰险，特别需要市场认可好赶紧圈钱；再一种算不上阴谋论，真的是情怀和自信大没边。但上述无论哪种其实都很难善终，阶段性机会有，但一定要有足够的提前量和敏感度，切忌从评估者变为忠诚“信众”。

一个国际企业的数据：过去十几年公司的营业收入、营业利润和净利润都小幅上下波动，最终是十多年没有任何增长，从成长角度而言是垃圾级别，但它这些年的PE居然稳稳地保持在20倍出头（而且还是较大市值的公司）。为什么呢？想想看十几年来世界变化有多大？它却没有受到任何竞争削弱的苗头，盈利能力和营收始终极其稳定，如果不是极高持续性和刚性的需求加铜墙铁壁一样的竞争壁垒，如何能做到？所以相对那些起起落落的阶段明星，它反而以成熟经营阶段在成熟股市中还享受着很大的溢价。

持续业绩驱动的收益虽不见得弹性大，但最符合复利原理；估值修复带来的收益安全又有弹性，但仅靠估值提升没有可持续性；估值泡沫化带来的短期收益最耀眼，但既不可持续又有均值回归的巨大风险。第一类需要对公司内在价值深刻洞察，第二类需要对市场深度安全边际的理解和把握，第三类只能当作偶得的运气成分处理。寻找瞄准第一类，等待第二类扣扳机的机会，利用第三类运气来兑现，周而复始，是为投资。

就算再喜欢一个公司，也千万不要以其股市代言人自居。尽管有时这样做很风光，但长期来看却不明智。这种将公司前景与个人声誉自我捆绑，首先容易丧失客观性，其次也失去了行动的灵活性，不断地自我强化更是作茧自缚。也许这能带来与公司高管的亲近，但我觉得投资人完全没必要靠特殊渠道获利，以公开信息做功课足够光明正大地赚钱。何况有时太靠近内部消息反而是种危险。

大多数人都致力于寻找大牛股甚至是十倍股，我觉得志存高远当然是好事，但这个问题可以这样看：如果你发现自己一直都可以不靠大牛股来赚钱，那么你持续赚钱的概率是低了还是高了呢？能力是更强还是更弱呢？牛股可遇不可求，碰上最好，没抓住拉倒。关键还是要有一个正确的体系来确保你在更常态的环境和更低的难度系数下，依然能极大概率的获胜。换句话说，方法论和体系确保必胜，运气只改变战果的大小和效率。

在投资中，危险和艰难经常看起来很相似，实际上这两者差别很大。越是让人感觉异常艰难的时刻，其实往往越是安全。而真正危险的时候却正是大众欢腾甚至癫狂的那一刻。这是用感性还是用理性看待问题的差别。如果说投资上的绝大部分知识都是可以靠学习获得的，那可能唯有在压力下仍然保持理性的能力是关乎于天赋的。

曾和多个朋友聊起过自己在当年压力最大的时候是怎么度过的。读鸡汤励志、找高人点化、朋友开解这些基本都是没用的。关键是严厉审视自己是否在做一个对的事，是否在正确的时间做出了一个极高概率赢并且拥有优异赔率的决策。没有这个打底，一切自我安慰都是无效甚至危险的。如果投资清单检查一遍没有问题，投资体系又有效的分散了风险，那就认死理，距离市场远一些，耐心等待价值的回归。

如果以获得收益的难度系数高低将市场分成几个阶段的话。那么一路杀估值的熊市主跌段就是典型的 Hard 模式，其次比较难的就是整体不便宜需要艰难找出结构性机会的阶段，是典型的“高手市场”。相对比较容易赚钱的 Easy 模式，是熊市末期市场整体很便宜，容易找出好东西重仓，而未来极大概率将是估值提升趋势。至于牛市中后期的 Crazy 模式，是最暴利但同时隐含风险也最大的阶段，身在其中时，太清醒会痛苦，太疯狂会毁灭。

今天在《智能革命》里看到陆奇在卡内基 - 梅隆大学的毕业留言：Know more、Do more、Be more。我觉得如果效仿一下来表达对投资的理解，我会选择：Learn more、Think more and Wait more。

复利的难点在于：第一不能急，第二不能亏，第三不能断。开始平淡无奇，但跃过某个临界点之后其效果就像核子产生裂变一样惊人。简单地说，就是可以用越来越低的收益率，得到越来越高的收益。我自己来说，与最近这 10 年相比，30 岁之前赚到的所有钱那都不算钱，只要不发生惊天剧变，即便是保守估计，与未来 10 年收益相比至今所有的积累也不过都是小钱。不是因为我本事变大了，只不过是因为复利进入甜蜜区了。

我觉得投资人的五官最好都是这样的：有一双可以发现价值的眼睛，一个能嗅到风险的鼻子，两只善于倾听不同意见的耳朵，一张时刻提醒自己不偏离原则的嘴巴和一副不怕认错、不耻下问的厚脸皮。

投资这个活儿说到底就是判断事物的三个属性：真不真？好不好？值不值？

对真假的判断力是关乎饭碗的生死问题，判断对了也许没收益，但判断错了可能要人命。真假层也许可以过滤一半儿，而好坏的筛选能直接过滤掉 90% 以上。“好”本身又分为几等几类，看似模糊实际需要很高的眼力。值不值是最主观和缺乏标准的，有时复杂的数学模型也算不出，有时一句话就可以下定论。由真入好是投资进阶，由好入值是获胜关键。

95 分的极品类公司好是好，但也由于好得太没争议，所以总是贵，除非碰到泥沙俱下的股灾，很难出现理想的赔率。60 分以下的公司容易出现便宜的价格，但坑也实在太多，而且随着时间拉长，越来越烫手，总得焦虑地变现。80 分的公司基本情况过硬，但总还有些重要的争议或迷雾。若通过研究肯定了争议点的确定性，那么市场担心的折价就会在后续的证实中不断溢价。

投资这个工作的实质是探究社会某些断面发展变化的真相，从技术层面而言，是在理解价值的基础上玩好概率和赔率。必须求真务实，可以洒脱自在，可将高质量的物质和精神生活结合在一起，还有机会认识一些正直、聪明的朋友，又不用伤害任何人就可以体验到战胜的快感，才是这个职业最吸引人的地方。至于赚钱，其实只是顺便而已。

其实很多东西包括投资的大道理，都是“正确的废话”，但大多数人之所以平庸就是因为只看到了“废话”就直接藐视了“正确”。什么不废呢？真正的专业大部头书籍，各种枯燥的数学模型、抽象理论和艰苦的学习过程，又有几个人看呢？可妙就妙在你看过、学过、知道深浅后，那些大道理再看就既正确又不是废话了。没这个修养打底，人家千锤百炼出来的东西看着也是废话一箩筐。

顺势而为与逆向思维看起来是一个矛盾体，实际上是不同的决策层次。顺势而为是长期战略层面需要考虑的问题，在大方向上绝不能逆历史潮流而动，要坚定地站在大势所趋的一边。但首先不同行业的节奏往往不同，其次即便方向确定，其演绎过程也常有剧烈波动。所以逆向思维是在战术层面选择聪明的时机来介入某个“势”，规避过热，买入低估，用更好的赔率参与到具有高确定性的未来中。

波动不应该作为管理目标，但风险一定是核心管理目标。而事实往往是聪明的管理了风险后，净值很少会大起大落（以年度计）。所以简单地谈熨平波动自然是不智，但动辄说波动完全不可控也不能控，大约也是风险管理能力差的借口。被逼到绝地再获胜是个好故事，但这种净值曲线并不是复利的优秀践行者。因为这种特质拉长了时间看，大概率还会有下一次面临绝境，但谁能肯定每次都有绝处逢生的运气呢?

投资超常的收益一般来自三个方面：

（1）公司超常的业绩表现；

（2）市场超低的价位；

（3）资金和市场情绪的超常的乐观。

因素一驱动最持久但确定性难把握；因素二带来最大赔率和极高正期望值，但可遇不可求；因素三“药效”明显但可持续期最短。

因此，瞄准因素一，合理把握因素二，不寄希望于因素三（当作惊喜礼物）是长赢之道。这其中因素一困难，但是投资中唯一可能主动把握的；因素二有效概率最高，但被动程度最大。最怕的是喜欢追赶因素三，蔑视因素二，又根本不懂因素一，基本上每个大顶都相当于在做梦。

一个公司 ROE 从低到高的过程往往是其股价弹性最大的部分，但当 R 因子达到 30% 以上也通常意味着到达一个弹性的高点（不绝对）。这时其是否还能维持在高价值的焦点就转化到了 N 因子（持久性）或者 G 因子（资本扩张），前者取决于需求长，周期景气和真正强大的竞争优势，后者取决于生意特性对资本复制的能力。

真正的高价值公司至少兼有 R、N、G 中的两条，高 R 和长 N 往往是差异化突出的高利润、低周转生意类别，长 N 和大 G 是往往是规模化突出的低利润高周转生意，当然也有三者兼顾的。而无论哪种，N 都是必不可少的因子。这既暗合了高复利的本质，也揭示了投资中的前瞻性和耐心的必要。

在企业分析中似乎存在一个“临界值”，在这个临界内对企业的了解能极大地增强对其价值的把握。但达到一定边界后，进一步的认识虽然看似更加细腻和靠近，但其对企业价值认识的贡献却呈现明显的边际效用递减。然而临界值的出现并非取决于简单的努力程度，而是取决于对价值关键要素的把握。

高换手率、高估值、在高价位买入本质平庸的企业，看似便宜的强周期、高杠杆股票，买入并持有新股，高市净率高 ROE 的大盘股，这些几乎构成了股市里最危险的陷阱。如果可以避免这些致命的行为，投资的结果就算称不上优秀，基本上已足够战胜 90% 的普通人并实现较好的盈利。

投资中有两个感受是任何经典书籍或者案例语录都无法代替的，必须是自己亲身体会过才明白的：

第一，长期持有一只股票收获巨大利益；

第二，做对的事情却遭遇业绩低迷，继续坚持做对的事情并最终收获应得的收益。没有真正亲历过这个过程，就算读再多的书也很难突破“知行合一”那个门槛，进入真正的投资殿堂。

证券市场里的钱是一种很骄傲的东西，它会用深入骨髓的眼光透视你灵魂深处的弱点，然后化身出最诱惑和让你恐惧的东西一次次地测试你，而且这种测试既是后天学识层面的，也有先天基因层次的。只有在通过多重的考验后，它才会接受你这个主人。而通不过测试的，往往被其奴役甚至剥夺一切。

STOCK 第七章　观察与思考

过去 4 年（2010—2013 年）每年的营业收入同比增长都能超过 20%，应该算是对“成长股”这个概念不高的要求。那么符合这个条件的公司有多少呢？156 家，占上市公司总数的 6.04%。如果再加一个 ROE>15% 的经营指标，数量将下降到 73 家，只占上市公司总数的 2.83%。

泡沫是危险的，比泡沫更危险的是一直不破裂的泡沫；高估是危险的，比高估更危险的是解释的理由越来越充足的高估；赌博是危险的，比赌博更危险的是让人享受到了暴利的赌博。当异常的收益率和估值被习以为常并激发着大众更高的期待时，均值回归就准备鸣锣登场了。

2015 年 3 月 21 日，对媒体报道的“市盈率过 100 倍的有 700 家公司”查验了一下，以 TTM 视角查询共有 737 家公司 PE 超过 100 倍，其中 000 开头的公司 114 家，002 开头的 222 家，300 开头的 181 家，600 开头的 220 家；如果以已发布的 2014 年年报为基准，静态 PE 超过 100 家的共有 202 家，其中创业板 46 家，上证 55 家，深证 37 家，中小板 64 家。后面会发生什么？时间会给我们答案。

在当下（2015 年 5 月）最流行的一句话是：“警惕泡沫的人越来越聪明，拥抱泡沫的人越来越有钱”。这话在特定时期内确实成立。但这个现象的另一面其实是：警惕泡沫的基本早已是有钱人了，而拥抱泡沫的却大多迫切需要与时间赛跑，搏一把去脱贫致富。当然，专业投机者不算，但那门槛可不比巴菲特的路数低。

凯恩斯是经济学家里罕见的有自己实践积累财富的典范，但这种从小到大都是精英圈子里精英的人，在动荡的 20 世纪 20 年代到 40 年代间也曾因为迷恋投机和杠杆三次把家底几乎赔光。我觉得如果不是其巨大的声望和社会资源的支持，最后能否翻身其实也是有疑问的。投机和杠杆，可能即便对天才来说也是一个诅咒。

2015 年 6 月 10 日，行情好，赚钱容易，憧憬做职业股民的人也开始多了起来。有朋友问我现在转行做职业投资如何？我的回答是“别作死”。我觉着真立志于做职业投资的，需要自己掂量以下几点：

（1）是否将投资作为乐趣而不仅仅是因为短期钱好赚；

（2）有没有 3 年不赚钱依然生活不受影响的条件；

（3）是否真正享受得了自由。

2015 年 6 月 19 日，从赚钱的角度来讲，自 2012 年年末开始的为期两年的“明明白白赚大钱”的机会已经过去了，自 2015 年年初开始的为期半年的“糊里糊涂赚快钱”的时候也过去了。从现在开始的未来一年，能赚到与企业经营结果相当的钱就是胜利了，避免被高空坠物砸中是第一要务，投资人的心理预期最好调整回正常值。

2015 年 12 月 21 日，目前市场的现象如下：

（1）绝大多数股票处于历史估值区间的上沿；

（2）股市的消息基本上每天都是各大网站的重要播报内容；

（3）身边人里那些几年前不关心股票的人几乎都在炒股中；

（4）大量的私募产品正在通过各种渠道募集中；

（5）没有“专家”再提“制度不改无牛市”了。这几乎与 2012 年的情况形成了绝佳的对照。

在读书上的历史泡沫案例时，人们可能会嘲笑当时人的愚蠢。可实际上大家对照一下自己，在2007年和2015年上半年的时候是什么状况？我觉得自信能给自己打80分以上的应该不多。人是一种群体性动物，从众行为曾经在数万年间保证了人类的安全，这种刻在基因里的潜意识，正好是投资世界里的致命伤。

投资圈很流行电影《大空头》，2008年保尔森的传奇故事确实引人入胜。但就像我以前说的，超级胜利和超级失败一样，往往是某种极端基因铸就的。保尔森以此封神，但之后2011年、2012年、2014年和2015年其基金都出现过亏损，2013年至今其管理的黄金基金更是亏损65%。极端性有利有弊，但与之为伍你肯定需要一颗强大的心脏。

看一个公司不怕缺点就怕盲点。缺点有的可以忍，有的可以躲，但重大的盲点就像没被发现的病灶，平日没感觉，出事儿了可能已经是晚期，所以有时候全面比深刻更重要。“眼盲”主要来自对公司生意理解不足，遗漏了重要变量，“心盲”则来自对自己能力认知偏差而过于自信和轻视不同意见。前者可以多与专业人士讨教或更重视反面意见来弥补，后者得先意识到自己有病才能找到药。

世界的真相：瑞士信贷报告显示：只需要3210美元（约合2.04万元人民币），一个人就能跻身世界前50%的富裕人群。而身价68800美元（约合44万元人民币）就能进入世界富人的前10%，不过最富裕的1%人群至少需要拥有759900美元（约合482万元人民币）。而报告指出，这些资产包括财产和股票投资，但不包含债务。

2016年5月26日，如果把市场环境分成投资难度等级的话，未来很长一段时间都将是典型的“高手市场”，也就是赚钱很难，但又不是完全没有赚钱的机会。这种市场环境下对于“对象、时机、力度”三要素的要求很高，高手要赚点儿钱也不容易。对老手的建议：张弛有度，平常心加耐心；对新晋投资人的建议：抓紧学习进阶，下一波你就不会缺席。

2016年8月，L形的经济态势表明，目前尚未构成上市公司盈利主体的传统企业，很难出现盈利的趋势性向上；当前已经很低的利率水平表明，很难从流动性的角度大幅提升股市的估值。如果从盈利趋势性和折现率两方面都没有明显正弹性，牛市又从何而来呢？但好消息是，A 股毕竟已经足够大和拥有足够的多样性，即便重演 2001—2005 年的长熊，相信个股机会也会多得多。

读一些投资大师的书籍经常会发现，强大理智的他们，竟然还为了隔绝市场的杂音而费心地给自己建立的防火墙。这些措施从寻找安静的办公地点，到在室内有意识地将行情终端设置为不方便使用，再到市场之外寻找让心灵安定的活动。而脆弱、稚嫩如我们，却经常深信时刻盯着市场是制胜王道，甚至将同时监视多个显示器作为职业高手的标志，真是没有对比就没有伤害。

检验自己对一个公司的认识是否准确，很关键的一条是看看自己对于其底部的判断是否正确。被短期负面信息冲击而中、长期预期有强大托起的底部，是优质赔率容易出现的地方。相反，被长期趋势牵引并有短期信息托起的底，往往下面还有“十八层”。顶部往往是靠蒙的，底部却是可计算的，如果计算和实际偏离太大，要小心定性、定量都出现了失误。

从 PB=PE*ROE 这个公式来看，当 ROE=8% 的时候，即便 PE 是 35 倍，但 PB 却只有 2.8 倍。若公司能够持续成长，ROE 提升到 25%，届时的 PE 在 25 的时候，PB 却反而提升到了 6.25 倍。由此可见，PE 反映的是预期溢价，而 PB 反映的是资产溢价。通常预期的反映远早于 ROE 的实际变动，而 PB 则相对同步或者滞后于 ROE 的变动。

从其中还可以理解，ROE 本身的变化趋势是估值的核心要素，估值的最大奥秘不是对指标的简单加减乘除，而是对企业未来盈利能力的前瞻性判断，是对公司经营阶段的准确定性。所谓模糊的正确，其实就是具体的 PE 和 PB 可以相对模糊（或者说可进行针对性分析），但 ROE 的趋势性判断一定要正确。

高 ROE 是公司盈利能力的体现，又高、又可持续的 ROE 是公司强大竞争优势的体现。对这么好的公司市场绝大多数情况下必然给予资本溢价，也就是较高的 PB。如果一个高 ROE 公司出现很低的 PB，你要想想为什么？可能原因如下：

（1）市场是出错的；

（2）公司的本质是强周期且当前处于盈利高峰的拐点。这种矛盾偶然会发生，但就经常性情景而言，高 ROE 与低 PB 在本质上是矛盾的。

2007 年 10 月 16 日最高点 6124 点至今（2016 年 10 月 17 日），上证 A 股 1132 只股票的算数平均涨幅是 94.44%，中位数涨幅是 49.82%，以中位数算 9 年的复合收益率为 4.59%（深综指主板股票的同期中位数收益率也差不多），居然高于 5 年期的国债利率。这样来看，A 股其实是非常仁慈的了。

假设在这个超级顶部买入持有至今，按申万的行业细分统计：工业有色类别 9 年收益率的中位数为 0.9%（居然还是不亏损的），化工行业的中位数是 68.65%，钢铁是 −57.85%（貌似是最惨的），家电的中位数是 108.34%，食品饮料是 68.5%，医药生物是 155.95%，房地产是 27.75%，机械设备是 86.46%。

恒生指数 2007 年 10 月 30 日见顶 31958，如果也是当天买入持有至今。香港主板 1704 只股票的平均涨幅为 66.65%，中位数 −14.43%。全部港股的同期算数平均涨幅为 61.86%，中位数 −17.3%。如果比惨的话，同期港股收益率为负的 1160 只，占全部港股的 59.39%。上证为负的有 327 只，占上证全部的 28.91%。

避免老千股这种事儿，财务可以提供一些蛛丝马迹，但完全靠报表那点儿数据确实不容易。可综合利用以下手段：

（1）意图层面，有大笔套现或者圈钱嫌疑的不碰；

（2）业务生僻难懂的公司尽量不碰；

（3）生僻难懂还利润奇高的不碰；

（4）下游客户难寻却生意做得很大的不碰；

（5）基本没有同业竞争对手或创世界技术奇迹的，要高度谨慎；

（6）现金流差而资本运作动作大或者频繁的要谨慎；

（7）经营数据与同业相比差异过大，原因又很蹊跷的不碰。

2016 年 11 月，有不少朋友问我对近期市场的意见，简单说几句：从估值等基本情况而言，目前市场整体上与 2015 年 2 ~ 3 月份相当。也就是说，如果你判断牛市来了，那后面还有一段快速上涨，如果你判断熊市还没结束，那后面还有得跌。但不管以上哪个判断成立，在目前基础上赚大钱的可能性都非常低。总之，现在的市场先生并不慷慨。

有网友和我说：过去 10 年股票赚 10 倍其实没什么了不起，一线房产 10 年也 10 倍了。这话可以这么说，但这账这么算就糊涂了。为什么呢？因为房产这 10 年你赚的不是能力的钱，是运气的钱，是超级景气的钱。未来 10 年你还打算靠房子再翻 10 倍？但投资获得的可不仅仅是钱，更值钱的是扎实的经验和能力。再过 10 年比比看？

两个同行业的公司。A 在更高负债率下的 ROE 只有 6%，毛利率比 B 低 50%，作为重资产公司 A 的总资产周转率也比 B 低 30%，行业萧条时亏得多，景气回升时恢复得慢。另外体现技术水平的海外订单，A 海外占比不足 5% 且毛利率比国内还低，而 B 达到 25% 且海外毛利率更高。作为未来重要看点的项目，B 公司全是自主研发且打破海外公司垄断，A 则是到处投资参股尚处于概念。而市场给予 A 的估值是 B 的 1 倍，我只能一笑了之。

我个人估计，未来十几年中国在半导体、汽车和商用客机领域会有惊人的发展。与之相伴，日、韩的相关产业将遭受重大冲击。现在这看起来似乎是痴人说梦，不过别忘了，20 年前的松下、东芝、索尼的家电在我们看来也是神一样不可企及的存在。商用技术不是魔法，只要有庞大的内需，又具备了充分的资本后盾以及人才技术基础和产业决心，不成功其实才是奇怪的。

以中国未来能达到的经济体量而言，千亿市值的公司其实问题是不大的（按美元计只有 140 多亿美元）。目前两市的千亿级公司共有 59 个，其中技术密集类的高端制造业勉强算也就是七八个，剩下的都是金融、地产和资源公共事业类。从逻辑上推导，未来中国如果要成功，目前数百亿市值的民营中、高技术类企业批量上千亿是必要的条件之一。

2017 年 3 月，现在这种局面就是战术上轻视，战略上重视。战术上轻视是因为以天为时间轴看股市，将还有较为漫长的无聊期。战略上重视是因为以年为时间轴看大类资产，证券类资产将是下个周期最佳的财富进阶选择。从大类资产潜力的角度来看，房产已经充分演化，未来主要的机会一个是证券投资，一个是风口创业。这些领域相比买房子真的难多了，但随着社会经济越来越高阶和成熟，财富积累的壁垒将越来越高，肯定是必然的。

便宜的好公司有多踏实？一个观察对象，2016 年 1 月创业板指数 2491，至今下跌了大约 35%（到 2016 年 7 月底）。而同期间，这个公司股价上涨了 50% 以上，并且这种上涨并不是以估值大幅溢价甚至泡沫化来实现的，就是目前也仅仅是短期合理而已。另一个观察对象，属于估值不便宜，但经营总是超预期。在 2016 年初至 7 月，指数下跌 11% 的背景下，股价到现在上涨了近 60%（也非泡沫估值）。真正优秀的种子是用来收藏的，不是天天盯着拿来炒的。

（2017 年）现在很有意思的现象：大家对房价还是特别有信心。“你不能静态地看问题，经济还会大发展，个人收入还会持续提升，现在的高估值用不了几年就会熨平了，未来世界第一经济体的房子你说该值多少钱？”但一说到股市，普遍觉得经济已经面临大危机了，根本谈不上未来的确定性，更别说超过发达国家了，股票再跌也是没底的。这两个单看哪个都特别有道理，合一块儿看你说可笑不？

在这个时点上（2018 年 9 月 22 日），A 股已经是主要经济体中主要资产类别里最具有投资价值的品种，站在 5 年左右的时间来看，这里将是最大的利润来源。再往后看十几年的话，应该择机逐步完成中国、美国、印度的核心资产配置组合。过去十来年，整个世界经济不是更均衡了，而是越来越集中到“头部国家”，美国实力超群长期最可预期，中、印各自还有很多问题，但潜力深不可测势头更是无法阻挡（其他国家在这高、中、低三大巨头的挤压下几乎没什么大机会，最好是挑要素互补的积极融入其中的产业配套）。

看过一篇《A 股 30 只十年十倍股的启示》，里面有些数据很有意思：30 个公司中，医药生物 12 个、计算机和电子类各 3 个，是占比排在前三位的；这些公司历年的平均 ROE 高达 18% 以上，最低的 1 年也有 11%，十年的净利润同比增速高达 64%；它们在十年间经历的最大回撤，平均达到了 33%（只有 3 家公司最大回撤低于 10%），经历的涨停和跌停数平均为 28 次和 16 次；2008 年这些十倍股的平均市值 50.7 亿元，当年 A 股平均市值 112 亿元；当时这些股票的 PE 和 PB 相对市场平均估值水平分别贵 2.48 倍和 1.31 倍。

（2018 年 9 月 17 日）波动靠的是情绪，投资还是要靠数字。以中证 500 为例，目前 PE 只有 19 倍，仅次于 2008 年最低点的 17 倍。要知道这个指标过去 11 年的平均值可是在 33 PE 以上。在仅有的两次谷底（2008 年和 2012 年，现在是第三个）投资的话，在 3 年内的最高收益率分别达到了 227% 和 312%。一些公司的素质远比中证 500 整体水平高，前景也优越得多，也不过 20 PE 出头。这些数字其实都是明牌，但过几年你再看，一定是大多数人还是高位追进来。

（2018 年 8 月 8 日）沪深 300 在 5380 点那天的成交额是 8714 亿元，然后掉到 2016 年 2 月最低点 2821 那天，只剩下了 1184 亿元成交额。然后一路反弹到 2017 年 1 月份炒蓝筹股高峰 4403 点时，成交额回升到 2233 亿元，现在一路下跌到 9 月 13 日最低点 3191 的 858 亿元。这真是投资界永远的规律：天价天量，地价地量。越涨越贵，越乐观越要拼了命地买（大家可以记录一下 2017 年房地产的成交额），越跌越便宜，越悲观越要不计代价地卖。一来一去间，多少财富灰飞烟灭，又有多少致富的机会与你失之交臂。

2015 年 6 月，一个基金公司在路演中发表了如下看法：“今年互联网金融确实涨幅较大。截至 6 月 12 日，中证互联网金融指数今年以来涨幅达到 176.28%，而同期创业板涨幅为 164.97%。不过，互联网金融指数虽然涨幅较大，但其实很“理性”。因为另一个数据显示，从市盈率来看，5 月底中证互联网金融指数的市盈率为 67 倍，相对于中证 500 指数的 76 倍和创业板指数的 126 倍，仍然相对便宜。”3 年过后，再看看现在，有没有点儿恍如隔世的感觉？重点来了。几年后，你再看看现在（2018 年 9 月 1 日），还会有恍如隔世的感觉。立此存证。

（2018 年 5 月 30 日）在严厉的去杠杆趋势里，那些高 ROE 却低 ROIC 的公司往往风险很大。因为低的投入资本回报率说明其净经营资产的获利能力其实很差，有些甚至仅仅比融资成本高一点儿。高的 ROE 主要靠加杠杆并且行业又景气，所以可以通过大量举债放大销售和利润。在宽松货币环境下，杠杆风险不突出。但货币趋势逆转，一方面会大幅提升公司经营风险，另一方面融资困难和成本提升又会进一步降低其资本的回报率。这时如果行业高景气还可以想办法腾挪，一旦行业景气度逆转，真的是大事不妙。

在紧缩的环境下，高杠杆类公司的主要风险还不是看得见的资产负债表的压力，这块总还是能想办法以解燃眉之急。关键是怕反身性——其业务的扩大和净利润的呈现都依赖于不断地获取资金，要是融资端出现大问题，整个业务发展的逻辑是有不断恶化的可能的，当然这是比较悲观的假设。但这种可能性是不可忽视的，这种生意天然对于金融货币政策高度敏感，成败其实都是同源的。

看一些公司：某医药龙头近 3 年的 ROIC 都是稳定在 23% 左右，比 ROE 还高，确实证明业务含金量高，优势强大且几乎不依赖杠杆。从制造业来看，两个看起来业务类似的公司，一个 ROIC 近年只有 8% 左右，而另一个却高达 20% 以上，同样显现出更高于 ROE 的特征。通常制造业能达到 16% ～ 17% 以上的 ROIC 就很不错了，如果既有高 ROIC（当然是可持续而非高波动的）又有显而易见的广阔增长空间，就算是制造业中的极品候选股票了。

一般价值投资理论认为，不需要研发和资本支出，且管理因素也不重要的生意是最好的。但我觉得，随着现代社会需求变化频率的升高，基本需求趋于饱和，这种躺着赚钱的生意越来越少，很难构成投资的主体。靠持续性技术和资本投入，用供给创造新需求，并靠高效经营的量变到质变构建壁垒的机会将越来越重要。

京东方一季度营业利润同比转正，净利润暴增。像这种固定资产占比一半儿（包括在建工程）、固定资产里的近 85% 又是设备的“重资产、短折旧”类生意，在投入阶段收入规模起不来，经营成本却巨高，利润和 ROE 注定惨烈。但随着规模起来，设备折旧高峰已过的时候，利润增速在这个阶段的爆发力往往很吓人。这种公司收入规模太重要了，而规模化又取决于前期不计成本地砸钱，真是个“土豪”才能玩的产业。

不过从长期来看，这种生意资产太重，行业各方为了取得规模优势又不得不参与持续地扩张，最后供需改善有限，利益可能都给了消费者。同时技术周期变化又比较快，新的技术周期来临后不仅要跟上，而且又面临新的规模竞赛。从生意的角度是个很“苦逼”的行业，但这种“苦脏累”的东西你要没有更“苦逼”，只能花更多钱去进口。

如果 AI 必然重构人类生活，那我希望这一天早点儿到来。太远的未来变数太大，其实没人知道最终结果如何。但 AI 与人类必然会有一段美好的蜜月期，这一期间可能困扰我们当代人的许多疑难问题都会被解决，人类的生活质量从总体而言又将上升一个大台阶。如果能赶上这个蜜月期，那可不是小确幸，而是巨大而确实的幸福。至于遥远的未来，现在有谁能说得准呢？

（2017 年 10 月 9 日）过去的很长一段日子里，布局是最重要的事。布局到现在，仓位舒服是最重要的事。短期来看，要有应对波动和复杂曲折局面的耐心，从长期来看，要有五年再赚，3 倍十年再赚 7 ～ 8 倍的野心。后天会比你的乐观想象更美好，但要做好明天晚上出现比你悲观预期更糟糕的准备。总之，我们坚定地做谨慎的乐观派。

（2017 年 11 月 7 日）最近融资余额又上一万亿了，但与此同时，全年涨幅为负的股票却超过 2100 只，剔除新股后，今年下跌的股票占比高达近 75%，有必要想想那些融资盘都去了哪儿。冰火两重天是当前的写照，但别忘了股市更长期的特征是风水轮流转。

突然想起来 2015 年疯牛市有只大牛股，工业 4.0 门面担当的沈阳机床。然后看了一下，现在已经改名叫 *ST 沈机了。2014 ～ 2016 年的净利润增速分别为：+15.9%，−953%，−119%，净资产收益率目前为 −587%。再看报告，最近的有一篇 2015 年 5 月 28 日的研报，标题是“数控机床龙头风范，千亿市值不是梦想”。两年半后的今天，公司市值为 69.58 亿元。

参与概念大热被市场追捧但盈利不稳定的公司，会有多大的杀伤力？看看华谊兄弟和奥飞动漫，扣非后的净利润 2014 年分别是 5.39 亿元和 4.09 亿元，2016 年扣非净利润则变为亏损，今年预期也距离 2014 年还有较大距离。股价从 2015 年 6 月顶部至今分别跌了 72% 和 73%，即便是从中间参与也得亏一半。所以说，热门 + 高估值 + 盈利不稳定永远是屠杀利器。

翻了翻行业板块，如果以 100 亿元以上市值为一个统计节点：目前地产这个板块市值 100 亿元以上的有 62 家，高端制造业这个板块 49 家，医疗服务业的 9 家，医药制造业的 59 家，食品饮料类的 14 家，网络和软件类的 39 家，电子元器件类的 50 家，化工材料类的 58 家，汽车及配件类的 48 家，文化影视传媒类的 30 家。你觉得哪个最意外或者最异常？

从 2008 年以来，2009 年是全面反弹，2010 年和 2011 年是上证和沪深 300、深综指的较大熊市，创业板当年上市并走牛；2012 年沪深上证深综小幅翻阳，创业板见底收跌，差别不大；2013 年沪深和上证是跌 7% 左右的小熊，创业板 +80% 的大牛市（深综 20% 涨幅）；2014 年上证沪深 +50% 的大牛市，创业板 10% 小涨；2015 年全市场剧震，但创业板依然八成牛市（深综指 6 成大阳），沪深上证 8% 左右收阳；2016 年全体熊市收跌，创业板跌幅最大。2017 年沪深最牛 20 点大涨，上证 10 个点，创业板再跌 10 多个点。10 年里，记不记得出现过多少回“这次不一样，未来将永远如何如何”的“主流声音”？

几个数据：90 后的人口总数比 80 后人口数要少 24% 左右，00 后人口又比 90 后少 16%；2015 年全国结婚对数为 1225 万对，已经同比下降 6.3%。中国结婚人口的平均年龄是 26 岁，以此计算，2015 年结婚的正好是 80 后人口的最后一批；2016 年全国商品住宅销售面积 13.75 亿平方米，按 100 平方米一套计约为 1375 万套，并基本以历史最高房价创出了历史最高交易额；2017 年年末 M2 增速 8.2%，而 2006 年至 2016 年十年 M2 同比增长的平均数是 17.2%。

人口、收入和货币量是房价的三大驱动。人口增长、收入提升、货币量超发，妥妥的黄金十年没跑。人口结构拐点，但收入持续快速提升，房价“成长性”依然合理。人口结构拐点，收入增速跟不上，货币量成为房价增长主导时，就趋近泡沫。从 2000 年至今，“一直涨”的背后是房价的驱动因素其实也在改变。

GDP 是资产的锚，虽然股市和房地产的市值还受到很多因素的扰动，比如货币政策、利率情况、供求关系和市场情绪（对未来的预期和当前趋势的正反馈）等，但资产立足的本质还是 GDP。对于股市来说，GDP 直接影响企业利润（从而构成市盈率），对于房价来说，GDP 直接影响了收入水平（从而构成了房价与收入比），其他扰动可能在一定期间内影响市值与 GDP 的比值关系，但这种偏离一定是周期性的——因为 GDP 的增速不可能大幅变化，而上述各种扰动因素，每个都具有很强的周期特性。所以围绕 GDP 的上下偏离不但正常而且必然，偏离过大后的均值回归同样不但正常而且必然。

投资上有两个常见的错误：在资产上升大周期的初期被高估值吓到，在资产顶部区域又从历史路径中给当下的高估值找合理性。典型的如房价收入比，十五年前就很高，但之后人口和收入的双高增长说明当时静态的高估值是合理的，这就是典型的“成长估值”被证实。但成长估值不可能永续，总会切换到“收入比、租售比”的价值估值逻辑。估值的高低是表象，核心是其背后的假设是什么，以及最终是被证实还是证伪。

偶然翻到 2015 年的大牛股百润股份，原来已经跌回到 2013 年年初的价格去了，距离最高点正好一个 90% 的脚踝斩。看了一下香精业务，2012 年年收入已经是 1.64 亿元，毛利率 75%，折腾了这么多年后，2017 年只有 1.39 亿元了，毛利率也下降到了 67%。鸡尾酒从 2015 年峰值的 22 亿多跌了一半儿，毛利率也下降了近 10 个点，今年有所企稳。想想几年前风头正劲的时候，连五粮液都跟风出了预调鸡尾酒，各种研报前景一片光明。消费的潮流风口变化实在太快了，真正赚钱还是得靠老品类、老牌子。

集成电路这块大方向上前景诱人，但业务感觉复杂难以把握。比如最近看的几个，研发投入占收入比达到百分之十几，但这些投入带不来持久的壁垒。因为行业技术升级节奏太快，还有硅周期的影响，整个行业相当不稳定。又如另一个在短短 1 年多的时间内，净利润率竟能从 7% 到 25% 的区间波动，竞争对手强大且竞争激烈程度极高，一个降价，毛利率直接下跌十几个点。这可能就属于我说的“能理解但难把握”的类别。

经济发展到这个阶段，衣、食、住、行的历史性机会基本已充分演绎了。不是说这方面没有收益了，而是未来别太指望这方面的大机会（车是例外，几个重要因素叠加还有充分的长期机会）。美国股市这些年的情况昭示了未来 A 股的投资机会将越来越多的来自创新和科技领域。而无论是技术创新还是颠覆的商业模式，不确定性都远比衣、食、住、行类基础需求要大得多。再结合市场机构化进程的加快，未来我们将面对的是获得超额收益越来越困难的局面。

在这样的环境里，年轻一代的优势在于对科技和消费的高度敏感性，更善于理解新鲜事物也具有更好的学习能力，但同样容易过分激动和毛躁。老手们最宝贵的是对投资本质的深刻理解和过往宝贵的经历，能沉得住气，这些在任何时代都不会过时，但对变化迟钝和保守不可避免。所以多让年轻人做研究，多让老手做决定，可能是个理想的搭配。

中国的这轮大发展牛市起始于 1978 年的改革开放，属于典型的“在绝望中爆发”。之后跨过的沟沟坎坎不少，但始终保持着很好斜率的上升。直到今天虽然一路超越各个老牌强国，但世界对于中国的牛市预期依然处于“在犹豫中发展”的阶段。国内对此尤其更悲观一些，什么这不行、那不行，总之肯定是不行等都很有市场。所以从预期的角度来说，国内外对于中国发展的预期其实还是相当不够的，距离“在疯狂中死亡”还远着呢。

财富的来源可以分为收入、资本和杠杆；财富获取靠的是能力、趋势和运气。所以最大级别的创富，是在正确的趋势上加足杠杆。但这种模式中的所谓“正确”是后验的，且一旦风控不足，即便方向正确也会死在过程的某个颠簸上。但仅仅靠收入而不会借势，除非能力和运气超强，否则很难逆袭。学会用资本帮你赚钱既弹性巨大，又没有杠杆风险高，只要运气不是太差，时间和复利足够创造奇迹，唯一问题就是能力壁垒极高。

由于市场机制下，财富必然不会平均分布，所以这个世界上发家致富的真相总是以反直觉和反人性的面貌呈现，并以此来阻挡绝大多数喜欢用直觉判断问题并顺从自己恐惧、贪婪天性的人。在这个游戏里，相信专家高手的趋势判断，不如相信常识和均值回归。特别要记住，一辈子仅有的几次改变命运的机会出现的时候，一定是让你忐忑难安甚至要克服巨大压力的。那种让你舒服、兴奋并且被大多数人赞同附和的“大机会”，基本不是鸡肋就是陷阱。

沪深 300 在 2015 年 6 月 5 日见顶，从最高点 5380 截至昨日（2018 年 4 月 27 日）的 3445，近 2 年间的涨幅是 −35.96%。同期，A 股所有 2727 只股票（剔除了 2015 年 5 月后上市的新股）中，涨幅为正（创出新高）的为 290 只（前复权），占比 10.63%，全部 A 股涨幅的中位数为 −41.69%。涨幅累计超过 50%（2 年复利接近 23%）的 94 只，占比 3.44%；涨幅累计超过 20%（复利近 10%）的 176 只，占比 6.45%。

对上述统计乐观的解读：即便在牛市最高点买入，只要你买的是真正持续增长且估值未透支太多的好公司，两年后依然可以赚 50% 以上，290 只比例虽然小，但作为个人来说，只需要捕捉到其中几个就可以实现。悲观的解读：牛市泡沫带来的是极大概率的持续亏损和短期剧烈损失，不要期望你手里的股票是那个幸运儿。你选哪个呢？

从中国的产业禀赋来讲，制造业、互联网和大消费应该是最突出的。因为中国人口基数巨大，又兼具资本和工程师资源密集的优势。但从资本市场来看，互联网机会全跑美股去了，A 股比较扎堆的是制造业，消费类有但整体不突出。从生意模式的角度来看，A 股的核心资产生意模式相比互联网类要差不少，但好在制造业理解起来相对容易，产业链够长，又恰逢制造业升级的大趋势，机会还是足够多的。

两市现在 1000 亿市值的公司有 65 家，其中国资类、能源、金融、建筑等行业占九五成以上。不过在几百亿市值的这个区间里，倒是另外一番景象：其中具有技术含量和市场龙头地位的民营企业相当多。这个区间内的公司兼具了民营企业的活力、较高的产业壁垒、巨大的行业前景和扎实的行业龙头地位，值得多翻翻。

汽车新能源化和电子化、智能化真的不是忽悠概念，真的可能是又一次改变生活方式甚至是全球经济、政治格局的机会。中国在这场革命里大概率会成为最大赢家之一。主观上政府和产业都憋足了劲要赶超，客观上、战略上被石油卡脖子和电动技术可以弯道超车，再加上汽车年销量超过全球 30% 的无敌市场，在这个大产业链里一定会出现一大批优异标准和数个伟大标准的公司。

当然，产业的大趋势与具体的投资机会是两个问题。当年的航空和互联网都被证明改变了人类生活方式并产生了伟大的公司，但并不妨碍在此过程中让各种伴生的泡沫和投机灰飞烟灭。雪道很重要，滚雪球的能力更重要，否则投资人收获的可能是雪崩。

日本虽然近十几年屡屡错失新兴大产业机会，但在最上游的精密材料领域一直还是霸主般的存在。不过事情正在不断发生变化，伴随着新兴电子和半导体需求及产能向中国聚集，国产厂商已经开始大肆“侵袭”日商在材料领域的垄断地位。多看财报不难发现，国产精密原材料在多个领域纷纷突破并迅速反超早已不是新闻，而成为一种态势。等再过十年，材料被追上，如果没有开发出新的大机会，日本的产业竞争力会再降一个台阶。

追上是因为日本的进步太慢了，国内电子和半导体相关产业集群壮大，客观上有利于本地配套；国产材料商靠低端和仿制磨出一批生力军，又靠持续研发积累达到临界点；本土供应商靠近需求服务高效，又背靠大市场、大资本，挖团队、整资源；日企定价高、反应慢，留下了致命的利润空间。

2018 年中国的药品销售额总共约 20000 亿元，其中创新药约为 500 亿元（占比 2.5%），仿制药 + 专利时效药约为 11500 亿元（占比 57%），注射和口服中药合计 8000 亿元（占比 40%）。而到 2029 年，预期药品销售额会上升到 2.5 万亿元左右，复合增长率 6.9% 左右，创新药结构占比会大幅提升，所以复合增速预期更高得多。不过，目前的创新药龙头企业按照 20% 的复利增长，目前市值也已经是 10 年后预期净利润的 13 倍 PE 左右。而目前世界级创新药巨头的辉瑞，当前估值恰好也是 13 倍 PETTM。

现在国家的竞争综合经济实力的竞争，如果没有一个强大有活力的资本市场做后盾，根本没戏。也许个别几个点可以倾力发展保有竞争力，但无力在经济奥运会上成为广覆盖的奖牌大户。从这点来看，未来不同地区经济的前景已经有大致的轮廓。20 多年前，A 股只是个试验田，属于“大不了关掉”的级别。但未来，强大资本市场的定位将支持经济升级，而经济成功又反过来给资本市场提供了更大的吸引力。具有这种潜质的国家，全球来看也没几个。

创业板指，深证综指，中证 500 都已经是连续 7 个月的暴跌（截至 2018 年 10 月），这在 A 股历史上从未出现过。其他市场的情况，自 1994 年以来恒生只出现过 1 次月线 6 连阴，1 次 5 连跌；道·琼斯指数只有 2008 年最恐怖时出现过 1 次 6 连跌，其次是 2002 年见底前一次 5 连跌；纳斯达克指数只有网络概念大崩溃见底之前的 1 次 6 连跌；连日经 N225 指数也只有 2008 年最恐慌见底前的一次 6 个月连跌。也就是说，现在我们正在见证的，是一项世界纪录。

2015 年的时候我说过，有多大级别的牛市就会有同样级别的熊市。现在这个时候（2018 年 10 月）可以再理解一下这句话的另一面，有多惨烈难当的熊市就会有同样让人窒息的牛市。不考虑大泡沫的来临，只要未来出现相对乐观点儿的情况，估值提升的百分之百是肯定吃到了。剩下的就是希望这一天来临之前，留有业绩提升百分之百的时间。这样一个中性假设，净值收益率是 400%。而如果人性还那么可靠的话，这个数再乘以 2 也并非天方夜谭。

标普 500 指数在 1956 至今（2018 年 11 月）的 62 年间，跌幅超过 20% 的只有 1974 年的 −26.6%，2002 年的 −23.4% 和 2008 年 −38.49% 三次。A 股上证从 1990 年成立至今的 28 年里，已经发生过 4 次，深综指从 1996 成立至今的 22 年里已经发生过 4 次，其中最大跌幅都达到 60%。另外，标普 500 在 62 年间阴线 14 年，正收益概率为 77.4%，上证和深综指的年度正收益概率分别为 57.1% 和 54.5%。另一方面，标普这一期间年度涨幅在 20% 以上的有 19 年，占比 30.64%，上证和深证分别为 10 年（占比 35.7%）和 7 年（占比 31.8%），最有意思的一点是：标普的大涨年度（35% 以上）占正收益年度的 15.8%（3 年），而上证和深证的比例分别为 80% 和 71%。而暴涨（50% 以上）的年份，标普一次都没有，上证和深证分别为 8 次和 5 次。

牛市里有个特点就是消灭低价股，10 元以下的都被扫空。现在如何呢？ 5 元以下的股票有 1018 只，占所有股票的 29.3%（刨除停盘的）。市净率小于 1 的股票有 437 只，占所有股票的 13% 左右。据统计，2005 年 998 点破净的股票占全部 A 股的 13.42%，2008 年 1664 点时候这个数据是 13.5% 左右。2012 年 1949 点是 5.3%，2013 年 1849 点是 6.5% 左右。所有上述“至暗时刻”向后的

2 ~ 3 年发生了什么，可以自己看看。

2008 到 2018 年的 10 年间，A 股五大指数（上证、沪深 300、中证 500、深综指、创业板），在 2008 年和 2009 年是高度一致性，但之后至今呈现了较大的分化特征。2010 年中证 500 和创业板、深综指涨，上证和沪深 300 跌，2011 年全跌但中证和创业板跌幅最大。2012 年依然是上证和沪深 300 好但整体差别不大。2013 年创业板暴涨，上证和沪深 300 跌，2014 年沪深 300 和上证大涨远超创业板，2015 年创业板暴涨（这 3 年间深证和中证 500 表现也很好，且起伏更小）。而 2016 年至 2018 的 3 年，沪深 300 是最强指数，其次是上证，中证 500 和深综指再其次，创业板最差。

2019 年 1 月 3 日，中证全指的加权 PB 值已经创出新低，为 1.4。等权 PB 值 1.74 略高于历史最低的 2005 年和 2008 年。说明权重股大型公司等已经在历史最低甚至是新低，信息软件、军工以及一些消费股等还相对较高。以加权平均 PB 指标的几个历史大底来看，1994 年估值底后 3 个月市场反弹了 166%，之后震荡波动向上，直到 2001 年顶部翻了 4 倍出头；2005 年 10 月又见此估值，到 2007 年最高点涨了 6 倍出头；第三次是 2014 年 4 月见此估值，之后 1 年见到 2.5 倍涨幅（加权的 2008 年年底数据其实比这几次高，但 1 年后见到 232% 的反弹幅度）。现在是第四次，让时间给我们答案。